高等职业学校旅游管理专业教材　　职业教育国家在线精品课程配套教材



# 旅游市场营销

LÜYOU SHICHANG YINGXIAO

李翠霞　林士婷　主编

二维码使用说明

二维码视频密码为:

201483

中国轻工业出版社

图书在版编目（CIP）数据

旅游市场营销 / 李翠霞，林士婷主编．—北京：中国轻工业出版社，2024.1
高等职业学校旅游管理专业教材
ISBN 978-7-5184-3719-1

Ⅰ．①旅… Ⅱ．①李… ②林… Ⅲ．①旅游市场—市场营销学—高等职业教育—教材 Ⅳ．①F590.82

中国版本图书馆CIP数据核字（2021）第219582号

责任编辑：贺晓琴　　责任终审：白　洁　　整体设计：锋尚设计
策划编辑：史祖福　　责任校对：吴大朋　　责任监印：张　可

出版发行：中国轻工业出版社（北京鲁谷东街5号，邮编：100040）
印　　刷：艺堂印刷（天津）有限公司
经　　销：各地新华书店
版　　次：2024年1月第1版第2次印刷
开　　本：787×1092　1/16　印张：16.25
字　　数：364千字
书　　号：ISBN 978-7-5184-3719-1　定价：59.00元
邮购电话：010-85119873
发行电话：010-85119832　010-85119912
网　　址：http://www.chlip.com.cn
Email：club@chlip.com.cn

240130J2C102ZBW

# 前 言

随着全面建成小康社会持续推进，我国旅游业进入大众旅游时代，并加快向全域旅游、智慧旅游、文旅融合发展模式转变，从而对旅游行业企业的市场营销活动提出更高的要求。因此，培养适应新技术新需求，具备科学营销理念和创新营销能力的高素质旅游市场营销人才至关重要。

本教材是提质培优背景下，校企双元合作开发的以职业能力为导向的活页式教材，是国家级导游专业教学资源库标准化课程、省级精品在线开放课程建设成果。“旅游市场营销”课程顺应旅游业和职业教育改革发展趋势，对接旅游行业企业标准、专业职业能力标准和教学标准，融入思想政治教育元素，融入旅游企业真实工作任务，建成面向全国用户开放共享的慕课，为全国百所院校万名师生提供了教学服务。在此基础上，围绕旅游企业人才需求和职业岗位能力要求，校企合作设计教材内容框架，共包括两大模块、9个项目、27个任务。每个项目都包括项目综述、知识图谱、学习内容、学习目标、导入案例、项目任务、思政案例、项目小结和项目练习环节，每个任务都按照任务要求、任务实施、任务学习、任务检测和任务考核的顺序安排，并有配套的自主学习任务书、教学课件、微课、案例、习题等数字教学资源，以适应线上或线上线下混合教学需求，帮助学习者树立社会市场营销意识、服务意识、团队意识等，注重实用性、职业性和持续性。

本教材遵循教育部《职业院校教材管理办法》，坚持“以全面素质为基础，以就业为导向，以能力为本位，以学生为主体”的指导思想，从职业岗位实际需求出发，以职业能力培养为核心，实现理论与实践的一体化，并有针对性地采取翻转课堂教学模式和任务驱动、案例分析等教学方法，体现理论性、实践性和开放性、创新性的要求，力求使学生通过“任务”的完成，实现理论与操作的自我意义建构。本教材具有以下特点。

一是由传统的“以知识为中心”的教材转化为“以能力为中心”的教材。教材内容编写上设有真实案例和进阶式教学任务，通过案例分析与任务实施，帮助学生积累营销实战的经验，拉近与旅游企业营销工作岗位的距离，提升营销素养，实现零距离上岗；二是学习方式由过去的“听讲”为主，转变为以“活动”为主，采用项目任务式结构设计，按照学生明确任务要求、分析实施任务、学习完善任务、任务成果展示与检测4个环节强化学习效果，提高学习主动性；三是学习资源由单一的“静态”资源为主，转变为多元的“动静结合”资源，为学生提供与教材文字配套的教学视频、二维实训等课程资源库。

本教材由秦皇岛职业技术学院李翠霞、林士婷担任主编，秦皇岛市旅游规划设计研究院院长栗书河和秦皇岛职业技术学院王秀荣、崔建凤、储金梅担任副主编，沧州职业技术学院邵文恰、山东旅游职业学院史先华、重庆财经职业学院李静参编，具体分工为：项目一至项目五由林士婷编写，项目六至项目九由李翠霞编写，项目一至项目二中案例和习题由王秀荣编写，项目三中案例和习题由栗书河编写，项目四中案例和习题由史先华编写，项目五中案例和习题由李静编写，项目六中案例和习题由邵文恰编写，项目七至项目八中案例和习题由崔建凤编写，项目九中案例和习题由储金梅编写。栗书河、李翠霞负责教材整体框架的设计，李翠霞、林士婷负责教材的统稿。

本教材在编写过程中，借鉴和参考了国内外相关出版物和网络资料，在此谨向所有作者表示诚挚的谢意！虽然我们在教材建设方面付出了很大的努力，但鉴于能力和水平有限，书中难免存在不当之处，恳请同行专家学者和读者批评指正，我们将不胜感激。

编者

2021年10月

# 目　录


模块一　旅游市场营销理论与方法 ........ 1

项目一　认识旅游市场　树立正确营销观念 ........ 2

任务1　旅游市场营销基本术语 ........ 5
一、旅游市场 ........ 6
二、旅游市场营销 ........ 9
三、辨识推销、促销和营销 ........ 10
任务2　市场营销基本观念 ........ 12
一、生产观念 ........ 13
二、产品观念 ........ 14
三、推销观念 ........ 14
四、市场营销观念 ........ 14
五、社会市场营销观念 ........ 15
任务3　现代旅游市场营销观念 ........ 17
一、绿色营销观念 ........ 18
二、网络营销观念 ........ 20
三、文化营销观念 ........ 20
四、低碳营销观念 ........ 21

项目二　实施旅游市场调研　开展营销活动 ........ 25

任务1　旅游市场调查 ........ 28
一、认识旅游市场调查 ........ 29
二、旅游市场调查的内容 ........ 30
三、旅游市场调查的程序 ........ 32
任务2　实施旅游市场调研 ........ 36
一、文案调查法 ........ 37
二、实地调查法 ........ 37
三、旅游市场调查问卷设计 ........ 40

项目三 分析旅游环境 制定营销战略……51

任务1 旅游市场营销宏观环境……54
一、政治法律环境……56
二、经济环境……57
三、社会文化环境……59
四、人口环境……59
五、自然环境……61
六、科技环境……62
任务2 旅游市场营销微观环境……63
一、旅游者……64
二、旅游供应商……65
三、旅游中间商……65
四、旅游竞争者……66
五、社会公众……66
六、旅游企业内部环境……69
任务3 运用SWOT法 制定发展战略……70
一、SWOT分析法……71
二、四种发展战略……73

项目四 分析旅游者购买行为 提高顾客满意度……80

任务1 分析旅游者购买行为……82
一、影响旅游者购买行为的因素……83
二、旅游者购买行为模式分析……86
三、旅游者购买行为过程……88
任务2 提高旅游者满意度……94
一、顾客满意度……94
二、提高顾客满意度的途径……96

模块二 旅游市场营销策略与实践……100

项目五 运用STP战略 开辟新市场……101

任务1 旅游市场细分……103

一、认识旅游市场细分……104
二、旅游市场细分方法……107
任务2 旅游目标市场策略……114
一、选择旅游目标市场……115
二、制定旅游目标市场策略……118
任务3 旅游市场定位……121
一、认识旅游市场定位……122
二、实施旅游市场定位……127

项目六 运用旅游产品策略 设计新产品……134

任务1 旅游产品与产品组合……137
一、旅游产品……137
二、旅游产品组合……142
任务2 旅游产品生命周期与营销策略……145
一、认识旅游产品生命周期……146
二、旅游产品生命周期各阶段的营销策略……147
任务3 旅游新产品设计与开发……151
一、认知旅游新产品……151
二、设计旅游新产品……154
任务4 旅游产品品牌……158
一、认识旅游产品品牌……159
二、旅游产品品牌策略……161

项目七 运用旅游产品定价策略 吸引目标客户……165

任务1 旅游产品价格……167
一、旅游产品价格及其影响因素……168
二、旅游产品定价流程……173
任务2 旅游产品定价方法……175
一、成本导向定价法……175
二、需求导向定价法……178
三、竞争导向定价法……180
任务3 旅游产品定价策略……181
一、新产品定价策略……182
二、心理定价策略……184

三、折扣定价策略 ...................................... 186
四、差别定价策略 ...................................... 188

项目八 运用旅游产品销售渠道策略 拓宽销路 .......... 192

任务1 旅游产品销售渠道 .................................... 194
一、旅游产品销售渠道的概念 ............................. 195
二、旅游产品销售渠道的类型 ............................. 196
任务2 旅游产品销售渠道策略 ................................ 199
一、影响旅游产品销售渠道选择的因素 ................ 200
二、旅游产品销售渠道策略的选择 ...................... 202
三、旅游中间商的选择与管理 ............................. 204
四、旅游产品销售渠道的发展趋势 ...................... 207

项目九 运用旅游产品促销策略 扩大销量 ................ 211

任务1 旅游产品促销 .......................................... 214
一、旅游产品促销基本内涵 ................................ 215
二、旅游产品促销组合策略 ................................ 215
三、影响旅游促销组合策略选择的因素 ................ 216
任务2 旅游广告促销 .......................................... 219
一、认识旅游广告 ............................................. 220
二、旅游广告促销程序 ....................................... 224
任务3 旅游营业推广促销 ..................................... 229
一、认识旅游营业推广 ....................................... 230
二、运用旅游营业推广促销 ................................ 232
任务4 旅游人员推销 .......................................... 236
一、认识旅游人员推销 ....................................... 237
二、运用旅游人员推销 ....................................... 240
任务5 旅游公共关系促销 ..................................... 244
一、认识旅游公共关系 ....................................... 245
二、运用旅游公共关系促销 ................................ 247

参考文献 .......................................................... 252

# 模块一

# 旅游市场营销理论与方法

## 模块导语

市场营销是商品经济的组成部分，旅游市场营销是旅游产业的重要内容。旅游企业经营管理人员顺利开展市场营销业务与活动，需以旅游市场营销的基础知识与基本理论为依据。本模块通过对旅游市场营销工作中常用术语、营销观念等基础知识与理论的学习，使学生全面深入地认知旅游市场营销的特征及观念；通过对旅游市场调研的学习及实施，分析旅游市场营销的宏观及微观环境，运用旅游环境SWOT分析法，为旅游企业目标市场制定有效的营销战略与策略。

学习笔记

# 项目一 认识旅游市场 树立正确营销观念

## 项目综述

本项目通过对旅游市场营销基本术语、市场营销基本观念以及对不同时期市场营销观念及发展历程的梳理，旨在理解旅游市场营销、现代旅游市场营销观念以及旅游企业在市场营销中如何运用营销观念。

## 项目知识图谱

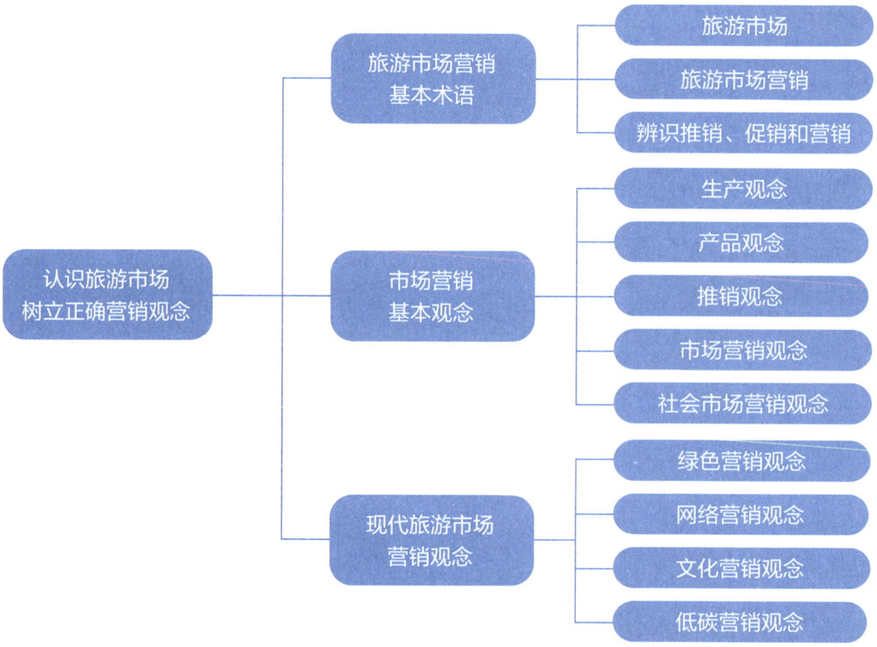


## 项目学习内容

1. 认识市场、旅游市场、旅游市场营销等基本术语。
2. 分析知识案例，结合日常学习和生活经历，学会辨识推销、促销和营销。
3. 认识不同时期的市场营销基本观念。
4. 理解现代旅游市场营销观念及旅游新媒体营销观念。

## 项目学习目标

学习笔记

| | |
|---|---|
| 知识目标 | 掌握旅游市场及旅游市场营销的基本特征；能区分推销、促销和营销的不同；了解市场营销基本观念及现代旅游市场营销观念；理解旅游新媒体营销观念。 |
| 能力目标 | 能结合案例分析旅游企业的营销观念。 |
| 素质目标 | 养成创新意识和爱岗敬业的精神；树立宾客至上的理念；培养自我营销和满足市场需求的意识。 |
| 思政目标 | 培养严谨治学的科学态度；培养实事求是的辩证唯物主义思想；具有中外比较、开放的视野。 |

## 项目导入案例

### 多形式多渠道整合营销　杭州旅游加大欧美市场营销力度

**案例介绍**

杭州的好，国人都知道。那些已经来过杭州或计划来杭州的外国游客，也大体知道这座最具幸福感的东方休闲之都——杭州。走出国门宣传杭州旅游，尤其欧洲、北美等重要旅游客源市场，提高杭州的知名度和影响力，让欧美旅行商和游客对杭州这一旅游目的地产生兴趣，显得尤为重要。正如爱尔兰女旅行家奥丹·科汉，在向《纽约时报》推荐杭州为2011年全世界值得一游的城市之一时说：作为旅游城市，杭州才刚刚进入世界瞩目的焦点。

2011年2月，杭州市旅游委员会向媒体发布了杭州旅游在欧美市场整合营销推广情况。市旅委副主任王信章说，一直以来，国内旅游“一轮独大”始终是阻碍杭州打造国际旅游目的地城市的“短板”，在杭州旅游新的发展形势下，必须加大国际旅游市场营销，尤其是在欧洲、北美等境外主要客源地市场进行广泛的产品营销、客源招揽，从而扩大杭州在欧美市场知名度，传达杭州的旅游信息，引起境外旅行商的注意和兴趣，实现国内、国际两个市场双轮驱动，缩短入境游客人数和国内游客人数的差距，提升杭州旅游人

学习笔记

数中入境游客的比重。

资料来源：http://finance.sina.com.cn/roll/20110217/09479389506.shtml

案例解读

有这样一组数据：英国每年有超过60%的人出国度假，德国就业人员每年有4~6周的带薪假期，近1/4的德国人出国旅行。2009年英国来华旅游人数为52.88万人次；德国来华旅游人数为51.85万人次；法国来华旅游人数为42.48万人次。2009年，整个欧洲来华旅游人数为459.12万人次，北美来华旅游人数为249.12万人次，欧洲和北美来华旅游人数共约700万人次，但来华旅游人数在其整个国际旅游者人数中所占比例却不到6%。说明欧美市场依然存在着巨大的市场潜力。

当前，欧美旅游市场在杭州入境游客中占据怎样的比例？以2009年杭州入境旅游为例，2009年杭州入境旅游人数为230.4万人次。其中，中国香港旅游人数为27.84万人次、中国澳门旅游人数为1.71万人次、中国台湾旅游人数为43.57万人次，日韩旅游人数为71.26万人次，占杭州市入境旅游人数的63%。其他外国入境旅游人数仅为86.16万，仅占杭州市入境旅游人数的37%。在王信章看来，国际市场推广，尤其是欧洲、北美市场的推广营销，有着其自身操作特点。“这两个市场面广人多，北美有5亿多人口，而欧洲国家多、语种多，文化差异大，所以在推广营销时，必须抓住重点。在欧洲，主要面向英国、德国、法国和西班牙等重点客源国，在北美，则应抓住重大客源城市，如纽约、洛杉矶、芝加哥、旧金山等城市，同时进一步实施‘航线战略’，撬动远程市场。”

案例思考

作为旅游市场营销者，应该如何理解市场与旅游市场？

## 任务1　旅游市场营销基本术语

学习笔记

### 任务要求

一般市场的内涵包括：①商品交换的场所（图1-1）。②对某种产品具有购买能力和购买欲望的消费者群体（图1-2）。通过小组合作方式，搜集市场与旅游市场的相关信息，分析并讨论一般市场与旅游企业所面对的旅游市场（图1-3）的差异。

▲ 图1-1　菜市场（地点）

▲ 图1-2　时尚消费市场（人群）

▲ 图1-3　旺季的旅游市场

学习笔记

任务实施

1. 搜集信息，整理资料，了解市场与旅游市场的区别。
2. 结合任务学习内容，分析讨论以上3张图片，说明如何理解旅游市场？
3. 小组合作，以案例、报告或方案的形式，在课堂进行成果展示。
4. 根据教师评价，对成果进行完善，修改并提交成果。

任务学习

## 一、旅游市场

### （一）市场与旅游市场的概念

人们对市场的认识因研究角度的不同而不同。在日常生活中，市场多指商品交换的场所，比如农贸市场、服装市场、海产品批发市场等。经济学则将市场表述为买卖双方及其交易规则的集合，认为市场是商品交换关系的总和，它包括买者、卖者、交易价格以及使买卖得以实现的各种条件。而在市场营销学看来，卖方构成行业，买方则构成市场，市场是所有现实的和潜在的能够并愿意通过交换来满足欲望的消费者的总和。

那么，旅游市场的概念也可归纳为以下三种。

**1. 传统的旅游市场**

传统的旅游市场是指旅游者与旅游企业双方买卖旅游产品的实际场所。这里强调的是交易场所或地点。

▲ 旅游市场的含义

**2. 经济学意义上的旅游市场**

经济学意义上的旅游市场是指在旅游产品交换过程中所反映的各种经济行为和经济关系的总和。一方面，旅游企业通过市场销售自己的产品；另一方面，旅游者通过市场取得自己需要的产品。

**3. 市场营销角度的旅游市场**

市场营销学上的旅游市场是指一定时期内，某一地区存在的对旅游产品具有支付能力的现实和潜在的购买者。所谓现实购买者是指既有支付能力又有购买动机的人；潜在购买者是指可能具有支付能力和购买动机的人。

▲ 旅游市场的构成要素

学习笔记

简而言之，旅游市场就是指旅游需求市场或客源市场。一个客源市场规模的大小，首先取决于市场的人口数量；其次，取决于人们的支付能力；最后，取决于人们的购买欲望。三者缺一不可，人口是构成旅游市场的基本要素，购买欲望是潜在交换变成现实交换的重要条件，购买力是实现交换、构成市场的必要前提。例如，中国旅游市场很大，则意味着愿意去旅游的消费者具有数量规模，而且他们都具有购买力。所以，旅游市场是一定时空下的旅游消费者、购买力、出游愿望和出游机会的集合。

### （二）旅游市场的特点

因旅游活动及旅游业自身固有的特点，决定了旅游市场与其他商品市场相比，具有显著差异。主要表现为以下特点。

▲ 旅游市场的特点

**1. 全球性**

世界经济的进步、科技的发展以及交通运输的进步（图1-4），为旅游活动的发展创造了全球范围短时间跨越的便利条件，世界范围内的各国、各地区居民纷纷加入国际旅游队伍中。由于旅游活动主要表现为旅游者的流动，而不是旅游产品的流通，因此，旅游活动主体的旅游需求者来自全球各个国家和地区。

▲ 图1-4　发达的交通运输业

**2. 异地性**

由于旅游活动的完成通常伴随旅游者地理位置的移动，旅游接待企业的客源（旅游消费者）主要来自非当地居民，因此，旅游市场通常形成于旅游者向旅游目的地转移的过程中，具有异地性的特点。

**3. 波动性**

旅游消费属于非生活必需品的消费，因此，旅游需求受外部环境的影响非常明显，如国际局势、突发事件、重大社会活动、节假日、物价、汇率等因素会引起旅游者总数、构成、流向、流量的一系列变化（图1-5），

▲ 图1-5　德国慕尼黑啤酒节夜景

学习笔记

旅游者的旅游需求因外部环境的变化呈现出旅游目的地的转移特点。

**4. 高度竞争性**

旅游市场的高度竞争性体现在旅游者对稀缺旅游资源的竞争及旅游经营者对旅游者的竞争。一方面，国家经济的发展和科技的进步，带来了人们生活水平的提高和闲暇时间的增多，越来越多的人有能力甚至是竞相外出旅游；另一方面，旅游行业市场进入门槛低，旅游产品容易被模仿，旅游产品的替代性强，导致旅游市场竞争越来越激烈。

### （三）需要、欲望与需求的概念

需要是指人们没有得到某些基本满足的感受状态。比如人们口渴时需要水，饥饿时需要食物，寒冷时需要棉衣，交友时需要旅游体验。这些需要都存在于人类生理特征和社会氛围之中，是人类与生俱来的，不是人们刻意创造的。需要的基本特性是它不依赖于营销活动而存在。

欲望是指人们为了得到满足而对具体物品的需要，是需要的具体化。欲望是多种多样的，没有限制的，可以通过销售活动去影响人们的欲望。如人们饥饿时，有的人选择一碗面条，有的人选择一份牛排……欲望是多种多样的。企业要综合考虑社会、经济、文化等影响因素，引导甚至创造人们的欲望，通过提供特定的产品或服务来满足这些欲望。

需求是指人们有能力购买并愿意购买某种产品的状态。简单地说：需求等于“欲望”加上“购买力”，二者缺一不可。比如大部分年轻人对欧洲十日游都有欲望，但是如果缺乏购买力，就不能构成需求；再如普通消费者对蜡烛都有购买力，但是他们没有购买欲望，也不形成需求。从市场营销角度看，想与顾客成功地交换产品，营销者需要努力地创造需求。

旅游企业的营销活动可以影响欲望的产生，通过营销者的努力，使消费者的欲望转变为需求；只有产生了需求，营销者才能将产品或服务与消费者进行交换。

## 二、旅游市场营销

学习笔记

### （一）旅游市场营销内涵

知识案例

**市场营销创造需求**

美国一鞋业公司老板派他的财务主管到一个非洲国家去了解公司的鞋能否在那里找到销路。一星期后，主管发电报说："这里的人都不穿鞋，因而这里一点市场都没有。"接着该鞋业公司的总经理决定派最好的推销员到这个国家进行仔细调查。一星期后，推销员发电报说："这里的人都不穿鞋，是一个巨大的市场。"鞋业公司的总经理为弄清情况，又派他的市场营销副总经理去解决这个问题。两星期后，市场营销副总经理发电报说："这里的人不穿鞋，但是他们有脚疾，穿鞋对脚有好处。但是，他们的脚比较小，所以我们必须重新设计我们的鞋子，而且我们必须在教育'懂得穿鞋有益'方面花一笔钱，在开始之前还必须得到部落首领的同意。这里的人没什么钱，但他们盛产我从未吃过的最甜的菠萝。我估计市场发展潜力在3年以上，因而我们的一切费用包括推销菠萝给一家欧洲超级市场的费用都将得到补偿。总算起来，我们还可赚得垫付款30%的利润。我认为，我们应该毫不迟疑地去干。"

资料来源：根据市场营销案例——海岛卖鞋改编

结合上述知识案例，说明旅游市场营销是指旅游企业以消费者需求为出发点，有计划地组织各项经营活动，为消费者提供满意的商品或服务，从而实现旅游企业经营目标的过程。旅游市场营销就是为了去研究市场、开发市场、满足市场等一切围绕销售展开的活动的总和。由此可见，旅游市场营销是旅游企业以满足旅游者需求和旅游企业目标为目的，对旅游产品进行构思、定价、促销的计划及执行过程，它是一门研究旅游企业市场营销理念、营销活动规律及营销战略和营销策略的应用学科。

学习笔记

### （二）旅游市场营销的特征

**1. 营销导向**

旅游企业的一切经营活动都必须以旅游市场需求作为出发点和归宿，以旅游消费者为核心，并通过满足旅游消费者的需求来获取利润。

**2. 管理导向**

旅游企业的发展受诸多营销环境因素的影响，旅游市场营销的实质在于旅游企业对于动态环境的创造性的适应，即运用一切可利用的资源，通过产品、渠道、价格和促销等管理策略实现对环境的适应。

**3. 信息导向**

旅游市场营销的最终目的是满足旅游者的需求，这就必须借助信息的传导。一方面，旅游企业需对复杂、多样的旅游消费者需求进行深入、细致的调查（图1-6）。另一方面，旅游企业需对内外部环境进行调研和决策，以适应环境的变化。所有这些决定了信息在旅游企业市场营销中的重要地位。

▲ 图1-6 旅游企业工作人员调查消费者需求

**4. 战略导向**

旅游市场营销对旅游企业的长远发展有着十分重要的影响，要求旅游企业具备对市场环境的长期适应性。在社会飞速发展的时代，旅游企业若想实现持续发展，必须依赖于对环境的适应，依赖于现代化市场营销的战略导向。

## 三、辨识推销、促销和营销

市场营销并不等同于人们以前所认为的促销与推销。营销以客户为中心，站在客户的立场，生产客户需要的产品，并让自己的产品与众不同，建立自己的品牌；而促销和推销只是市场营销的一部分，二者都是以产品为中心，考虑短时间内大量销售产品。

促销通常采用人员推销、广告宣传、营业推广、公共关系等活动向旅游者传递信息，不提供顾客反馈。因此，促销缺乏系统性和完整性，没有达到市场营销中战略与决策的高度。

▲ 辨识推销、促销和营销

推销是促销的一种手段，是企业围绕销售商品展开的各项活动，多指人员推销。如菲利普·科特勒指出的，推销不是市场营销最重要的部分，而只是“市场营销冰山”的尖端。推销是企业市场营销人员的职能之一，但不是最重要的职能。

学习笔记

营销中最重要的4P组合策略，即产品（Product）、价格（Price）、渠道（Place）和促销（Promotion），它是一个过程。促销是营销的一种手段，推销是一种方式。在市场竞争中，如果只采用推销，只能达成市场销量和市场份额，不能保证企业确立长久的市场地位；如果只采用营销，可能导致企业过度注重战略而无法获得市场竞争的现实业绩与市场占有率。因此，从商战的角度讲，推销是战术行为，促销是战术的支援，营销则是战略规划。企业想在市场竞争中取胜，需将三种策略组合运用，即现代营销“SPM”策略。

知识案例

## 把梳子卖给和尚

一家生产梳子的公司招聘业务员，经过面试后剩下甲乙丙三个人，最后一道题是：把梳子尽可能多地卖给和尚？半个月后，三个人回来了。结果：

甲：经过努力，最终卖出了1把梳子。（在跑了无数的寺院、推销了无数的和尚之后，碰到一个小和尚，因为头痒难耐，说服他把梳子当作一个挠痒的工具卖了出去。）

乙：卖出了10把梳子。（也跑了很多寺院，但都没有推销出去，正在绝望之时，忽然发现烧香的信徒中有个女客头发有点散乱，于是对寺院的住持说，这是一种对菩萨的不敬，终于说服了两家寺院每家各买了5把梳子。）

丙：卖了1500把梳子，并且可能会卖出更多。（在跑了几个寺院之后，没有卖出一把，感到很困难，便分析怎样才能卖出去？想到寺院一方面传经布道，另一方面也需要增加经济效益，前来烧香的信徒有的不远万里，应该有一种带回点什么的愿望。于是和寺院的住持商量，在梳子上刻上各种字，如虔诚梳、发财梳……并且分成不同档次，在香客求签后分发。结果寺院在应用之后反响很好，越来越多的寺院要求购买此类梳子。）

资料来源：http://guide.foodmate.net/2013/4185.html

学习笔记

## 案例讨论

将梳子卖给和尚是很不容易的事情。因此这三个人都应该算是很优秀的销售人员。从三个人完成任务的角度看，什么是市场营销？它的实质是什么呢？从三个人身上，我们学到什么呢？

## 任务检测

请扫描二维码

检测一下任务知识学习情况吧！

## 任务考核

| 考核内容 | 非常优秀 | 优秀 | 良好 | 合格 | 不合格 |
|---|---|---|---|---|---|
| 按时完成任务情况 | | | | | |
| 搜索整理信息能力 | | | | | |
| 小组团结协作能力 | | | | | |
| 小组汇报展示能力 | | | | | |
| 小组成果创新能力 | | | | | |
| 任务考核分值建议 | 非常优秀（90~100分）、优秀（80~90分）、良好（70~80分）、合格（60~70分）、不合格（60分以下） | | | | |

根据小组任务实施情况，结合表中考核内容，完成小组任务考核评价。

# 任务 2 市场营销基本观念

## 任务要求

旅游市场营销观念是旅游企业决策者谋划和组织企业的整体实践活动中所依据的指导思想、思维方式，是一种关于组织企业整体活动的管理哲学。它决定企业以什么样的观念看待企业、顾客与社会之间的关

学习笔记

系，并以此来指导企业的市场营销管理活动。通过小组合作方式，搜集知名旅游企业在某一时期运用的旅游市场营销观念，分析并讨论，小组所选择的旅游企业在某一时期所运用的市场营销观念中存在的利与弊。

## 任务实施

**1. 搜集信息，整理资料**

（1）通过网络搜索或查阅图书等，了解国内外知名旅游企业发展历程。

（2）分析资料，选择一家知名旅游企业，了解其不同时期市场营销观念。

**2. 分析讨论**

（1）分析该旅游企业在不同时期运用的市场营销观念，为企业的发展带来什么影响？

（2）分析该旅游企业在某一时期所运用的市场营销观念的利与弊分别是什么？

**3. 成果展示**

小组合作，汇报分析讨论结果，以案例、报告或方案的形式在课堂展示。

**4. 成果完善**

根据教师评价，不断完善成果，修改并提交成果。

## 任务学习

自20世纪初以来，面对不断变化的市场条件和竞争状态，市场营销观念随着企业的营销实践一起经历了一个漫长的演进过程，先后出现了以生产者为导向的生产观念、产品观念、推销观念；以消费者为导向的市场营销观念、社会市场营销观念等。

### 一、生产观念

生产观念是一种古老的经营哲学。这种观念于20世纪20至30年代流行于西方国家的工商企业。生产观念认为消费者喜欢随处可见的价格低廉的产品，企业应致力于如何在资源有限的条件下提高生产和分销效率。这种

▲ 认识生产观念

学习笔记

观念奉行“我能生产什么，我就生产什么”，重生产，轻营销，忽视消费者的需求，市场营销管理强调“以量取胜”。生产观念产生于商品供不应求、物资严重短缺的卖方市场条件下，而有的企业由于产品成本过高，也会受生产观念的支配。

## 二、产品观念

▲ 认识产品观念

产品观念出现于20世纪50年代。产品观念是比生产观念稍后出现的营销哲学，产生于供不应求的卖方市场条件下。只是市场上同类产品增多，消费者有了选择的余地；市场状况开始发生变化，虽然仍是卖方市场，但出现了竞争；消费者开始对产品挑剔，需求从单一转为多样。信奉产品观念的营销管理人员认为，消费者喜欢高质量、多功能、有特色的产品，企业应致力于生产高质量的产品，所谓“好酒不怕巷子深”就是产品观念的典型写照。奉行产品观念的企业强调“以质取胜”，往往只迷恋自己的产品，看不到市场需求的变化，在市场营销管理中缺乏远见，容易患“营销近视症”。

## 三、推销观念

▲ 认识推销观念

推销观念从20世纪30年代末出现一直持续到20世纪50年代。产生于西方国家由卖方市场向买方市场过渡的阶段。这个阶段，企业之间的竞争日益激烈，市场营销管理人员发现，即使提供物美价廉的产品，也未必能受到消费者的青睐。因此他们非常重视广告、人员推销等促销手段，认为必须刺激消费者才能促使他们购买。为此，企业都开始建立销售部门和销售队伍，开始研究吸引顾客的方法和手段。但是，企业关注的不是顾客需要什么，而是如何让顾客购买企业的产品，企业通过各种推销手段推销产品，获取利润，其中不乏假冒伪劣产品和坑蒙拐骗的手段。所谓“酒香还得勤吆喝”就是推销观念的典型写照。奉行推销观念的企业强调“以促销取胜”，在产品生产过剩时期，推销观念风行一时。

## 四、市场营销观念

市场营销观念成型于20世纪50年代中期的买方市场条件下，是市场营销学的一次重大革命，与前三种观念截然不同的是，市场营销观念注重买方利益，强调“以市场为导向”，以满足目标消费者需求为目的，

学习笔记

即“顾客需要什么，我就生产什么”。此前的传统观念都是从企业自身的利益出发，以产品为中心进行营销管理。

▲ 认识市场营销观念

## 五、社会市场营销观念

社会市场营销观念是以社会长远利益为中心的市场营销观念，是对市场营销观念的补充和修正。社会市场营销观念产生于20世纪70年代西方资本主义国家出现能源紧张、环境污染、人口爆炸、通货膨胀等问题的形势下，强调营销管理应该平衡企业、消费者、社会公众三者的共同利益。社会市场营销观念认为，市场营销观念主要强调个体消费者的满足，而回避了消费者欲望、消费者利益和社会长远利益之间的关系。随着环保主义、消费者保护运动的兴起和发展，企业认识到，应在满足顾客需求的同时，注重广大消费者和社会的长期利益。

▲ 认识社会市场营销观念

五种营销观念的比较如表1-1所示。

表 1-1　五种营销观念比较

| 企业营销观念 | 经营程序 | 经营重点 | 经营手段 | 经营目标 |
| --- | --- | --- | --- | --- |
| 生产观念 | 产品→市场 | 产品 | 提高生产效率 | 通过扩大产量取得利润 |
| 产品观念 | 产品→市场 | 产品 | 丰富产品类型 | 通过增加产品种类取得利润 |
| 推销观念 | 产品→市场 | 产品 | 大力促销 | 通过扩大销售量取得利润 |
| 市场营销观念 | 市场→产品→市场 | 顾客需求 | 整体市场营销 | 通过满足顾客需求取得利润 |
| 社会市场营销观念 | 市场→产品→市场 | 顾客需求<br>社会利益 | 整体市场营销 | 通过满足顾客需求<br>维护和增进社会利益<br>取得利润 |

学习笔记

知识案例

## 建立新的营销理念

香格里拉饭店集团是亚洲饭店业的龙头、世界饭店业的后起之秀，其骄人业绩的获得与其自始至终坚持的营销理念息息相关。香格里拉饭店集团创始于20世纪70年代，自1972年首家饭店在新加坡正式归属郭氏集团以来，20年间其饭店规模已达40多家，经营范围覆盖东南亚、东亚及北美地区。尤其令人称颂的是，在每年度评选的世界十大饭店排行榜上，都有多家香格里拉饭店入围。

在香格里拉的经营哲学中，顾客为尊、员工利益及领导行业潮流是其重要组成部分。为了使其经营理念融入经营体系中，饭店集团开展了系列的培训活动和服务体系的完美活动，包括“超值服务”“殷勤好客亚洲情”等。配合这些理念，饭店又针对住店客人需求，推出了“服务中心”的概念，将原来的分散服务变为回头客的“常客优惠计划”，包括给予常客的价格优惠、客房升级优惠、免费机场接送、免费洗衣等。

在香格里拉的营销理念中，保持与顾客的联系、建立长期稳定的业务关系是其最根本的层面。香格里拉饭店集团认为，当客人的合理需求与饭店现行的服务程序和政策发生矛盾时，饭店应以顾客的需求满足为原则；当满足顾客需求会给饭店带来一定的经济损失时，饭店员工主要考虑的不仅是客人此次能为饭店创造价值，更主要的在于赢得顾客忠诚而带来顾客的终身价值。

资料来源：苏日娜. 旅游市场营销. 北京：机械工业出版社，2008.

案例讨论

结合上述五种营销观念知识的学习，你认为香格里拉饭店集团在其经营中采用了什么营销观念？

结合以上知识的学习，你认为21世纪大数据时代下的现代饭店业除了运用这种营销理念外，还可以注入什么新的理念与策略？

学习笔记

## 任务检测

请扫描二维码
检测一下任务知识学习情况吧！

## 任务考核

| 考核内容 | 非常优秀 | 优秀 | 良好 | 合格 | 不合格 |
|---|---|---|---|---|---|
| 按时完成任务情况 | | | | | |
| 搜索整理信息能力 | | | | | |
| 小组团结协作能力 | | | | | |
| 小组汇报展示能力 | | | | | |
| 小组成果创新能力 | | | | | |
| 任务考核分值建议 | 非常优秀（90~100分）、优秀（80~90分）、良好（70~80分）、合格（60~70分）、不合格（60分以下） | | | | |

根据小组任务实施情况，结合表中考核内容，完成小组任务考核评价。

# 任务 3　现代旅游市场营销观念

## 任务要求

市场营销观念历经漫长的演进过程，直至现代，出现了以现代旅游市场营销为导向的绿色营销观念、网络营销观念、文化营销观念和低碳营销观念等。通过小组合作方式，学习现代旅游市场营销观念，认识每一种营销观念的产生背景及适用条件，树立现代旅游市场营销意识和创新意识，分析并讨论以下“贵州省旅游资源开发”案例。

▲ 图1-7　贵州自然风光

**微型案例：**贵州（图1-7）原是一个经济和旅游业都不发达的省份，省委原书记陈敏尔提出“农业文明在平原，工业文明在沿

学习笔记

海，生态文明在山地”的论断后，贵州抓住了山地系列产品建设的独特卖点，站在了绿色生态文明的制高点上，在全域旅游百舸争流的态势中，成为了引领潮流的旗舰。

## 任务实施

**1. 搜集信息，整理资料**

通过网络搜索或查阅图书等方式搜集信息，整理“贵州山地系列产品及绿色生态文明建设情况”相关资料。

**2. 分析讨论**

（1）结合任务学习内容，思考贵州省旅游资源开发的观念属于哪种类型的旅游市场营销观念？

（2）请思考，贵州省将“地无三尺平”的资源劣势开发成“好山好水好生态”的优势后，将吸引哪些地方的旅游人群？

**3. 成果展示**

小组合作，汇报分析讨论结果，以案例、报告或方案的形式在课堂展示。

**4. 成果完善**

根据教师评价，不断完善成果，修改并提交成果。

## 任务学习

### 一、绿色营销观念

▲ 认识绿色营销观念

绿色营销观念是以绿色文化为价值观，以绿色消费为出发点，力求满足旅游消费者的绿色需求，从而实现旅游企业、旅游消费者、社会与生态环境的健康、协调、统一和可持续发展，使旅游企业在生产经营活动的各个阶段减少或避免环境污染，在市场营销过程中注重生态环境的保护。旅游绿色营销观念的提出和完善，对旅游行业有着重要的意义。它纠正了人们认为旅游业是“无烟产业”，不会造成环境污染的错误观念，使人们认识到旅游业的发展对环境的影响是隐性的，不注重大力保护生态环境，将带来不可挽回的损失。

知识案例

学习笔记

### 北京13家饭店的"绿色行动"

据报道，习惯了国内饭店客房里免费一次性客用品"一件也不能少"的客人，今后到北京旅游时，将不得不在行李里带上牙刷牙膏等洗浴用品。

首旅建国集团日前宣布启动饭店的"绿色行动"，包括建国饭店、西苑饭店、兆龙饭店等在内的北京13家中高档星级酒店共同签署了宣言，作为环保措施的第一步，从2005年5月13日起，这些饭店将不再主动向客房派送牙刷牙膏等客用消耗品。据介绍，此次行动将分阶段实施，逐渐取消"六小件"（牙刷、牙膏、拖鞋、沐浴液、洗发水、梳子）是其中第一步。此外，还将减少床单、毛巾、浴巾等布草的洗涤，如果客人不主动提示，床单、毛巾、浴巾等将不再一日一换。

2010年12月14日，《北京晨报》报道，2011年新版饭店星级标准强调绿色环保，取消对"六小件"等用品的硬性要求，"六小件"将不再作为考核酒店星级标准之一。

案例解读

当今，在可持续发展的主题背景下，企业按照环保与生态原则选择和确定营销组合策略，如设计与开发绿色的产品、制定绿色的价格、选择绿色的销售渠道、采取绿色的促销手段，实施绿色营销战略，树立企业绿色营销和品牌形象是企业形成核心竞争力、获得竞争优势的重要途径之一。它有助于企业顺利进入国际国内市场，提高企业的经济效益。企业充分关注自然生态平衡，坚持绿色营销理念，满足消费者需求，谋求消费者、企业、社会和生态利益统一的企业目标，才能建设一个美丽的中国。

学习笔记

## 二、网络营销观念

网络营销观念是一种借助Internet网站服务、即时通信和交互数字多媒体系统等来实现旅游营销目标的观念；以计算机互联网技术为基础，通过与潜在旅游消费者在网上直接接触的方式，向旅游消费者提供更好的旅游产品和服务的营销活动（图1-8）。利用Internet进行营销活动，可使旅游产品以低廉的营销费用，实现全球营销。通过网络购物，旅游消费者根据自己所需获得旅游产品。虽然旅游网络营销是定制营销，却没有增加旅游成本，反而降低了旅游营销费用。网络营销方式可以提供全天候的广告，极大地提高了旅游企业与旅游消费者接触的机会，增强了潜在的销售机会。

▲ 图1-8 互联网全球销售通信

## 三、文化营销观念

文化营销观念是指旅游企业成员共同默认并在行动上付诸实施，从而使旅游企业营销活动形成文化氛围的一种营销观念，它反映在旅游企业营销活动中经济与文化的不可分割性。

旅游企业通过运用文化因素进行营销活动，实现市场制胜。它要求旅游企业经营中凝聚着文化；旅游产品在具有使用价值的基础上，凝聚着审美、知识、社会等文化价值的内容；旅游企业在整个营销活动过程中，渗透着文化。如香格里拉的“以发自内心的待客之道，创造难以忘怀的美好经历，时刻令客人喜出望外”，希尔顿的“你今天对顾客微笑了没有”等，说明了文化营销观念是企业在市场竞争中赢得优势的源泉和保证。

学习笔记

## 四、低碳营销观念

低碳营销是环境保护形势下与低碳经济的驱动下产生的。低碳营销以满足低碳需求为出发点，为消费者提供能够有效降低环境污染、防止资源浪费的产品，力求实现人类行为与自然环境的和谐发展。低碳营销观念是以碳减排和环境保护为中心，以旅游企业和社会可持续发展为导向的一种经营观念，体现在强化客户合理需求、强化可持续发展、强化低碳企业文化等方面。

知识链接

### 低碳成为欧洲旅游新主题

随着哥本哈根世界气候大会的举行，环境保护再一次成为各方关注的焦点，倡导低碳生活成为当下流行的说法和做法。于是，在2010年旅游产品的推介环节上，低碳成为很多欧洲国家旅游产品的主题。

在北欧旅游局年度推广会上，2010年北欧旅游主题是：自然健康的生活方式和倡导环保、可持续发展的生活态度，而“环保先行，绿色体验的低碳之旅”成为2010年北欧旅游局的主打品牌产品之一。北欧丹麦、挪威、瑞典三国，在绿色环保方面，其风能发电、节能减排、垃圾处理以及生态小区建设等方面均处于国际领先水平，同时2009年丹麦是哥本哈根世界气候大会的举办地。而挪威以纯净的自然环境著称，挪威8日极地探险之旅报价虽高，但其市场仍被看好。北欧旅游局相关负责人表示，北欧的“低碳减排之旅”将是今年商旅考察的经典路线之一。荷兰旅游局推出了以低碳为主题的旅游产品，旅游线路中将荷兰的自然、人文、艺术等经典元素同低碳旅行方式结合，骑行、漫步取代舟车劳顿。在荷兰7日赏郁金香骑行之旅中，游客亲自骑行畅游花海等。此外，瑞士、奥地利等国家也纷纷将环保、自然等作为今后旅游发展的重要主题。

资料来源：http://www.biketo.com/news/872.html

低碳营销要求旅游企业真正树立低碳营销观念，根据低碳信息，加强对低碳消费市场的研究，有针对性地实施低碳营销策略，积极开发低碳旅游产品。在旅游产品的设计、生产、包装和销售过程中，不仅注重环保问题，更应有效地推动旅游产品设计的合理化，制定合理的低碳旅游产品价

学习笔记

格，建立销售渠道，凸显低碳品牌效应，形成真正意义上的低碳营销。

### 知识拓展：认识旅游新媒体营销观念

近年来，我国在互联网基础资源、5G、量子信息、人工智能、云计算、大数据等科技领域发展极为迅速，通过互联网、宽带、卫星等渠道以及电脑、手机、数字电视等，向终端用户提供信息的网站、博客、微博、微信、QQ、手机App等新媒体成为当前信息传播的重要途径。

新媒体将传统的单向传播转为双向交流，改变了信息传播者与收看者之间的关系，旅游企业通过包含着文字、图像、音频、视频等综合表现形式的新媒体平台，可以将旅游企业的产品、价格、旅游资讯、企业文化等完整地呈现给旅游者。

旅游新媒体营销是基于互联网技术的高速发展背景下，旅游企业运用互联网信息技术，利用新媒体开展营销活动的方式、手段和过程。它具有较强的互动性、快捷的传播速度及低廉的成本等特征。

处于当前大数据时代背景下，旅游企业通过大数据分析旅游者搜索足迹、心理状态、旅游需求等信息，利用官方网站、博客、微博、微信、手机App等新媒体，不仅为旅游者提供大量及时且权威的旅游产品信息，而且可将各种营销策略进行有效组合，对旅游目标客户群进行精准营销，有针对性地对旅游者进行旅游消费引导。

## 任务检测

请扫描二维码
检测一下任务知识学习情况吧！

## 任务考核

| 考核内容 | 非常优秀 | 优秀 | 良好 | 合格 | 不合格 |
|---|---|---|---|---|---|
| 按时完成任务情况 | | | | | |
| 搜索整理信息能力 | | | | | |
| 小组团结协作能力 | | | | | |
| 小组汇报展示能力 | | | | | |

续表

| 考核内容 | 非常优秀 | 优秀 | 良好 | 合格 | 不合格 |
| --- | --- | --- | --- | --- | --- |
| 小组成果创新能力 | | | | | |
| 任务考核分值建议 | 非常优秀（90~100分）、优秀（80~90分）、良好（70~80分）、合格（60~70分）、不合格（60分以下） | | | | |

根据小组任务实施情况，结合表中考核内容，完成小组任务考核评价。

学习笔记

## 项目思政案例

### 《印象丽江》大型实景演出

#### 案例介绍

《印象丽江》是继《印象刘三姐》之后推出的又一部大型实景演出，总投资达2.5亿元。上篇为“雪山印象”，下篇为“古城印象”，原生态大型实景演出《印象丽江》由中国最具影响力的导演张艺谋携手王潮歌、樊跃共同执导，历时1年多时间，经上百次修改完成。演出剧场位于海拔3050米的世界最高的实景演出场地——玉龙雪山景区甘海子，是目前唯一一部在白天进行的实景演出。人员由《印象刘三姐》的原班人马组成。《印象丽江·雪山篇》以雪山为背景，汲天地之灵气，取自然之大成，以民俗文化为载体，用大手笔的写意，在海拔最高的演出场地，让生命的真实与震撼，如此贴近每一个人。《印象丽江》也荣获了“国家文化产业示范基地”的称号。

#### 案例解读

《印象丽江》大型实景演出成功之处在于：以民间生活元素与实景演出艺术相结合，少数民族文化与雪山特殊环境相结合，丽江品牌与张艺谋品牌相结合，通过民族文化的多种表现形式丰富了玉龙雪山的旅游文化内涵，又以丽江旅游带动了民族文化的展示与传播，将旅游和文化两个重要元素紧密融为一体，成就了丽江旅游产业和文化产业的结合，开启丽江文化旅游的新篇章，使得《印象丽江》不仅成为丽江旅游的一个亮点，也成为丽江本土文化的一个代

学习笔记

表，也为打造丽江文化旅游名市，提升丽江旅游文化品位，以及可持续发展打下了坚实的基础。

**案例思考**

通过案例介绍与案例解读，请从“中华民族传统文化传播、历史传承与城市文化旅游品牌的建设与宣传有机结合”的视角，撰写一篇2000字左右的某城市文化旅游营销案例或方案，题目自拟。

## 项目小结

本项目阐述了市场、旅游市场、需要、需求、营销、促销、推销等旅游市场营销基本术语以及市场营销、旅游市场营销的基本概念与特征。梳理了不同阶段市场环境下的营销观念，列举了现代较为常见的几种旅游市场营销观念。通过以上内容的阐述，掌握旅游市场营销的基本概念与核心概念，能够理解21世纪大数据时代下旅游市场新媒体营销观念。通过项目中案例的解读与分析，让学生在日常学习生活中树立正确的旅游市场观念，不断培养自身的创新意识和爱岗敬业精神。

## 项目练习

请扫描二维码

检测一下项目知识学习情况吧！

# 项目二　实施旅游市场调研　开展营销活动

学习笔记

## 项目综述

本项目介绍了旅游市场调查概念与内容、旅游市场调查的基本程序以及旅游市场调查的方式方法等相关知识，通过对文案调查方法和实地调查方法的学习，理解旅游市场调查问卷的设计技术，以期能够达到独立设计旅游企业调查问卷、开展旅游企业市场调研、撰写旅游企业调研报告的目标。

## 项目知识图谱

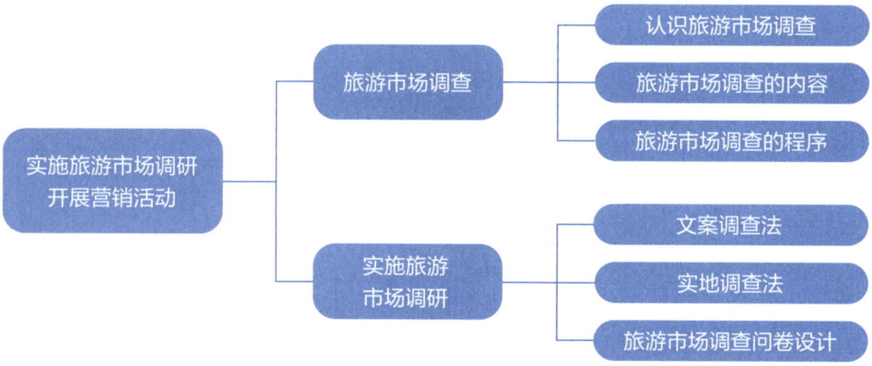


## 项目学习内容

1. 认识旅游市场调查的概念、内容、程序。
2. 理解旅游市场调查的方法技巧以及调查报告的撰写要求。
3. 理解旅游市场调查问卷的设计技巧及设计要求。
4. 通过市场调研分析旅游企业面临的市场问题，并提出解决措施。

学习笔记

## 项目学习目标

| | |
|---|---|
| 知识目标 | 了解旅游市场调查对于旅游企业的重要意义；掌握旅游市场调查的主要内容和程序；掌握旅游市场调查方法和问卷设计技术。 |
| 能力目标 | 能运用旅游市场调查方法和技术，开展旅游企业市场调研；能独立设计旅游市场调研问卷，整理并分析、撰写调研报告。 |
| 素质目标 | 培养团队协作意识；培养良好的书面语言表述能力；培养良好的语言表达能力及沟通能力。 |
| 思政目标 | 培养敏锐的洞察力与思辨力；培养实事求是的辩证唯物主义思想；培养与时俱进的创新发展精神；树立大局意识。 |

## 项目导入案例

### 西安市度假村市场调查方案

案例介绍

#### 一、调查目的

本次市场调查立足于陕西某集团鲸鱼沟度假村开发项目，对西安市度假村基本情况、各层次度假村接待情况、西安市消费者收入状况与消费结构现状以及西安市集团度假消费状况等方面做出详细的市场调查，为该项目提供市场分析基本资料，以帮助该项目在市场定位和市场经营策略方面做出正确抉择。

#### 二、调查主要内容与方法

本次调研包括三方面的内容，第一是度假村调查；第二是西安市消费者调查；第三是西安市集团消费调查。度假村的调查范围为西安市区和长安县；消费者调查和集团消费调查的范围是西安市区内的企事业单位和城市居民。

1. 度假村调查

度假村调查主要内容是西安市度假村的基本情况，如度假村的数量、规模、分布、高中低档次结构、客房出租率、经济效益等度假村市场现状的资料，还需通过有关管理机构获取一些现成资料。调查方法可采用面谈访问法和案头调查法，并依据典型调查方法在不同规模、不同层次的度假村中分别选择2个调查对象，按照大、

学习笔记

中、小规模进行划分，选择6个度假村，对其经营状况进行深入调查。

各层次度假村的典型调查内容包含各度假村的实际接待能力、服务设施、服务功能、不同时间段（周一至周四，周五至周日）的客源结构、客房出租率、出租价格及其变化等内容。

2. 西安市消费者调查

消费者调查主要内容是西安市消费者的收入状况和消费结构、度假消费状况，以及消费者对目前西安市度假村的评价及要求。由于去度假村休假的消费者主要是城市居民，故调查总体包括西安市六大区非农居民，具体范围是新城区、碑林区、雁塔区的小寨路街道办、灞桥区的纺织城街道办等地区居民。合计调查总体数为46.3万户。针对总体庞大的特点，可采用随机抽样方法选择调查对象。

根据有限总体所需样本经验数据表查得，在可靠性水平为95%，允许误差为±5%的情况下，当总体是50万时，样本数为384个。由于本调查总体小于50万，故样本数确定为380个。根据本次调查内容要求，采用分群分层相结合的抽样设计方法。首先在以上调查总体中按随机方法抽取居委会（家委会），然后以家庭收入高低分层，并根据各层居民户占总体比例分配样本，再用等距抽样法在选中的居委会（家委会）中抽取入户调查对象。

3. 西安市集团消费调查

集团消费是度假村客流主要来源。由于不同行业、不同规模、不同所有制的团体组织其集团消费内容和方式不同，因此，对集团消费调查采用相互配额抽样方法，按照各行业、各种规模、各种团体组织的比例分配样本数。考虑到集团消费尽管有差异，但与消费者市场比较，模仿消费、攀比消费现象较为普遍，同一类型团体组织的消费相似性较强，故按照每一类型团体组织分配1或2个样本计，样本总数确定为40个，并采用面谈法进行调查。

## 三、调查时间

本次调查从4月30日开始，到5月30日结束，历时1个月。

学习笔记

## 四、费用预算

调查费用预算表

| 序号 | 项目 | 金额（元） | 备注 |
|---|---|---|---|
| 1 | 方案设计费 | 4000.00 | |
| 2 | 选样费 | 4000.00 | |
| 3 | 问卷印制费 | 1170.00 | |
| 4 | 度假村调查费 | 3000.00 | |
| 5 | 集团调查费 | 4800.00 | |
| 6 | 消费者调查费 | 2000.00 | |
| 7 | 小礼品 | 1200.00 | |
| 8 | 交际费 | 1000.00 | |
| 9 | 上机处理费 | 3000.00 | |
| 10 | 调查报告费 | 5000.00 | |
| 11 | 总计 | 29170.00 | |

资料来源：张庚淼．市场营销调研．大连：东北财经大学出版社，2002．

### 案例思考

对于旅游企业来说，旅游企业市场调研可以了解到哪些市场信息？旅游企业常用的市场调研方法有哪些？

## 任务 1　旅游市场调查

### 任务要求

通过对旅游市场调查的概念、旅游市场调查主要内容以及旅游市场调查的基本程序等相关知识的学习，通过小组合作方式，搜集知名旅游企业的旅游市场调查信息，小组分析并讨论，为旅游企业设计可行的旅游市场调查方案，撰写旅游企业项目调研报告。

任务实施

学习笔记

**1. 搜集信息，整理资料**

（1）通过网络搜索或查阅图书等方式，了解国内外知名旅游企业市场经营现状。

（2）分析资料，选择一家知名旅游企业，详细了解旅游企业概况。

（3）整理某知名旅游企业的市场调查分析案例。

**2. 分析讨论**

（1）结合任务学习内容，讨论旅游企业市场调查报告的内容及类型。

（2）结合任务学习内容，分析旅游企业市场调查信息，撰写市场调查报告。

**3. 成果展示**

小组合作，汇报分析讨论结果，以案例、报告或方案的形式在课堂展示。

**4. 成果完善**

根据教师评价，不断完善成果，修改并提交成果。

任务学习

## 一、认识旅游市场调查

随着经济的全球化发展和旅游市场的无国界化趋势，旅游消费市场迅速扩大，旅游企业间市场竞争也日益激烈，分析市场、发现市场和定位市场是企业生存发展的关键问题。

▲ 图2-1　认识旅游市场调查

旅游市场调查是指运用科学的方法和手段，有目的、有系统地收集、记录、整理、分析有关旅游企业市场的资料和信息，为市场经营决策提供可靠依据的活动。旅游企业进行旅游市场调查能及时掌握市场需求特点及供求平衡状况，为企业编制经营计划、制定科学的营销决策提供依据（图2-1）。

学习笔记

知识案例

### 马里奥特酒店的市场调查

一个夏天的上午，6位马里奥特酒店的雇员在亚特兰大机场外的一家低端酒店入住。他们选择的是30美元/晚，铺着红地毯，挂着紫色丝绒窗帘的房间。到达房间后立刻各就各位开始工作。一个人呼叫前台说房间的空调坏了；另外一个人细心地记下卫生间肥皂、洗发水、毛巾的商标；第三个人脱掉衣服躺在床上感受枕头、床垫的舒适度，敲击墙壁让隔壁的同事记下房间的隔音情况。

6个月以来，马里奥特酒店的“情报员”在全国各地收集关于经济型连锁酒店的情报。探查竞争对手的产品有助于马里奥特饭店获取现在竞争对手的优势和劣势，得到这些详细资料后，马里奥特酒店集团预算投资5亿美元新建一个经济型品牌。马里奥特酒店集团还雇用猎头公司私访了5家经济型联号酒店的15个区域经理，从他们身上了解需求和期望，并获取了分部经理的报酬、培训、职业规划等信息，同时洞察了企业文化。

资料来源：[美]小卡尔·迈克丹尼尔（Carl McDaniel, Jr.），罗杰·盖兹（Roger Gates）. 当代市场调研. 范秀成等译. 北京：机械工业出版社，2000.

案例解读

结合上述知识案例，市场调查可以了解消费者的消费习惯与心理；可以为新项目决策提供依据；可以客观、正确地认识竞争对手的情况，确定企业自身所处的位置与环境；可以洞悉不断变化的市场发展趋势。

## 二、旅游市场调查的内容

为了进一步明确旅游市场调查的内涵，对旅游市场调查应包含的主要内容进行具体说明。

学习笔记

### （一）旅游市场调查的目的

旅游市场调查的目的是为旅游企业决策者或管理部门提供参考依据，可能是为了制定旅游企业长远性的战略性规划，也可能是为制定某阶段规划或针对某问题的具体政策而提供参考依据。研究可以是学术性的，也可以是实用性的。

### （二）旅游市场调查的要素

旅游市场调查的要素一般是由旅游市场调查的目的所决定。一般来说，旅游市场调查主要包含六个方面的内容。

（1）旅游市场营销环境调查。

（2）旅游市场需求调查。

（3）旅游市场供给调查。

（4）旅游企业经营效果调查。

（5）旅游企业经营潜力调查。

（6）旅游企业竞争者调查。

▲ 旅游市场调查的含义与内容

### （三）旅游市场调查的类型

根据旅游市场营销过程中出现问题的性质、调查达到的目的、收集资料的方法以及调查在决策中所起作用的不同，旅游市场调查通常分为以下四种类型。

**1. 试探性调查**

试探性调查是当旅游市场营销人员对所调查的问题或范围不太明确，无法确定究竟应调查什么问题的情况下采用的调查形式。

**2. 描述性调查**

描述性调查是旅游企业的营销人员对要探讨的问题已经比较清楚时采用的一种方法。它是对客观事物或现象进行的如实描述，主要通过掌握其过去和现在的资料来进行研究，多数市场调查属于描述性调查。

**3. 因果性调查**

因果性调查是旅游企业为了知晓旅游市场中某种现象的原因和结果之间的数量关系，而进行的专项调查，它是建立在描述性调查所收集的数据资料基础上，并运用逻辑推理方法和统计分析方法，找出其中的因果关系，得出两个变量之间的数学逻辑。

**4. 预测性调查**

预测性调查的目的在于对市场的发展趋势及其变动幅度作出科学的推断。

学习笔记

### 三、旅游市场调查的程序

旅游市场调查的程序一般包括三个阶段，即调查准备阶段、调查实施阶段和调查总结阶段。

知识案例

#### 美国航空公司对飞机上提供电话服务的调研

美国航空公司想为航空旅行者提供新服务，一位经理提出在高空为乘客提供电话通信的想法，于是同电信公司问询后了解到，以波音747飞机从东海岸到西海岸的飞行为例，这种通信系统每次航行成本大约是1000美元，如果每次电话收费25美元，则每次航行中需有40人通话才能保本。于是这位经理请公司的营销调研经理调查乘客对这种新服务的反应。

**一、确定问题与调研目标**

航空公司的乘客在航行期间通电话的主要原因是什么？哪些类型的乘客最喜欢在航行中打电话？有多少乘客可能会打电话？各种层次的价格对他们有何影响？这一新服务会使美国航空公司增加多少乘客？这一服务对美国航空公司的形象将会产生多少有长期意义的影响？电话服务与其他诸如航班计划、食物和行李处理等相比，其重要性将怎样？

**二、拟订调研计划**

假定该公司预计不作任何市场调研而在飞机上提供电话服务，并获得长期利润5万美元，而营销经理认为调研会帮助公司改进促销计划并可获得长期利润9万美元。在这种情况下，在市场调研上所花的费用最高为4万美元。调研计划包括资料来源、调研方法、调研工具、抽样计划、接触方法。

**三、收集并分析信息后得出结论**

（1）使用飞机上电话服务的主要原因是：有紧急情况、紧迫的商业交易、飞行时间上的混乱等。绝大多数的电话是商人所打的，并且他们需要报销单。

（2）每200人中，大约有20位乘客愿花费25美元打一次电话；而约40人期望每次通话费为15美元。因此，每次收15美元

学习笔记

（40×15=600）比每次收25美元（20×25=500）有更多收入。然而，这些收入都低于飞行通话的保本点1000美元。

（3）推行飞行中的电话服务使美航每次航班能增加2个额外的乘客，从这2人身上能收到400美元的纯收入，然而，这也不足以帮助抵付保本成本点。

（4）提供飞行服务增强了美航作为创新和进步航空公司的公众形象。

资料来源：［美］菲利普·科特勒. 营销管理（新千年版）. 北京：中国人民大学出版社，2001.

**案例讨论**

结合案例说明市场营销调查活动分为几个阶段？结合如下知识的学习，你认为问题的提出合理吗？该案例中资料收集的种类与方法能够满足市场调查需要吗？你是否同意案例中提出的结论？如果你是该航空公司的经理，应该如何进行市场调查行动？

### （一）旅游市场调查准备阶段

旅游企业市场调查的准备阶段是调查工作的计划和开始，又称“企划”阶段。准备工作是否充分周到，对后面的市场调查工作的开展和调查的质量影响很大。这一阶段的主要内容是确定调查目标、确定调查项目、选择调查方法、估算调查费用、编写调查计划书等。

调查目标是调查所要达到的具体目的，包括旅游企业产品和服务问题、经营中出现的困难、市场竞争问题及未来发展方向等。为使调查目标明确具体，必须要考虑调查的目的、调查的内容、调查结果的用途及调查结果的阅读者等问题，从而为下一步调查工作的顺利进行奠定基础。

▲ 认识旅游市场调查的程序

在确定调查目标后，就要拟订调查方案和工作计划。调查方案是对某项调查本身的具体设计，主要包括调查的具体对象、调查的地区范围、调

学习笔记

查资料收集和整理的方法等内容。调查工作计划是对某项调查的组织领导、人员配备和考核、完成时间、工作进度和费用预算等事先进行的安排，目的是使调查工作能够有计划地进行，以保证调查方案的实现。

### （二）旅游市场调查实施阶段

拟订的调查计划书经企业主管审批后，就进入到调查实施阶段。这个阶段的主要任务是组织调查人员按照调查方案的要求和工作计划的安排，通过文案调查和实地调查系统地收集各种资料。一般而言，旅游企业市场调查所要收集的资料主要有一手资料和二手资料。

一手资料是旅游企业市场调查者自己采用访问法、观察法、实验法等直接调查方法，对市场信息进行收集、整理、分析的结果。这种方法收集市场资料的实用性强、可信度高，但是需要费用较多，有些一手资料是旅游企业无法获得的。

二手资料是指从别人所组织的各种调查所收集和积累起来的资料中，摘取和整理出的旅游市场或与旅游市场有关的资料。如报纸、统计年鉴等都是其重要来源。二手资料的主要特点是节约费用，可以充分利用别的组织提供的而自身企业无法获得的调查资料，但需考证其真实性，且实用性比一手资料低。

资料收集阶段是旅游企业进行市场调查的重要阶段，是调查能否取得成功的关键，也是花费财力和人力最多而且最容易产生差错的阶段。因此要深入研究各种调查方法、调查方式以及科学地制作调查问卷。

### （三）旅游市场调查总结阶段

旅游市场调查总结阶段是调查全过程的最后一环，也是市场调查能否充分发挥作用的关键。它包括资料的整理、资料的分析和旅游市场调查报告的撰写。

当取得大量的旅游市场调查资料之后，首先要对其进行审核订正，分类汇总，根据研究目的进行加工整理，然后进行分析，在确实弄清旅游市场活动和过程的基础上，研究其动向及其发展变化规律，探索解决问题的方法，形成可行性研究报告。

#### 知识拓展：旅游市场调研报告的撰写

旅游市场调研报告一般由导言、正文、结论和附件四部分组成。导言部分主要介绍市场调研的项目、目的；正文部分是调研报告的主体部分，主要内容包括市场调研的必要性、调研的内容、运用的方法以及对调研过程和分析结果的详细说明；结论部分是指从本次市场调研中得到什么样的结论，对旅游企业营销决策提出参考性的建议；附件部分是指用来论证和说明正文有关情况的资料，包括调研中一些表格、样本清单、调查问卷、图片以及费用的统计等，如资料汇总统计表、原始资料来源以及调研结果的局限性说明。

学习笔记

旅游市场调研报告的撰写要求如下。

（1）突出调研主题，简明扼要，层次清晰，要点明确，重点突出。

（2）实事求是，客观反映调研内容。

（3）结果严谨，内容完整，文风干练，通俗易懂，尽量减少对调研技术过程的叙述。

（4）灵活运用统计表和统计图，着重用资料和数据说明问题。

（5）调研报告的格式、外观要规范、专业。

## 任务检测

请扫描二维码
检测一下任务知识学习情况吧！

## 任务考核

| 考核内容 | 非常优秀 | 优秀 | 良好 | 合格 | 不合格 |
| --- | --- | --- | --- | --- | --- |
| 按时完成任务情况 | | | | | |
| 搜索整理信息能力 | | | | | |
| 小组团结协作能力 | | | | | |
| 小组汇报展示能力 | | | | | |
| 小组成果创新能力 | | | | | |
| 任务考核分值建议 | 非常优秀（90~100分）、优秀（80~90分）、良好（70~80分）、合格（60~70分）、不合格（60分以下） | | | | |

根据小组任务实施情况，结合表中考核内容，完成小组任务考核评价。

学习笔记

## 任务2 实施旅游市场调研

### 任务要求

旅游市场调查的方式方法，直接关系旅游市场调查结果的可信度，因此，在进行旅游市场调查时必须选用科学的方法。通过小组合作方式，学习旅游市场调查的方法，理解旅游市场调查问卷的设计技术，以学校附近某旅游企业为对象，能独立设计问卷，开展旅游企业市场调研，撰写调研报告。

### 任务实施

**1. 搜集信息，整理资料**

（1）通过对学校周边旅游企业实地考察，了解周边旅游企业的经营现状。

（2）选择一家旅游企业进行资料分析，详细了解旅游企业运营情况，针对企业市场运营方面的问题开展市场调研，进行调查问卷设计。

（3）小范围测试问卷并进行修改完善，再开展市场调研并撰写调研报告。

**2. 分析讨论**

（1）结合任务学习内容，分析该旅游企业调查过程中适合哪种调查方法？

（2）结合任务学习内容，针对小组选择的旅游企业调查问卷设计时，应注意哪些问题？

**3. 成果展示**

小组合作，汇报分析讨论结果，以案例、报告或方案的形式在课堂展示。

**4. 成果完善**

根据教师评价，不断完善成果，修改并提交成果。

### 任务学习

旅游市场调查方法按照旅游市场信息资料来源划分，分为文案调查法和实地调查法两种。

学习笔记

## 一、文案调查法

文案调查法又称间接调查法、资料分析法或室内研究法，是围绕某种目的，对公开发表的各种信息、情报、历史和现实的动态统计资料收集分析，从中摘取与市场调查有关的情报，在办公室内进行收集、整理、分析研究的一种调查方法。通过这种调查方法获得的资料为二手资料。就一般情况而言，这种调查方法相对快捷，成本较低。

▲ 认识文案调查法

文案调查的资料来源主要有：国内外公开出版物，如报纸、杂志、书籍所刊登的新闻、报道、消息、评论以及调查报告，以及旅游企业内部积累的各种资料，旅游行业协会和其他旅游组织提供的资料，或者旅游研究机构、咨询机构等提供的市场情报和研究结果等（图2–2）。

▲ 图2–2　文案调查与数据统计

## 二、实地调查法

实地调查法又称直接调查法，它是指在周密的调查设计和组织下，由调查人员直接向被调查者收集原始资料的一种调查方法，主要包括询问法、观察法、实验法和网络调查法。

▲ 认识实地调查法

### （一）询问法

询问法是调查人员与被调查者直接接触的实地调查方法，旅游市场调查人员通过将事先拟订好的调查问题以各种方式向被调查者提出询问，通过其回答获取所需资料。为了方便调查人员收集资料的规范与整理资料的方便，事先拟订的问题一般以调查问卷的形式出现，所以，调查问卷的设计直接影响调查的效果。询问调查法一般又分为以下四种。

**1. 面谈调查法**

由调查人员访问被调查者，调查人员可以依据被调查者的具体情况，灵活决定谈话方式、谈话内容和时间，并有助于消除被调查者的疑虑，建立融洽的访谈气氛，因而效果好、质量高。但是，这种方法费时

学习笔记

间、费用也比较高，又容易受调查人员素质的影响，管理操作比较困难（图2-3）。

▲ 图2-3 面谈调查场景

**2. 电话调查法**

由调查人员通过电话向被调查者直接征询意见。这种方法的优点是信息反馈快，费用比较低，但是，问题不可能太多，也无法深入交谈。

**3. 邮寄调查法**

调查人员将设计好的调查问卷通过各种媒介（如利用邮政邮寄、电子邮件、报纸杂志刊登等）传递给被调查者，请其填写后寄回。这种方法可以调查比较多的内容，被调查者也可以有时间认真考虑、从容回答。但是，这种调查的回收率低、信息反馈时间长，从答卷中也很难判断被调查者回答的真实性。因此，使用邮寄调查法可以使用一定的物质刺激来提高调查表的回收率。

**4. 留置调查法**

这种方式介于面谈调查法与邮寄调查法之间，是调查人员在访问过程中留下调查问卷，让被调查者自由填写，过后再予以收回。这种方法可以避免面谈调查法时间比较短、仓促、问题简单的缺点，也避免了邮寄调查法回收率低的不足，但是费时间，成本高。

### （二）观察法

观察法是指由旅游调查人员到各种现场进行观察和记录的一种市场调查方法。在观察时，既可以耳闻目睹现场情况，也可以利用照相机、录音机、摄像机等仪器对现场进行记录，以获得真实的信息。

观察法的优点是被调查者往往是在不知不觉中被观察调查的，处于自然状态，因此，所收集到的资料较为客观、可靠。但这种费用较大，并且只能观察到事实的发生，观察不到行为的内在因素，如感情、态度等，因此，一般与面谈调查法等其他方法结合使用。

### （三）实验法

实验法是指旅游调查人员将调查对象置于特定的控制环境之中，通过依次改变影响调查对象的每个因素及结果差异检测来发现变量之间的

学习笔记

因果关系的一种调查方法。由于实验法是在较小的环境下进行实验，所以在管理上容易控制，所获取的资料也较为客观，一般适用于获取因果性调查数据。

### （四）网络调查法

网络调查法是指旅游调查人员利用互联网了解和掌握市场信息的方法。具体方式是旅游企业通过给被调查者发送电子邮件等方式来获取被调查者的资料。这种新型的调查方法与传统方法相比，具有组织简单、费用低廉、调查结果客观性高、传播快速与直观、不受时空与地域限制、调查周期短等优点，但是，该方法调查对象仅局限于上网的人群，缺乏广泛性。

知识案例

#### 万豪国际酒店管理集团（Marriott）的市场营销调研

▲ 美国万豪酒店

万豪第一个庭院酒店于1980年创建，1983年在亚特兰大开幕，花费了几十万美元用于调查和选择中心组，判断住宿服务存在的缺陷。亚特兰大庭院酒店开工之前，万豪建造了一间有可拆墙体的样板房，为选定的客人展示不同的外形，调查他们对不同型号的观点，调研过程持续到第一家亚特兰大庭院酒店开业。

庭院酒店相对较小，大约150个客房，一般有一个90座的餐厅和休息室。和住宅不同的是，客房围绕着一个中心水池建造，水池周围是庭院（因此称为庭院酒店）。万豪的调研表明，客人不喜欢在床上工作，也不喜欢在没有舒适座位的情况下与生意伙伴谈话。因此，客房考虑到商务客人的需求，每个庭院酒店客房包括了一个工作台和单独的座位供座谈使用。

万豪在开发庭院酒店时使用二手调研（主要是竞争者分析）和原始调研。另外使用四种原始信息收集方法：实验（在亚特兰大进

学习笔记

行测试营销）、观察（观察顾客对样板客房的反应）、调查（包括细分市场研究和使用聚类分析的产品特性偏好调查）和模拟（样板客房）。开发小组经过多年调研和分析后，得出主要结论是：新型接待设施有良好的增长空间。常客愿意拿一般酒店的额外利益，例如宽敞大厅和餐饮区，来和更好的客房、更为家居的感觉以及更低的房费进行交换。

资料来源：http://www.doc88.com/p-9085980586659.html

案例讨论

万豪在市场调研过程中使用了哪些调研方法？这些调研方法有何优势？这些调研技术的发现结果有哪些应用价值？

## 三、旅游市场调查问卷设计

### （一）调查样本的选取

市场调查样本的选取按照调查对象范围可分为市场普查和抽样调查两种。

**1. 市场普查**

市场普查也称全面调查或普遍调查。它是对所要研究的全部对象作无一遗漏的全面调查。具有调查范围广、调查对象多、资料全面等优点，但工作量大、成本高、调查的内容有限。

**2. 抽样调查**

抽样调查是根据部分实际调查结果来推断总体标志总量的一种统计调查方法，属于非全面调查的范畴。它是按照科学的原理和计算，从若干单位组成的事物总体中，抽取部分样本单位来进行调查、观察，用所得到的调查标志的数据以代表总体，推断总体。

（1）抽样调查方法　抽样调查根据调查对象总体中每一个样本单位被抽取的机会是否相等的原则，分为非随机抽样方法和随机抽样方法。非随机抽样方法是指根据调查人员的需要和经验，凭借个人主观设定的

学习笔记

某个标准抽取样本单位的调查方式。在非随机抽样调查中，通过调查人员有意识地选择具有代表性的个体作为样本进行调查，以样本调查达到推测总体状况的目的；随机抽样方法是指从调查对象中完全按照随机原则抽取一定数目的样本单位进行调查，以样本调查结果推算总体结果的一种调查方式。这种方法对调查总体中每一个样本单位都赋予平等的抽取机会，完全排除了人为的主观因素的影响，这也是它与非随机抽样方法的根本区别。

知识链接

### 小天鹅公司抽样调查“老客户”环比公式结论

小天鹅公司经过多次市场抽样调查得出的“老客户”环比公式：

客户=1：25：8：1

其内容表述为：服务好1个老客户，可以影响25个潜在消费者，这当中有8个人可以产生购买欲望，而有购买欲望的8个人中，有1个人会成为实际的购买者。

这个公式告诉我们，对于旅游业而言，服务好1个老客户，就会产生1个新客户，更多的实际购买者还将不断地从25个潜在消费者中产生出来。这样往复循环，滚动推进，倍数发展，市场占有率和效益增长率将会双双提高。

（2）抽样设计的步骤　①确定调查总体，包括总体单位、抽样单位、抽样范围和时间。②给调查个体编号。③确定样本。④进行样本调查。⑤推算调查总体结果。

### （二）旅游市场调查问卷的设计

调查问卷也称调查表，是指以书面问答形式了解调查对象的反应和看法，由此获得资料和信息的一种调查方式。问卷设计是旅游市场调查人员必备的一项技能。一份好的问卷应做到：内容简明扼要，信息全面；问题安排合理，合乎逻辑，通俗易懂；便于对资料分析处理。

▲ 设计旅游市场调查问卷

**1. 问卷设计的基本程序**

问卷设计大致包括准备阶段、初步设计、试答和修改、定稿制作四

学习笔记

个阶段。

（1）准备阶段　第一，确定调查主题的范围和调查项目，分析相关资料；第二，分析调查对象的社会特征、文化特征、心理特征等；第三，在征求有关人员意见和分析第二手资料的基础上，确定实际需要在问卷中应调查的项目。

（2）初步设计　确定问卷的结构，拟定编排问题。确定每个调查项目的提问方式，详尽地列出各种问题，对各种问题进行检查、筛选、编排，检查每个问题及其答案选项是否必要、合理，考虑如何向被调查者说明调查目的、要求、注意事项等，是否需要编码。

（3）试答和修改　进行小范围的试验性调查，检查问卷初稿中的问题，掌握问卷对被调查者的适合程度及存在的问题，并对这些问题进行修改，进一步完善问卷。

（4）定稿制作　将修改后的问卷制作成正式的调查问卷。

**2. 问卷设计的基本结构**

一份问卷通常由五个部分组成：标题、说明、被调查者的基本情况、主体内容和编码。

（1）问卷标题　问卷的标题主要是直接说明调查的主题，要求简洁、明确，具有针对性。

（2）问卷说明　问卷说明包括前言和结束语。前言主要是对调查对象、原因、目的、意义及填表要求等的说明。前言部分文字须简明易懂，能激发被调查者的兴趣；结束语主要表示对被调查者合作的感谢，记录下调查人员姓名、调查时间、调查地点等。

（3）被调查者的基本情况　被调查者的基本情况即被调查者的背景分析，如性别、年龄、文化程度、职业等。一般放在问卷主体的前面或后面，其作用是了解样本的典型性，并根据调查对象的性别、年龄等变量对问卷进行分组统计。

（4）问卷主体内容　问卷主体是市场调查所要收集的主要信息，是问卷的核心。它由一个个问题及相应的选择项目组成。通过主体部分问题的设计和被调查者的答复，市场调查者可以对被调查者对某一特定事物的态度、意见倾向以及行为有较充分的了解。调查问卷的问题不宜过多或过于分散。一般来说，每份问卷应围绕2~3个主题，提出10~15个问题比较合适。

（5）问卷编码　编码通常在问卷的右上角或右下角，以便分类整理和统计分析。

学习笔记

### 3. 问卷的提问方式

问卷中的措辞和提问方式都会影响调查对象的合作兴趣。因此，问卷设计者应选择恰当的提问方式，将调查内容准确无误地传递给调查对象，并使调查对象乐于回答、方便回答。

（1）开放式提问　指在问卷中只列出问题而没有可供选择的答案。这类问题能深入了解被调查者的基本情况，但可能因开放性而削弱了被调查者的合作程度。

知识范例

**开放式提问方法**

①自由格式。被调查者可以用不受任何限制的方法来回答问题。

例如：您喜欢××饭店哪些方面？不喜欢哪些方面？有何意见和要求？

当您入住本饭店时，您最看重的是________________。

②词汇联想法。列出词汇，每次一个，由被调查者提出他头脑中涌现的第一个词汇。

例如：当你听到下列文字时，你脑海中涌现的第一个词是什么？

四川________　　国宝________　　旅游________

③词句完成法。提出一些不完整的词句，每次一个，由被调查者完成该词句。

例如：当你选择一个旅行社参团时，在你的决定中最重要的影响因素是________________。

（2）封闭式提问　即在调查问卷中已经列出可供选择的答案，被调查者只要在相应的答案前填写规定的符号即可。这类问题容易回答，便于统计，但不易发现新情况。

知识范例

**常用的封闭式提问方法**

①是非法。只要在相应的答案前给出两个互相排斥的答案，被调查者选取其中一个即可。

学习笔记

例如：您下次还会入住本饭店吗？

是（ ） 否（ ）

②选择法。给出几个可供选择的答案，被调查者选取其中的一个或几个答案即可。

例如：您来饭店住宿的目的是：

度假（ ） 公差（ ） 会议（ ）

探亲访友（ ） 品尝菜肴（ ）

③排序法。给出不同的答案，被调查者根据自己的喜好对答案作出排序。

例如：本饭店最吸引您的原因有哪些？（请按重要性排序）

服务周到（ ） 设施豪华气派（ ）

格调高雅（ ） 价格便宜（ ）

④语义差别分析法。按照语义的差别给出不同的答案，让被调查者选择等级。

例如：您认为本饭店的服务态度：

很好（ ） 较好（ ） 一般（ ）

较差（ ） 很差（ ）

⑤利克特量表法。一种常用的衡量态度的量表，即通过被调查者回答某些问题，将态度转化为可以度量的数字或等级的测定方法。

例如：您对本饭店的餐饮服务：

非常满意（ ） 满意（ ） 一般（ ）

不满意（ ） 非常不满意（ ）

（3）半开半闭式提问　指在问卷中给出部分答案的同时，留有余地，让被调查者自由发挥。这样既方便回答，又容易深入调查研究。

知识范例

半开半闭式提问方法

例1：您一般从哪些渠道获得旅游资讯？

家人朋友同事介绍（ ） 网络电视广告（ ）

学习笔记

旅行社（　）　其他__________

例2：您认为饭店最重要的是做到：

环境整洁（　）　饭菜量足（　）　服务热情（　）

其他__________

例3：您外出旅游时最注重的因素是：

费用（　）　舒适度（　）　安全（　）

旅游目的地吸引力（　）　购物（　）

其他__________

**4. 问卷设计的要求**

资料收集得准确与否，直接来源于问卷主体设计是否科学与合理。一份好的问卷主体设计要求如下。

（1）文字表达要准确，内容具体明确。不应使填写人有模糊认识，例如，“您经常外出旅游吗?”就是用词不准确，因为“经常”的含义不同的人有不同的理解，回答各异，不能取得准确的信息。如改为具体的问题：“您去年外出旅游的次数是多少?”这样表达就很准确，不会产生歧义。因此，问题中不应包含“经常”“也许”“大概”等容易使填写人与调查者产生理解分歧的词汇。

（2）避免使用应答者可能不明白的缩写、俗语或生僻的用语。如面对老龄市场需求调查时，使用“驴友”一词，就可能引起误会。

（3）问卷要避免使用诱导性的语句。

（4）问卷题目设计要有艺术性，避免困窘性问题，以防对填写人产生刺激而不能很好地合作。

（5）避免敏感性问题。涉及填写人的心理、习惯和个人生活隐私而不愿回答的问题，即使将其列入问卷也不易得到真实结果。遇到这类问题，如果实在回避不了，可列出档次区间或用间接的方法提问。如调查个人收入，如果直接询问，不易得到准确结果，而划分出不同的档次区间供其选择，效果会比较好。

（6）避免误差性问题。比如由于时间久、回忆不起来或回忆不准确的问题。根据调查行业和调查方向的不同，问卷的设计在形式和内容上也有所不同，但是无论对于哪种类型的问卷来说，在设计过程中都必须要注意明确调查目的和内容，问卷设计应该以此为基础；明确针对人

学习笔记

群，问卷设计的语言措辞选择得当；在问卷设计的时候，应该考虑数据统计和分析是否易于操作；卷首最好要有说明（称呼、调查目的、填写者受益情况、主办单位等），如有涉及个人资料，应该有隐私保护声明；问题数量应做到合理化、逻辑化、规范化。

一份问卷即使看起来设计很成功，在实践中也不一定是成功的。问卷必须经历实践的考验，所以问卷初步设计完成时，应设置相似环境，小范围试填写，对结果反馈，进行问卷的修改，再定稿制作合适的问卷，以准确的数据和分析来为市场策略做有价值的参考，才能达到市场调查的终极目的。

### 知识拓展：旅游市场预测的方法

旅游市场预测的方法多种多样，可分为定性预测法和定量预测法两大类。

1. 定性预测法

所谓定性预测，是指旅游预测人员凭借个人的经验、知识和综合分析能力，通过对有关资料的分析与推断，对预测对象的未来发展趋势作出估计、判断和推测。常用的定性预测方法有以下几种。

（1）旅游消费者购买意向调查预测法　旅游者意向调查法用于调查和了解预测期内潜在旅游消费者的旅游意向。即通过对旅游者进行调查或问询，来进行旅游市场预测。其具体做法包括当面询问、电话询问、信函、咨询、填写调查表、设立意见簿、召开座谈会等。

（2）经营管理人员意见调查预测法　经营管理人员意见法是指旅游企业邀请企业内部各职能部门的主管人员根据各自的经验，对预测期的营业收入进行分析和估计，然后取其平均数作为预测估计数。这种方法简便易行，节省费用，对新企业而言是最佳预测方法。

（3）旅游营销人员意见法　旅游营销人员意见法是对旅游企业营销人员进行调查，利用营销人员对未来销售进行预测。即每位营销人员对旅游企业的销售前景进行估计，营销经理再与每位营销人员一起复审估计数据，并逐级汇总上报预测数据。

（4）专家意见法　专家意见法泛指旅游营销调研人员通过调查专家对某一问题的未来发展情况的分析和判断，以进行营销预测的做法。包括头脑风暴法和德尔菲法。

①头脑风暴法：头脑风暴法又称畅谈法、集思法等。它是采用会议的方式，利用集体的思考，引导每个参加会议的人围绕中心议题广开言

学习笔记

路，激发灵感，在自己的头脑中掀起风暴，毫无顾忌，畅所欲言地发表独立见解的一种创造性思维的方法。

②德尔菲法：德尔菲法是20世纪50年代初美国兰德公司的专家们为避免集体讨论存在的屈从于权威或盲目服从多数的缺陷提出的一种定性预测方法。为消除成员间相互影响，参加的专家可以互不了解，它运用匿名方式反复多次征询意见和进行背靠背的交流，以充分发挥专家们的智慧、知识和经验。经过几轮征询，使专家小组的预测意见趋于集中，最后汇总得出一个能比较反映群体意志的符合市场未来发展趋势的预测结论。

2．定量预测法

定量预测是根据准确、及时、系统、全面的调查统计资料和经济信息，运用统计方法和数学模型，对旅游企业经济现象未来发展的规模、水平、速度和比例关系的预测。定量预测包括时间序列预测和回归预测。时间序列预测法包括简单平均法、加权算术平均法、季节分析法等；回归预测法包括一元线性回归法和二元线性回归法等。

知识案例

### 肯德基的“神秘顾客”

一次，上海肯德基有限公司收到3份肯德基国际公司寄来的鉴定书，对外滩快餐厅的工作质量进行了3次鉴定评分，得分分别为83分、85分、88分。外滩快餐厅中外方经理都感到十分不解，并未见国际公司派人前来检查工作，这3个分数是如何得出的呢？原来，这是肯德基采用“神秘顾客”法来监督其分店的服务。

美国肯德基国际公司遍布全球60多个国家，其连锁店有9900多个。除了公司管理制度与管理规范外，公司还雇用了一批人，经过专门培训，让他们扮作顾客，进入店内感受服务工作的过程和质量，进行检查评分，这些人被称作“神秘顾客”。他们来无影、去无踪，出没没有时间规律，这样既可以进行市场调研，向公司总部及时反馈市场信息，又可以使快餐厅的所有员工时时感受到某种压力，工作严谨、规范、热情、周到，丝毫不敢放松和懈怠，提高了服务工作质量。

资料来源：韩勇，黄萍. 旅游市场营销. 北京：旅游教育出版社，2013.

学习笔记

## 案例讨论

综合任务知识学习，分析肯德基的“神秘顾客”案例并讨论。

1. 旅游企业是否适合采用“神秘购物者”市场调查方法？

2. 你认为什么情况下应用效果较好？什么情况下不适宜采用该种调查方法？

3. 旅游企业应如何运用“神秘购物者”进行市场调查？

## 任务检测

请扫描二维码
检测一下任务知识学习情况吧！

## 任务考核

| 考核内容 | 非常优秀 | 优秀 | 良好 | 合格 | 不合格 |
| --- | --- | --- | --- | --- | --- |
| 按时完成任务情况 | | | | | |
| 搜索整理信息能力 | | | | | |
| 小组团结协作能力 | | | | | |
| 小组汇报展示能力 | | | | | |
| 小组成果创新能力 | | | | | |
| 任务考核分值建议 | 非常优秀（90~100分）、优秀（80~90分）、良好（70~80分）、合格（60~70分）、不合格（60分以下） | | | | |

根据小组任务实施情况，结合表中考核内容，完成小组任务考核评价。

## 项目思政案例

学习笔记

### “72小时自驾内蒙古”主题营销　旅行即相聚

**案例介绍**

2019年内蒙古自治区文化和旅游厅推出“72小时自驾内蒙古”自驾游IP品牌，面向周边的京津冀城市群、黑吉辽城市群和陕甘晋宁城市群游客，以及全国落地自驾游游客推出20条短途自驾游主题产品，这些线路从草原、沙漠自然资源和蒙元文化资源着手，各有侧重地推出满足不同自驾游爱好者需求的线路。打造以“周末+”或小长假为主的“72小时”内蒙古创意自驾旅游季，传达“旅行即相聚”的生活方式，提供“72小时”短途自驾游解决方案，引领消费升级新趋势，推动内蒙古全域旅游高质量发展。

通过系列化整合营销，面向周边游客及全国落地自驾游游客精准推广，在目标客源城市选择地铁扶梯广告、楼宇电梯广告和朋友圈排期及竞价广告等线下投放，线上通过创意街头采访和十城招募计划在互联网平台引发关注。邀请自驾游垂直平台爱自驾App、自驾游杂志《汽车自驾游》和旅游类垂直平台乐途旅游，针对每一条线路产出一本详细路书让每一位自驾游爱好者可以根据自身喜好和需求选择合适的路书进行行前和行中指导，路书推出电子版和纸质版（便携）两大版本，游客可通过多渠道免费获得，真正满足轻自驾的需求。最终传播覆盖量超过1亿人次，掀起内蒙古自驾游高潮。

资料来源：https://www.sohu.com/a/316178298_166414

**案例解读**

近几年，周边自驾游市场需求火热，在激烈的周边游竞争中打开市场，凭借的既是精准的客群营销，也是完善的旅游产品升级与优化。内蒙古自驾主题营销抓住重点，以精美实用的自驾游产品和路书为抓手，在高效的传播渠道和优质客群中获得了不错的反响，为接下来更多周边游产品的打造与推广起到了很好的示范作用。

学习笔记

## 案例思考

通过案例介绍与案例解读，请思考，后疫情时代，在旅游产品供应日益丰富，旅游产品日趋同质化的消费大环境中，短视频、新文创、线上+线下的营销创新方式已势在必行。结合你熟悉的城市，设计一篇1500字的周边游市场营销创新方案。

## 项目小结

本项目阐述了旅游市场调查概念与内容、旅游市场调查的基本程序，以及旅游市场调查的方式方法等相关知识。通过对文案调查方法、实地调查方法、市场调查问卷的设计技术的学习，理解旅游市场预测相关知识，知晓实施旅游市场调查对旅游企业生存发展的意义。

## 项目练习

请扫描二维码

检测一下项目知识学习情况吧！

## 项目实训

请扫描二维码

完成游戏闯关吧！

# 项目三　分析旅游环境　制定营销战略

学习笔记

## 项目综述

企业如同生物有机体，总是存在于一定的环境中，旅游企业所处的市场宏观环境和微观环境各要素影响和制约着旅游企业的市场营销活动。作为旅游企业营销人员，应认识并能够分析旅游企业所处的环境，利用分析结果，制定适合旅游企业发展的营销战略与策略，为旅游企业营销活动创造有利机会。

## 项目知识图谱

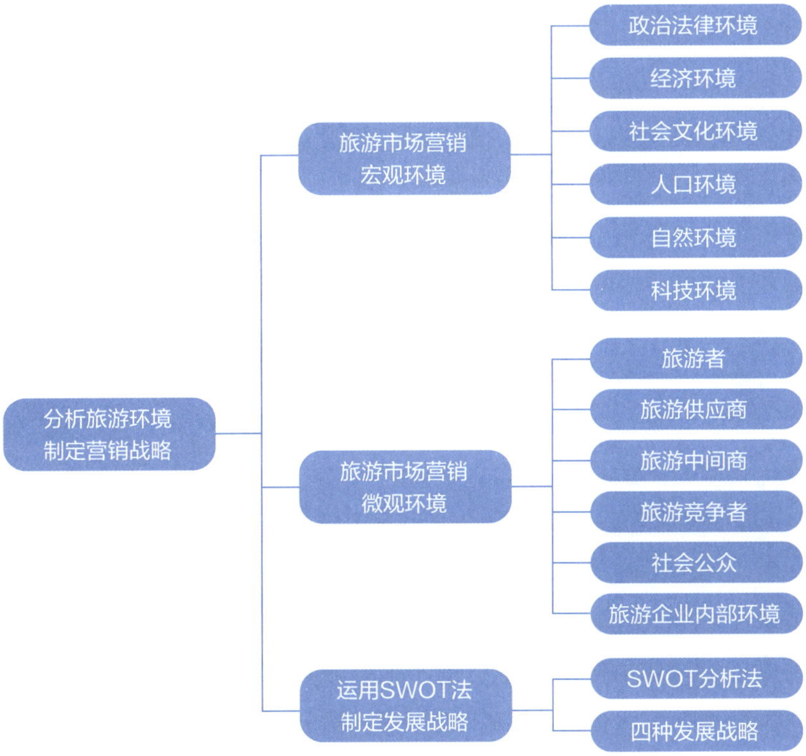


## 项目学习内容

1．认知旅游市场营销宏观环境。

2．认知旅游企业市场营销的微观环境。

3．运用SWOT分析法分析旅游营销环境。

学习笔记

## 项目学习目标

| | |
|---|---|
| 知识目标 | 掌握影响旅游市场营销的宏观环境和微观环境内容；掌握旅游企业SWOT分析法。 |
| 能力目标 | 能利用SWOT方法，识别旅游企业面临的优势与劣势；能利用SWOT方法，分析旅游企业面临的机会与威胁；能根据SWOT分析结果，为旅游企业制定合适的营销战略。 |
| 素质目标 | 提高适应市场环境变化的能力，增强旅游市场风险意识；提高搜集信息、处理信息、使用信息的能力。 |
| 思政目标 | 培养开拓发展的市场创新意识；培养敏锐的观察力与思辨力。 |

## 项目导入案例

### 奔向文旅融合的星辰大海——透析2021年文旅产业发展趋势

过去的2020年，文化产业发展“冰火两重天”：传统文化产业受疫情影响，在寒冬中艰难维持；而互联网新兴文化产业却成为疫情“宅经济”的消费热点。旅游业也经历了疫情冲击中的艰难复苏，在挑战中不断发现新机、开创新局。

2021年是“十四五”开局之年，文旅产业将重整旗鼓再出发，沿着党的十九届五中全会绘制的蓝图，重构格局，实现高质量发展，不仅将撬动国民经济结构的转型升级，也将为“文化强国”建设提供有力支撑。

1．供给优质产品，促进国内大循环

文化消费与普通商品消费最大的区别是直指精神和心灵，剧场演出、博物馆、视觉艺术、音乐、电影、节庆活动、体育休闲和旅游等，都直接反映居民幸福体验和生活质量。“十四五”规划《建议》中提出“推动文化和旅游融合发展，建设一批富有文化底蕴的世界级旅游景区和度假区，打造一批文化特色鲜明的国家级旅游休闲城市和街区”，就是要满足群众对美好生活的新需要。

2．上云用数赋智，顺应数字化大趋势

新生代在互联网大潮中乘风破浪，传统文化机构也随机应变，纷纷上云、用数、赋智，加大新媒体、年轻化传播。在疫情冲击

学习笔记

下，线上演出成了传统演出行业不约而同的选择。疫情加速了文化产业数字化转型，倒逼传统文化产业在线化、数字化、智能化发展。云展览、云演出、云论坛层出不穷；出版社变身为数据库；读者画像更精准，数据营销锁定消费者。随着文化和科技融合成为大趋势，丰富的文化资源构成科技发展的重要内容支撑，科技进步也推动着文化形态和内容更新。为此，"十四五"规划《建议》提出，实施文化产业数字化战略，加快发展新型文化企业、文化业态、文化消费模式。

3. 文化同根同源，融入区域大发展

从文化产业内部来说，要"独善其身"，规范发展文化产业园区；从文化产业外部来说，要"兼济天下"，推动区域文化产业带建设。长城内外、运河两岸、长征沿线，文化精髓彰显，2021年将稳步推进长城、运河和长征三大国家文化公园建设。区域广泛、主题鲜明，国家文化公园不仅将对传承中华文化基因具有重要意义，也为文旅融合提供了广阔发展空间、创造了实践基地。

4. 文化点石成金，振兴乡村大产业

"十四五"规划中专门提到"发展红色旅游和乡村旅游"。2021年乡村旅游将继续发力，融合一二三产业，助推乡村振兴。随着消费需求的变化，乡村旅游也在持续升级：第一阶段是看田和吃饭的"农家乐"，第二阶段是游玩和放松的"乡村休闲"，第三阶段是民宿和体验的"乡村度假"，第四阶段是居住和生活的"乡村旅居"，吸引更多年轻人、艺术家走进乡村，让乡村更有活力。

文化点石成金，赋能乡村振兴。融入现代传播，直播带货、短视频记录让农村乡野生活跃然屏上，人们可以隔屏欣赏田园风光，可一键下单采购农副产品，城乡的距离如此接近。文化IP融入村味、村品、村艺、村趣，创意点燃乡村，游客既可以感受田园风光，又可以体味未曾远去的"乡愁"，让绿水青山变成金山银山。乡村既成为城里人诗意的"栖息地"，又成为农民致富的"聚宝盆"。

5. 讲好中国故事，服务文化强国大战略

"十四五"规划要求，以讲好中国故事为着力点，创新推进国际传播，加强对外文化交流和多层次文明对话。紫金文创研究院院长李向民认为，国际文化传播，不仅是向国际社会展示民族文化，

学习笔记

而且是在国家形象、对外开放、贸易投资、经济效益、文化安全、寻求共识等方面寻求突破，在世界文明百花园中凸显中华文化所特有的基因与价值理念，助力构建人类命运共同体。

2021年已经开启，文化产业高质量发展大有可为，放大产业新格局，提高国家文化软实力，大步向建设“文化强国”进发。

资料来源：https://news.gmw.cn/2021-01/10/content_34531086.htm

### 案例思考

请根据案例思考如下问题。

1. 影响旅游企业营销的环境因素有哪些？
2. 作为旅游市场营销者，如何根据旅游企业所处的宏观环境和微观环境进行相适应的营销活动？
3. 如何利用SWOT分析方法为旅游企业制定最佳的营销战略？

## 任务 1　旅游市场营销宏观环境

### 任务要求

旅游企业的市场营销活动受到内外部可控与不可控因素的综合影响。了解并学会分析影响旅游企业市场营销的宏观环境各要素，通过小组合作方式，搜集知名旅游企业的旅游市场宏观环境信息，结合旅游企业自身现状，分析并讨论旅游企业在不断变化的市场竞争中，如何顺应外部环境的变化并制定营销战略，做好旅游市场的营销推广工作。

### 任务实施

**1. 搜集信息，整理资料**

（1）通过网络搜索或查阅图书等，了解国内外知名旅游企业经营现状。

（2）分析资料，选择一家知名旅游企业，详细了解旅游企业概况。

（3）整理某知名旅游企业的市场营销宏观环境分析案例。

学习笔记

**2. 分析讨论**

（1）结合任务学习内容，分析旅游企业所处政治法律环境、经济环境、社会文化环境、人口环境、自然环境和科技环境。

（2）结合任务学习内容，讨论旅游企业所处的市场营销宏观环境，对旅游企业的生存与发展有何重要影响？

**3. 成果展示**

小组合作，汇报分析讨论结果，以案例、报告或方案的形式在课堂展示。

**4. 成果完善**

根据教师评价，不断完善成果，修改并提交成果。

## 任务学习

旅游市场营销环境是指与旅游企业市场营销活动相关的所有内外部因素与条件，其包含的内容既广泛又复杂。一般来说，旅游市场营销环境主要包括两大方面的构成要素。一是宏观环境，即影响旅游企业微观环境的巨大社会力量（图3-1）；二是微观环境，即指与企业联系紧密，直接影响其营销能力的各种参与者。微观环境直接影响和制约旅游企业的市场营销活动，宏观环境主要以微观营销环境为媒介间接影响和制约企业的市场营销活动。

▲ 图3-1　旅游市场营销宏观环境分析

## 相关信息

### “十四五”期间旅游业发展值得关注的十个趋势

2021年是“十四五”开局之年，也是两个百年目标交会与转换之年。2021年旅游业发展有哪些机遇？未来的变化趋势又是怎么样的？让我们一起来听听中国社会科学院旅游研究中心特约研究员、北京第二外国语学院教授厉新建怎么说。未来旅游业的发展要有更宽广的视野，要抓住十九届五中全会《中共中央关于制定国民经济

学习笔记

和社会发展第十四个五年规划和二〇三五年远景目标的建议》(简称《建议》)中提到的“推动文化和旅游融合发展，建设一批富有文化底蕴的世界级旅游景区和度假区，打造一批文化特色鲜明的国家级旅游休闲城市和街区，发展红色旅游和乡村旅游”，呼应未来中国社会经济发展的核心与重点，重视高质量发展、呼应新发展格局，突出文旅融合、强化文化认同，加快上云用数赋智、推动数字科技创新；要认识到生活品质大提升、责无旁贷再启程，人均收入再迈大台阶、市场需求再筑厚基础，要在庆祝建党百年、红色旅游活跃，国家文化公园建设大力度、长征国家文化公园出成效等重点方面出彩。

旅游业的发展一定要与国家“十四五”规划和2035年远景目标进行对标对表，《建议》里提到的未来城乡居民收入将再上一个新的大台阶，将显著壮大中等收入阶层规模，也就意味着整个旅游消费的市场基础将更稳固，旅游消费的需求层次会发生大变化，那时的旅游供给还能跟现在一样吗？旅游应该怎么样去创新求变、持续发展？这些都需要结合文件确立的目标加以高度关注。

资料来源：https://www.thepaper.cn/newsDetail_forward_10970365

旅游市场营销宏观环境是指影响旅游企业运营的外部大环境，包括政治法律环境、经济环境、社会文化环境、人口环境、自然环境和科学技术环境等各个方面。成功的旅游企业认识到在营销环境中存在着机会与威胁，所以旅游企业经营者必须根据外部环境中的各种因素及其变化趋势制定自己的营销策略，以达到旅游企业的营销目的。

## 一、政治法律环境

在任何社会制度下，企业的营销活动都必定要受到政治法律环境的强制与约束。政治法律环境是指那些对旅游企业经营行为产生强制或制约因素的各种政治、法律环境和国际关系。政治环境主要是指旅游企业开展市场营销活动的外部政治形势和状况，主要包括一个国家（或地区）的政治制度、政治体制、政治局势、政府在旅游企业营销方面的方针政策等因素。旅游企业开展市场营销活动时，一定要考察目标市场的政治稳定性和政策的连续性，充分利用这些方针政策带来的市场机遇，

学习笔记

做好旅游市场的营销工作。

法律环境主要指国家或地方政府颁布的各项法律、法规和条例等。旅游企业既要保证自身严格依法管理和经营，也要运用法律手段维护自身权益。

相关信息

《电子商务法》对在线旅游企业的影响

《电子商务法》于2019年1月1日正式生效，本法旨在保障电子商务各方主体的合法权益，规范电子商务行为，促进电子商务持续健康发展。近年来随着“互联网+”的快速发展，越来越多的旅游企业通过互联网等信息网络开拓市场和提供服务，在线旅游也遇到很多问题，已经制约其发展，亟须立法予以规范。

《电子商务法》明确了电商平台责任与义务。从大数据、押金退还、搭售、订单更改等多个方面规范电商运营秩序，加强对消费者权益的保护。《电子商务法》使电子商务的发展有法可依，促进线上线下的公平竞争，在线旅游企业从事经营活动，应当遵循自愿、平等、公平、诚信的原则，遵守法律和商业道德，公平参与市场竞争，履行消费者权益保护、环境保护、知识产权保护、网络安全与个人信息保护等方面的义务，承担产品和服务质量责任，接受政府和社会的监督，共同促进旅游行业的健康发展。

资料来源：https://www.sohu.com/a/295710369_169814

## 二、经济环境

经济环境是影响旅游企业营销的重要因素之一，它直接关系到市场状况及其变动趋势。一般来说，影响旅游市场营销活动的经济环境指标主要包括以下内容。

### （一）人均国民生产总值

国民生产总值（GNP）是指一国“国民”一年内所生产的最终产品（包括产品与劳务）的市场价值的总和，是国际上用来衡量国家宏观经济发展水平的统计指标。人均国民生产总值等于当年的国民生产总值除以一

▲ 认识经济环境

学习笔记

年的人口数量。相对于国民生产总值来说，人均国民生产总值更能反映出一个国家人民的富裕程度。

### （二）个人可随意支配收入

消费者收入是指消费者个人所得的全部收入，包括消费者个人的工资、退休金、红利、租金、赠予等收入。消费者的购买力来自消费者的收入，但消费者并不是把全部收入都用来购买商品或劳务，购买力只是收入的一部分。因此，消费者个人的实际可随意支配收入，才是决定旅游消费者购买能力的决定性因素。这部分收入主要用于满足人们基本生活需要之外的开支，一般用于购买高档耐用消费品、旅游、储蓄等，它是影响非生活必需品和服务消费的主要因素。

### （三）货币汇率

货币汇率反映一国货币与另一国货币之间的比价，对国际旅游需求的变化起着重要的作用（图3–2）。旅游客源国或地区的货币比值升高，而旅游目的地国商品（包括旅游价格）又未相应提高，则客源国的居民去目的国地区旅游时支出的货币就会减少，从而促使客源国居民到目的地国（出国）旅游需求的增加；反之，则会减少该国的居民对目的地国的旅游需求。

▲ 图3–2 泰国护照及货币

### （四）消费结构

消费结构是指消费者在各种消费支出中的比例及相互关系，居民个人收入与支出间存在着一个函数关系，而且在不同的国家和地区，个人收入与消费之间的函数关系是不同的，经济学中用恩格尔系数来反映这种关系。恩格尔系数是指在一定的条件下，家庭个人收入总支出中用于食品开支的百分比，食物开支占个人或家庭收入总支出的比例越大，恩格尔系数越高，生活水平越低；反之，食物开支占个人或家庭收入总支出的比例越小，恩格尔系数越低，生活水平越高。根据恩格尔系数大小，旅游企业可以了解旅游市场的发展潜力，预估旅游消费者的消费水平和变化趋势等。

学习笔记

## 三、社会文化环境

社会文化环境是指一定社会范围内的民族特征、语言文字、教育水平、宗教信仰、风俗习惯、行为规范、社会阶层等因素的总和。

▲ 认识社会文化环境

### （一）教育水平

教育水平的高低反映人们的文化素养，影响他们的消费结构、购买行为和审美观念，从而影响旅游企业的营销活动。

### （二）宗教信仰

宗教信仰影响人们的生活习惯和风俗。旅游企业营销人员在国内外开展营销活动时，要注意了解并尊重当地的宗教信仰，因不同国家、不同民族、不同地区的文化传统及宗教习惯存在差异，需进行区别营销。做到“入境问禁、入国问俗、入门问讳”，避免对旅游者造成强烈的文化冲击。

### （三）风俗习惯

风俗习惯是经过长期演化而形成的一种较为固定和普遍接受的行为方式。旅游企业开展营销活动，一方面要向旅游者充分展示旅游目的地风俗民情；另一方面要尊重旅游者的风俗习惯，引导并开发各种节日礼仪产品和服务项目。

### （四）社会阶层

社会阶层是按照个人或家庭价值观、生活方式、兴趣以及行为等进行分类的一种稳定的等级制度。不同的阶层具有不同的价值观念和不同的生活方式，产生不同的旅游消费行为。市场营销人员应针对不同的社会阶层采用相应的市场营销策略进入目标市场。

## 四、人口环境

人口环境决定了旅游市场的规模和企业的经营方向，对人口环境的考察是旅游企业把握需求动态的关键。影响旅游企业市场营销活动的人口因素主要包括人口数量、人口结构与人口分布等内容。

学习笔记

### （一）人口数量

在经济条件一定的情况下，人口数量决定着旅游市场的规模和容量，人口数量与市场规模的大小、消费需求的多少成正比。在人们都具有购买力的条件下，人口的多少决定着旅游需求容量，人口越多，意味着对旅游产品的需求越多。

### （二）人口结构

人口结构包括人口的年龄结构、性别结构、职业结构、家庭结构等。

（1）年龄结构　不同年龄的旅游者在旅游产品购买方式和购买时间等方面的偏好各不相同，旅游企业应针对年龄差异，关注旅游市场主体，推出相适应的旅游产品并提供更为周到细致的旅游服务。

知识链接

#### 专为老年人服务的旅行社

德国的萨加（Saga）旅行社，通过市场调查，发现德国50岁以上的老年人占人口的1/4，这些老年人大多有比较好的医疗条件和财政规划，可以享受高水平的休闲消费，长期的债务已经还清，小孩不需抚养等原因，促使这些老人越来越强调通过消费来享受，而不再节省和克制自己的消费。Saga公司锁定这一老年人目标市场，成立了一家专为老年人服务的特色旅行社，并且从一个单一经营旅游业务的旅行社发展为兼旅游、出版、金融服务于一体的综合性机构。

资料来源：韩勇，丛庆．旅游市场营销学．北京：北京大学出版社，2006.

（2）性别结构　性别对旅游购买行为的影响主要表现在两个方面：一方面，因传统文化影响，不同性别的旅游者在思维、行为方式等不同，以致选择旅游产品时有所差异；另一方面，不同性别、不同的生理和心理差异，在选择旅游项目时也有所差别。营销者应注意不同性别旅游者消费需求，提供相适应的旅游产品。

（3）职业结构　职业决定了一个人的收入水平、闲暇时间、出游动机和出游时间等方面的差异，对于旅游产品的选择也会有所不同。旅游

学习笔记

企业的营销活动应针对不同职业群体采用不同的营销策略。

（4）家庭结构 家庭结构包括家庭数量、家庭人口、家庭生命周期等，与旅游产品的购买数量、购买类型密切相关（图3-3）。

▲ 图3-3 家庭人口结构对旅游产品消费的影响

（三）人口分布

人口分布是指人口在不同地区的密集程度。人口分布不均会导致市场位置、市场大小、消费者消费习惯和市场需求特性有所不同，从而导致旅游动机和旅游行为的差异。

此外，人口的民族结构、健康状况等因素也影响着旅游市场的消费需求与消费行为。旅游企业应重视对人口环境的研究，关注人口特性及发展动向，抓住市场机会，当出现威胁时，应果断调整营销策略以适应人口环境的变化。

## 五、自然环境

自然环境是人类最基本的活动空间和物质来源，优越的地理位置和丰富的旅游景观为旅游营销活动带来市场机会，同时旅游活动也为自然环境带来破坏与威胁。旅游企业营销人员必须了解和掌握自然环境变化，以便制定相应的营销策略（图3-4）。自然环境对旅游企业开展营销活动的影响主要反映在自然资源日益短缺、环境污染日益严重和许多国家对自然资源管理的干预日益加强三个方面。为使整个社会平衡、健康、稳定地向前发展，旅游企业在开展营销活动时要树立“绿色营销”“绿色旅游”“绿色消费”“生态旅游”“永续旅游”等现代营销观念，保护自然环境。

▲ 认识自然环境

▲ 图3-4 认识自然环境

学习笔记

知识案例

### 杜绝盲目模仿　沿承历史风貌
### 陕西31个文化旅游名镇全面启动建设

为让陕西的文化旅游名镇走向全国，扮美陕西，全省文化旅游名镇规划建设工作会议在西安召开，全面动员和部署31个文化旅游名镇今后5年的建设目标和任务，通过对31个文化旅游名镇（街区）基础和旅游设施的建设，达到年旅游人数增加到3100万人次，吸纳就业人口15万，旅游收入达到150亿的总体目标，成为带动全省小城镇发展的重要引导力量。会上指出，文化旅游古镇要避免建设性破坏，杜绝盲目模仿大中城市的风格，不顾历史城区的空间格局、尺度和当地文化传统特色，简单生硬地建广场、盖高楼、修宽马路、绿地，防止破坏千年以来形成的传统格局和历史。要制定具体的保护措施，严格保护名镇的历史风貌、整体空间格局和自然生态环境。

杨冠军在会上指出，文化旅游名镇在规划建设中要把握好“四个原则”，处理好“四种关系”。文化旅游名镇建设要在保护中开发，开发中保护，尤其要注重镇域核心区的保护。政府要认真推动，也要动员社会和群众力量参与，要将文化旅游和生态旅游结合起来，在基础设施建设中要统一标准，同时，镇区外观形象则要彰显特色，因地制宜。

资料来源：http://www.xygczj.com/E_ReadNews.asp?NewsID=1466

案例讨论

学习自然环境宏观影响因素的知识，结合案例，思考如何处理好文化旅游名镇的建设与自然生态环境的保护？

## 六、科技环境

现代科学技术对旅游企业营销活动产生重大影响，它促进了旅游营销管理的现代化，提高了营销活动的效率与服务质量，提高了旅游企业的竞

学习笔记

争优势。科学技术的发展也促进了旅游者消费方式和购买习惯的改变，如网上预订系统。旅游产业与高新技术的融合，增加了旅游产品的科技含量和推广营销手段的科技化，为旅游企业带来机遇的同时，也面临更多的挑战。

▲ 认识科技环境

任务检测

请扫描二维码
检测一下任务知识学习情况吧！

任务考核

| 考核内容 | 非常优秀 | 优秀 | 良好 | 合格 | 不合格 |
|---|---|---|---|---|---|
| 按时完成任务情况 | | | | | |
| 搜索整理信息能力 | | | | | |
| 小组团结协作能力 | | | | | |
| 小组汇报展示能力 | | | | | |
| 小组成果创新能力 | | | | | |
| 任务考核分值建议 | 非常优秀（90~100分）、优秀（80~90分）、良好（70~80分）、合格（60~70分）、不合格（60分以下） | | | | |

根据小组任务实施情况，结合表中考核内容，完成小组任务考核评价。

## 任务 2　旅游市场营销微观环境

任务要求

旅游市场微观环境是指存在于旅游企业周围并密切影响其营销活动的各种因素和条件，它影响着旅游企业为目标市场服务的能力。了解并学会分析影响旅游企业市场营销的微观环境各要素，通过小组合作方式，搜集知名旅游企业的旅游市场微观环境信息，分析并讨论旅游企业

学习笔记

在不断变化的市场竞争中，如何认识旅游企业自身的优势与劣势，更好地制定旅游市场营销战略。

任务实施

**1. 搜集信息，整理资料**

（1）通过网络搜索或查阅图书等，了解国内外知名旅游企业的经营现状。

（2）分析资料，选择一家知名旅游企业，详细了解旅游企业概况。

（3）整理某知名旅游企业的市场营销微观环境分析案例。

**2. 分析讨论**

（1）结合任务学习内容，分析旅游企业微观环境要素，如旅游者（顾客群）、旅游供应商、旅游中间商、旅游竞争者、社会公众以及企业内部各部门的协作。如果你是该企业的管理者，如何创造良好的内部条件，打造自身的优势？

（2）结合任务学习内容，请思考智慧旅游时代，影响该旅游企业营销内部环境的利与弊因素有哪些？

**3. 成果展示**

小组合作，汇报分析讨论结果，以案例、报告或方案的形式在课堂展示。

**4. 成果完善**

根据教师评价，不断完善成果，修改并提交成果。

任务学习

## 一、旅游者

旅游者是影响旅游营销活动的最基本、最直接的因素，是购买旅游企业产品的总称，可以是个人或组织。

### （一）个体购买者

个体购买者主要是指为了满足个人或家庭的旅游消费需要，购买、使用旅游产品或接受旅游服务的购买者。这类顾客一般属于散客。个体购买者规模小，市场分布比较分散，构成比较复杂。由于个体旅游者的年龄、性别、文化、偏好、习惯差异较大，旅游企业需要针对这

▲ 认识顾客群

学习笔记

些特点进行相应的宣传工作；同时，个体购买者也具有购买频率高与缺乏旅游专业知识的特点，所以，也容易接受旅游企业的宣传，而购买旅游产品与服务。

### （二）组织购买者

组织购买者是指为了开展业务或奖励员工而购买旅游产品和服务的企业或其他团体组织。比如，公司、企业、会议机构、机关单位、各种协会等。此外，组织购买者还有旅游中间商，他们是基于营利目的而从事批发或代理经销旅游产品或服务的组织。组织购买者虽然数量少，但购买规模大，对旅游产品和服务的需求受价格变动的影响较小，更为关注旅游产品与服务的质量。

## 二、旅游供应商

旅游供应商是指为旅游产品生产提供所需资源的企业与个人。主要包括旅游景区、旅游饭店和旅游交通部门等。

▲ 认识旅游供应商

旅游产品是一种综合性的产品，因而旅游产品生产需要旅游供应商之间连续地、适时地提供各种资源，保证旅游供货的及时与稳定。另外，旅游供应商提供的技术设备等资源的质量和价格，直接关系到旅游产品的质量好坏与成本高低，因而旅游企业在选择旅游供应商时应注意旅游供应商的供货质量和价格。

## 三、旅游中间商

旅游中间商是指处于旅游产品生产者和旅游消费者之间，协助旅游企业推广、销售旅游产品的集体和个人。主要包括旅游批发商、旅游经销商、旅游零售商、旅游代理商及随着互联网的产生与发展出现的在线网络服务商等。

▲ 认识旅游中间商

旅游中间商是旅游供应商与旅游者之间的纽带和桥梁，起着调节生产与消费矛盾的重要作用。旅游中间商承担着组合旅游产品、直接向旅游消费者推介和销售的职能，同时担负着向旅游产品供应企业及时反馈旅游市场需求的功能。旅游中间商这一中介地位决定其搜集信息、传递信息、综合利用信息的重要性（图3–5）。

旅游中间商购买旅游产品的目的主要是在转卖过程中获取利润。在

学习笔记

旅游界，旅游中间商是一批专业的旅游人才，一般受过专业训练，懂业务，有经验，了解市场，掌握消费者心理，能为顾客提供最有价值的信息，帮助顾客选择最理想的旅游产品。这些特点决定了中间商对旅游产品的挑剔性。所以，旅游企业应根据自身要求选择可控的、人员素质高的、履行职责好的、费用合理的中间商作为旅游企业的合作伙伴。

▲ 图3-5 认识旅游中间商

## 四、旅游竞争者

旅游企业的竞争者是指在同一市场生产或提供相同或可替代的产品或服务的其他企业，它是旅游企业营销活动的重要环境因素之一。任何旅游企业从事营销活动都会面临四种类型的竞争者，即愿望竞争者、一般竞争者、产品形式竞争者和品牌竞争者。

▲ 认识旅游竞争者

愿望竞争者是指提供不同产品以满足不同需求的竞争者。如某位消费者攒了一笔钱，他既可外出度假，也可游览风景名胜，还可购买手机。这位消费者的愿望对于各类企业来说，将该消费者争取为自己的客户，就是竞争关系。

一般竞争者是指能满足同一旅游需求，但提供不同旅游产品的竞争者。如北京环球度假区与古北水镇旅游度假区竞争旅游者的度假旅游需求。

产品形式竞争者是指能满足同一旅游需求，提供同类旅游产品，但产品的规格、档次、形式不同的旅游企业之间的竞争。如三星级饭店标准客房与四星级饭店标准客房之间的竞争关系。

品牌竞争者是指产品的规格、档次相同，但品牌不同的竞争者。如假日饭店、希尔顿酒店、万豪酒店之间的竞争关系。

对于旅游企业来说，全面认识四种类型的竞争者，分析各种层次的竞争关系，有助于旅游企业看清竞争环境的变化。

## 五、社会公众

社会公众是指对旅游企业营销目标的实现产生影响的社会团体或个人。旅游企业的生存与发展依赖于良好的公众关系和社会环境，社会公

学习笔记

众对于旅游营销活动的成败具有实际的或潜在的影响。

对于旅游企业而言，所面临的社会公众包括以下几种。

▲ 认识社会公众

### （一）金融公众

金融公众是指影响旅游企业融资能力的各种金融机构。主要包括银行、投资公司等。旅游企业应与金融机构保持良好关系，以便获得资金支持。

### （二）媒体公众

媒体公众是指报纸、杂志、广播、电视、网络通信等有广泛影响的大众传媒。旅游企业与新闻媒体保持良好的关系能提高旅游企业的知名度和美誉度。

### （三）政府公众

政府公众主要指负责管理旅游企业业务经营活动的有关政府机构。旅游企业在制订自己的营销计划时，需要研究政府的各种法令、法规，各项政治和经济发展方针政策和措施，使企业的营销活动符合政府的要求，以得到政府对旅游企业营销活动的最大支持。

### （四）群众组织

群众组织是指国家公民为自己的某种共同利益和特殊需要而建立起来的各种社会组织。包括各种保护消费者权益组织、环境保护组织、少数民族组织等民间团体。这些组织与社会舆论对旅游企业的营销活动产生重要影响，旅游企业应与它们保持经常性的沟通，以便获得旅游市场营销活动的理解与支持。

### （五）社区公众

社区公众是指旅游企业所在地附近的居民和社区组织。旅游活动是一项具有较强的地域文化特色的活动，旅游企业应关注所在地域居民，将其融入企业的旅游经营活动中，为企业塑造良好的口碑。

### （六）企业内部公众

企业内部公众是指旅游企业所有成员。旅游业是劳动密集型的服务性行业，旅游企业员工服务质量是旅游者评价旅游产品的重要指标。因

学习笔记

此，旅游企业营销活动离不开内部公众的支持，应重视员工工作满意度，处理好与员工的关系，调动其参与企业营销活动的积极性。

旅游产品的特殊性，决定了旅游企业应与社会公众保持良好的关系，高度重视社会公众利益，以保证旅游企业营销活动的顺利开展。

知识拓展案例

案例背景：2020年9月15日，山东省文化和旅游厅、山东省地方金融监督管理局等五部门联合印发《关于金融促进文化和旅游产业发展的实施意见》（简称《实施意见》），旨在推动金融机构创新产品和服务，持续提升中小微企业金融服务能力，促进文化和旅游产业高质量发展。《实施意见》中在加大信贷支持力度方面指出：（1）实行阶段性延期还本付息。（2）拓宽中小微文旅企业纾困渠道。（3）降低企业综合融资成本。鼓励银行业金融机构降低普惠型小微企业贷款平均利率，坚持以贷款市场报价利率形成机制为基础，综合考虑资金成本、运营成本、服务模式以及担保方式等因素，完善内部成本分摊和收益共享机制，推动综合融资成本不断降低。（4）简化优化审批流程。银行业金融机构在信贷准入、评级授信、利率审批、项目预审等环节，简化流程，限时服务，提高文旅企业信贷服务便利性。（5）创新贷款风险分担和补偿机制。鼓励各类融资担保机构对文旅企业提供融资增信服务。政府性融资担保、再担保机构要加大对文旅小微企业融资增信服务力度。发挥政府性融资担保体系作用，建立各方优势互补、风险共担的长效机制，合理分担文旅小微企业贷款风险。

资料来源：http://sd.zhonghongwang.com/show-10-36165-1.html

案例讨论

通过社会公众相关知识的学习，结合案例，说明政府公众与金融公众对旅游企业的经营有哪些影响？

学习笔记

## 六、旅游企业内部环境

旅游企业是由多部门、多岗位及众多员工组成的整体，企业内的分工协作、权力分配、责任承担和风险共担等对旅游营销的成败起着重要作用。在相同的外部环境下，不同的旅游企业营销活动所取得的成效往往不一样，因为它们有不同的内部环境因素。旅游企业内部环境因素可以分为以下三个方面。

### （一）最高管理层与各级职能部门

▲ 认识旅游企业内部

旅游企业的最高管理层决定着旅游企业的发展方向、目标、策略和方针政策，并对各级职能部门进行管理，如批准各部门计划，制定旅游企业发展战略等。在旅游企业中，市场营销部门与其他各级部门有着密切的联系，如市场营销部制定和实施计划时必须充分考虑到其他职能部门的情况和意见，协调各职能部门间的关系，以避免发生矛盾和冲突。

### （二）企业资源

旅游企业的资源包括人力、物力和财力，其中，人员是旅游企业营销策略的确定者和执行者，是重要的资源。旅游企业管理水平的高低、用人制度的健全与否，决定着旅游企业营销的工作效率。

### （三）企业文化

企业文化越来越受到旅游企业的重视，它是旅游企业重要的内部环境要素。企业文化是企业在自身经营过程中，在全体员工中形成的一种共同的价值观念、基本信念和行为准则。企业文化在调动员工积极性、发挥员工主动性、提高团队凝聚力、优化企业形象和约束员工行为等方面起着重要的作用。良好的企业文化可以树立旅游企业在社会上的良好形象，为企业开展市场营销活动创造有利的条件。

任务检测

请扫描二维码

检测一下任务知识学习情况吧！

学习笔记

任务考核

| 考核内容 | 非常优秀 | 优秀 | 良好 | 合格 | 不合格 |
|---|---|---|---|---|---|
| 按时完成任务情况 | | | | | |
| 搜索整理信息能力 | | | | | |
| 小组团结协作能力 | | | | | |
| 小组汇报展示能力 | | | | | |
| 小组成果创新能力 | | | | | |
| 任务分值建议 | 非常优秀（90~100分）、优秀（80~90分）、良好（70~80分）、合格（60~70分）、不合格（60分以下） | | | | |

根据小组任务实施情况，结合表中考核内容，完成小组任务考核评价。

## 任务3 运用SWOT法 制定发展战略

### 任务要求

在复杂多变的市场环境中，旅游企业应重点关注市场营销环境因素，通过SWOT分析法，正确地分析企业所处的环境因素对企业营销活动产生的影响，避免市场风险，把握市场机遇，以市场为导向，制定相应的产品、价格、服务等营销政策，满足市场的需要，才能在激烈的市场竞争中立于不败之地。通过小组合作方式，搜集知名旅游企业的旅游市场宏观环境和微观环境信息，分析并讨论旅游企业在市场竞争中，如何进行所处外部环境以及自身优势与劣势的分析，更好地制定适合旅游企业自身发展的旅游市场营销战略。

### 任务实施

**1. 搜集信息，整理资料**

（1）通过网络搜索或查阅图书等，了解国内外知名旅游企业的经营现状。

（2）分析资料，选择一家知名旅游企业，详细了解该旅游企业概况。

（3）整理某知名旅游企业的市场营销宏观环境和微观环境分析案例。

学习笔记

**2. 分析讨论**

（1）结合任务学习内容，分析旅游企业的优势与劣势，机遇与挑战。

（2）结合任务学习内容，运用旅游市场营销环境SWOT分析法并讨论，影响旅游企业营销的因素有哪些？

（3）通过SWOT分析结果，为旅游企业制定发展战略。

**3. 成果展示**

小组合作，汇报分析讨论结果，以案例、报告或方案的形式在课堂展示。

**4. 成果完善**

根据教师评价，不断完善成果，修改并提交成果。

任务学习

## 一、SWOT分析法

SWOT分析法是被广泛运用的一种“机会–风险”分析法，它可以综合分析企业内部条件与外部营销环境，对企业营销战略地位进行综合判断，为企业制定营销战略打基础。SWOT中，S代表优势（Strengths）、W代表劣势（Weaknesses）、O代表机会（Opportunities）、T代表威胁（Threats）。其中，优势–劣势（SW）的组合分析是内部环境分析的重心，机会–威胁（OT）的组合分析是外部环境分析的焦点，旅游企业市场营销战略的制定取决于对环境进行SWOT分析的综合结果。

▲ 认识SWOT分析法

知识范例

用 SWOT 分析法，教你一图知晓研学旅行的优势、劣势、机遇、挑战！

近年来，有中国特色的研学旅行正逐渐受到政府主管部门、学界和业界的广泛关注。然而，即便伴随着各种优势和机遇，研学旅行在我国的发展依旧处于萌芽阶段，因而各种问题和挑战层出不穷，严重困扰和影响了中小学研学旅行的有序发展。借助SWOT分

学习笔记

析方法，系统诊断我国中小学研学旅行发展中所面临的优势、劣势、机遇和挑战，并据此提出针对性的发展策略，希望能推动我国中小学研学旅行健康快速发展。

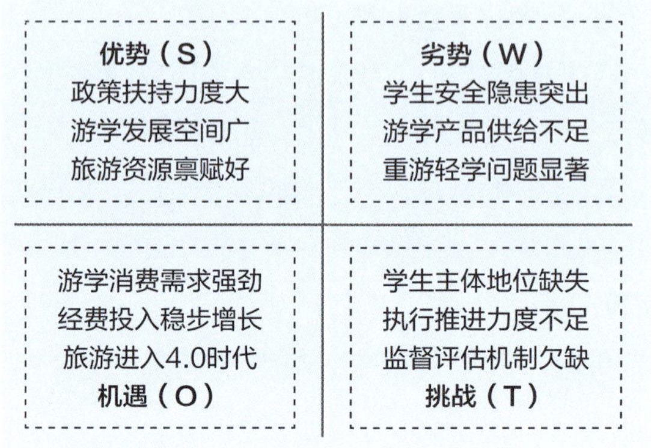


▲ 我国中小学研学旅行发展的SWOT分析图

资料来源：粤研协　广东省研学旅行协会StudyTravel 2020-06-11

## （一）营销环境优势-劣势（SW）分析

优势-劣势（SW）分析是指旅游企业对内部影响市场营销活动的各种因素进行分析，找出自身所拥有的优势和劣势的过程。通过优势和劣势分析，旅游企业可以在营销活动中充分发挥优势，克服或避开劣势，获得竞争优势。

旅游企业的优势主要包含如下几个方面。

（1）技术技能优势　如低成本生产方法，领先的革新能力，雄厚的技术实力，完善的质量控制体系，丰富的营销经验，上乘的客户服务，大规模采购技能等。

（2）有形资产优势　如先进的生产流水线，现代化车间和设备，拥有丰富的自然资源储存，吸引人的不动产地点，充足的资金，完备的资料信息。

（3）无形资产优势　如优秀的品牌形象，良好的商业信用，积极进取的企业文化。

（4）人力资源优势　如关键领域拥有专业的、积极上进的以及很强的组织学习能力和经验丰富的职员。

（5）组织体系优势 如高质量的控制体系，完善的信息管理系统，忠诚的客户群，强大的融资能力。

（6）竞争能力优势 如产品开发周期短，强大的经销商网络，与供应商良好的伙伴关系，对市场环境变化的灵敏反应，市场份额的领导地位。

此外，可能导致旅游企业内部弱势的因素，如缺乏有竞争力的有形资产、无形资产、人力资源、组织资产，关键领域里的竞争能力正在丧失等。

### （二）营销环境机会–威胁（OT）分析

机会–威胁（OT）分析是指通过对旅游企业外部环境因素分析，罗列旅游企业所面临的各种机会和威胁。机会–威胁分析从微观环境分析和宏观环境分析两部分入手。微观环境是直接影响旅游企业日常经营的环境，主要涉及供应商、顾客、竞争者、中间商以及社会公众等方面。宏观环境包含政治、法律、经济、科学技术乃至生态环境等社会各个领域。

（1）市场机会分析 市场机会指对旅游企业营销中某些因素的变化及其发展给旅游企业带来有利影响的时机和条件。如政策支持、技术进步、消费者需求增加、主要竞争对手出现失误、与供应商关系良好、银行信贷支持等。不同的市场机会为旅游企业带来的利益大小不同，因此应找出价值最大的市场机会，对市场机会的价值进行评价。对外部营销环境机会的分析，首先找出有利因素，然后对有利因素进行评估，如潜在吸引力、成功概率等。

（2）环境威胁分析 环境威胁是指环境中不利于旅游企业营销的因素及发展趋势，给旅游企业带来的压力与危害。如市场上新产品的出现、销售商拖延结款、竞争对手结盟、市场成长放缓、目标市场购买力下降等。对外部营销环境威胁的分析，首先找出不利因素，然后对不利因素进行评估，如潜在的严重性、威胁发生的概率等。

## 二、四种发展战略

通过SWOT分析方法将旅游企业内部环境的优势–劣势分析与旅游市场营销外部环境的机会–威胁分析综合运用，得出分析结果后，旅游企业就可以明确自身的优势和劣势以及面临的机遇和风险，从而制定相应的营销战略。营销战略可以分为增长型战略、扭转型战略、紧缩型战

学习笔记

略和多元化经营战略，如图3-6所示。

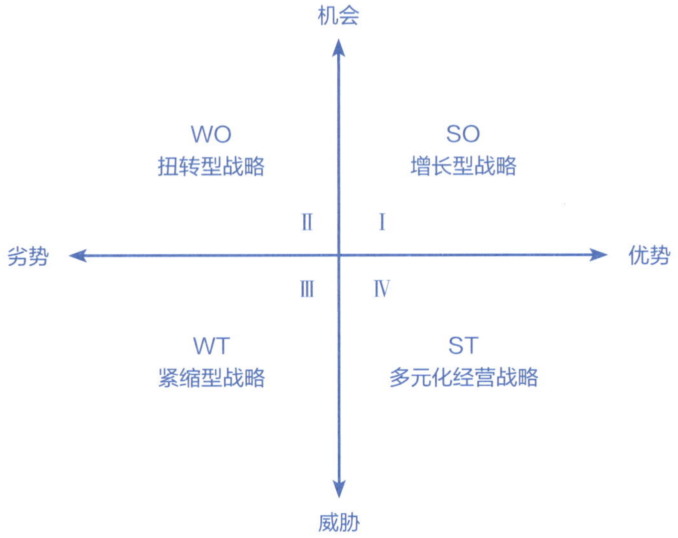


▲ 图3-6 旅游企业SWOT分析战略矩阵

SO增长型战略，又称扩张战略。当旅游企业外部有许多机会且内部具有强大优势时，宜抓住良机，集中人力、财力、物力，扩大生产和经营，推动企业快速发展。

WO扭转型战略是指当旅游企业外部有机会，但自身缺乏利用机会的条件时，宜把握机会，想办法创造条件，努力克服自身弱点，调整方向，将劣势转化为优势。

▲ 认识四种发展战略

WT紧缩型战略是指当旅游企业外部、内部条件均不如意时，不能进攻，也无力扭转，旅游企业应果断退出，设法避开威胁、消除劣势。

ST多元化经营战略，又称分散战略。当旅游企业内部资源丰富，但外部存在严重威胁时，宜采用多元化战略，分散风险，寻找新机会。

知识案例

**旅游业在复苏！携程门店会员日销售约5000万元**

2020年初，受新冠肺炎疫情影响，旅游业遭受了前所未有的冲击。不过，随着近期中高风险区的全部清零，国民被抑制已久的出游热情再次被点燃。携程门店也迎来了2021年第一个会员日。相关数据显示，2021年3月11日上午10点，江西九江去哪儿门店率先签下今天第一个大单，120人的三峡游，随即150人的丽水赏花团在携程温州东江锦园店完成签约，280人的海南游在携程山西临汾平阳南街店成单。到12点左右，后台数据接近1500万元，已经与2019年3月11日全天的国内游订单持平。

随着各地活动的推进，不断涌现出超过100人的跨省游大单，将当日交易额一路推高至5000万元左右，对比2019年3月11日国内游订单增长超过212%。更出乎意料的是，2019年出境游毫无障碍，没有任何外界影响，线下三品牌门店的日均销售总额约为3500万元，而2021年首个会员日，在仅仅只有国内游的情况下，却超出2019年3月日均销售额的40%。

新年伊始，苦等了一年的旅游业正在加速复兴。

资料来源：摘自旅行社资讯网（2021-03-12）

学习笔记

## 案例讨论

运用SWOT分析法，思考案例环境背景下旅游业务开展的优势与劣势、机会与威胁。

## 任务检测

请扫描二维码
检测一下任务知识学习情况吧！

## 任务考核

| 考核内容 | 非常优秀 | 优秀 | 良好 | 合格 | 不合格 |
| --- | --- | --- | --- | --- | --- |
| 按时完成任务情况 | | | | | |
| 搜索整理信息能力 | | | | | |

学习笔记

续表

| 考核内容 | 非常优秀 | 优秀 | 良好 | 合格 | 不合格 |
| --- | --- | --- | --- | --- | --- |
| 小组团结协作能力 | | | | | |
| 小组汇报展示能力 | | | | | |
| 小组成果创新能力 | | | | | |
| 任务分值建议 | 非常优秀（90~100分）、优秀（80~90分）、良好（70~80分）、合格（60~70分）、不合格（60分以下） | | | | |

根据小组任务实施情况，结合表中考核内容，完成小组任务考核评价。

## 项目思政案例

### 重庆红色旅游SWOT分析

#### 重庆红色旅游概况

“红岩上红梅开，千里冰霜脚下踩。”一曲《红梅赞》被几代人传颂。重庆作为全国统一战线传统教育基地，拥有丰厚的红色旅游资源，全市拥有全国爱国主义教育示范基地6个、全国重点烈士纪念建筑物保护单位4个、与中国共产党在革命和战争时期领导人民推进解放事业有关的全国重点文物保护单位4个。渝中区重庆红岩革命纪念馆、沙坪坝区歌乐山革命烈士陵园、开县刘伯承同志纪念馆、江津县聂荣臻元帅陈列馆、酉阳县赵世炎烈士故居被列为全国百个红色经典旅游景区。

#### 优势分析

1．红色旅游资源丰富

重庆红色资源类型丰富，数量众多，特色突出。按照中国旅游资源分类系统，重庆红色资源可以分为3大类、6亚类、7个基本类型、100余处景点，并主要分布在主城及其周边的都市红岩革命旅游区、渝东北的川陕革命根据地旅游区、渝东南的川黔湘鄂革命根据地旅游区。

2．区位与交通优势

重庆地处我国东西部地区结合部，是拥有水、陆、空三类交通

学习笔记

设施的特大城市，具有较强的旅游聚集与辐射效应。

3. 开发早，名气大

重庆在开发红色旅游资源方面走在全国前列。早在1955年，重庆市便开始筹建“八路军重庆办事处革命纪念馆”。1958年，红岩革命纪念馆在红岩村原八路军重庆办事处旧址建成开放，1961年被国务院公布为第一批全国重点文物保护单位。较早的开发使得景区可以更从容地进行一些发展红色旅游的探索，积累一定的经验。

## 劣势分析

1. 没有成熟的娱乐项目

重庆主要的几个红色景区早已开始实行免费开放，娱乐项目成为红色旅游的收入增长点。但现有的娱乐项目大多还是拍照等形式，表现差强人意，很难激发游客的消费热情，长此以往会限制重庆红色旅游产业的可持续发展。

2. 旅游商品缺乏特色

重庆虽然拥有丰富的红色旅游资源，但是代表红色旅游文化的商品几乎没有，市内主要景区所售卖的红色商品与全国其他红色景区所售卖的商品大同小异，反映不出重庆本地红色资源的特色。

## 机遇分析

1. 网红城市

得力于现代社交媒体的推力，微博、微信、抖音以及快手等，以不可思议的方式和力量，在很短的时间内就让重庆成为一个“网红城市”。印上“网红城市”的标签后，也掀起了一股去重庆游玩的热潮，使得重庆旅游业在短期内出现井喷式的发展。

2. 政策扶持

近年来，国家一直大力支持红色旅游的发展，出台了一系列有利红色旅游发展的政策文件。中共中央办公厅、国务院办公厅印发的《关于实施革命文物保护利用工程（2018—2022年）的意见》明

学习笔记

确提出“要继续扩大革命博物馆、纪念馆免费开放，加强革命文物创意产品的开发，鼓励支持文化文物单位和社会力量参与革命文物创意产品的开发，并提高红色旅游发展质量，包括推出更多以红色文化为主题的研学旅行、体验旅游、休闲旅游项目等”。政府的支持更加有助于红色景区推广红色文化，弘扬红色革命精神。

**威胁分析**

1. 红色旅游市场竞争越发激烈

绝大多数红色旅游资源单体差异不大，旅游资源类别少，造成红色旅游系列内各景区所体现的精神特征相似，这些特征决定了红色旅游区域间的可替代性。

2. 客源范围和时效性局限

红色旅游景点是革命时期历史的重现，具有缅怀英勇先烈和教育青少年的意义，景区游客以老一辈革命家、旅游工作者、青少年为主，存在客源局限性。

资料来源：摘自邦宁创旅（2019-07-16）

**案例思考**

通过案例介绍与SWOT分析，请撰写一份你熟悉的某座城市红色旅游环境SWOT分析报告，并针对劣势及威胁进行分析，阐述你的建议及对策。

## 项目小结

本项目阐述了旅游企业在市场营销活动中所处的外部宏观环境，如政治法律环境、经济环境、社会文化环境、人口环境、自然环境和科技环境等，以及旅游企业周围密切影响其营销活动的微观环境，如旅游者、旅游供应商、旅游中间商、旅游竞争者、社会公众以及企业内部环境。通过学习并运用SWOT分析法，正确地分析旅游企业所处的环境因素对企业营销活动产生的影响，可有效避免市场风险，把握市场机遇，以市场为导向，制定相适应的营销战略，确定营销政策，满足市场的需要，才能在激烈的市场竞争中立于不败之地。

学习笔记

## 项目练习

请扫描二维码
检测一下项目知识学习情况吧！

学习笔记

# 项目四 分析旅游者购买行为 提高顾客满意度

## 项目综述

本项目通过对影响旅游者购买行为的个体因素、社会因素及文化因素的阐述，以及旅游者购买行为“需求—动机—行为”模式的分析，明确了旅游者购买决策一般需经历认识需求、收集信息、比较评价、购买决定、购后评价五个过程。旅游企业通过对旅游者购买行为分析，有利于其针对客户群体开发出满足需求、刺激需求、引导需求，并能创造需求的旅游产品；也有利于企业通过与客户的购后评价联系，有针对性地分析旅游者心理需求，做好售后服务及宣传服务，制定增强客户购后满意度和重复购买的营销策略。

## 项目知识图谱

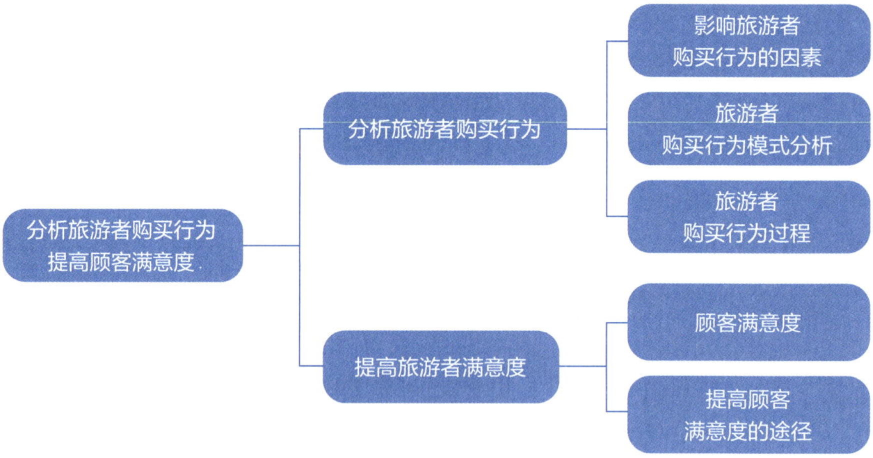


## 项目学习内容

1. 了解影响旅游者购买行为的个体因素、社会因素及文化因素。
2. 掌握旅游者购买行为“需求—动机—行为”模式。
3. 理解旅游者购买行为过程。
4. 认识顾客满意度含义及提高顾客满意度的途径。

## 项目学习目标

学习笔记

| | |
|---|---|
| 知识目标 | 理解个体、社会、文化因素对旅游购买行为的影响；掌握旅游者的购买行为过程；认识顾客满意度的重要性。 |
| 能力目标 | 能分析旅游者购买行为“需求—动机—行为”模式；能引导顾客购买旅游产品。 |
| 素质目标 | 能运用顾客满意理论，改进服务质量；树立顾客至上的理念。 |
| 思政目标 | 培养中外比较分析能力及开放的视野；培养科学的工作方法和客观公正的工作作风。 |

## 项目导入案例

### 双十一旅游者意愿调查报告

2020年11月5日，携程旅游大数据实验室发布“双十一旅游者意愿调查报告”。这是携程在上线补贴力度创行业纪录的“11.11旅游狂欢节”后，以“你会参加今年的双十一吗”为主题，通过微博、微信等渠道，对旅游者随机调查后发布的统计结果。

调查数据发现，2020年旅游者参与双十一的热情相当高，有75%的被调查者有意愿参加在线旅游平台的双十一活动，25%的人表示不会参加。

参加旅游双十一和价格有多大关系？根据调研显示，有超过90%的被调查者表示购买旅游产品会受到价格的影响，其中有48%的人表示，价格因素非常重要，会刺激出游决策。

消费者更愿意在双十一期间购买哪些旅游产品？从调查数据看，机票、酒店打包组合的自由行产品成为人气最高的品类，有70%的参与调查者选择。解决了交通、住宿之后，通过携程等旅游平台预订景区门票、租车的意愿也很突出，分别占比30.8%、15.4%。值得注意的是，目的地参团、私家团异军突起，占比分别达到了34.6%、26.9%，人气上升迅速。自由行散客更愿意选择一站式预订各类碎片化产品，跟团的消费者则青睐私密出行的小团产品。

双十一购买旅游产品最担心什么？活动的优惠政策是否复杂（关注度最高，占比32%）、产品适用时间和人群是否明确（28%）、

学习笔记

产品的退改条件是否宽松（27%）、产品库存数量是否充足（13%），成为消费者最关心的四大问题。记者了解到，针对活动规则，今年一些平台都进行了升级。携程“旅游双十一”规则简单明了，消费者可以获得的优惠是年度低价×平台领券补贴，选品、发券、售后都由平台统一，预订和出行前后有问题直接找携程解决。

在双十一期间购买的旅游产品，计划在什么时间段使用呢？从调研结果上来看，双十一是为明年春节旅游囤货的好时机，37%的人计划在明年春节使用。还有33%的用户选择了年底和年初，17%的用户选择在一个月内使用。临近全年结束，年假党蠢蠢欲动，双十一抄底利用剩余年假出行也成为不错的选择。根据携程门票、租车的统计，最近领券和下单的用户主要是在周末和年底前出游。

资料来源：携程研究院（2020-11-05）

### 案例思考

1. 结合案例，请思考旅游消费者意愿及购买方式的转变。
2. 旅游企业如何适应旅游消费者购买方式的转变？

## 任务 1　分析旅游者购买行为

### 任务要求

旅游者的旅游消费活动受个体、社会、文化环境等因素影响，作为旅游企业营销人员，分析影响旅游者购买行为的因素和模式，理解购买决策过程，对于旅游企业进行市场细分、市场定位、开发新的旅游产品具有重要意义。通过小组合作方式，搜集知名旅游企业的旅游者购买旅游产品信息，分析并讨论该旅游企业客户群购买行为过程，制定相适应的市场营销策略，做好旅游产品的销售工作。

任务实施

学习笔记

**1. 搜集信息，整理资料**

（1）通过网络搜索或查阅图书等，了解国内外知名旅游企业的经营现状。

（2）分析资料，选择一家知名旅游企业，详细了解旅游企业概况。

（3）整理某知名旅游企业的客户群购买行为分析案例。

**2. 分析讨论**

（1）结合任务学习内容，分析该旅游企业客户群消费特征及消费行为。

（2）结合任务学习内容，讨论该旅游企业客户群购买行为过程。

**3. 成果展示**

小组合作，汇报分析讨论结果，以案例、报告或方案的形式在课堂展示。

**4. 成果完善**

根据教师评价，不断完善成果，修改并提交成果。

任务学习

旅游者购买行为是指旅游产品购买者在搜集旅游产品有关信息的基础上选择、购买、消费、评估旅游产品过程中的各种行为表现。旅游者的旅游消费活动由个人消费特征、社会因素和文化因素共同作用，呈现复杂性和多样性。旅游企业针对影响旅游者购买行为的因素进行分析，才能确保市场细分的准确性，市场定位的有效性。

▲ 认识影响旅游者购买行为的因素

## 一、影响旅游者购买行为的因素

### （一）个体因素

个体因素包含年龄及人生阶段、职业及经济状况、生活方式、心理因素等。

**1. 年龄及人生阶段**

按照年龄标志，一般旅游消费者分为未成年消费者（1~18岁）、青年消费者（19~35岁）、中年消费者（36~55岁）以及老年消费者（56岁

学习笔记

以上）四类群体。随着年龄的变化，不同年龄阶段对于旅游需求和旅游偏好的差异，决定了旅游购买行为的差异性。旅游企业营销人员需掌握每一年龄阶段旅游者消费行为的特点，制定适当的营销策略（图4–1）。

▲ 图4–1 不同的人生阶段影响着旅游购买行为

**2. 职业及经济状况**

职业在很大程度上决定了收入水平、闲暇时间和社会地位等，旅游者职业的差异导致了不同的旅游需求，使得旅游购买行为出现较大差别。伴随人生职业的变迁，如职业变更或退休，也影响着旅游者的购买行为。

**3. 生活方式**

生活方式是指一个人在活动、兴趣和意见等方面展现的个人行为模式，是个人心理、社会、文化、经济等各种因素的综合反映。衡量消费者生活方式，一般用消费者AIO变量来衡量：即，活动（Activity），包含工作、爱好、购物、运动、社会活动等；兴趣（Interest），包含食物、时尚、家庭、娱乐等；观念（Opinion），包含关于自我问题、社会问题、商业及产品等。根据以上变量，旅游企业营销人员可以对生活方式作出分类，针对不同生活方式引起不同的旅游需求，导致旅游者购买行为的差异性，制定相应的市场营销策略（图4–2）。

▲ 图4–2 不同的生活方式影响着旅游购买行为

**4. 心理因素**

旅游消费者购买行为受动机、知觉、学习等心理因素影响。如收入水平的提高，工作与生活节奏加快，旅游者文化素质的提高，外出旅游成为大多数旅游者调节生活节奏、放松身心、增长知识、丰富阅历的一项活动；如旅游者通过媒体、旅游手册、互联网等渠道了解旅游目的地的知觉印象，决定外出旅游。不同的旅游产品可以满足旅游者不同层面的心理需求，对于旅游企业营销人员，根据旅游消费心理特征，采取适当的营销措施影响旅游者购买行为，对于开展市场营销工作具有重要意义。

学习笔记

### （二）社会因素

社会因素主要包含家庭结构及家庭生命周期、相关群体、社会阶层等因素。

#### 1. 家庭结构及家庭生命周期

▲ 图4-3　北欧老年人结伴出游

家庭是社会的基本单位，家庭的结构、家庭生命周期、家庭经济收入、家庭社会地位、家庭对消费的态度等对旅游者消费购买行为产生直接影响。此外，家庭成员对于购买决策起着不同作用，家庭购买决策类型有丈夫决定型、妻子决定型、共同决定型、子女决定型和独立支配型。家庭所处生命周期的不同阶段对旅游需求也存在较大差异，如无子女新婚家庭，旅游兴趣较大；经济条件和身体条件较好的老年人，常常结伴出游。旅游企业营销人员需了解家庭结构相关信息，了解旅游者旅游需求，才能更好地开展市场营销工作（图4–3）。

#### 2. 相关群体

▲ 图4-4　首属群体影响着旅游购买行为

相关群体是指以一定方式结合在一起，具有共同目的，彼此相互影响、相互作用、心理上有认同感并具有情感联系的人群。相关群体对旅游消费者的态度和行为有直接或间接影响，可分为首属群体和次属群体两类。首属群体是个人直接生活在其中，与群体成员有直接交往，消费者经常受其影响的群体。首属群体往往是非正式组织，如家庭、邻居、朋友、同事等，群体与成员之间保持着经常的互动关系（图4–4）。次属群体是按照一定规范建立起来的、有明确社会结构的群体，如学生会、各种宗教组织、各类专业协会等。次属群体是消费者不经常受其影响的群体，多为正式组织，群体与成员之间的相互影响较少。相关群体会影响消费者新的生活方式和行为方式，如个人态度、价值观、审美观、消费需求、消费偏好等，也会影响消费者对产品、服务、品牌等的评价和选择。

学习笔记

### 3. 社会阶层

社会阶层是指一个社会中具有相对的同质性和持久性的群体，根据职业、收入、财产、受教育程度等可变因素进行的群体划分。处于相同社会阶层的人，在经济地位、价值观、生活方式、兴趣、消费偏好、消费行为等方面存在相似之处。了解旅游者所处的社会阶层，有利于旅游企业营销人员销售适合旅游者的旅游产品，从而影响旅游者的旅游购买行为。

### （三）文化因素

文化主要指精神文化，包括思想、道德、哲学、艺术、宗教、价值观、审美观、信仰、风俗习惯等方面的内容，是人类在社会发展过程中所创造的物质财富和精神财富的总和。文化因素主要包含文化和亚文化。不同国家、不同地区在文化方面存在着较大差异，人们在不同的社会中成长，受到不同文化的影响，形成不同的价值观念、行为习惯和对待事物的态度，影响着人们的生活方式和行为方式。每种文化都由亚文化构成，亚文化是因具有共同的生活或共同的生活环境而具有共同价值体系的人群所遵循的文化标准。在一个社会中，主要有四种亚文化群体，即民族群体、宗教群体、种族群体和地理区域群体。社会文化作为一种适合本民族、本地区、本阶层的是非观念，强烈地影响着消费者的旅游购买行为。生活在同一社会文化环境下的各成员的个性具有相同的方面，不同文化环境下的人们个性不同，购买行为习惯也不同。

## 二、旅游者购买行为模式分析

旅游者购买行为的“需求—动机—行为”模式是从心理学的角度构建的旅游者购买行为模式。认为需要引发动机，动机再引起行为，旅游者的需求、动机及购买行为构成了一个旅游购买活动的周而复始的过程。当旅游者产生的旅游需要没有得到满足时，就会引起一定程度的心理紧张。当这种需要有满足的可能性并有了一定的具体满足方式指向时，就可以转化为对具体旅游产品的购买动机，具体的购买动机会推动旅游者进行旅游消费购买过程（图4-5），当旅游者的旅游需要通过旅游活动满足后，这种心理紧张感就会缓解。当旅游者再一次出现新的旅游需要时，又开始了新一轮的旅游者购买行为“需求—动机—行为”周期。

可以看出，旅游需要和动机是旅游消费行为的原动力。引发旅游者产生旅游需求的因素除个人的内在因素外，还有外部因素的影响，这些

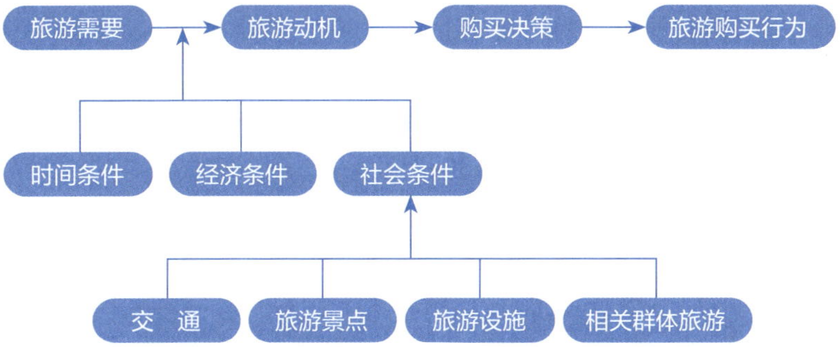


▲ 图4-5　旅游者购买行为的需求—动机—行为模式

外部因素既有社会、文化、经济等宏观环境因素，也有企业的旅游营销活动等商业因素的影响。旅游需要的产生是外部因素综合作用于旅游者，而引发了旅游者内在因素的结果。通过旅游者购买行为“需求—动机—行为”模式的分析，把握顾客心理，发现顾客需求，为旅游者提供需要的旅游产品和服务，不仅满足旅游者的个性化需求，也有利于旅游企业形成独特的经营特色。研究旅游购买行为，进行针对性的营销刺激，不仅有利于旅游企业正确引导旅游购买行为，而且可以促进旅游购买行为朝着旅游企业发展方向转化。

### 知识拓展：旅游者的旅游动机分析

1．旅游动机产生的条件

旅游动机是指旅游者为了满足旅游需要，引起他们使用旅游产品和服务的愿望，是直接推动其进行旅游活动的内在动力或动因。激励旅游者外出旅游的因素既有主观的，又有客观的。主观条件是旅游者个体的内在条件，即旅游需要、欲望等；客观条件是旅游者产生旅游动机的外在条件，主要有以下三个方面。

（1）时间条件　即旅游者拥有可以自由支配的闲暇时间。

（2）经济条件　即旅游者拥有足够的可自由支配收入。

（3）社会条件　即旅游者所在地（客源地）拥有鼓励旅游的社会风气，旅游目的地拥有便利的交通和完善的旅游接待设施。

人们为满足各种需要，产生了外出旅游的愿望，当具备了一定的客观条件之后，各种旅游动机就产生了。

2．旅游者的旅游动机类型

美国著名的旅游学教授罗伯特·W·麦金托什提出，因具体需要而产生的旅游动机可分为下列四种基本类型。

学习笔记

（1）身体方面的动机　人们为了调节生活规律，促进健康而进行的休闲度假、体育运动、海滩消遣、娱乐活动，以及其他直接与保健有关的活动。此外，还包括洗温泉浴等类似的疗养活动。属于这方面的动机都有一个共同特点，即通过与身体有关的活动来消除紧张。

（2）文化方面的动机　人们为了认识、了解自己生活环境和知识范围以外的事物而产生的动机，其最大的特点是希望了解异国他乡的情况，包括了解其民俗、艺术、舞蹈、绘画及宗教等。

（3）人际（社会交往）方面的动机　人们通过各种形式社会交往，保持与社会的接触，包括希望接触他乡人民、探亲访友、逃避日常的琐事及惯常的社会环境、结交新友等。

（4）地位和声望方面的动机　这方面的动机主要与个人成就和个人发展的需要有关。属于这类动机的旅游包括商务、会议、考察、追求业余癖好以及求学等类型的旅游。旅游者通过旅游实现自己受人尊重、引人注意、被人赏识、获得好名声的愿望。

由于旅游是一种综合性的活动，能够满足人们多方面的需要，人们外出旅游时，很少出于一个方面的动机。因此，人们的旅游活动往往是多种动机共同作用的结果。

## 三、旅游者购买行为过程

旅游者购买行为过程是指游客实现购买行为进行的一系列的心理活动和购买活动。在分析旅游者购买行为的影响因素和旅游者购买行为模式基础上，营销人员还应了解参与购买决策的人群、购买决策中担当的角色、购买过程经历的阶段，以便采取措施，有效地影响旅游者的购买决策。

### （一）旅游购买决策的参与者

在实际经营中，旅游购买决策的参与者往往不止一人，决策过程中往往多人参与并影响最终旅游购买决策。如单位组织奖励型旅游，参与购买决策的人员可能是单位高层主管，也可能是其他人；如家庭旅游，参与购买决策的可能是夫妻，也可能是父母或儿女，有时还可能是亲戚朋友。一般旅游产品的购买决策有五种角色参与旅游购买决策过程。

▲ 认知旅游者购买行为过程

**1. 倡议者**

倡议者是指首先提出购买某种旅游产品或服务的人。首先提出倡议

学习笔记

者是发起人，不一定是决策人，但如果响应者较多，将对决策者产生较大影响作用。

**2. 影响者**

影响者是指其看法和建议影响最后决定的人，那些虽不参加最终决策但对决策者能产生影响力的“意见领袖”、决策者的上司、亲朋好友等，对旅游者购买决策往往产生举足轻重的影响。一些旅游企业营销人员通过影响与决策者关系密切的上司、同行、下属、亲友等。以达到促进决策者作出有利于购买本企业产品和服务的决定。

**3. 决定者**

决定者是指作出购买决策的人。决定者既可能是一人，也可能是多人。如一个家庭旅游购买决策人可能是丈夫，也可能是妻子，还有可能是孩子，又可能是夫妻共同决定。

**4. 购买者**

购买者是指根据购买决定进行实际购买的人。在购买过程中，购买者对售中服务的满意程度，将对下一次购买决策产生一定的影响。

**5. 使用者**

使用者是指直接使用和消费旅游产品和服务的人。使用者满意与否反馈给决定者后，将对下一次购买决策产生影响。

参与旅游购买决策的各种角色可能是不同的人，参与决策的各种角色或两种以上的角色也可能由一人担任，如倡议者也可能是决定者，也可能是使用者等。旅游企业了解参与购买决策的各种角色，有利于针对不同的角色制定相应的影响对策，引导购买决策向本企业倾斜。

知识案例

## 张先生的旅游购买决策

张先生的家庭是一个典型的三口之家，35岁的张先生是秦皇岛一家私企的老板，妻子是当地一所中学的教师，儿子在小区附近的小学念书。山海关欢乐海洋公园开业后，在秦皇岛开展了声势浩大的促销活动，张先生儿子班上有几个同学在周末时参加了山海关欢乐海洋公园的一日游活动。开学后在班上向同学绘声绘色地描述了自己在山海关欢乐海洋公园的旅游体验，激动的情绪感染了张先生的儿子，引起了他向往乐岛的强烈愿望，放学后他向父母表达了自

学习笔记

己要去山海关欢乐海洋公园的旅游愿望。周末，张先生和妻子开始收集有关山海关欢乐海洋公园的宣传资料。与此同时，张先生和妻子也向自己的亲友打听有关山海关欢乐海洋公园的事宜。两天后，张先生夫妻俩商量决定周末带孩子出游。同时，张先生为了增进对下属的了解，加强团队凝聚力，决定组织单位员工及其家属与自己一家三口一起去山海关欢乐海洋公园旅游。由于人员较多，张先生决定找一家旅行社来安排具体事宜。最终，张先生选择了当地的海燕国际旅行社。因为该旅行社曾多次组织过学生夏令营，张先生对该旅行社比较信任。于是，张先生打电话给该旅行社前台接待人员，要求旅行社派人前来自己的公司进行商洽。

案例讨论

结合以下任务知识的学习，请从张先生的购买活动分析旅游者的购买决策过程。

### （二）旅游购买决策的过程

旅游购买决策过程指游客从产生旅游需要到旅游消费结束产生感受的整个过程，整个过程是一个消费行为系列。游客的旅游购买决策既有感性的决策过程，又有理性的决策过程。感性的决策过程有习惯型购买决策、冲动型购买决策等；理性的决策过程包括五个阶段：认识需求、收集信息、比较评价、购买决定、购后评价（图4–6）。

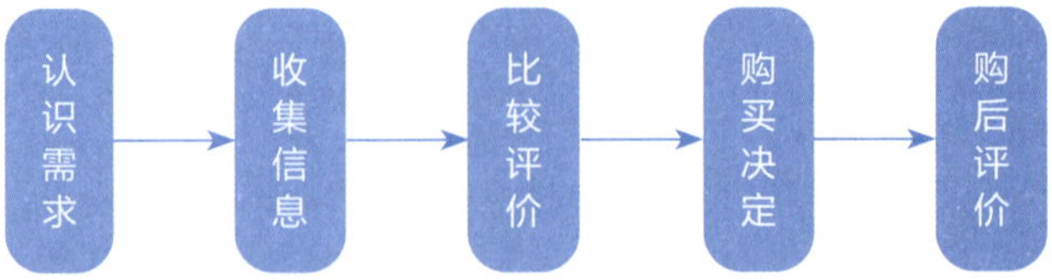


▲ 图4-6 旅游者购买决策过程

在实际旅游购买决策过程中会发生省略几个程序或颠倒程序等情况，如旅游者做出酒店用餐的决定后，用餐时无须收集信息和判断评估。所以，旅游购买行为始于实际购买行为之前，购后评价在一段时期

学习笔记

内对旅游购买决策仍会起持续性的影响作用。

**1. 认识需求**

当人们意识到对旅游产品和服务有某种需求时，购买决策过程由此拉开序幕。旅游需求可能来自生理需要，也可能来自外界的某种刺激，或二者共同作用的结果，这种需求会使旅游者寻找购买对象，使之得到满足。因此，旅游企业可以通过设计能激发旅游者需要的刺激物，使客人认识到对某种旅游产品的需求，强化满足这种需求的迫切性。

**2. 收集信息**

当人们有旅游需求时，如果驱动力十分强烈，则会很快导致购买行为，但如果驱动力不强或购买的产品价值高、数量多、风险大时，往往会举棋不定，此时则需要收集各方面的信息。获得旅游信息的渠道颇多，较为典型的信息渠道有四种，即私人来源、商业来源、公共来源和经验来源。

（1）私人来源　私人来源是指游客通过自己的人际关系获得有关旅游产品信息，如家庭、亲朋好友、邻居、同事等渠道获得信息，这类信息对于旅游购买决策影响较大。所以，旅游企业应十分重视这一信息来源的作用，以优质产品和温馨服务赢得旅游消费者的口碑，发挥其影响潜在旅游购买者决策的作用。如某酒店在宾客意见簿的扉页上写下这样一段耐人寻味的语言："如果您满意，请告诉您的亲朋好友；如果您不满意，请告诉我们，我们将努力做得更好，直到您满意为止。"

（2）商业来源　商业来源是指潜在游客通过商业途径获得有关旅游产品信息。如旅游企业的广告、产品宣传、推销人员、旅游展览会、博览会、交易会等。这类信息数量多，对不同对象的影响力有强有弱，信息的可信度往往不如其他来源。

（3）公共来源　公共来源是指人们从大众传媒和一些社团组织中获得的非商业性信息。如人们从政府机构、大众媒体报道、专家评述等渠道获得旅游信息。这类信息往往让人感到较为客观公正、可信度高。旅游企业应以守法经营和文明经营的行为、以支持公益的善举和义举赢得社会各界的尊重。通过公共信息渠道向社会传播，塑造自己的良好形象，并与大众传媒和群众团体组织保持良好的沟通关系，从而影响旅游购买决策。

（4）经验来源　经验来源是指旅游者在过往的旅游经历中积累的相关购买和消费经验。这是旅游者认为最为可信的信息来源。这种个人积累的消费经验会作为口头传播，影响其他潜在旅游者的个人购买决策，

学习笔记

同时也会对个人未来的购买决策产生影响。

**3. 比较评价**

潜在购买者通过各种渠道得到旅游信息后，会对这些信息进行评估判断，在各种备选方案中进行比较，经综合评价后作出抉择。在比较评价阶段，潜在购买者往往对旅游产品质量、品牌、价格、服务等方面较为关注；不同的人在评估同一旅游产品时，所关注的重点往往有较大差异，如有的人更关注服务质量，有的人更关注品牌，有的人更关注价格，有的人更关注产品特色。因此，旅游企业了解潜在旅游购买者的评价标准和评价方法，有利于把握目标旅游市场潜在旅游者所关注的重点，设计出符合旅游者评估标准的旅游产品。

**4. 购买决策**

在经过信息比较评价后，潜在旅游购买者对于可供选择的若干旅游产品，按其符合自己心意的程度排出先后次序，通常会选择最符合心意的旅游产品优先购买。然而从购买意图的初步形成到实际购买，还会受到别人态度和意外情况这两个因素的影响。

（1）别人态度　别人态度会改变潜在购买者的初步购买决定，尤其来自权威人士、意见领袖及与本人关系十分密切的家人等，这些反对态度都有可能促使其改变购买决定。如父母决定携孩子去某酒店就餐，抵达酒店后，小孩指着对面挂着彩球的酒店说："很好玩!"拉着父母去，父母会改变原先决定，依小孩的心愿去对面酒店用餐。

（2）意外情况　旅游购买决策都是在一定的预期情况下决定的，一旦出现意外情况，人们会更改已经作出的购买决定。如旅游目的地政局不稳定、突发自然灾害、购买者突然被解雇、原计划出行时间改变、抵达购买现场后对服务不满意等，都会导致购买决定的改变。

**5. 购后评价**

潜在购买者实际购买后，并不意味着旅游企业营销工作的结束。以个人购买为例，实施旅游购买后即成为旅游消费者，旅游企业必须提供所承诺的所有服务，以协助旅游者顺利完成旅游行程。如某位消费者购买包价旅游产品，旅游企业与其签订了旅游合同并不意味着完成了营销工作，企业需完成准备组团、预订、导游服务，通知游客一切相关的注意事项等工作。

旅游企业应重视旅游者购买的购后评价。由于旅游产品具有无形性特点，购买风险较大，旅游购买者预期效果和实际效果差距较难预料，只有在消费过程中才能作出准确评价。在旅游消费过程中，旅游企业应创造良好的环境氛围、提供便捷舒适的旅游交通服务、保证旅游产品质量。建立必要的购后沟通渠道，做好售后服务，进行必要的宣传。同时，虚心接受旅游者投诉、尽量化解游客的不满情绪，不断提高游客满意水平。只有当实际效果好于预期效果时，客人才会满意，客人的满意程度不仅影响其重复购买决定，而且“口碑效应”也会影响其周围人士的购买决定。因此，旅游者一次购买行为的结束并不意味着营销活动的结束，而是一次营销活动的开始。

学习笔记

## 任务检测

请扫描二维码

检测一下任务知识学习情况吧！

## 任务考核

| 考核内容 | 非常优秀 | 优秀 | 良好 | 合格 | 不合格 |
|---|---|---|---|---|---|
| 按时完成任务情况 | | | | | |
| 搜索整理信息能力 | | | | | |
| 小组团结协作能力 | | | | | |
| 小组汇报展示能力 | | | | | |
| 小组成果创新能力 | | | | | |
| 任务考核分值建议 | 非常优秀（90~100分）、优秀（80~90分）、良好（70~80分）、合格（60~70分）、不合格（60分以下） | | | | |

根据小组任务实施情况，结合表中考核内容，完成小组任务考核评价。

学习笔记

# 任务 2 提高旅游者满意度

## 任务要求

旅游企业向顾客销售的是顾客心中追求的价值，这要求旅游企业以顾客的角度评价服务提供的价值收益和成本付出，再进行旅游服务的管理和改进。顾客满意可以使企业在竞争中得到更好的保护，让企业能应对顾客需求的变化，也能为企业带来长期的盈利能力。通过小组合作方式，搜集知名旅游企业的顾客满意度相关信息，分析并讨论旅游企业顾客满意度。

## 任务实施

**1. 搜集信息，整理资料**

（1）通过网络搜索或查阅图书等，了解国内外知名旅游企业的经营现状。

（2）分析资料，选择一家知名旅游企业，详细了解该旅游企业概况。

（3）整理某知名旅游企业的顾客满意度的调研评价。

**2. 分析讨论**

（1）分析该旅游企业的顾客满意度信息，提出适合其客户群的旅游产品与服务设计方案。

（2）分析该旅游企业的顾客满意度信息，提出提升旅游企业自身服务与管理的改进方案。

**3. 成果展示**

小组合作，汇报分析讨论结果，以案例、报告或方案的形式在课堂展示。

**4. 成果完善**

根据教师评价，不断完善成果，修改并提交成果。

## 任务学习

### 一、顾客满意度

顾客满意度是指旅游企业提供的产品和服务令顾客满意的程度。从顾客角度而言，顾客满意度是顾客通过对某项产品或服务的感知效果与期望值相比较后所形成的感觉状态。在完整的消费过程中，顾客不仅追求对经

▲ 认识顾客满意度

学习笔记

济利益的满意，而且追求对社会性和精神性的满足。顾客满意度可以表示为顾客消费过程中获得总价值与消费中所付出的总成本之比或之差。

即：顾客满意度＝顾客购买的总价值−顾客购买的总成本

其中，顾客购买的总价值包括顾客购买的产品价值、服务价值、员工价值和形象价值；顾客购买的总成本包括顾客为购买旅游产品所付出的货币成本、时间成本、信息成本、精神成本和体力成本。因此，旅游企业希望顾客满意，就应想方设法降低顾客购买的总成本或努力提高顾客购买的总价值。

知识案例

### 通过智慧景区看　只有提升游客满意度　才能留住游客

在江西首个AI（人工智能）公园——南昌磨盘山森林公园，在钢架空栈道的出入口，一块智能运动信息显示屏吸引了游客围观，在进行拍照“打卡”后，游客通过该显示屏查询自己的运动时长、运动里程、运动速度、消耗卡路里等相关信息。不仅如此，公园的人工智能设备还为游客提供歌曲播放、诗词朗诵等服务，乐趣十足。

在江西龙虎山景区，游客通过5D平台、VR（虚拟现实）技术等畅游景区，桃花洲、芦溪河、升棺表演等景点和竹筏上均安装VR直播全景摄像机，游客只要戴上VR眼镜，就能感受龙虎山的“丹霞绝美、道宗绝圣、古越绝唱、阴阳绝妙”奇景，利用科技畅游龙虎山的魅力！

在江西仙女湖景区，WiFi（无线网络通信技术）全覆盖、智能电子票务管理系统、三维地理信息系统、景区综合一体化管控平台、景区GIS平台……这些系统让仙女湖景区更加智能化。360°全景导览云游仙女湖、扫二维码就能了解景区详情、利用景区微信公众号就能实现智慧停车……这些功能让游客体验更满足。

为了完善门票预约管理制度，推行实名制网络购票，限量预约、错峰出行，在江西井冈山景区，游客直接可以“刷脸入园”。景区通过智慧旅游的大数据平台，在客流高峰期对游客实时测算，并进行分流和疏导，防范出现拥挤踩踏事故。

在江西凤凰沟景区和庐山景区“智慧公厕”让游客如厕更便捷。游客可以通过“智慧公厕云”小程序，查询到景区“智慧公厕”的状态和位置，而在公厕门口还设置电子显示屏，显示温度、湿度、人流量、坑位实时变化等信息，游客们根据显示屏上的信息高效如厕。

学习笔记

以上江西的各个景区都受到了游客的好评，从网上预约到刷脸入园、从VR旅游到旅游打卡、从旅游大数据到系统设备，无论是硬件还是软件，景区都需要不断的发展自身条件，唯有提升游客满意度，才能留住游客。

资料来源：大航海 研学旅行联盟中心（2021-03-22）

案例解读

结合上述知识案例，智慧旅游时代，利用互联网、AI、VR等新技术，搭建5G+VR云游平台，让游客体验“一键式”畅游美景，升级旅游景区服务设施及智能化设备，已成为智慧旅游景区建设发展必行之路。以此努力提高旅游者购买总价值，为旅游者带来便利贴心的旅游服务，提高旅游者满意度。

## 二、提高顾客满意度的途径

### （一）建立“以顾客为中心、保证顾客满意”的理念

旅游企业理念的核心内容是“以顾客为中心、保证顾客满意”。提高员工素质，加强质量管理，全面提高旅游企业服务质量，让顾客高兴而来，满意而归，是“以顾客为中心”的旅游企业理念的根本要求。

### （二）提供恰到好处的个性化服务

▲ 提高顾客满意度的途径

向旅游者提供恰到好处的个性化服务是旅游服务质量的最高境界。旅游者对旅游企业提供的服务既有相同的要求，如服务规范、主动热情等，又各有不同，这就要求旅游企业根据每位客人的需求特点，提供有针对性的个性化服务。旅游企业只有在规范化服务的基础上，根据顾客的特征和需求提供恰到好处的个性化服务，顾客才能得到最大限度的满意。

### （三）努力使员工满意

要让顾客满意，旅游企业应首先让员工满意。员工只有以饱满的热

情投入到工作中去，才能发挥出最好的工作绩效。因此，旅游企业在追求顾客满意时，也要注重员工满意，在日常工作和生活中重视员工，关心员工，正确对待犯错误的员工。

学习笔记

知识案例

### 巧用机上资源 提高旅客满意度

某日远程航班，两舱有一排座位的娱乐系统作为保留故障，无法正常使用。旅客登机后，乘务员了解情况，对入座的旅客第一时间说明情况并致歉，旅客稍有不悦。当乘务员发现其中一名旅客正是一周前乘坐自己执飞航班的张女士及其两个孩子，乘务员立刻上前对旅客进行亲切的问候。由于乘务员能够准确地记住张女士的姓名和用餐习惯，甚至两个小朋友爱看的动画片等，张女士感到非常惊喜，并与乘务员聊天，抒发不满情绪。乘务员一边倾听，一边为旅客耐心地解释，同时还与客舱经理进行沟通，给小朋友调换座位，方便张女士照顾两个孩子。之后，乘务员还送给小朋友魔方和趣味折纸，小朋友非常开心，张女士也早已没有了不满情绪，还主动与乘务员“拉家常”。平飞后，乘务员第一时间为旅客介绍机上WiFi的使用方法，并且利用机上WiFi为小朋友下载他最喜欢看的动画片，小朋友开心得直拍手，作为母亲的张女士对服务工作进行了肯定。

资料来源：客舱博视（2018-06-20）

案例讨论

请思考上述案例中，乘务员在旅客特征、旅客心理方面了解到哪些诉求？通过什么方式让旅客满意的？

任务检测

请扫描二维码

检测一下任务知识学习情况吧！

学习笔记

## 任务考核

| 考核内容 | 非常优秀 | 优秀 | 良好 | 合格 | 不合格 |
|---|---|---|---|---|---|
| 按时完成任务情况 | | | | | |
| 搜索整理信息能力 | | | | | |
| 小组团结协作能力 | | | | | |
| 小组汇报展示能力 | | | | | |
| 小组成果创新能力 | | | | | |
| 任务分值建议 | 非常优秀（90~100分）、优秀（80~90分）、良好（70~80分）、合格（60~70分）、不合格（60分以下） | | | | |

根据小组任务实施情况，结合表中考核内容，完成小组任务考核评价。

## 项目思政案例

### 敦煌提升游客体验满意度增加游客停留时间

过去，一张鸣沙山·月牙泉景区门票只能用一次。如今，通过网络购票，用身份证即可实现身份识别直接进入景区。游客还可在第一次进入景区后的3天内多次入园，感受鸣沙山、月牙泉在不同时间点的独特魅力。

“通过智慧旅游景区建设，鸣沙山·月牙泉景区实现了大数据管理，游客信息识别更加快捷。”鸣沙山月牙泉旅游发展有限公司副总经理王有霞说。

敦煌莫高窟、阳关、玉门关以及雅丹地貌（魔鬼城）等独特的旅游资源吸引着世界各地的游客，如何给游客更好的旅游体验，成为近些年敦煌旅游部门的着力点。

据统计，来敦煌的游客停留时间已从过去的1.7天上升到如今的2.4天。玉门关去年以来开发了写汉简、穿汉服、吃汉餐文化活动，深受年轻游客喜欢。敦煌市文体广电和旅游局副局长贺雁鸿说，“我们通过打造、引进《丝路花雨》《敦煌盛典》《又见敦煌》等经典剧目，为游客提供理解敦煌文化、敦煌艺术的独特形式。据统计，有40%的游客选择在游览完鸣沙山、月牙泉后看演出，这个转换率在全国来说都比较高。”

今年因疫情原因，敦煌的旅游受到巨大影响。贺雁鸿表示，敦煌

学习笔记

旅游部门持续在提升游客体验满意度上下功夫，深入发掘敦煌文化，希望在疫情防控常态化条件下为游客带来更好的旅游服务，让敦煌文化的魅力在旅游体验中彰显。我市是疫情低风险区域，随着国家旅游政策的调整，目前敦煌旅游业已恢复到去年同期60%的水平。

在敦煌旅游黏性增加的背后，是敦煌着力打破过去游客来敦煌“上车睡觉、下车逛庙”的决心。如今，游客在敦煌旅游体验日渐丰富，从白天在各大景点体验敦煌文化到夜间欣赏别样的文艺表演，敦煌正努力擦亮敦煌文化旅游品牌，吸引更多游客走进敦煌、体验敦煌。

近年来，敦煌不断开发冬春旅游项目，冬日里白雪覆盖的莫高窟、阳关、玉门关也逐渐走进游客眼帘。据统计，去年11月至12月，来敦煌旅游的游客比往年提升了20%到30%，敦煌四季游的景象正在逐渐出现。

资料来源：酒泉日报（2020-08-05）

**案例思考**

通过案例介绍，请从智慧旅游景区建设与民族传统文化融合，提升顾客满意度的角度，撰写一篇1500字左右的体会报告，题目自拟。

## 项目小结

本项目阐述了影响旅游者购买行为的因素、旅游者购买行为“需求—动机—行为”模式、旅游者购买决策一般需经历的过程及提高顾客满意度途径等知识，说明分析旅游者购买行为与决策、动机与需求，有利于旅游企业开发出满足多种需求的旅游产品，有利于旅游企业建立良好的售后评价体系，并针对客户群体制定增强旅游者购后满意度和重复购买的营销策略。

## 项目练习

请扫描二维码

检测一下项目知识学习情况吧！

模块二

# 旅游市场营销策略与实践

## 模块导语

旅游市场营销组合策略包括旅游产品策略、旅游产品定价策略、旅游产品分销渠道策略和旅游产品促销策略。制定旅游企业营销策略一般先进行旅游市场细分，再对细分的旅游市场进行评估，并选择目标市场，然后进行旅游目标市场定位。在选定的旅游目标市场中，旅游企业通过运用旅游产品策略，设计新产品；运用旅游产品定价策略，吸引目标客户群；运用旅游产品分销渠道策略，拓宽销路；运用旅游产品促销策略，扩大销量。最终将旅游产品、旅游产品定价、旅游产品分销渠道、旅游产品促销四种策略进行优化组合，形成最佳的旅游市场营销组合策略并产生最大综合效用，满足旅游目标市场的需求，同时保持企业自身的市场竞争优势，保证旅游企业市场营销策略目标的实现。

# 项目五　运用STP战略　开辟新市场

学习笔记

## 项目综述

本项目从旅游市场细分的概念、旅游市场细分的原则、方法以及标准，阐述了旅游市场细分是旅游企业开拓市场的依据。根据市场细分结果，评估和选择旅游目标市场并制定相应的目标市场营销策略。运用旅游市场定位相关知识和方法，研究目标市场特征及竞争对手，运用正确的定位方法和策略，为本企业进行准确的市场定位。

## 项目知识图谱

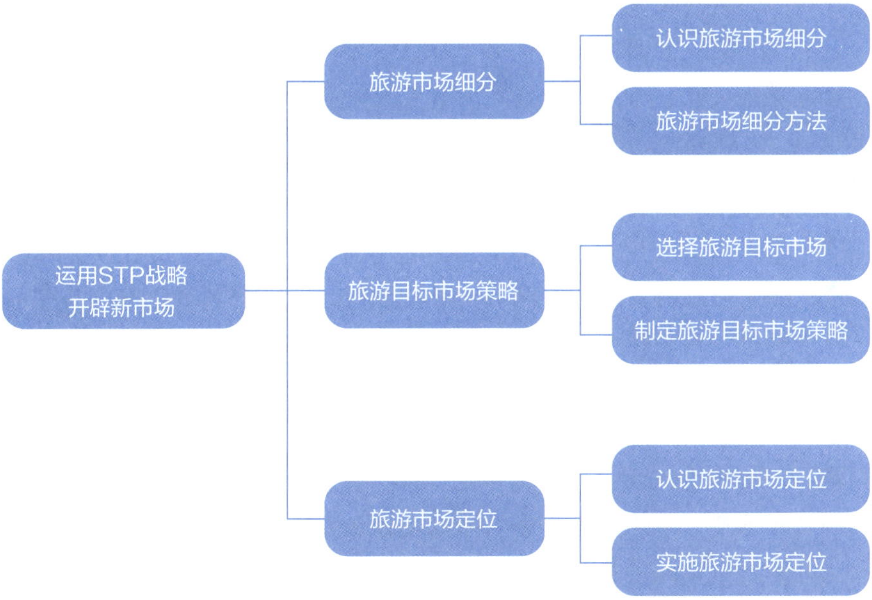


## 项目学习内容

1. 认识旅游市场细分的原则与方法。
2. 学会评估和选择旅游目标市场。
3. 学会制定旅游目标市场营销策略，实施市场定位。

学习笔记

## 项目学习目标

| | |
|---|---|
| 知识目标 | 认识旅游市场细分的重要性；掌握旅游市场细分的原则与方法；掌握旅游目标市场营销策略及市场定位的策略。 |
| 能力目标 | 能为企业选择合适的目标市场，制定目标市场营销策略；能运用旅游市场定位理论，为企业进行准确的市场定位；会运用旅游市场细分方法，为企业找到新的市场机会。 |
| 素质目标 | 培养良好的创新意识和精益求精的工匠精神。 |
| 思政目标 | 学会科学的分类方法；培养严谨治学的科学态度；培养实事求是的辩证唯物主义思想；培养敏锐的观察力和思辨力。 |

## 项目导入案例

### 铜川　多维度立体式营销倾力推进全域旅游发展

铜川是一座历史悠久、文化底蕴深厚的城市，红色革命文化、绿色养生文化、青色陶瓷文化、金色佛教文化、蓝色工业文化交相辉映、各具特色。这里遍地是文化，处处有故事，是唐代医药学家孙思邈、唐代书法家柳公权、北宋山水画家范宽、唐初史学家令狐德棻等名人的故里，域内的特色景点景区更是星罗棋布、灿若明珠。

近年来，随着“全域旅游、全景铜川”的目标打造，铜川更多富有地域特色的精品线路和旅游产品逐渐显现。为了各领域、多方位、全链条深度融合，2019年铜川主动出击，积极参加2019中国西安丝绸之路国际旅游博览会、2019陕西（第六届）旅游商品大赛、第二十四届中国北方旅游交易会、第二十六届中国杨凌农业博览会乡村旅游展等重要展销活动，精心策划推介活动，组织陕西百家旅行社走进铜川踩线活动，承办了2019中国旅游日陕西分会场暨铜川樱桃旅游节启动仪式，收获颇丰。

在2019丝路旅博会现场，耀州瓷、核桃雕、炭雕、养生系列等旅游商品，以及制瓷拉坯、耀州秦绣、宜君剪纸等民俗艺术吸引了不少参展商驻足欣赏拍照。红色照金游、绿色养生游、青色耀瓷游、金色佛教游、蓝色工业游的“五色铜川”游特色旅游线路更是吸引了大批旅行社和游客围观，“溪山行旅大美铜川”的独特魅力被展现得淋漓尽致。

学习笔记

在第二十六届中国杨凌农高会陕西乡村旅游展上，铜川展示的宜君县“一股三带”的扶贫模式、乡村旅游扶贫商品及乡村旅游精品路线吸引了众参展商的一致好评，并荣获陕西乡村旅游展优秀推介奖，有效提升了铜川乡村旅游的影响力和知名度。

2019年，铜川旅游营销打破传统模式，通过大资源整合的思路，与社会团体、媒介等建立牢固的合作关系，继而进行资源互换，全年举办30场文化旅游推介活动，进一步塑造“五色铜川”旅游形象、激发旅游活力，乡村旅游、研学旅游、休闲旅游、康养旅游等业态迸发出勃勃生机，全域旅游发展效益凸显。据统计，2019年全市旅游接待人数较上一年增加18.13%，旅游综合收入较上一年增加20.87%。

资料来源：http://sn.ifeng.com/a/20200228/8084558_0.shtml

案例思考

结合项目知识学习，思考如下问题。

1. 铜川发展全域旅游的目标市场定位是什么？
2. 铜川全域旅游营销成功的原因有哪些？

## 任务1 旅游市场细分

### 任务要求

旅游市场是一个具有多样性和无限性需求的市场。在这个市场中，旅游企业通过市场细分发现潜在市场机会，挖掘细分市场潜力，找准顾客群体，找到企业和产品在市场中的正确位置（图5-1）。通过小组合作方式，搜集知名旅游企业的细分市场信息，分析讨论旅游企业采用的市场细分方法，并结合旅游企业自身现状，讨论该企业今后应开拓哪些细分市场。

▲ 图5-1 旅游市场细分

学习笔记

任务实施

**1. 搜集信息，整理资料**

（1）通过网络搜索或查阅图书等，了解国内外知名旅游企业的经营现状。

（2）分析资料，选择一家知名旅游企业，详细了解该旅游企业概况。

（3）整理某知名旅游企业的细分旅游市场案例。

**2. 分析讨论**

（1）结合任务学习内容，分析该旅游企业进行旅游市场细分的方法。

（2）结合任务学习内容，讨论该旅游企业如何有针对性地提供不同的旅游产品满足不同旅游者需求，达到占领市场并提高市场占有率。

**3. 成果展示**

小组合作，汇报分析讨论结果，以案例、报告或方案的形式在课堂展示。

**4. 成果完善**

根据教师评价，不断完善成果，修改并提交成果。

任务学习

## 一、认识旅游市场细分

### （一）旅游市场细分的概念

市场细分就是将一个大市场划分为若干小市场的过程，按照需求、价值观念、购买心态、购买方式等相同或相近特点的消费者分到一起。旅游市场细分是指旅游企业根据旅游者特点及其需求的差异性，将一个整体旅游市场划分为两个或两个以上，具有类似需求特点的旅游者群体的活动过程。经过市场细分后，每一个具有类似需求特点的旅游者群体就是一个细分市场。

▲ 认识旅游市场细分

1956年，美国市场营销学家温德尔·史密斯最早提出了市场细分的原理与概念。他认为，因旅游者的购买动机、购买力、地理环境、文化、社会、购买习惯和购买心理特征的不同，旅游者之间的需求存在广泛的差异。因此，旅游企业可以根据旅游者特点及其需求的差异性，把一个整体市场加以细分，划分为具有不同需求、不同购买行为的购买者群体。然后，从这些不同的细分市场中选择目标市场，进而采取相应的目标市场营销组合策略，从产品包装与设计、价格策略、销售直至宣传促销策略，更符合各种不同目标市场旅游者的需要，从而在各个细分市场上提高企业竞争能力，增加销量，扩大市场份额。

学习笔记

知识链接

### 亲子旅游市场的细分运营模式

根据中国旅游研究院发布的《中国家庭旅游市场需求报告》显示，中国已经进入优质家庭旅游强需求时代，76.1%的旅游者选择孩子作为出游同伴。亲子旅游已经成为一项重要的旅游细分市场，尤其在亲子农业方面的旅游产品，注入研学内容，更多得到市场认可。和传统旅游形式相比，亲子旅游更关注孩子的特点、旅游目的和旅游需求，也因此对旅游产品的安全性、教育性和趣味性提出了更高的要求。

亲子农业是在农业生产基础上进行延伸开发，具有引导城市家庭体验乡村氛围和田园生活功能的农业模式。亲子农业的本质是利用农业特色提供亲子体验的场所，促进亲子间互动，增强孩子对农业的概念与喜好，以下是五种亲子农业的运营模式。

（1）活动植入：亲子合作　活动的植入首先必须是能产生互动，其次，要能加深父母和孩子之间的合作。

（2）教育植入：自然教育课程　“自然教育”是以自然环境为背景、以人类为媒介、利用科学有效的方法使儿童融入大自然，通过系统的手段实现儿童对自然信息的有效采集、整理、编织，形成社会生活有效逻辑思维的教育过程。

（3）体验植入：采摘与动植物认养　采摘与动植物认养是以几十平方米为单位将农田划分成若干小块供市民认养，采用自主管理或委托管理的经营方式，农场提供免费种子、农具和限量有机肥料。部分农场实行会员制管理，并提供采收配送服务，还可提供果树认养、动物认养等项目。

（4）主题植入：理念优先　亲子农场要有明确的主题，最好是能具象到日常生活中的某个熟悉的事物，其次，要通过创意将主题落实到游客感知的各个要素。

（5）节庆植入：农业嘉年华　将嘉年华的娱乐方式融入农业节庆

学习笔记

活动中，以农耕时节、开花和丰收季节的农业主题节庆活动为主要内容，通过举办系列主题创意活动吸引游客，获得农业生产以外的收益。

旅游作为综合性产业，其开发过程中关联到餐饮、住宿、购物、娱乐、交通等众多产业，亲子旅游因其客群的特殊性，更对旅途中的儿童饮食、特色住宿、室内乐园、亲子服装、母婴产品、科教产品等产生了大量需求，也构成了无限商机。

资料来源：文旅在线教育　中国旅游饭店业协会（2020-07-29）

### （二）旅游市场细分的作用

**1. 有利于旅游企业找到最佳的市场机会**

通过市场细分，可以发现旅游市场上尚未满足的需求，从而找到对旅游企业最有利的市场营销机会。一个未被竞争者注意的较小的细分市场，可能比有众多竞争者激烈争夺的大市场带来的效益还要多，特别是对于知名度不高或实力不强的小企业来说，更有价值。因为这些小企业通过市场细分，有可能找到营销机会，在大企业的空隙中求得生存和发展。

**2. 有利于旅游企业按照目标市场的需求改进现有产品和开发新产品**

通过市场细分，旅游企业往往会发现旅游者需求的新变化，通过改良现有产品或开发新产品，提供适销对路的旅游产品，以更好地满足不同旅游者的需求。

**3. 有利于旅游企业集中使用资源**

对于新建的旅游企业而言，与其把产品销售给全世界的每一个人，不如集中力量投入目标市场，重点为目标顾客提供产品和服务，推出特色产品，创建品牌，将更利于提高旅游企业的知名度和市场占有率，从而使企业得以发展壮大。

### （三）旅游市场细分的原则

旅游市场细分方法很多，细分的标准并不统一，所以企业在进行市场细分时，为保证旅游市场细分工作的有效性，必须对市场细分的方法及细分后的市场进行评估，细分市场遵循以下五个原则。

**1. 可衡量原则**

可衡量原则主要包括两重含义：一是市场细分所选择的标准能被量化，以明确划分各细分市场的界限，如旅游者的胆量、勇气等对旅游项

学习笔记

目、交通工具的选择虽有较大影响，但这类因素难以衡量，因此，不能作为划分细分市场的标准。二是旅游市场细分后的每一个细分市场的范围、容量、潜力等因素，必须是可衡量的，才有利于确定企业的目标市场，这样的细分方法对企业才有实际价值。

**2. 规模原则**

规模原则是指各细分市场的容量大小必须具备一定的规模，达到值得旅游企业采取有针对性的营销措施的程度，即划分出来的细分市场必须是值得采取单独营销方案的最小单位。它的规模不但能保证企业的短期利润，还具有一定的发展潜力，以保持较长时期的经济效益。

**3. 可进入原则**

可进入原则要求细分后的市场能够被旅游企业的产品进入并占有一定的市场份额。它包括可接近原则（即客观上要有接近的可能）和可行动原则（即主观上要有能开发的实力）。可接近原则是指营销者要与客源市场进行有效信息沟通的可能，同时应具有通畅可达的销售渠道，这对于具有异地性特征的旅游市场尤为重要。可行动原则是指旅游企业要有吸引力和服务相关细分市场的实际能力。

**4. 差异性原则**

差异性原则是指不同细分市场的消费者需求之间具有较明显的差异，或者说市场细分的结果应能凸显出各细分市场需求方面的特点，这些特点的差异将使细分的市场对企业市场营销组合有独特的反应。对于各个细分市场，其成员对企业市场营销组合的反应必须是不同的。

**5. 稳定性原则**

严格的旅游市场细分是一项复杂而又细致的工作，因此要求细分后的市场应具有相对稳定性。如果变化太快、太大，会使制定的营销组合很快失效，导致营销资源分配不得不重新调整，并形成企业市场营销活动前后脱节的被动局面。

## 二、旅游市场细分方法

市场细分的依据是旅游者需求的差异性，旅游者需求的差异性可以表现在很多方面。根据市场营销学的一般原理，可按照旅游者的人口因素、地理区域、心理因素及行为因素四个方面对旅游市场进行细分。

▲ 认识旅游市场细分方法

学习笔记

### （一）按旅游者人口因素进行市场细分

旅游者人口特征表现在年龄、性别、职业、收入、受教育程度、社会阶层、民族、宗教、国籍等诸多方面。因为这些指标与旅游者的欲望、偏好、出游频率等直接相关，而且旅游者的人口因素比其他因素更容易测量。因此，对旅游企业而言，这些指标是十分重要的细分依据（图5-2）。

▲ 图5-2 按人口因素进行市场细分

（1）按年龄细分 消费者在不同的年龄阶段，由于生理、性格、爱好的变化，对旅游产品的需求往往有很大的差别。因此，按年龄范围可细分出许多各具特色的旅游者市场，如儿童市场、青年市场、中年市场、老年市场等。

（2）按性别细分 对产品需求、购买行为、购买动机、购买角色等方面，两性之间有很大差别。如参加探险旅游的多为男性，而参加购物旅游的多为女性；商务旅游以男性为主，探亲旅游以女性为主。购买旅游产品时，男性通常对价格反应较迟钝，而女性则较敏感。

（3）按职业细分 从事不同职业的人由于职业特点及收入的不同，其消费需求差异很大，可细分为专业技术人员（如教师、律师、医生、工程师等）、企业管理人员、政府公务员和普通职员、农民、退休人员、学生等（图5-3）。

学习笔记

▲ 图5-3 按职业因素进行市场细分

（4）按收入细分　人们收入水平的不同，不仅决定其购买旅游产品的性质，还会影响其购买行为和购买习惯。如收入较高的人往往喜欢到高档饭店消费，往往愿意选择豪华型旅游产品和服务；而收入较低的人则通常在普通饭店消费，更愿意选择经济型旅游产品和服务。

（5）按受教育程度细分　旅游者受教育程度的不同，其兴趣、生活方式、文化素养、价值观念、审美偏好等方面都会有所不同，会引起对旅游产品的需求、购买行为及购买习惯的差异。一般可分为小学或以下、中学、中专、大专和大学、硕士及以上等。

（6）按民族细分　不同的民族有不同的传统习俗、生活方式，从而呈现出对旅游产品的不同需求。按民族进行细分，可以更好地满足不同民族的不同需求，从而进一步扩大旅游企业的产品市场。

### （二）按旅游者地理区域进行市场细分

按地理区域进行市场细分，是指企业按照旅游者所在的地理位置来细分旅游市场，以便企业从地域的角度研究各细分市场的特征。将市场划分为不同的地理区域单位，如按区域、国家、地区、城市、乡村、气候、空间距离等，将旅游市场分为不同的细分市场。主要理论根据是：处于不同地理位置的旅游者，对旅游企业的产品各有不同的需求和偏好，对旅游企业所采取的市场营销战略、市场营销策略也各有不同的反应。

按地理区域进行市场细分主要有以下几种具体形式。

（1）按主要地区细分　世界旅游组织将国际旅游市场划分为六大区域，即欧洲区、美洲区、东亚及太平洋区、南亚区、中东区、非洲区。

学习笔记

（2）按国家和地区细分　这是旅游业最常用的一个细分标准，将旅游者按其国别划分，有利于旅游地或旅游企业了解主要客源国市场情况，从而针对特定客源国市场的需求特性，制定相应的市场营销策略，从而提高市场营销效果。

（3）按气候细分　各地气候的不同会影响旅游产品的消费，影响旅游者的流向。根据气候特点的不同，可以将旅游市场细分为热带旅游区、亚热带旅游区、温带旅游区、寒带旅游区等。从国际旅游市场看，凡气候寒冷、缺少阳光地区的旅游者一般趋向于到阳光充足的温暖地区旅游，这也是地中海地区、加勒比海地区旅游业发达的主要原因。

（4）按空间距离细分　各地旅游者的需求特征不仅与自身所在地的地理环境和目的地的地理环境差异大小有关，而且与所在地与目的地的空间距离有关。两地的空间距离是旅游活动的自然障碍因素，依据空间距离可将旅游市场细分为近程市场、中程市场、远程市场。

知识案例

### 武夷山景区细分市场分析

武夷山风景名胜区是“世界文化和自然”双遗产地。该景区开发已有20多年，属于老景区。面对新景区景点的不断涌现，为适应市场的发展变化，武夷山有必要对各细分市场作出分析并适当定位。

武夷山景区接待境外旅游者数量较少，据不完全统计，中国香港地区占2.75%、中国台湾地区占3%，其他国家旅游者来武夷山则不到1%，尤其是日、韩客人甚少。相比之下，张家界、九寨沟等景区则备受境外旅游者青睐。武夷山景区的境外市场定位以中国香港、澳门、台湾地区，日本、韩国及周边东南亚国家为主要目标市场。

对国内常规市场而言，2002年武夷山竹筏接待人数77.34万人次，门票人数62.75万人，全年游客接待总数与上年相比仅增长6.79%。根据景区监察大队不完全统计，2002年全国各地来武夷山旅游者比例分别为福建15.17%、北京12.25%、上海11.58%、广东9.17%、江苏9.17%、浙江8.25%、山东6.17%、其他省市19.24%。从以上比例可以看出福建、北京、上海、广东、江苏、浙江的旅游

学习笔记

者较多。武夷山仍属于以华东市场为主，北京、广东市场在逐步扩大的区域性景区。国内常规旅游市场定位：立足省内，巩固以上海为中心的华东市场；提升以北京、山东为中心的华北市场和以广州及珠江三角洲为中心的华南市场；兼顾以重庆、成都为中心的西南市场、以郑州为中心的中原市场；重点热销以武汉为重点的湖北市场，同时辐射江西市场。

另外，根据市场需求状况，武夷山景区还存在着部分机会市场，如青少年学生旅游市场、老年旅游市场、修学和会议旅游市场以及职工休闲度假旅游市场。

资料来源：李学芝，宋素红. 旅游市场营销与策划：理论、实务、案例、实训. 大连：东北财经大学出版社，2012.

案例讨论

1. 武夷山景区的市场细分所采用的标准是什么？

2. 武夷山景区确定境外与境内主要目标市场时的依据是什么？

### （三）按旅游者心理因素进行市场细分

心理因素细分就是按照旅游者的生活方式、态度、个性等心理因素细分旅游市场。旅游者的欲望、需求和购买行为，不仅受人口统计特征因素影响，而且受心理因素影响。在同一人口统计特征群体中的人可能表现出差异极大的心理特性（图5-4）。企业可据此将旅游市场细分为不同的细分市场。细分方法主要有以下两种。

（1）按生活方式细分　生活方式是指人们生活和花费时间与金钱的模式，是影响旅游者的欲望和需要的一个重要因素。目前，越来越多的企业按照旅游者的不同生活方式来细分旅游市场，并且针对生活方式不同的旅游者群体来设计不同的产品和市场营销组合。

（2）按态度细分　即根据旅游者对企业及其产品和服务的态度进行分类并采取相应的营销措施。如对待“我曾听说过某品牌，但我并不真正了解它”之类持中间态度的旅游者，应通过提供详细资料，大力开展

学习笔记

▲ 图5-4 按旅游者心理因素进行市场细分

有说服力的促销活动；对待“某品牌是市场上最好的”之类持积极态度的旅游者，应利用持续的促销活动和与旅游者签订合同的办法加以巩固。

### （四）按旅游者行为因素进行市场细分

根据旅游者对旅游产品的了解程度、追求的利益及消费情况，划分出不同群体。按购买目的、时机、利益、使用者状况、忠诚度等细分市场也是至关重要的。

（1）按购买目的细分市场　按一般旅游者外出旅游的目的来细分市场，大体可分为观光游、度假游、商务游、会议游、购物游、宗教游、探险游、体育保健游等，由于这些细分市场中旅游者购买目的不同，对旅游产品的需求特点有所差异。

（2）按购买时机细分市场　根据旅游者购买或消费旅游产品和服务的特定时机细分市场。如“五一”劳动节、“国庆”节、“春节”、寒暑假等，企业将购买时机作为细分指标，专门为某种特定时机的特定需求设计和提供旅游服务。

（3）按旅游者寻求的利益细分市场　按旅游者对产品和服务追求的不同利益，将其归入各群体。旅游企业应判断旅游者对产品追求的最主要利益是什么，企业的旅游产品提供了什么利益，旅游者追求的利益与企业提供的利益是否匹配等。

（4）按使用者状况细分市场　旅游市场可被细分为某一产品和服务

学习笔记

从未使用者、曾经使用者、潜在使用者、首次使用者和经常使用者，企业经济状况决定了重点集中于某类型的使用者。在经济增长缓慢时，企业将重心放在首次使用者上。为了保护市场份额，企业的经营重点是维护品牌知名度和阻止忠诚客户的转移。

（5）按旅游者忠诚度细分市场　旅游者忠诚度是指一个旅游者更偏好购买某一品牌产品和服务的一种持续信仰和约束的程度。根据旅游者的忠诚状况将他们分为四类：坚定忠诚者、中度的忠诚者、转移型的忠诚者、多变者。

### 知识拓展：旅游目标市场营销战略的制定

旅游市场机会无时不在、无处不有，通常情况下，由于自然资源、人力资源、时间和资金等方面的有限性，面对无处不在的竞争者的竞争，旅游企业只能选择那些能为企业带来最大利益的细分市场作为目标市场，采取相应的市场营销策略，进入或占领这个目标市场。为了有效地制定旅游目标市场营销战略，经营者可采取下图所述步骤。

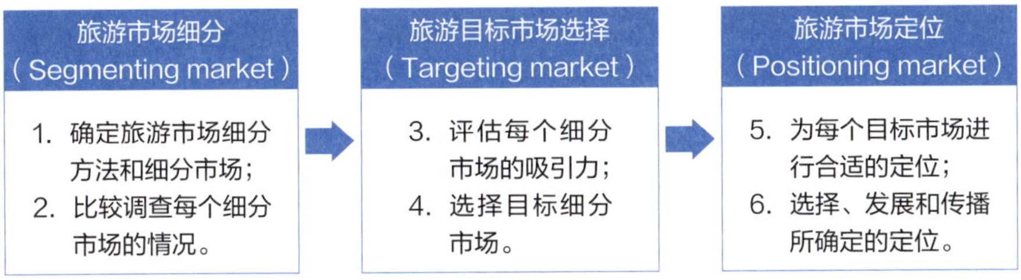


▲ 旅游目标市场营销战略制定的步骤

由此可见，旅游市场细分是旅游企业经营管理者制定目标市场营销战略的基础，通过旅游市场细分，有助于经营者看准市场机会，权衡市场和本企业条件，实行目标市场营销；有利于旅游企业选择适合的市场作为自己的目标市场，确立旅游企业和旅游产品在特定的目标市场恰当的地位。当旅游企业沿着这样的思路和步骤来制定企业的营销战略时，可以让企业提供的产品和服务更加贴近顾客的需求，从而不断走向成功。

学习笔记

## 任务检测

请扫描二维码

检测一下任务知识学习情况吧！

## 任务考核

| 考核内容 | 非常优秀 | 优秀 | 良好 | 合格 | 不合格 |
|---|---|---|---|---|---|
| 按时完成任务情况 | | | | | |
| 搜索整理信息能力 | | | | | |
| 小组团结协作能力 | | | | | |
| 小组汇报展示能力 | | | | | |
| 小组成果创新能力 | | | | | |
| 任务分值建议 | 非常优秀（90～100分）、优秀（80～90分）、良好（70～80分）、合格（60～70分）、不合格（60分以下） | | | | |

根据小组任务实施情况，结合表中考核内容，完成小组任务考核评价。

# 任务2 旅游目标市场策略

## 任务要求

旅游企业在旅游市场细分的基础上，通过对细分市场的评估，选择目标市场，结合企业自身发展情况，进行旅游目标市场策略的制定。通过小组合作方式，搜集知名旅游企业的目标市场选择信息，分析并讨论旅游企业在目标市场中制定的市场营销组合策略。

## 任务实施

**1. 搜集信息，整理资料**

（1）通过网络搜索或查阅图书等，了解国内外知名旅游企业经营现状。

（2）分析资料，选择一家知名旅游企业，详细了解该旅游企业概况。

学习笔记

（3）整理某知名旅游企业的目标市场选择案例。

**2. 分析讨论**

（1）分析旅游企业如何评估旅游目标市场。

（2）分析旅游企业在选定的目标市场中，制定的目标市场策略是什么？

**3. 成果展示**

小组合作，汇报分析讨论结果，以案例、报告或方案的形式在课堂展示。

**4. 成果完善**

根据教师评价，不断完善成果，修改并提交成果。

## 任务学习

### 一、选择旅游目标市场

旅游企业选择目标市场时，必须在市场细分的基础上，对各个细分市场进行充分评估，了解哪些细分市场更值得开发，哪些细分市场应考虑放弃；对于值得大力开发的细分市场，应进一步评估该企业自身是否有足够的开发能力和竞争优势。一般而言，旅游企业选择一个或几个准备进入的细分市场作为目标市场时，需要对细分市场的销售量、盈利能力、季节变化模式、企业开发能力和竞争对手开发能力等因素作出评估。

▲ 选择旅游目标市场

#### （一）评估各类细分市场的销售量及其发展趋势

值得旅游企业大力开发的细分市场必须具有足够的市场销售量。旅游企业对各类细分市场销售量的评估主要包括两个方面。

**1. 本地区各细分市场的销售量及其发展趋势**

旅游企业需要收集历年来各类细分市场的销售情况，如销售额、接待人数、旅游者组成情况、旅游天数等。依据历史统计数据，预测各细分市场未来的需求量及发展趋势，并确定哪些细分市场增长潜力较大，哪些细分市场增长潜力小甚至会萎缩。旅游企业应选择增长潜力较大的细分市场作为目标市场。

**2. 本企业各类细分市场的销售量及其发展趋势**

旅游企业根据自己过去积累的经营资料，对过去的销售情况进行统

学习笔记

计分析，了解各类细分市场的销售额、接待人数、停留天数、住房天数、客房利用率、该细分市场接待数占接待总数的百分比等。为保证企业经营的平稳性，企业一般需要把目前业务量比例最高的细分市场作为短期内优先开发的重点。

### （二）评估各细分市场的盈利能力

企业应该选择能给自己带来较大利润的细分市场作为目标市场。能给企业带来较大利润的细分市场一般需求量比较大，如接待人数较多、住宿天数较多等。但是有些细分市场，虽然需求量很大，但如果价格偏低时，或者经营费用较高，也不会给企业带来理想的利润。因此，旅游企业在选择目标市场时，还要分析各类细分市场的平均价格和销售额，分析各类细分市场所需要的经营费用等。通过分析各类细分市场的变动成本率、固定成本率、利润率等，确定哪些细分市场能获取较大利润，哪些细分市场开发费用及接待过程中的变动成本不算太大，当企业接待能力有剩余时，应该努力争取，以支付旅游企业庞大的固定成本。

### （三）评估各细分市场的季节变化模式

旅游活动具有很强的季节性，在旅游市场上，各个细分市场在不同的季节和时间里，需求的季节变化模式具有较大差异。绝大多数的旅游企业在一年中有旺季、平季和淡季之分。旺季的需求量很大，企业不需要大量的市场宣传和推广工作，接待旅游者的人数很多，企业的接待能力可以较充分地利用；平季需求量比旺季小，但也能达到一定规模；而淡季需求量则很小。因此，旅游企业应分析各个细分市场旅游者需求的旺季、平季、淡季，将主要营销精力放在能充分利用旅游企业接待能力的细分市场中。

### （四）分析本企业对各类细分市场的开发能力

企业选择目标市场时，除了考虑各细分市场是否值得开发以外，还应分析自己是否具有足够的开发能力。因此，旅游企业必须分析自己的产品特色、设备设施情况及服务质量等，以明确本企业是否有足够的能力开发各类细分市场上的旅游者。如果细分市场旅游者对同类产品和服务要求超出了本企业现有产品和服务的范围，旅游企业需要衡量达到这种能力需要投入的各种成本；如果具备该细分市场所要求的能力，则需

学习笔记

要进一步分析现有产品和服务能否高质量地满足旅游者的需要和要求，若不能满足需求，则需改善产品与服务去适应这些需求。

### （五）分析竞争对手对细分市场的开发能力

当旅游企业明确准备进入的细分市场后，就能够准确地判断竞争对手，对目标市场的选择，除了旅游企业自身的条件外，竞争对手的情况也是影响企业对各类细分市场开发能力的重要因素。因此，在选择目标市场时，应分析各细分市场中竞争对手在满足各类细分市场的需要和要求方面，与本企业相比有哪些优势和弱点，竞争对手在哪些方面强于本企业，能否赶上甚至超越他们，竞争对手是否在大力开发这些细分市场，竞争对手的产品能否满足这些细分市场的各种需求等。

知识案例

#### 华美达饭店“一个市场、三种产品”

这是一则“市场分割”策略成功运用的经典案例，华美达是从吸引家族旅游者的汽车旅馆起家的，成立几十年来始终瞄准中等市场，饭店价格适中，设施使用方便，颇受游客的欢迎。

为了拓展饭店集团业务，他们为自己制定了一个目标，要向中等市场中各个消费层提供其所需各种产品。于是，华美达又把他的饭店分为三个不同的档次，满足三个不同层次的需求，各个档次都有自己的独特之处。

华美达客栈，他们是华美达公司的基础。这些饭店一般都是花园式的，位于高速公路沿线、靠近市中心和度假地，对驾车人最为方便。它的服务、设施与城市大饭店所能提供的相差无几，有全服务的餐厅、会议设施，对那些希望舒适与经常出门旅行的个人来说，十分合适。

在改造现有传统客栈的同时，1985年华美达又推出了一种新型客栈，这种客栈的建筑是住宅式，公共活动区不大，但客房很宽敞。客栈规模比较小，总体来说客房的规模和其他基本设施有一定的标准外，其他地方不要求一致，尤其是外观造型尽量与当地社会相匹配。

华美达复兴饭店是华美达中档次最高的住宿设施，是为满足中

学习笔记

等市场中高消费阶层的需求而建设。其设施服务与四星饭店相似，但集中在大城市市区、商业性公园和机场。其特点是设施豪华，环境优美，提供传统的欧式服务，但价格并不高。

华美达饭店，介于复兴饭店与客栈之间的产品，它提供一般豪华客栈里没有的设施服务，如全服务餐厅、大型会议设施和室内娱乐健身活动场所，并能提供每天18小时以上的客房服务，其房价略高于客栈。

资料来源：何丽芳，李飞，罗小川. 酒店营销实务.
广州：广东经济出版社，2005.

案例讨论

1. 分析华美达饭店的目标市场是哪些消费群体？

2. 华美达饭店运用的目标市场营销策略是什么？

## 二、制定旅游目标市场策略

旅游目标市场策略是指旅游企业在市场细分的基础上，决定和选择旅游目标市场的方法和策略。旅游企业经过环境分析，发现适合自身发展的市场机会和不利于自身发展的市场威胁后，具体研究进入哪些市场，即选择目标市场。企业利用不同的策略来满足目标市场顾客的需求，可应用的策略一般有三种：无差异性市场策略、差异性市场策略和集中性市场策略。

▲ 分析和制定旅游目标市场营销策略

### （一）无差异性市场策略

无差异性市场策略是旅游企业将整体旅游市场看作一个大的目标市场，不考虑细分市场之间的区别，仅推出一种产品、单一的营销组合来满足所有旅游者的需求（图5-5）。该策略的优点在于产品标准统一、易于管理、便于规模化生产、能降低成本。而事实上，旅游者的需求是不可能完全统一的，所以，旅游企业提供旅游产品时应该给旅游者以更多的选择空间。该策略在新产品处于投入期和成长期阶段，或者产品供不应求的卖方市场时较适用。

学习笔记

▲ 图5-5　无差异性市场策略

### （二）差异性市场策略

差异性市场策略是旅游企业在市场细分的基础上，针对每一个细分市场的需求特点和环境形势设计不同的营销组合策略，以差异性的产品分别满足差异性市场需求的策略（图5-6）。如酒店向客人提供单人间、标准间、套房等不同规格档次的客房。由于旅游企业同时满足了各个不同细分市场的需求，整个旅游企业的销售额必然增加，竞争力也会随之提高。但是，实行差异性市场策略必然要增加产品的品种和规格，导致生产和销售成本增加，需要企业投入相当规模的人力、财力和物力等资源。

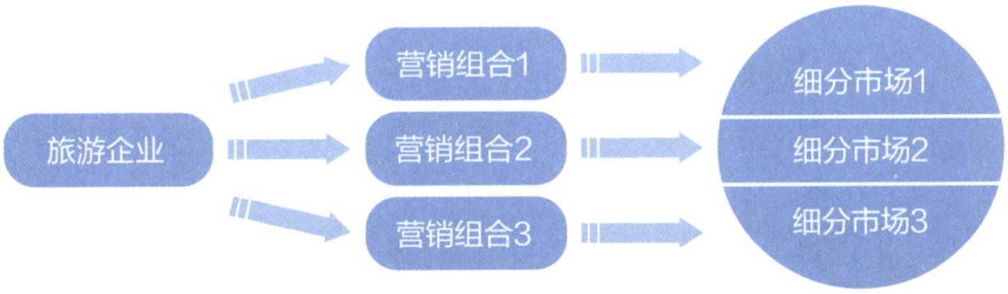


▲ 图5-6　差异性市场策略

### （三）集中性市场策略

集中性市场策略是指旅游企业把其全部资源集中投入在某一个或少数几个细分市场上，实行专业化的营销组合策略来满足该目标市场的需求（图5-7）。该策略的优势在于：一方面，可以使旅游企业充分运用其有限的资源，“集中优势兵力打歼灭战”，使资源发挥尽可能大的作用；另一方面，也是避实就虚、扬长避短、充分发挥自己优势的有效方法。在适当时机，该策略还有可能创造出意想不到的超额效益。然而，

学习笔记

如果目标市场比较单一和窄小，集中性市场策略的风险性就较大，为了降低风险，旅游企业应尽量把目标市场分散到不同的细分市场。

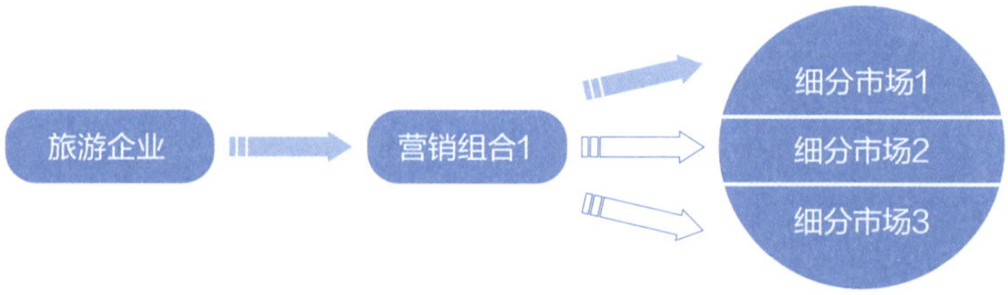


▲ 图5-7 集中性市场策略

### 知识拓展：影响旅游企业选择目标市场策略的因素

旅游企业应该选择哪种目标市场策略，不仅要考虑旅游企业自身的资源条件，还应该考虑市场需求情况、市场上现有产品的特点以及竞争者的情况等。

1. 旅游企业自身的实力

旅游企业自身的实力包括人力、财力、物力及其生产能力、技术能力和销售能力，具体表现为旅游企业产品的设计与生产能力、宣传促销能力、经营与管理能力等。如果旅游企业实力雄厚，规模大，资金充足，可以采用差异性目标市场策略；如果旅游企业规模小，实力有限，则宜采用无差异性或集中性目标市场策略。

2. 旅游市场的同质性

旅游市场的同质性是指细分后每个市场需求的相类似程度。如果目标市场上各细分市场的需求较接近，则采取无差异性目标市场策略，否则，适宜采用差异性目标市场策略。

3. 旅游产品的同质性

旅游产品的同质性是指旅游者对旅游产品特征感觉的相似程度。如果旅游者对市场上现有产品的特征功能感觉差异不大时，旅游企业适宜选择无差异性目标市场策略。反之，则采用差异性目标市场策略。

4. 旅游产品的生命周期阶段

旅游产品的生命周期包括投入期、成长期、成熟期和衰退期四个阶段。旅游产品所处生命周期的不同阶段，由于产品特点、市场发展规律、旅游企业的营销策略等不同，旅游企业所选择的目标市场策略也将不同。

学习笔记

5. 旅游市场竞争状况

旅游市场的竞争状况包括竞争者的数量、竞争者的目标市场策略以及竞争的激烈程度。如果旅游市场上竞争者较少或竞争不激烈，旅游企业可采用无差异目标市场策略；如果竞争较激烈，宜采用差异性目标市场策略；如果竞争者采用无差异性目标市场策略，本企业则采用差异性目标市场策略或集中性目标市场策略。

## 任务检测

请扫描二维码

检测一下任务知识学习情况吧！

## 任务考核

| 考核内容 | 非常优秀 | 优秀 | 良好 | 合格 | 不合格 |
|---|---|---|---|---|---|
| 按时完成任务情况 | | | | | |
| 搜索整理信息能力 | | | | | |
| 小组团结协作能力 | | | | | |
| 小组汇报展示能力 | | | | | |
| 小组成果创新能力 | | | | | |
| 任务分值建议 | 非常优秀（90~100分）、优秀（80~90分）、良好（70~80分）、合格（60~70分）、不合格（60分以下） | | | | |

根据小组任务实施情况，结合表中考核内容，完成小组任务考核评价。

# 任务3 旅游市场定位

## 任务要求

旅游企业在选定的目标市场中进行有效的市场定位，具有重要意义。通过旅游市场定位过程与旅游市场定位策略的知识学习，通过小组合作方式，搜集知名旅游企业的旅游市场定位目标及定位特色案例，分

学习笔记

析并讨论旅游企业在目标市场中，如何制定适合旅游企业自身发展的旅游市场定位策略。

**任务实施**

**1. 搜集信息，整理资料**

（1）通过网络搜索或查阅图书等，了解国内外知名旅游企业经营现状。

（2）分析资料，选择一家知名旅游企业，详细了解该旅游企业概况。

（3）整理某知名旅游企业的市场定位案例。

**2. 分析讨论**

（1）结合任务学习内容，分析该旅游企业市场定位过程的各个要素。

（2）运用旅游市场定位理论，说明该旅游企业的市场定位策略。

**3. 成果展示**

小组合作，汇报分析讨论结果，以案例、报告或方案的形式在课堂展示。

**4. 成果完善**

根据教师评价，不断完善成果，修改并提交成果。

**任务学习**

## 一、认识旅游市场定位

▲ 认识旅游市场定位

### （一）旅游市场定位的概念

旅游企业经过对细分市场的分析和评估，确定某一个或几个细分市场为企业的重点目标市场后，应考虑如何让目标旅游者记住企业自身的独特性和差异性，让目标群体感知企业与其竞争对手的不同，即市场定位。

“定位”一词是由两位广告经理艾尔·里斯和杰克·特劳特提出后而流行的，他们认为“定位”是对现有产品的创造性实践。著名的营销大师菲利普·科特勒对定位的含义进一步完善，指出“定位就是对企业的产品进行设计，从而使其能在目标顾客心目中占有一个独特的、有价值的位置的行动。”

根据专家的理论和旅游企业经营实践，旅游市场定位可以理解为：旅游企业为产品（品牌）确定一个市场地位，塑造特定产品在目标市场心中的形象，使旅游产品具有一定特色，满足一定顾客的需求和偏好，并与竞争对手的产品有所区别。因此，旅游市场定位本质是差异化，有计划地树立企业产品具有某种与竞争者产品不同的理想形象，使目标市场了解并接受本企业与竞争对手不同的特点。

学习笔记

知识案例

### 奇特的“袖珍宾馆”

上海南京西路，有座“袖珍宾馆”——海港宾馆。在大饭店、高档宾馆林立的上海，饭店、宾馆经理们大多为入住率低而犯愁。可在这里，却常常出现10多批客人等在大厅中，争抢刚刚退出的客房的情形。生意如此兴隆，奥妙何在？不妨让我们亲临其境详细观察。

夜晚，走进海港宾馆的客房，两张席梦思占据着客房的主要位置，与一般的宾馆一样，看不出有什么特别之处。可是，当你清晨起床后，轻轻按一下机关，床就会缓缓翘起翻嵌进暗墙里。这时，你才会惊讶地发现，一间客房居然变成一间标准的“经理室”。对生意人来说，既不需要多付房租，又不落身价，花了标准房的钱，派了“套房”的用场。

海港宾馆根据旅游者的不同需要，投其所好。就说旅游者吧，有身背行囊走天下的学生仔；也有洞房花烛夜的蜜月夫妻；还有老来相伴的华发翁妪，等等。随着我国市场经济的发展，商务性旅游来势汹汹。你要招徕客人进店，就必须了解你的服务对象是哪些人，他们需要什么。如果服务对象是商务旅游者，那么对于这些生意人，你就得增加会客室、接待室、小型会议室、写字间等公共活动场所。同时，还应当增加新的服务项目，如外文打字、复印誊写、通信传真、外汇结算、配备翻译等。“袖珍宾馆”的决策者正是根据自己目标市场旅游者——商务旅游者的需要，别出心裁地设计了客房的接待室两用间，既为客人节省了开支，又提高了自身的经济效益。

除了巧妙的客房设计外，海港宾馆的决策者还广泛调查客人的其他要求。通过调查发现，很多客人为整个上海没有一个为寻找合

学习笔记

作者提供企业资料的信息库而大伤脑筋。他们立即与上海旅游学会合作，开办了上海第一个商务信息电脑库，分门别类地储存上海的主要经济信息和各类机构的“花名册”，企业也可以申请在电脑库中立一个“户头”，储入企业简介和合作意向。这项软件服务为商务旅游者提供了大量合作机会和线索，大受顾客的欢迎。

资料来源：李翠微. 旅游市场营销学. 北京：经济科学出版社，2008.

案例讨论

结合所学知识，请思考海港宾馆从哪些角度进行目标市场定位并取得成功？这些成功因素对你有何启发？

（二）旅游市场定位的作用

旅游企业进行准确的市场定位，其作用主要体现在以下几个方面。

**1. 有利于旅游企业建立竞争优势**

如今，旅游市场的产品信息日新月异，同类旅游产品竞争越来越激烈，过量信息会干扰旅游者购买决策，旅游者不能在每次购买前都重新评价产品。为了简化购买决策，旅游者往往会将产品加以归类，即将产品和服务在顾客心目中“定个位置”，这种产品位置就是旅游者将某种产品与竞争产品相比较后得出的一组复杂的印象。旅游企业要建立竞争优势，最大限度地让顾客满意，就必须事先明确企业在哪些方面与竞争对手不一样，在顾客心中处于什么位置，即定好位。有效的产品定位，会使旅游者产生深刻、独特的印象和好感。对该产品和品牌形成习惯性购买，从而使旅游企业的市场不断巩固和发展。因此，旅游企业进行市场定位，通过确定产品或品牌的竞争优势，着重推出与竞争产品和其他品牌不同的产品以满足旅游者利益，可以更有效地吸引该细分市场中的游客，增强旅游者的购买信心，有利于他们迅速作出购买决策，重复购买本企业的产品（图5-8）。

学习笔记

▲ 图5-8 企业竞争优势与市场份额

**2. 有利于旅游企业营销组合的精确执行**

解决旅游企业市场定位问题的好处在于，它能够帮助旅游企业解决好营销组合问题，并保证营销组合的精确执行。"4P"（产品、价格、渠道和促销）营销组合策略是执行定位战略的战术和手段。如果说，确定目标市场是让营销人员知道为什么要制定相应的营销组合的话，那么，准确的定位战略则是告诉营销人员如何设计营销组合的内容。

**3. 有利于避免旅游企业间的恶性竞争**

旅游企业如果不能突出自身优势，与竞争对手有所区别，在争夺同样的目标旅游者时，由于客源的有限性，必然会进一步加剧市场竞争，甚至会出现恶性竞争的局面。由于没有进行有效的市场定位，企业产品雷同，在产品品种、服务、人员、形象等方面没有明显的差异，企业间的竞争就会更多地反映在价格上。价格竞争又会进一步降低企业的利润，使企业缺乏技术改造和提高服务质量的资金，最终影响到企业和整个行业的发展。

知识案例

福州温泉大饭店扭亏为盈的法宝

福州温泉大饭店是福建五星级酒店中最为豪华、设施和设备最为齐全的高档涉外饭店。开业七年时间，由于经营管理不善，竞争不

学习笔记

力，饭店不但无力偿还各种债务，而且连年累计亏损达七百多万元。

1992年，福建省旅游局大胆实行承包经营，转换了经营机制。承包的管理者根据温泉大饭店地理条件优越、硬件豪华的特点，及时调整经营策略，制定“高档次、高质量、高价格、高收益”的经营方针，从产品的开拓发展入手，不断提高饭店档次，提高饭店的星级水准，全方位地满足客人需要，开发饭店服务新产品，努力营造一个全新的、具有特色的高档酒店。几年来，饭店采取合作、合资、租赁、承包、直接投资等多种经营与融资方式，先后开发了独具日本风格的“汐京”日本餐厅，豪华“奥迪”出租车队，融舞厅、卡拉OK厅、电子游戏厅为一体的综合性服务的“温莎娱乐城”。开设了高档豪华的商务中心、会议室、酒吧和配备现代化办公设施与设备的商务楼层，改造了桑拿浴室，扩大了闽菜厅，重新装修了豪华的接见厅、宴会厅，更新改造了广东厅、西餐厅，创办了员工培训中心，从而满足了客人的需求，大大增强了饭店的竞争能力。同时，在传统服务项目中增添新内容，酒店在客房中增设了晾衣绳、猫眼、迷你酒吧、保险柜，更换高档次的客用品等，使客人真正感受到温泉大饭店的确是服务一应俱全的五星级饭店。与此同时，饭店在公共区不断营造豪华、富有新意的酒店气氛，把原来的中庭喷水地方改为优雅的音乐茶座，每天聘请省内外有名的声乐、器乐艺术家进行精彩的表演。还增添了“温泉大饭店”霓虹灯广告和独具特色的外围轮廓灯、射灯，以及一、二、三层公共区域的灯饰，使温泉大饭店给境内外客人留下一种金碧辉煌的印象。为了增添饭店的高雅气氛，与各工艺美术公司合作，在饭店公共区展示高档豪华的工艺精品。如大型的红木雕塑“一帆风顺”“红楼梦十二钗屏风”“九龙椅”等，独具欧洲风格的汉白玉精品，以及中国传统的明清陶瓷、福州的脱胎漆器等，使饭店充满了浓郁的文化气息，吸引了众多的客商。饭店还根据不同的时令，展示各种花卉，摆放各种观赏叶、观赏花、观赏果高档盆景，不断推出各种插花艺术展。

几年来，温泉大饭店正是顺应客人的需要，对以往的产品进行一番改造，不断创新、开拓，受到了大批海内外客人的青睐，使温泉大饭店的经济效益一下跃居全省同行的榜首。

资料来源：陆朋．旅游市场营销．北京：中国物资出版社，2011.

学习笔记

案例讨论

1. 从福州温泉大饭店的服务改进工作分析，其目标顾客群体类型是哪些？

2. 福州温泉大饭店是如何进行市场定位的？定位特色是什么？

## 二、实施旅游市场定位

### （一）旅游市场定位的过程

**1. 明确竞争对手**

▲ 旅游市场定位步骤与方法

旅游企业的竞争对手是与自身企业争夺同一个目标市场者，也是本企业产品的替代者，包括企业面对的现实竞争对手和潜在竞争对手。一般来说，企业的竞争对手应符合以下几个条件。

（1）地理位置相近。

（2）目标市场一致。

（3）产品和服务相同，产品档次相同或类似。

（4）价格相差一般不超过20%。

**2. 分析竞争对手的产品**

在确定竞争对手后，企业必须从静态和动态两个方面了解、分析和比较竞争对手的情况，特别是竞争对手的产品种类、设备设施状况、服务质量及价格等情况，以了解本企业产品的优势及不足。

**3. 确定产品特色**

确立产品特色是市场定位的关键。首先，要了解市场上竞争对手的定位情况，了解其产品有何特色。其次，要研究旅游者对产品各属性的重视程度，并在市场定位时突出强调旅游者所关心的产品属性。最后，要考虑企业自身的条件。有些产品属性，虽然是旅游者比较重视的，但如果企业能力所不及，也不应成为市场定位的目标。综合考虑这几方面因素，企业可以明确自己所要确立的产品特色和差异性。

**4. 树立和巩固市场形象**

旅游企业确立的产品特色是其有效参与市场竞争的优势，但这些优势不会自动在市场上显示出来。要使这些优势发挥作用，影响旅游者的

学习笔记

购买决策，需要以产品特色为基础树立鲜明的市场形象，通过积极主动地与旅游者沟通，吸引旅游者注意，获得旅游者的认同。市场定位成功与否取决于旅游者对旅游企业及其产品的态度和印象。同时，旅游者对旅游企业的印象不是一成不变的，它会受竞争者的干扰以及市场上传播的信息的影响，而出现偏差。因此，旅游企业建立形象定位后，应不断地向旅游者提供新的产品概念和形象信息，及时纠正与市场定位不一致的行为以巩固市场形象，维持和强化旅游者对企业的良好印象（图5-9）。

▲ 图5-9 分析企业竞争优势

### （二）旅游市场定位的策略

旅游企业在目标市场上的竞争优势体现在多个方面，具体可以通过不同的定位策略来实现。旅游企业的市场定位策略主要有以下两种。

**1. 迎头定位**

迎头定位又称竞争性定位，是指与竞争对手定位相同的市场去争取更多的市场份额。采用该定位策略的旅游企业必须知己知彼，拥有比竞争对手更多的资源和能力。如果旅游企业拥有每一家竞争对手企业的优势，再加上自己的优势，如产品（服务）质量、价格、功能等方面，就会使自己处于领先地位（图5-10）。

**2. 避强定位**

避强定位又称补缺性定位。即以定位需求尚未被满足的新市场去获得创新利润。企业将自己定位于某个市场“空隙”，开发目前市场上没有的特色产品，开拓新的市场领域（图5-11）。

学习笔记

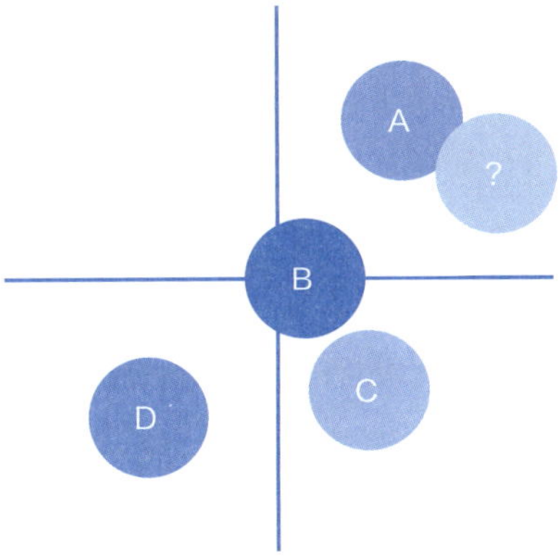


▲ 图5-10　迎头定位

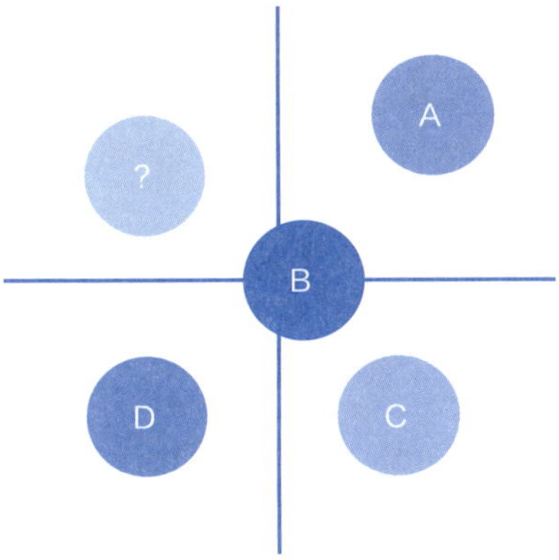


▲ 图5-11　避强定位

### （三）旅游市场定位存在的问题

旅游企业在市场定位时常常会出现这样或那样的失误，或因旅游市场形势发生变化，原先的定位已不再适应新的市场需求。为此，旅游企业要对旅游市场重新定位。旅游市场定位问题主要表现在三个方面：定位过低、定位过高和定位混乱。如某五星级酒店打出“五星级的服务，三星级的价格”属于定位过低的问题。

#### 知识拓展：旅游市场定位的方法

一种新旅游产品或新品牌在目标市场上如何定位，如何塑造形象，即从什么角度来定位，是进行市场定位时首先遇到的问题。常见的定位方法有以下几种。

（1）属性定位法　旅游产品都具有各种各样的属性，在某些方面总会找出一些与众不同的属性来，旅游企业可以根据旅游产品所具有的独特的突出的属性来进行市场定位。如自然景观和人文景观，根据其不同的特色属性进行市场定位。

（2）特定利益定位法　又称为“质量、价格或服务定位法”，强调与众不同的质量、价格和服务。旅游企业根据旅游产品给游客所带来的特定利益来进行市场定位。如有的旅游者注重产品与服务的质量，喜欢购买高品质的旅游产品；有的旅游者喜欢旅游服务的方便、快捷、完善等附加利益。

（3）时机定位法　由于有些旅游产品具有很强的时效性，如节事旅游、展览旅游等属于发生在特定时期的旅游活动，旅游企业可以根据这类旅游产品的使用或消费时机定位，从而充分体现旅游产品的时间价值。

学习笔记

（4）旅游者定位法　根据旅游者的不同类型而确定旅游产品在他们心目中的位置。这种定位方法是把旅游产品和某一类旅游者联系起来，试图让旅游者产生对旅游产品的一种独特知觉，而不考虑它的物理构造和特征。古人云，“仁者乐山，智者乐水”，不同的旅游者对吸引自己的旅游产品，会自发赋予其不同的内涵，从而乐此不疲。

（5）市场空当定位法　旅游市场虽有某种旅游需求，但是尚没有旅游企业介入，提供相应产品，满足该需求，这时旅游企业可以进行反复调研论证，采用该方法，填补市场空白。同时，快速在市场上树立“领袖”地位。

（6）企业形象定位法（CIS）　CIS（Corporate Identity System）是企业形象识别系统，是指企业有意识，有计划地将自己企业的各种特征向社会公众主动地展示与传播，使公众在市场环境中对某一个特定的企业有一个标准化、差别化的印象和认识，以便更好地识别并留下良好的印象。该理论产生于20世纪50年代的美国，70年代完善于日本，80年代风行全世界。旅游企业的企业形象识别系统（CIS）由理念识别（MI）、行为识别（BI）、视觉识别（VI）三个部分组成。CIS的核心目的是通过企业行为识别和企业视觉识别传达企业理念，帮助企业塑造独特的形象。

总之，旅游市场定位方法多种多样，旅游企业进行市场定位时，可以综合运用上述几种定位方法。不仅如此，随着时代的发展和科技的进步，旅游企业经营人员还应不断创新定位方法，为旅游企业有效定位，创建竞争优势。

## 任务检测

请扫描二维码
检测一下任务知识学习情况吧！

## 任务考核

| 考核内容 | 非常优秀 | 优秀 | 良好 | 合格 | 不合格 |
|---|---|---|---|---|---|
| 按时完成任务情况 | | | | | |
| 搜索整理信息能力 | | | | | |

续表

| 考核内容 | 非常优秀 | 优秀 | 良好 | 合格 | 不合格 |
| --- | --- | --- | --- | --- | --- |
| 小组团结协作能力 | | | | | |
| 小组汇报展示能力 | | | | | |
| 小组成果创新能力 | | | | | |
| 任务分值建议 | 非常优秀（90～100分）、优秀（80～90分）、良好（70～80分）、合格（60～70分）、不合格（60分以下） | | | | |

根据小组任务实施情况，结合表中考核内容，完成小组任务考核评价。

学习笔记

## 项目思政案例

### 红色旅游发展模式经典案例

1. 红绿结合模式

井冈山作为国家5A级旅游景区，是国家级重点风景名胜区、国家级自然保护区和中国文明风景旅游区。在发展红色旅游过程中，景区围绕“红色吸引人、绿色留住人”主线，不断深入挖掘红色文化资源，持续开发绿色旅游资源，集中整合当地红色文化、绿色景观和生态环境等内容，通过大力营销红绿模式，将井冈山的自然山水与红色文化完美结合。

2. 红古结合模式

瑞金共和国摇篮景区由叶坪、红井、二苏大、中华苏维埃纪念园四大景区组成，景区内旧址群、纪念园、博物馆等的民俗文化特征显著。作为赣闽地区红色旅游集散中心，景区大部分红色旅游资源与客家民俗文化资源相互融合，赣南客家革命精神也为当地红色文化内涵的深层次挖掘提供了新的思路。

3. 红色演出模式

《中国出了个毛泽东》是韶山乃至湖南旅游的新名片和中国红色文化传播的标志性产品，并荣获ITIA（艾蒂亚）2015中国最佳旅游演艺项目奖。该演出极大地促进了景区夜间旅游的发展，并带动了当地娱乐、住宿、餐饮等关联产业的发展。

4. 节庆模式

中国（湖南）红色旅游文化节活动主要依托湖南省革命根据地旧址、纪念馆、红色名人故居等物质形态的红色资源，以及红色文

学习笔记

学作品、红色歌谣等非物质形态的红色资源，通过确定鲜明的红色文化主题，逐渐被人们所熟知。作为全国红色旅游的重要品牌，红色旅游文化节从2004年至今已连续举办15届。在产业发展大融合的背景下，创新进行红色旅游+文创等，进一步丰富红色旅游文化节的活动内容。

5. 红色主题公园模式

八路军文化园是利用珍贵的革命文物和大量仿制生活用品，最大限度地再现抗日战争时期八路军和太行人民在太行山浴血奋战、艰苦奋斗场景的主题场所。作为全国唯一一个将展馆内静态展板用体验式的高科技手段进行展示的场所，园区主打体验式红色旅游，共设置了水面、高空、陆地三大拓展区，可供参加“当一天八路军”角色扮演活动的游客，亲身体验八路军当年一天内学习生活的场景，并切身感受八路军与当地民众深切的军民情谊。

资料来源：刘一琳、冯格　人大创意产业技术研究院（2020-06-02）

案例思考

以上红色旅游发展模式经典案例中，每一类型的红色旅游发展模式的市场定位特色是什么？其成功的原因是什么？

## 项目小结

本项目阐述了旅游市场细分的概念、旅游市场细分的原则、方法以及标准，说明旅游市场细分是旅游企业选择目标市场的基础。根据市场细分评估结果，确定企业目标市场。针对企业选定的目标市场，研究市场特征并分析竞争对手，结合企业自身的市场竞争优势，运用正确的目标市场定位方法与策略，才能进行精准的市场定位，为企业市场营销组合策略实施做好基础性的准备工作。

## 项目练习

请扫描二维码

检测一下项目知识学习情况吧！

## 项目实训

请扫描二维码

完成游戏闯关吧！

学习笔记

学习笔记

# 项目六 运用旅游产品策略　设计新产品

## 项目综述

旅游产品是旅游企业的核心竞争力，企业经营的主要目的就是满足客户需求，销售产品，获取利润，实现企业经营目标。因此，设计与创新旅游产品是旅游市场营销人员应具备的核心技能之一。本项目主要学习旅游产品及产品组合、旅游产品生命周期策略，以及旅游新产品开发与品牌创建等内容。通过这些内容的学习与训练，引领学生全面而深入地认知旅游产品策略，能运用旅游产品组合策略，促进产品销售；掌握旅游产品生命周期理论，能辨别旅游产品所处生命周期阶段，并采取相应的营销策略；掌握旅游产品设计开发的程序及产品创新的方法，并能灵活运用于实践。

## 项目知识图谱

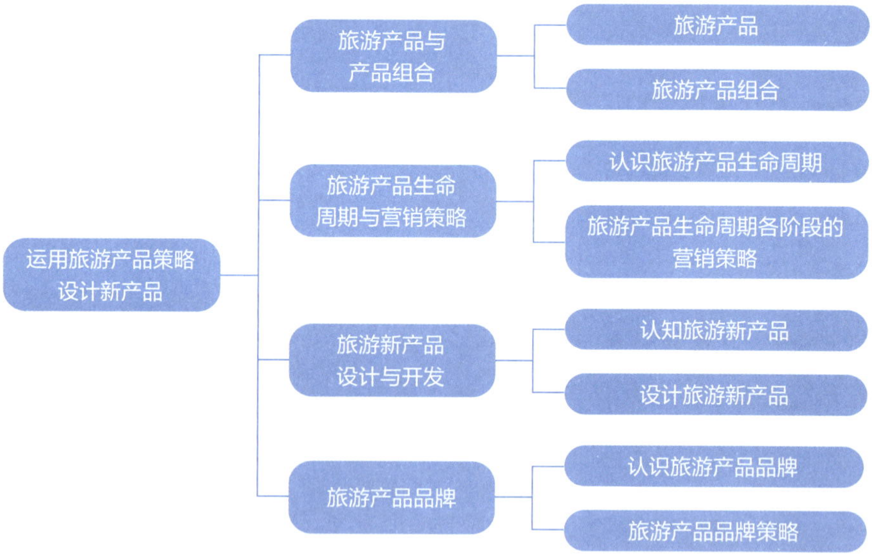


## 项目学习内容

1. 认知旅游产品及产品组合。
2. 运用旅游产品生命周期理论与策略。

3. 设计与开发旅游新产品。
4. 制定旅游产品品牌策略。

学习笔记

## 项目学习目标

| | |
|---|---|
| 知识目标 | 掌握旅游产品与产品组合概念及特征；熟悉旅游产品生命周期各阶段特征及营销策略；了解旅游新产品的类型与开发过程；掌握旅游产品品牌的概念及品牌策略。 |
| 能力目标 | 能够运用旅游产品组合策略设计组合产品；能够针对旅游产品不同生命周期制定适合的营销策略；能够设计旅游新产品并科学制定旅游产品品牌策略。 |
| 素质目标 | 树立宾客至上的服务理念；培养品牌塑造意识；培养观察力与创新力。 |
| 思政目标 | 培养与时俱进的开拓创新精神；培养敏锐的观察力和思辨力；坚定文化自信。 |

## 项目导入案例

### 洲际酒店的产品品牌建设

**案例介绍**

洲际酒店集团是一个全球化的酒店集团，在全球100多个国家和地区拥有5964间不同类型的酒店。“洲际”旗下的酒店品牌有洲际酒店及度假村（InterContinental Hotels & Resorts）、皇冠假日酒店及度假村（Crowne Plaza Hotels & Resorts）、英迪格酒店（Indigo Hotel）、假日酒店（Holiday Inn）、快捷假日（Holiday Express）酒店等。

洲际酒店集团主要为商务及休闲旅客提供可靠友善的服务，以及现代化的设施。例如，每家皇冠假日酒店均提供先进的会议设施、专职负责会议的专业员工及完善的商业服务，同时，还配备设备齐全的健美中心、餐饮设施和多样化的休闲活动；假日酒店和快捷假日酒店则主要面向中档市场，为中等消费的商务及休闲旅客提供超值服务；公寓式酒店则是一个别具一格的饭店产品，专门为满足那些来自世界各地需连续入住饭店五晚或以上的旅客的需求。公

学习笔记

寓式酒店设有无间隔、一间或两间睡房的套房，套房设施包括双人床或特大单人床、沙发床、互动电视、面积宽敞及光线充足的工作室，备有煮食用具及家用电冰箱、微波炉的厨房，以及其他具有家居特色的设备；英迪格酒店通过全新的理念向客人提供高档的入住体验。

在满足国际商务旅客及休闲旅客的独特需求方面，洲际酒店集团已建立了一定的声誉，它也善于将全球性的服务标准巧妙地与当地的传统相结合。多年来，洲际饭店远近驰名，一直是各国商界所喜爱入住的酒店之一。

资料来源：根据洲际酒店官网资料改编

## 案例解读

洲际酒店集团旗下的每一个酒店品牌都有其不同的定位，为宾客提供的设施和服务也各具特色。无论是商务旅行、亲友欢聚，还是奢适之旅，洲际酒店集团都能为每一位宾客提供充满真情实意的热情款待。其实，洲际酒店集团的成功主要得益于它的创始人凯蒙斯·威尔逊。凯蒙斯·威尔逊在一次举家外出度假时，有感于所入住的饭店缺乏宾至如归的服务及收费过高，遂于1952年在美国田纳西州孟菲斯开设了第一间假日饭店。该饭店设有泳池、空调设备与餐厅，还提供电话、冰块，以及免费停车场等基本设施，而孩童则可免费入住父母的客房。这些现在看来只能算是很普通的设施，在当时来说，却在饭店业掀起了一场革命，并由此而形成了一套饭店业的标准，这套标准不仅为每间假日饭店所采用，也引领着全球饭店业的发展进程。

## 案例思考

1. 洲际酒店的产品有哪些？它的成功之处在哪里？
2. 洲际酒店案例对我们进行产品开发有何借鉴意义？

# 任务 1　旅游产品与产品组合

学习笔记

## 任务要求

了解旅游产品的概念及特征，认识旅游产品组合的宽度、长度、深度和相关度等，熟悉旅游产品组合策略。通过小组合作方式，搜集知名旅游企业的旅游产品信息，分析讨论企业的产品组合方式（宽度、长度、深度和相关度），能够分析改进或创新旅游企业的产品。

## 任务实施

**1. 搜集信息，整理资料**

（1）通过上网搜索或查阅图书等，了解国内外知名旅游企业。

（2）分析资料，选择一家知名旅游企业，详细了解企业概况。

（3）整理某知名旅游企业的产品案例（包括企业概况及其主营的旅游产品和产品套餐）。

**2. 分析讨论**

（1）旅游产品的内容以及特点。

（2）旅游产品组合及组合的宽度、长度、深度和相关度等。

（3）分析某知名旅游企业的产品案例，讨论企业的产品组合策略。

（4）分析讨论某知名旅游企业的产品组合策略，提出产品组合的改进或创新方案。

**3. 成果展示**

小组合作汇报分析讨论结果，以案例、报告或方案的形式在课堂上展示。

**4. 成果完善**

根据教师评价，不断完善成果，并提交。

## 任务学习

### 一、旅游产品

▲ 认识旅游产品

#### （一）旅游产品的概念

从供给者的角度来看，旅游产品是指旅游企业为客

学习笔记

▲ 图6-1 认识旅游产品

▲ 图6-2 酒店室外环境

人提供的能够满足客人某种需求和欲望的任何有形的可以计量的物品和附着在有形物品之上的无形服务之和（图6-1）。它是由若干个不同要素组合而成，不仅包括具体的旅游产品，如餐饮、客房等；还包括各种服务，如热情礼貌的接待、温馨的环境、浪漫幽雅的气氛等。

从消费者的角度来看，旅游产品是旅游消费者通过支付一定的时间、精力和金钱所获得的一连串的生理满足、经济满足、社会满足、心理满足或不满足的结合体。因此，消费者眼中的旅游产品，不仅仅是其在旅游消费过程中所购买的一张床位、一个餐厅座位、一次接送服务等，而是旅游吸引物、设施设备等有形产品与导游、餐饮或客房服务人员等提供的一系列无形服务的综合体（图6-2）。

整体产品观点认为，旅游产品包含五个层次，如图6-3所示。其

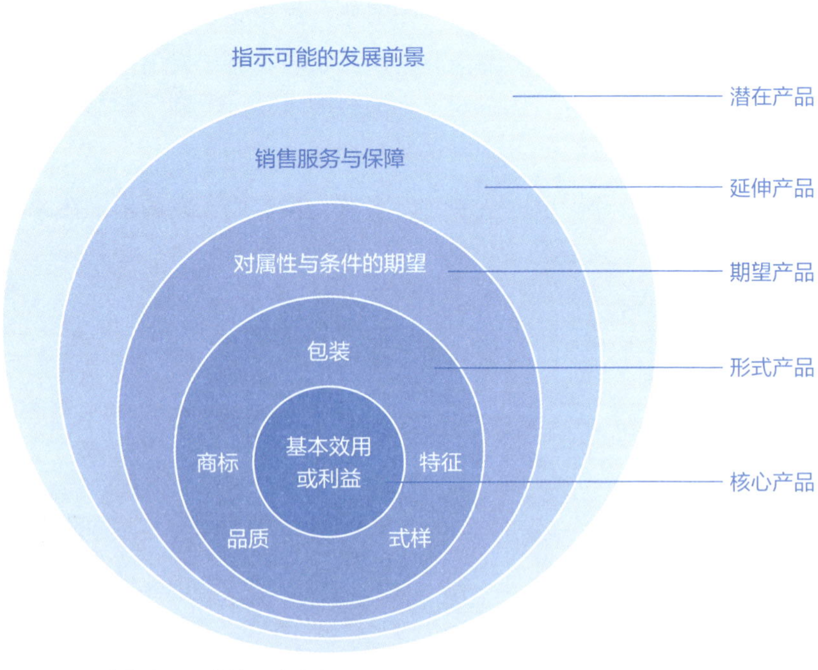


▲ 图6-3 整体产品概念的五个层次

中，最基本的层次是核心产品，是顾客真正需要的基本效用或利益，即产品的使用价值；第二个层次是形式产品，即实现核心利益所必须依附的实体产品，是消费者能直观感受到的旅游产品的档次、规格、品牌等产品的基本形式；第三个层次是期望产品，即购买者在购买产品时通常期望或默认的产品应该具有的一组属性和条件。如干净的客房、安静的环境、热情的服务等；第四个层次是延伸产品，是一个产品区别于同类产品的特色，即期望产品的延伸和进一步完善，例如顾客无须付费，就能获得酒店提供的康乐设施、WiFi以及接送站、旅游咨询等个性化服务；第五个层次是潜在产品，是顾客期望和预料之外的服务，即为了提高客人的满意度而提供的特殊服务，即使不提供，客人也没有理由不满或抱怨。

### （二）旅游产品的特点

旅游产品是旅游企业为客人提供的有形物品和无形服务之和，既具有作为服务产品的共性特征，又有其自身的个性特征，即综合性、无形性、生产与消费的同步性、不可转移性、不可储存性、季节性等。因此，旅游消费者在选择旅游企业时，多从企业的社会形象及信誉方面进行考虑和比较，尤其对旅游企业的服务质量很关注。这就要求旅游企业的员工具有较高的服务技能，热情的服务态度，令顾客满意的服务质量，赢得顾客。旅游产品与一般商品的特征比较如表6-1所示。

表 6-1　旅游产品与一般商品的特征比较

| 序号 | 大多数旅游产品 | 一般商品 |
| --- | --- | --- |
| 1 | 以劳务的形式输出的导游服务、餐饮服务等无形的服务 | 使用一定的物质材料，生产出来的有形的物品 |
| 2 | 消费者亲自到生产现场，亲身参与生产过程，生产和消费同时进行 | 先生产后消费 |
| 3 | 产品不可转移，需消费者亲自前往生产地并现场消费 | 产品可运送到消费者手中 |
| 4 | 不能储存 | 当天卖不出去的产品，可以储存 |
| 5 | 购买的仅仅是有限时间内的使用权，没有所有权 | 购买产品之后，就享有产品所有权和使用权 |
| 6 | 消费者在决定购买前，难以检验产品品质 | 消费者可以先免费试用，再作出购买决定 |

学习笔记

1. 综合性

旅游者所购买的旅游产品通常是包括食住行游购娱在内的产品和服务。因此，旅游产品的综合性是由旅游活动的综合性决定的，它是由旅游吸引物、交通设施、住宿餐饮设施、文娱场所以及多项服务组成的综合性产品。这种综合性既体现为物质产品与服务产品的综合，又体现为旅游资源、基础设施和接待设施的结合。随着旅游者需求的日益多样化，旅游产品所包含的内容也必然更加广泛，旅游企业在进行旅游产品开发时必须全面规划，对服务设施、服务项目和内容、服务过程及旅游服务人员等各种有形和无形的内容进行最佳组合，以树立良好的产品形象和企业形象。

2. 无形性

旅游服务是看不见、摸不着的非物质化非量化的产品，具有无形性。旅游产品的这一特点致使旅游企业很难向旅游者描述和展示服务项目，而旅游者也不可能在购买某一项服务前对其进行检验或试用，因此，造成产品推销上的困难。旅游者在选择酒店和旅行社时，往往只凭他所知道的该酒店或旅行社的声誉为选择标准，而不像在购买其他商品时，有产品说明书和产品规格作为依据，因此，旅游经营者应尽量向旅游者展示服务项目和服务内容，说明这项服务能给旅游者带来什么样的便利和利益。由于旅游产品的无形性，旅游企业的声誉、品牌、社会形象等因素影响消费者对服务产品质量的判断（图6–4）。

▲ 图6-4 酒店餐饮服务

3. 生产与消费的同步性

旅游产品的生产过程同时也是旅游服务的提供过程，是以旅游者到达旅游目的地消费为前提的。旅游企业借助一定的旅游资源和旅游设施提供旅游服务，旅游者在消费的同时也参与了生产过程，因此，旅游产品具有生产与消费的高度同一性，旅游产品只有进入消费过程才能实现其价值。由于旅游产品生产与消费的时空同一性，必须有现场消费的旅游者，旅游产品才开始生产，旅游者一旦离开生产立即终止。

4. 不可转移性

有形的物质产品生产出来后，经过运输才能到达消费者手中，对有形产品的购买表现为物质流动和所有权的转移，而无形的旅游产品无法运输，只有依赖于旅游者到达旅游产品生产地才能实现旅游产品的生产

学习笔记

和运输，而且旅游者购买的只是产品的暂时使用权，所有权并不发生转移。旅游产品的这一特点在一定程度上决定了旅游产品销售和营销活动的内容和重点，旅游企业一方面要大力开展宣传与推销活动，将有关旅游产品的信息快速准确的传递给潜在旅游市场；另一方面要做好每位旅游者的接待工作，树立良好的口碑，从而促进旅游产品的销售。

此外，旅游产品生产与消费的同时性，决定了旅游产品不像物质产品生产那样可以暂时储存起来，而且一旦旅游消费结束，旅游产品就自然解体。

**知识思考**

假设你是旅游企业的营销者，你会采取哪些措施来降低旅游产品的无形性、不能储存性、不可转移性、不能先检验再购买等特点对旅游产品营销活动的影响呢？

**思考要点提示**

1. 针对无形性的特点，搜集和制作旅游产品的宣传册、视频等进行展示，以增强产品形象。
2. 针对所有权不可转移的特点，开发特色旅游商品等附加产品方便游客带回家。
3. 针对不能储存的特点，通过价格调整，如采用淡旺季价格等调控。
4. 针对不能先检验再购买的特点，提供虚拟旅游体验等，降低购买风险。

**结合知识学习　思考问题**

结合旅游产品和一般商品的特征知识点学习，请对比分析旅游产品在市场营销中的难点。

学习笔记

## 二、旅游产品组合

▲ 认识旅游产品组合

### （一）旅游产品组合相关术语

旅游产品组合也称产品搭配，是指一个旅游企业提供给市场的全部产品线和产品项目的组合或搭配。旅游产品既可以单项购买并消费，又可以组合购买并消费。对旅游者而言，常常购买旅游产品组合（套餐），因此，旅游企业为满足旅游者组合购买的需求，就需要对单项旅游产品进行科学的组合设计。旅游单项产品包括餐饮产品、客房产品、交通设施、旅游吸引物以及相关服务等。旅游产品组合有一定的广度、长度、深度和关联度，如表6–2所示。

表 6–2　旅游产品组合的相关术语辨析

| 概念名称 | 概念含义 |
|---|---|
| 产品线（产品大类） | 指产品类别中具有密切关系的一组产品 |
| 产品项目 | 指某一品牌或产品大类内由档次、价格、规格及其他属性来区别的具体产品 |
| 产品组合广度 | 指旅游企业共有多少产品大类，<br>如假日酒店经营有客房、餐饮和康乐等产品大类，产品组合较宽 |
| 产品组合长度 | 指每一项分类产品中可以提供多少种不同的项目，<br>如假日酒店提供的客房有单人间、标准间、套房等 |
| 产品组合深度 | 指每一项目中又能提供多少品种、规格或档次，<br>如某酒店有豪华套房、普通套房等 |
| 产品组合关联度 | 指各分类产品在最终用途、生产条件、技术条件、营销渠道或其他方面的关联程度 |

对于旅游消费者而言，通常购买的不是单个产品，而是分类产品的组合。因此，旅游企业需要经营多个产品项目和产品品种，以满足客户需求，避免经营风险。如假日酒店经营有中西餐等餐饮产品和标准间、套房等客房产品，以及会议、康乐等产品或服务，如表6–3所示。

表 6–3　假日酒店的产品组合

| 产品组合 | 产品组合广度（宽度） | | | | | |
|---|---|---|---|---|---|---|
| | 餐饮<br>A | 客房<br>B | 酒吧<br>C | 商场<br>D | 会议<br>E | 康乐<br>F |

学习笔记

续表

| | | | | | | |
|---|---|---|---|---|---|---|
| 产品组合长度 | 中餐<br>A1 | 单人间<br>B1 | 红酒<br>C1 | 日化<br>D1 | 车船机票预订E1 | 游泳池<br>F1 |
| | 西餐<br>A2 | 标间<br>B2 | 白酒<br>C2 | 服装<br>D2 | 接送站<br>E2 | 高尔夫球场<br>F2 |
| | 自助餐<br>A3 | 套房<br>B3 | 鸡尾酒<br>C3 | 鞋帽<br>D3 | 会议室<br>E3 | 健身房<br>F3 |

从数学角度来说，宽度、长度和深度的内容越多，组合出来的局部产品就越多。但这并不一定是经济、有效的。产品种类越多，成本越高，投入的服务就越多，质量也越难保证，所以旅游企业一定要根据自身的人力、物力、财力来选定产品组合规模。否则，资金不足，高技能人才短缺，不断开设新设施新服务项目，摊子铺得太大，将难以收到预期效果。

### （二）旅游产品组合策略

旅游产品组合的广度、长度、深度和关联度在旅游企业经营决策上具有重要意义。一般旅游企业可以通过扩大或缩减原有产品组合的策略以更好地发展。那么，旅游企业应该采用哪种组合策略，主要取决于该企业的目标消费者对各种产品的需求情况、企业自身的生产能力及其竞争对手所采取的产品组合策略。旅游企业可以采用的产品组合方式有以下几种。

**1. 增加旅游产品组合的广度**

拓宽旅游产品组合的广度（即增加产品线），可以满足不同层次不同特征消费者的需求，占领更大的市场份额，提高市场占有率，提高旅游企业的知名度和美誉度，并进一步把市场上的良好声誉用于新增的产品，分散企业经营的风险，增强企业竞争力。

**2. 缩小旅游产品组合的广度**

在市场竞争非常激烈时，为了充分发挥旅游企业自有资源的最大效用，企业可以选择放弃部分产品，集中力量经营特色产品，减少资金的占用，提高资金利用率，及时为市场提供适销对路的产品，降低企业经营成本。

**3. 延伸或缩短现有产品线的长度**

如果旅游企业在现有产品线上增加一个产品项目，将提高整个产品

学习笔记

线的利润，那么，现有产品线太短了；反之，如果旅游企业在现有产品线上增加一个产品项目，整个产品线的利润反而减少，则现有产品线太长了。而旅游企业要想满足更多消费者的需求，提高市场占有率和竞争力，就应生产和提供更多的产品项目，最终成为拥有全线产品的企业。如原先生产和提供低档产品与服务的企业，可以利用时机增加高档产品的生产与销售，以扩大市场范围，提高市场占有率。

**4. 增加各产品的种类，以加深其产品组合**

增加旅游产品品种，就是增加旅游产品组合的深度，从而能在市场细分化的基础上扩大市场规模，满足不同消费者的需求，提高市场占有率，生产上实现量少类多，有利于旅游企业经济效益的提高。

**5. 采取较浅的旅游产品组合策略**

较浅的旅游产品组合，便于旅游企业集中力量发挥专长，开发新产品，创建名牌产品，吸引消费者，增加单种产品的销售量，从而通过规模生产，降低企业的生产成本。

**6. 加强产品组合的关联度，在特定区域内博得好的声誉，或者减少产品组合的关联度，以进入各种不同的领域**

总之，旅游产品组合的目的在于：在既定的价格范围内增加产品附加值；强调旅游产品的可靠性，树立良好的企业形象；运用独特的设计或风格，使自己的产品比竞争对手的产品便宜。

## 任务检测

请扫描二维码

检测一下任务知识学习情况吧！

## 任务考核

| 考核内容 | 非常优秀 | 优秀 | 良好 | 合格 | 不合格 |
|---|---|---|---|---|---|
| 按时完成任务情况 | | | | | |
| 搜索整理信息能力 | | | | | |
| 小组团结协作能力 | | | | | |

学习笔记

续表

| 考核内容 | 非常优秀 | 优秀 | 良好 | 合格 | 不合格 |
|---|---|---|---|---|---|
| 小组汇报展示能力 | | | | | |
| 小组成果创新能力 | | | | | |
| 任务考核分值建议 | 非常优秀（90～100分）、优秀（80～90分）、良好（70～80分）、合格（60～70分）、不合格（60分以下） | | | | |

根据小组任务实施情况，结合表中考核内容，完成小组任务考核评价。

## 任务 2　旅游产品生命周期与营销策略

### 任务要求

了解旅游产品生命周期的概念，认识旅游产品生命周期阶段及其特征，会分析判断旅游产品所处生命周期阶段并能制定相应的营销策略。通过小组合作方式，搜集知名旅游企业及其产品信息。选择一种旅游产品，分析该产品所处生命周期阶段（投入期、成长期、成熟期和衰退期），能够分析该产品的营销策略，并能为该产品制定合适的营销策略。

### 任务实施

**1. 搜集信息，整理资料**

（1）通过上网搜索或查阅书刊等，了解市场上旅游产品信息。

（2）分析资料，选择一种代表性旅游产品，详细了解该产品的发展历程。

（3）介绍某种旅游产品的市场特征（包括旅游产品的上市时间、市场知名度、销量和利润变化等）。

**2. 分析讨论**

（1）旅游产品的生命周期及阶段。

（2）旅游产品生命周期各阶段应采取的营销策略。

（3）分析某代表旅游产品所处生命周期阶段，讨论该阶段采取的营

学习笔记

销策略。

（4）分析讨论某代表旅游产品的生命周期策略，制定或改进其营销策略。

**3. 成果展示**

小组合作汇报分析讨论结果，以案例或报告的形式在课堂上展示。

**4. 成果完善**

根据教师评价，不断完善成果，并提交。

任务学习

## 一、认识旅游产品生命周期

### （一）旅游产品生命周期的概念

▲ 认识旅游产品生命周期

产品生命周期是产品的市场寿命，即一种新产品从开始进入市场到被市场淘汰的整个过程。旅游产品的生命周期是指某种旅游产品从投放市场，被消费者所接受，直到最后被市场淘汰，退出市场为止的全部过程。这里的产品生命周期是指旅游产品的市场生命周期，而不是自然生命周期，这里所说的产品可以是产品大类，如客房产品、餐饮产品或观光旅游产品、度假旅游产品等；也可以是产品品牌，如携程、途牛等；也可以是某一特定的旅游企业，如中国旅行社等。

理论上，典型的旅游产品生命周期一般可以分为投入期、成长期、成熟期和衰退期四个阶段，如图6-5所示。但是，现代旅游市场需求千变万化，旅游产品更新换代很快，每种类型的旅游产品市场生命周期并非完全一样，有的旅游产品生命周期较长，有的旅游产品生命周期较短，有的旅游产品生命周期曲线呈波浪型，有的旅游产品生命周期曲线呈直线型或折线型，不同类型旅游产品呈现出的生命周期阶段也各不相同。

因此，认识旅游产品的生命周期及其特征，有利于旅游企业经营管理人员及时调整营销策略，适时开发旅游新产品，提高企业的竞争力。

学习笔记

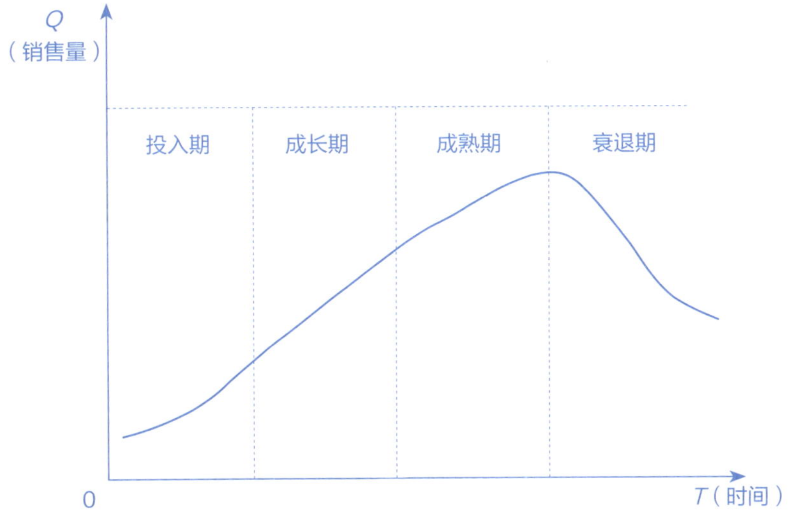


▲ 图6-5　酒店产品的生命周期

### （二）旅游产品生命周期各阶段的特点

典型的旅游产品生命周期一般可以分为投入期、成长期、成熟期和衰退期四个阶段。根据典型曲线显示，一个典型的旅游产品处于不同生命周期阶段中，在产品认知度、产品销量、产品营业额、产品成本、产品利润及市场竞争等方面的特征有所不同，如表6–4所示。

表 6-4　旅游产品生命周期各个阶段的特征

| 特征 | 投入期 | 成长期 | 成熟期 | 衰退期 |
| --- | --- | --- | --- | --- |
| 产品认知度 | 很低 | 有一定的知名度 | 成为知名产品 | 逐渐被遗忘 |
| 产品销量 | 较少且增长缓慢 | 迅速增长 | 达到最高值 | 减少 |
| 产品营业额 | 较低 | 增加 | 迅速增加 | 下降 |
| 产品成本 | 很高 | 下降 | 最低 | 增加 |
| 产品利润 | 为负 | 快速上升 | 达到最大化 | 下降 |
| 市场竞争 | 没有同行竞争者 | 有竞争者进入 | 竞争非常激烈 | 竞争格局已定 |

## 二、旅游产品生命周期各阶段的营销策略

▲ 运用旅游产品生命周期策略

旅游产品在其生命周期各个阶段呈现出不同的特点，因此，旅游企业经营者必须认真分析自身产品所处的生命周期阶段，并根据旅游产品各阶段的市场需求及

学习笔记

竞争状况等特征制定相应的营销策略。

### （一）旅游产品投入期的营销策略

根据旅游产品投入期的特点，旅游企业经营者所采取的营销策略应重点强调一个“快”字。即旅游产品快速地通过投入期，以最短的时间迅速进入和占领市场。投入期产品的价格、促销及分销渠道等营销组合策略主要有四种。

**1. 快速撇脂策略**

快速撇脂策略，即旅游企业以高价格和高促销水平的组合方式推出新产品。旅游企业通过大规模的促销活动吸引消费者购买，同时又制定较高的价格，以提高产品的市场形象，及时收回投资或赚取高额利润。这一营销策略适用的市场条件是：该产品的市场知名度很低；该产品具有特色；购买者消费水平高，渴望得到该产品并有较强购买力；购买者多为重质轻价的成熟消费者；公司面临着潜在的竞争并想建立品牌偏好。

**2. 缓慢撇脂策略**

缓慢撇脂策略，即旅游企业以高价格和低促销的组合方式推出新产品。这一营销策略适用的市场条件是：市场的规模有限；大多数消费者已知晓这种产品；产品的规格档次较高，质量较好；购买者愿出高价；潜在竞争者少。

**3. 快速渗透策略**

快速渗透策略，即旅游企业以低价格和高促销水平的组合方式推出新产品。这一营销策略适用的市场条件是：市场规模较大；产品因规模生产而大大降低成本；产品的市场知名度较低；大多数购买者对价格敏感；潜在竞争很强烈。

**4. 缓慢渗透策略**

缓慢渗透策略，即旅游企业以低价格和低促销水平的组合方式推出新产品。这是一种薄利多销的策略。这一营销策略适用的市场条件是：市场规模较大；市场上该产品的知名度较高；市场对价格相当敏感；市场上有一些潜在的竞争者，但威胁不大。

### （二）旅游产品成长期的营销策略

处于成长期的旅游产品，销量大幅度上升，利润额迅速增长，成本迅速下降，竞争者开始进入。根据旅游产品成长期的特点，旅游企业经营者所采取的营销策略应重点强调一个“好”字。即旅游企业一方面应快速作出反应，及时抓住市场机会，迅速扩大生产能力或增强接待能力，另一方面，应做到四点：一是不断提高产品质量，丰富产品种类；二是加强原销售渠道的管理，设法开拓新的销售渠道，提高市场占有率；三是广告促销的重点应由产品介绍、提高产品知名度转变为宣传产品特色、说服消费者购买、树立产品形象，进而增强消费者与企业及其产品的关联，提高产品的美誉度，创名牌；四是适当降低价格，以吸引对价格敏感的旅游者，同时抑制竞争，但是，对前期价格较低的产品和服务，可适当提高价格，以提升产品形象。

### （三）旅游产品成熟期的营销策略

旅游产品进入成熟期后，就进入了产品生命周期的黄金时代。这一阶段，产品的销售量达到顶峰，给企业带来巨额的利润，所以该阶段企业的营销策略应着重于延长产品的成熟期，即企业营销的重点应强调一个“长”字。旅游产品成熟期的经营重点应放在两个方面：一是保护现有市场和开拓新市场；二是调整营销组合策略，例如，改进或创新旅游产品，调整产品价格，开辟销售渠道，加大促销投入等，均可刺激市场需求，吸引更多消费者。

### （四）旅游产品衰退期的营销策略

旅游产品一旦进入衰退期，企业营销焦点应集中在最好的市场上和销售渠道上，旅游企业应将资本转移至新产品的开发设计上，开发出能创造更多利润的替代性的新产品。即该阶段企业营销的重点应强调一个“转”字。旅游产品衰退期的营销策略如下。

**1. 维持策略**

维持策略又称自然淘汰策略。即旅游企业不主动放弃该衰退期的产品，而是继续运用原先的市场营销组合策略，直至产品完全退出市场。

**2. 集中策略**

对于滞销产品，由于同类产品或其他替代产品的竞争，市场销售量有所下降，但是，其在市场上仍具有一定的潜力可挖，对于这类产品，企业不宜盲目放弃，而应认真分析滞销的原因从而改革滞销产品，提高产品质量，同时将原投入的资金和资源集中于一些最有利的细分市场和销售渠道上，这样既能从最有利的市场上获取尽可能多的利润，又有利于延缓产品退出市场的时间。

学习笔记

**3. 放弃策略**

对于市场销售量和价格迅速下降的旅游产品，维持生产已经成为企业发展的包袱，使企业的人力、财力、物力得不到及时的转移，同时，疲软的产品也会影响企业的市场声誉，因此，对于此类产品，旅游企业应果断撤退和淘汰，将其所占用的资源转移至其他产品。但应考虑好完全放弃还是逐步放弃，以及放弃的时机。

**4. 榨取策略**

榨取策略，即旅游企业大幅度降低促销水平，进而降低生产成本和各种费用，以增加目前的利润，但这有可能加速产品的衰退。因此，旅游企业在产品衰退期应果断撤出市场，并着手新产品的投放，以完成产品的更新换代。老产品的衰退期，实际上成为新产品的投放期和成长期。

## 任务检测

请扫描二维码

检测一下任务知识学习情况吧！

## 任务考核

| 考核内容 | 非常优秀 | 优秀 | 良好 | 合格 | 不合格 |
|---|---|---|---|---|---|
| 按时完成任务情况 | | | | | |
| 搜索整理信息能力 | | | | | |
| 小组团结协作能力 | | | | | |
| 小组汇报展示能力 | | | | | |
| 小组成果创新能力 | | | | | |
| 任务考核分值建议 | 非常优秀（90～100分）、优秀（80～90分）、良好（70～80分）、合格（60～70分）、不合格（60分以下） | | | | |

根据小组任务实施情况，结合表中考核内容，完成小组任务考核评价。

# 任务 3　旅游新产品设计与开发

学习笔记

## 任务要求

了解旅游新产品的概念及种类，认识旅游新产品开发的意义和趋势，熟悉旅游新产品开发的流程。通过小组合作方式，搜集当前市场上的旅游新产品信息，分析讨论旅游新产品的类型（全新型、换代型、改进型和仿制型），能够设计出有竞争力的概念型旅游新产品。

## 任务实施

**1. 搜集信息，整理资料**

（1）通过上网搜索或查阅图书、报刊等，了解旅游新产品信息。

（2）分析资料，选择两种以上典型旅游新产品，了解该产品的详细情况（如面市时间、价格档次、新颖程度、技术含量、是否易模仿等）。

（3）整理旅游新产品简介（包括产品名称、特色、价位、市场知名度、销量、发展趋势等）。

**2. 分析讨论**

（1）旅游新产品的概念以及开发意义和趋势。

（2）全新型、换代型、改进型、仿制型旅游新产品的特征。

（3）介绍某旅游新产品，分析讨论该产品属于哪种类型的新产品。

（4）分析讨论某旅游新产品的开发过程，能结合新技术或新需求，提出新产品设计方案。

**3. 成果展示**

小组合作汇报分析讨论结果，以报告或方案的形式在课堂上展示。

**4. 成果完善**

根据教师评价，不断完善成果，并提交。

## 任务学习

### 一、认知旅游新产品

▲ 认知旅游新产品

#### （一）旅游新产品的概念

旅游新产品指由旅游生产者初次设计生产，或者在

学习笔记

原产品基础上作出重大改进，使其在内容、服务方式、结构、性能等方面有显著改进和提高的产品。它是与新技术、新设计、新需求相联系的产品。它包含两层涵义，从经营者的角度看，旅游新产品是本旅游企业以前从未生产和销售过的旅游产品；旅游经营者主要依靠增加服务项目、模仿竞争者的旅游项目、改进产品质量等方式进行旅游新产品的开发。

从消费者的角度看，只要是与现有产品不同的旅游产品或者凡是能给旅游者带来某种新的满足、新的利益的产品和服务均可称为旅游新产品。

因此，旅游新产品既可能是与众不同的全新产品，即推出市场上从来没有过的新的旅游线路，也可能是局部改进或创新的新产品，如新马泰旅游线路由原来的低端产品向高端产品发展。

### （二）旅游新产品的种类

知识案例

#### 风格独特的“红楼宴”

扬州宾馆巧打文化特色牌，以“红楼梦”为主题，设计了“红楼宴”，建造了充满古香古色的“红楼厅”。大厅门口“红”“楼”“梦”三个大红灯笼高悬，厅内镂花窗口上镶嵌金陵十二钗仕女图，宾客进入红楼厅，耳际飘荡着电影《红楼梦》的插曲，“贾府丫鬟”装扮的服务员引宾入座。“红楼宴”设计匠心独具，如“一品大观”由一个五彩拼盘合为一个“品”字，以姜丝衬干丝的“金钗银丝”与《红楼梦》相映，洁白高雅的“雪底芹菜”，造型奇特的“宝钗借扇”“晴雯包”“如意饺”等令人赞不绝口。游扬州、逛瘦西湖、品“红楼宴”、饮茶于富春茶社等已成为扬州旅游的特色项目。

资料来源：舒伯阳. 旅游市场营销. 北京：清华大学出版社，2009.

案例讨论

学习笔记

结合旅游新产品知识，从旅游新产品升级换代速度加快、旅游产品的科技含量将进一步提高、旅游产品的文化内涵不断加强、绿色化趋势、多元化趋势、个性化趋势等角度，讨论旅游产品的开发趋势？

**1. 全新型旅游新产品**

全新型新产品是指为了满足人们的需求，开拓全新市场而采用新技术、新原理、新设计、新方法组合而成的产品。这种旅游产品在市场上从未出现过，主要针对旅游企业产品的核心部分进行创新，如新开发的菜品或旅游项目，新研制的客房预订、结算或客户管理系统或虚拟旅游体验系统等。实物形态的全新旅游产品的设计往往有一定难度，但旅游服务、旅游线路等无形的新产品开发相对容易些。

**2. 换代型新产品**

换代型新产品是指在现有产品的基础上，部分采用新技术、新原理或新方法，作出重大变革后所形成的新产品，主要是针对旅游企业产品的形式部分进行改进，如招待所改造和装修后升级为三星级酒店，饭店的分体式空调改为中央空调。

**3. 改进型新产品**

改进型新产品是指在原有产品的基础上，不进行重大变革，仅对原有产品进行局部形式上的改变，主要是针对旅游产品的延伸部分进行改进，如酒店根据当地居民的口味变化对菜品进行部分调整，旅行社在原三峡游线路中又加入巫山小三峡。这是旅游企业吸引消费者，保持和拓展旅游市场的一种重要手段。

**4. 仿制型新产品**

仿制型新产品是指市场上已经存在，本企业对该产品进行引进或仿制后经营的产品。有时在模仿过程中可能有局部的改进或创新，但基本原理或结构是模仿的。旅游市场上这种类型的旅游新产品极为常见。但是，旅游企业在仿制旅游新产品时应注意避免侵权问题。尤其是在旅游景点及旅游资源开发过程中，要严禁雷同的模仿，否则，会丧失自己的风格，创新才是旅游企业永葆活力的关键。

学习笔记

## 二、设计旅游新产品

▲ 设计旅游新产品

### （一）旅游新产品开发程序

旅游新产品的开发过程可分为循序渐进的八个阶段，如图6–6所示。

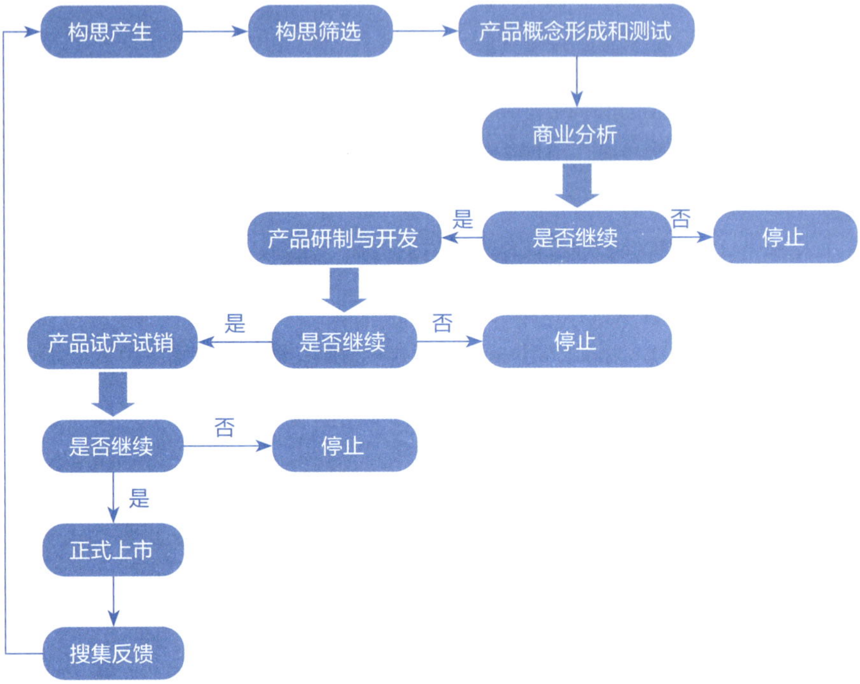


▲ 图6-6　旅游新产品的开发程序

**1. 构思产生**

旅游新产品开发的第一个阶段就是实施调研，挖掘创意，形成产品构思。旅游产品创意的来源不仅仅是依靠企业总经理和销售经理，而是多方面的，如旅游企业的消费者、员工、竞争者、产品研发专家、中间商等。其中，最具发言权的当属旅游产品的直接使用者（消费者）和旅游服务的直接提供者（员工）。他们能真实地了解市场需求，并提出最客观的产品构思。此外，旅游企业还可以从有关报刊、网络和科研人员、行业专家等途径获得产品构思。

**2. 构思筛选**

通过第一阶段的大量构思，并不是都能付诸实施，要对这些构思进行比较评价，摒弃获利较小或亏损的产品构思，保留少数几个有吸引力

学习笔记

和切实可行的方案。在进行筛选时，要考虑旅游企业内外部条件及经营能力。如评价产品构思与旅游企业经营目标是否一致，评价企业是否有经营新产品的技术、销售和财务等方面的能力，评价企业是否有开发新产品的时机，以上方面企业评估结果若是正向的，则保留；若是反向的，则应放弃。

**3. 产品概念形成和测试**

产品概念，即构思的具体化，是指从消费者的角度对构思所作的详尽描述，如用文字、图形、虚拟等来阐述，形成一种产品形象。在产品概念形成后进行概念的测试，测定消费者对新产品的看法和反应。经过测试，确定最有吸引力的新产品概念。

**4. 商业分析**

商业分析是预测一种产品概念在市场上的商业价值。包括：预测产品的销售量、成本和利润额及收益率；预测产品开发对投入、成本费用、利润的影响；确定目标市场，预测市场趋势，分析产品的市场竞争状况等。

**5. 产品研制与开发**

在对产品进行商业分析后，确定该产品具有开发价值，就进入产品的实际开发阶段，将产品概念研制成样品。样品应满足三个条件：即消费者认为该样品体现了产品概念报告书中所描述的关键属性；在正常使用情况下，该产品能安全地发挥其功能；该产品能以预计的制造成本生产出来。在开发服务性产品时，除了注意服务产品的实体性要素外，还要注意服务产品的传递系统的建立与测试。

**6. 产品试产试销**

旅游企业将产品样本研制出来之后，就要根据企业自身的目标市场状况，制定相应的营销组合策略，及时将部分样品投放到市场中去。旅游企业营销人员可以邀请一些目标客户、业内人士提前试用，初步获悉消费者对该产品的反馈，进而改进完善产品，调整市场营销策略。

**7. 正式上市**

旅游企业通过前期的试产试销取得成功后，就可以正式投放市场。在旅游产品进入市场之前，企业就要处理好产品上市的成本费用、上市的时机、上市的地点、面向的目标市场及应采取的营销组合策略等方面的问题。

**8. 搜集反馈**

任何新产品在市场上销售一定时间后，都会暴露出不足之处。因

学习笔记

此，旅游企业经营管理者应时常对顾客跟踪回访，搜集顾客对产品的意见和建议，不断改进产品，提高产品质量。同时消费者信息反馈往往成为下一个产品创意的重要来源。

### （二）旅游新产品开发策略

知识案例

#### 上海春秋旅行社——“好摄之旅”

随着传统旅游形式的发展和深化，小众旅游群体的出游需求越发被关注。通过对长白山及周边地区的深入调研、邀请摄影专家考察，并全方位考虑摄友们的特殊需求后，上海春秋旅行社精心为摄影爱好者设计出一条长白山冬季“好摄之旅”专线——长白山西坡、北坡、魔界4日游，并于2012年11月30日开通“上海—长白山”旅游航线。该行程涵盖长白山全部精华摄影点，既能拍摄雪山、雾凇、冰雕、雪雕，天气条件允许还可以登临长白山主峰，拍摄到冬日的雪域之巅——天池。走西坡——拍摄原始风貌；入魔界——记录雾凇盛景；最值得一提的是入“魔界”，为了保证摄影团能在早晨五点半准时出发，拍到魔界的日出和雾凇，驾驶人要在前一天夜里每隔三小时发动一次车，以保证发动机不被低温冻住，这在普通的长白山线路中是绝无仅有的。此外，作为摄影专线，全程无购物，配备专业向导为摄友们推荐好的拍摄点，并在每个拍摄点停留充足的时间，以便全心创作。结束白天的拍摄后，晚上住宿安排在长白山脚下的蓝景温泉酒店。摄友们可以在天然露天温泉体验身在温泉中、头发结雾凇的奇特感受。餐饮方面旅行社安排了最地道的东北菜，诸如猪肉炖粉条、小鸡炖蘑菇、大拉皮等，让摄影爱好者们在近距离拍摄长白山的美景的同时，更能感受东北民风。在摄影行程结束归来，旅行社又举办了“长白山摄影大赛”等活动，取得较好的业界反响。此后，上海春秋旅行社推出“好摄之旅”系列产品（长白山摄影、苏州太湖赏梅、颐舍温泉泡汤、霞浦、罗平油菜花、元阳梯田、建水古城、婺源赏花、青岛婚纱摄影、三亚婚纱摄影等），并加以推广。

资料来源：http://mt.sohu.com/20160805/n462767438.shtml

结合旅游新产品　解读案例

随着社会的发展和科技的进步，旅游产品的科技含量进一步提高，升级换代速度逐渐加快，旅游企业竞争也越来越激烈，因此，不断创新旅游产品是提高企业核心竞争力的必然趋势。根据旅游产品的整体观，旅游产品创新的战略重点主要由核心产品、形式产品、期望产品、延伸产品、潜在产品五个方面构成。同时，旅游企业还应根据社会环境及发展趋势，充分利用自身的资源，选择适合自己的产品创新策略。

学习笔记

**1. 长短结合策略**

长短结合策略也称储备策略，既考虑到企业的短期利益，更考虑到企业的长期利益，着眼于企业的长期、稳定、持续发展。采取这一策略，旅游企业应该有四种产品：一是正在生产和销售的产品；二是正在研制或已研制成功，等待适当时机投放市场的产品；三是正在研究设计的产品；四是处于产品构思、创意阶段，开始市场开发、调研的产品。

**2. 主导产品策略**

任何企业都应尽量提供类型齐全的产品，但还要拥有特色和主导产品，主导产品是旅游企业自身的资源条件和客源市场双向驱动的产物，在一定时期内相对稳定。如主题酒店时代的文化型客房、粤式餐厅等。

**3. 高低结合策略**

高低结合策略指高档产品与低档产品相结合，以满足不同消费层次的需求，提高旅游企业经营的覆盖面。如某酒店地处CBD（中央商务区），考虑到周围公司职工午餐需求量较大，而推出了午餐套餐等满足了这些上班族的需求。

**4. 创新与模仿策略**

创新与模仿策略即不同革新程度的产品策略，是指旅游企业根据不同细分市场的需求，为了占领市场，获得经济效益，而灵活采取的一种策略。包括全部创新策略、拿来主义策略、仿制改进策略等。例如，某酒店创新客房产品，推出了精神放松客房、绿色客房、老年人专用客房、女子客房、钟点客房等。

学习笔记

## 任务检测

请扫描二维码
检测一下任务知识学习情况吧！

## 任务考核

| 考核内容 | 非常优秀 | 优秀 | 良好 | 合格 | 不合格 |
|---|---|---|---|---|---|
| 按时完成任务情况 | | | | | |
| 搜索整理信息能力 | | | | | |
| 小组团结协作能力 | | | | | |
| 小组汇报展示能力 | | | | | |
| 小组成果创新能力 | | | | | |
| 任务考核分值建议 | 非常优秀（90~100分）、优秀（80~90分）、良好（70~80分）、合格（60~70分）、不合格（60分以下） | | | | |

根据小组任务实施情况，结合表中考核内容，完成小组任务考核评价。

# 任务 4 旅游产品品牌

## 任务要求

了解旅游产品品牌的内涵及价值，熟悉旅游产品品牌策略。通过小组合作方式，搜集知名品牌旅游产品的信息，能够分析旅游企业的品牌策略，为旅游产品品牌或名牌塑造提供方案。

## 任务实施

**1. 搜集信息，整理资料**

（1）通过上网搜索或查阅图书等，了解国内外知名品牌旅游企业。

（2）分析资料，选择一家知名品牌旅游企业，详细了解企业品牌信息（品牌名称、标识、发展等）。

学习笔记

**2. 分析讨论**

（1）分析旅游产品的品牌及价值。

（2）分析旅游产品的品牌策略。

（3）分析某知名品牌旅游产品信息，讨论旅游产品品牌的创建过程与方法。

（4）分析讨论某旅游企业的产品品牌策略，提出旅游产品品牌或名牌塑造方案。

**3. 成果展示**

小组合作汇报分析讨论结果，以案例或方案的形式在课堂上展示。

**4. 成果完善**

根据教师评价，不断完善成果，并提交。

**任务学习**

## 一、认识旅游产品品牌

▲ 认识旅游产品品牌

旅游产品品牌是指旅游产品的名称、标记、符号、图案或是它们的组合，包括品牌名称、品牌标志和商标。用于识别一个旅游企业提供给某类旅游消费者的产品或服务，以有效区别竞争对手的产品或服务。其中，品牌名称是指品牌中可以用语言直呼的部分；品牌标志是指品牌中可以识别但是不能用语言直呼的部分，一般由标记、符号、图案等组成；商标是一个法律名词，指经注册的品牌或品牌的一部分，是受法律保护的（图6–7）。

▲ 图6–7　认识旅游产品品牌

品牌的实质是产品的供给者提供给消费者在旅游产品特征、利益和服务等方面的一贯性承诺，是对优质产品的保证。因此，旅游产品品牌的核心功能体现在它可以向消费者传递某一产品的档次、品质、价格以及其他为消费者所看重的主要因素。

学习笔记

知识链接

### “嘉游赣”——江西重磅推出旅游产品服务新品牌

2010年至今，江西省推出了“江西风景独好”旅游形象品牌，通过央视广告及各类媒体的传播，“江西风景独好”品牌已唱响大江南北，于2014年获评“影响世界的中国文化旅游口号”。2016年习近平总书记视察江西时，赞誉“庐山天下悠、三清天下秀、龙虎天下绝”，此后，“庐山天下悠、三清天下秀、龙虎天下绝”作为“江西风景独好”品牌的重要组成部分一并对外宣传。随着大众旅游时代和大众传播时代的到来，除了“江西风景独好”和“庐山天下悠、三清天下秀、龙虎天下绝”等形象类品牌口号，在“江西风景独好”品牌的统领下打造推出“嘉游赣”产品服务品牌IP，进一步完善“江西风景独好”品牌体系。“嘉游赣”产品服务品牌IP首次亮相，配套了五大系列主题活动：“不负春光 网红达人‘+’游赣”“不负春光 美拍达人‘佳’游赣”“不负春光 车友达人‘驾’游赣”“不负春光 恋爱达人‘稼’游赣”“不负春光 城市达人‘家’游赣”。

“嘉游赣”产品服务品牌IP含义：

（1）主要是运用江西版图和飘扬的红旗形态形成赣的大写字母G，就像是江西版图飘扬的红色文化和红色精神，永远热烈向上。（2）同时嘉游赣的拼音字母形成热烈活泼的形态，寓意着江西不仅有杜鹃红，更有青花蓝、香樟绿、马蹄金的多样色彩！（3）G字既是红旗，也可以说是赣剧中的水袖扬起的具象，寓意江西旅游红红火火、前景广阔。（4）开头拼音的J是个辣椒形态，代表了江西的美食和热情，最后N字的山水形态代表了绿色生态的江西。（5）标志整体有动感，各种色彩的拼音为基础，寓意多彩多姿的江西大地，飘扬的红旗寓意积极向上，不断进取的精神。

资料来源：http://dct.jiangxi.gov.cn/

学习笔记

品牌的具体功能体现在五个方面：一是品牌可以方便消费者识别旅游产品，并留下深刻印象，进而形成品牌偏好，促进旅游产品销售。比如麦当劳的黄色双拱形门标志，已经为全世界所熟知；二是品牌代表着一定的产品品质和价值。比如北京喜来登长城饭店有总统套房、高档商务客房、普标房，这些品牌产品所拥有的品质和价值是各不相同的，消费者可以根据个体情况而选择；三是不同的品牌代表消费者可以得到不同的利益，如五星级酒店的高级餐厅不仅可以吃饱，还能吃好，更能体验食文化；四是品牌有助于旅游企业加强自我监督，维护并提高产品及企业在消费者心目中的形象；五是良好的品牌有助于旅游企业迅速扩张。如携程、麦当劳等可以通过特许经营这一方式达到迅速扩张的目的。

## 二、旅游产品品牌策略

### （一）统一品牌策略

▲ 运用三种旅游产品品牌策略

统一品牌策略是指一个旅游企业经营多种旅游产品时，对其所有的产品都使用同样的品牌名称，也叫单一品牌策略。如第一家香格里拉酒店在新加坡成立后，迅速发展为亚洲地区最大的豪华酒店集团，集团中每家酒店均使用“香格里拉”品牌。

统一品牌策略可以取得“一荣俱荣”的效果，品牌成功在市场上建立起良好信誉的情况下，旅游企业再推出新的产品将更容易被消费者接受并信任，从而降低新产品的宣传推广费用；有利于形成“企业识别系统”，彰显企业实力，塑造良好的企业形象。但是，也存在“一损俱损”的风险。一旦品牌旗下有一种产品营销失败，就会在消费者心中产生负面连锁反应，“殃及池鱼”，波及其他产品，甚至影响整个旅游企业的形象。因此，采用这种策略的企业必须对所有产品的质量严格控制，以维护品牌声誉。

### （二）个别品牌策略

个别品牌策略是指旅游企业各种不同的产品或服务分别使用不同的品牌名称，也称多品牌策略。如万豪国际集团旗下拥有丽思卡尔顿酒店、JW万豪酒店、万豪酒店、万丽酒店、万怡酒店、万豪度假俱乐部、万豪行政公寓等酒店品牌，不同品牌代表不同级别或功能的产品。

这种策略能够针对不同产品和市场，使用不同品牌，从而更好地满

学习笔记

足消费者的需求，避免因一种产品的营销失败而影响其他产品，有利于开展多元化经营，给人以不断创新和有规模、有实力的印象。但是，品牌宣传促销成本高，可能导致企业自有不同品牌之间竞争，影响销量的总体提高。因此，采用这种策略的企业一般是规模大、实力雄厚，产品种类多且规格、档次各不相同，目标市场不同。

### （三）主副品牌策略

主副品牌策略是指旅游企业在生产多种产品的情况下，给其产品冠以统一主名称的同时，再根据每种产品的不同特征给其设定一个次级品牌，又称“母子”品牌策略，如海尔公司的产品，大都使用主副品牌策略，“海尔·小神童、海尔·小王子、海尔·大力神”等产品都是在企业名称“海尔”后加上各种产品的副品牌，突出某一产品的特点。

主副品牌策略是一种比较灵活的做法，兼有统一品牌策略和个别品牌策略的优点，既可以使新产品享受到已有品牌的知名度和美誉度，降低市场进入成本，又避免了统一品牌“一损俱损”的问题；既发挥了现有成功品牌优势，又不影响各副品牌的个性化发挥，可谓一举多得。

#### 任务检测

请扫描二维码
检测一下任务知识学习情况吧！

#### 任务考核

| 考核内容 | 非常优秀 | 优秀 | 良好 | 合格 | 不合格 |
|---|---|---|---|---|---|
| 按时完成任务情况 | | | | | |
| 搜索整理信息能力 | | | | | |
| 小组团结协作能力 | | | | | |
| 小组汇报展示能力 | | | | | |
| 小组成果创新能力 | | | | | |
| 任务考核分值建议 | 非常优秀（90～100分）、优秀（80～90分）、良好（70～80分）、合格（60～70分）、不合格（60分以下） | | | | |

根据小组任务实施情况，结合表中考核内容，完成小组任务考核评价。

## 项目思政案例

学习笔记

### 600岁故宫秒变网红带货老爷爷

**案例介绍**

2018年12月9日，故宫文化创意馆推出了故宫首款彩妆“故宫口红”，6种口红唇色均来自故宫国宝色，外观均从后妃服饰与绣品上汲取灵感，以黑、白、赤、青、黄五色体系，结合“宫廷蓝”为底色，上方由仙鹤、蝴蝶、瑞鹿、蜜蜂“领衔出演”，下方饰以绣球花、水仙团寿纹、地景百花纹、菊花、四季花篮等吉祥图案。而且，本次故宫口红更引入了3D打印黑科技，制作出外身织物的肌理和刺绣的凹凸感，总之，这套口红很“故宫”、很“东方”!在推出的两天后，故宫的另一官方店铺“故宫淘宝”发布了仙鹤系列彩妆，其中主打产品仙鹤口红当天就售出近65000支，而且是所有色号都已售罄。这可以说是非常不错的战绩了。那到底是什么让故宫都这么大的高龄还能这么爆火，丢掉那些之前端庄，威严的气势，更好地融入我们这个网络爆红的时代呢?

资料来源：https://www.sohu.com/（根据搜狐网改编）

**案例解读**

回顾故宫的网红成长史，其实是一个不断创新的过程。

首先，IP衍生创意。虽然故宫本身就是大IP，但是，仅仅有IP，远远不足以达到刷屏的效果。作为故宫社媒大IP的“故宫淘宝”微博风格一向保持着历史与现代感碰撞的“反差萌”风格。无论是文创周边、文化影视，还是跨界合作的H5，其实都是基于故宫IP进行的衍生，赋予原本冰冷的历史故事鲜活的形象。

其次，高频带低频。高频和低频，指的是用户会消费产品的频次。故宫作为博物院来说，其实是一个名副其实的低频产品，如果故宫的营销聚焦于博物院或是旅游景点，那么无论如何都逃不开低频消费短板。然而，故宫在衍生的文创物品选择上，打造出口红、书签、笔记本等高频产品，规避了低频的短板；在跨界合作上，选择与今日头条、百雀羚等用户使用频次高的产品合作；从IP内容矩阵和跨界合作角度，实现了高频产品带低频产品。

学习笔记

故宫带货的成功，证明紧跟社会化玩法革新的优质产品，不断拉近品牌和消费者的距离，持续优质的内容输出，为故宫的文创产品提供了良好的社会化消费氛围，同时优质的文创产品，让消费者更直观地通过产品触达故宫老品牌的文化和故事，形成内容和产品良性的相辅相成。而这种新鲜感，也正是我们现在社会所需要的。

**案例思考**

通过案例介绍与案例解读，请从“创新为景区带来生命力”的视角，撰写一篇1500字左右的体会报告，题目自拟。

## 项目小结

本项目对旅游产品和旅游产品组合的广度、长度、深度、关联度，以及旅游产品生命周期、旅游新产品、品牌等基本概念进行了解释。梳理了旅游产品生命周期不同阶段应采取的营销策略，列举了旅游新产品的四种类型，结合实践分析了旅游产品开发的过程，明确了旅游产品的组合、开发以及品牌策略。通过以上内容的学习，便于学生掌握旅游产品的相关术语和基本概念，能够运用旅游产品相关策略，改进和创新旅游企业产品、创建品牌。通过项目案例分析与解读，让学生树立服务意识，形成创新思维。

## 项目练习

请扫描二维码

检测一下项目知识学习情况吧！

## 项目实训

请扫描二维码

完成游戏闯关吧！

# 项目七　运用旅游产品定价策略吸引目标客户

学习笔记

## 项目综述

旅游产品价格是否科学、合理，不仅关系旅游产品能否顺利进入市场、占领市场、取得较好的经济效益，还关系产品自身和企业的发展。因此，旅游产品价格制定是旅游市场营销人员应具备的核心技能之一。本项目主要学习旅游产品价格及其制定过程、旅游产品定价方法，以及旅游产品定价策略等内容。通过这些内容的学习与训练，使学生能够全面而深入地认知影响旅游产品价格制定的因素，掌握旅游产品的定价流程、定价方法与定价策略，能够运用旅游产品的定价方法与技巧为旅游产品制定合理而有竞争力的价格，促进产品销售。

## 项目知识图谱

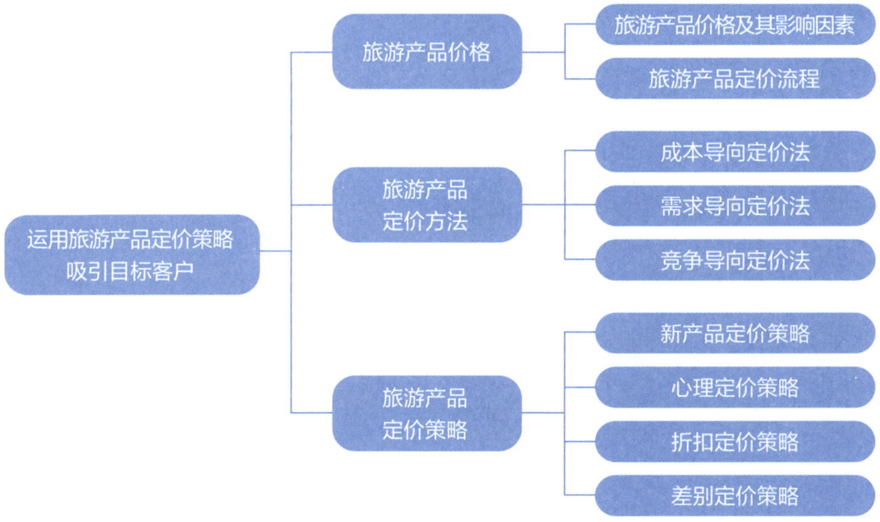


## 项目学习内容

1. 认知旅游产品价格及定价流程。
2. 运用旅游产品定价方法。
3. 运用旅游产品定价策略。

学习笔记

## 项目学习目标

| | |
|---|---|
| 知识目标 | 了解旅游产品价格的概念及影响价格制定的因素；熟悉旅游产品定价的程序；掌握旅游产品的定价目标、定价方法及定价策略。 |
| 能力目标 | 能分析旅游产品的价格构成；能分析影响旅游产品价格的主要因素；能运用旅游产品定价的流程为产品制定价格；能运用旅游产品定价方法核算产品价格；能运用旅游产品定价策略调整产品价格。 |
| 素质目标 | 树立正当竞争意识，不打价格战；具有良好的人文素养；培养学法知法守法等法治意识。 |
| 思政目标 | 培养精益求精的工匠精神；具有公平竞争意识；培养守约诚信的职业道德。 |

## 项目导入案例

### 一个汉堡包的定价

**案例介绍**

一个汉堡包的价值为多少，现在越来越难估计。大多数的西方人只要花不超过0.5美元的钱，即可得到一个可口价廉的汉堡包，少数人会花1.5美元买一个大麦克或加奶酪的汉堡包，然而，这些已经是过去的事了。如今人们随着生活条件的改善和生活水平的提高，越来越多的消费者情愿付4美元，去买一种新近流行的美食汉堡包，这种美食汉堡包在一些专门的豪华餐厅出售。如果顾客到一家“起利餐厅”，要一个汉堡包，外加薯条和饮料的套餐，则需要花费6美元，而同样的食物，一般汉堡包店只收2.5美元。

资料来源：根据网络资料改编

**案例解读**

为什么一个美食汉堡包要卖4美元或更多呢？因为在顾客心目中，它不但比较大，而且是现做现卖，更重要的是这类餐厅提供一些较为舒适的软硬件设备。在一般的汉堡包餐店，使用的是塑料椅，服务也一般，而在出售美食汉堡包的餐厅，不但桌椅比较舒适而且兼卖酒，有时还提供“点菜送到你的桌上”的优良服务。因此，对于有些消费者来说，舒适的环境，豪华的设备加上美味可口的汉堡包，付6美元也是完全合理的。

学习笔记

案例思考

请根据案例思考如下问题。

1. 一个汉堡包卖4美元，采用的是什么定价方法？
2. 上述定价方法适用于什么类型的旅游产品定价？

## 任务1 旅游产品价格

### 任务要求

了解旅游产品价格的概念及类型，认识影响旅游产品价格制定的可控因素和不可控因素等，熟悉旅游产品价格的下限和上限。通过小组合作方式，搜集知名旅游企业的旅游产品价格信息，分析讨论其旅游产品价格类型、价格构成，掌握旅游产品的定价过程，并能够分析出单项（零点）产品价格与组合（套餐）产品的价格制定依据和过程。

### 任务实施

**1. 搜集信息，整理资料**

（1）通过上网搜索或查阅图书等，了解国内外知名旅游企业。

（2）分析资料，选择一家知名旅游企业，详细了解该企业的产品价格。

（3）分析旅游产品的价格类型。

**2. 分析讨论**

（1）不同类型旅游产品的报价方式。

（2）分析旅游产品价格高低主要受到哪些因素的影响（包括可控因素和不可控因素）。

学习笔记

（3）分析旅游产品价格制定的步骤与注意事项。

（4）分析讨论某知名旅游企业的各类产品报价，整理出最有吸引力的产品定价案例。

**3. 成果展示**

小组合作，汇报分析讨论结果，以案例、报告或方案的形式在课堂展示。

**4. 成果完善**

根据教师评价，不断完善成果，修改并提交成果。

任务学习

## 一、旅游产品价格及其影响因素

### （一）旅游产品价格的概念

旅游产品价格指旅游者为了满足其旅游活动需要，为其所购买的旅游产品支付的货币量，是旅游产品价值的货币表现。旅游企业一般通过一定的价格实现其预期的经营目标。

▲ 认识旅游产品价格

### （二）旅游产品价格的分类

**1. 客房产品价格类型**

（1）公布房价　即在饭店价目表上公布的各种类型客房的现行价格。

（2）追加房价　在公布价格的基础上，根据客人的住宿情况，另外加收的房费。如延迟退房产生的费用。客人退房超过了规定时间，饭店向客人收取的租用费、加床费等。

（3）特别房价　即饭店日常采用的折让价格。包括团队价（团购价）、会员折扣价、优惠价等。

（4）合同房价　也称批发价，即饭店给予中间商的优惠价格。

**2. 餐饮产品价格类型**

（1）零点菜单菜品价格　指酒店针对散客点菜、餐厅按照每盘菜点制定的零售价格。

（2）套餐菜单菜品价格　指酒店在各类菜品中选配若干菜品组合在一起的一种包价。

学习笔记

（3）自助餐菜单菜品价格　即酒店按照每位消费者消费食品和服务一次的标准价格。

**3. 旅游线路产品价格类型**

（1）全包价　指旅行社将涉及旅游行程中的食、住、行、游、购、娱等一切相关的服务项目费用统包起来制定的价格。

（2）半包价　指在全包价的基础上扣除中、晚餐费用（即不含中、晚餐项目）的一种包价形式。半包价旅游的优点是降低了产品的直观价格，提高了产品的竞争力，也更好地满足了旅游者在用餐方面的不同要求。

（3）小包价　由非选择部分（机票+酒店）和可选择部分构成。前者包含城市间交通（长途交通）和市内交通（短途交通）及住房（含早餐）；后者包括景点项目、娱乐项目、餐饮、购物及导游服务。小包价具有经济实惠、手续简便和机动灵活等特点，深受旅游者的欢迎。

就旅游者而言，参加包价旅游不仅省心，还可以获得较优惠的价格，是很有吸引力的。

知识拓展：旅游线路的报价

旅游线路的报价主要是由七个部分构成：交通费、住宿费、用餐费、景点门票费、导游服务费、旅游意外保险费和其他在旅游过程中要发生的直接费用，即旅游综合服务费。旅行社开出的价格通常为三种：一是全包价，即上述7个方面的价格都包；二是半包价，即旅行社代办一部分，旅游者到时再出一部分钱，如用餐费、景点门票费等；三是小包价，即只代办交通票或异地住宿酒店预订，其余都是旅游者自理。

但是，同为全包价，相同的线路还会有价格上的差异。如北京三日游，同样住三星级酒店、同样高铁火车，景点也相同，有的1200元，有的却要1280元。

思考要点提示

从交通工具、景点门票、住宿标准、餐饮标准、利润等方面分析价格差异。

学习笔记

**结合知识学习　思考问题**

结合旅游产品价格知识点学习，请分析为什么相同旅游线路，旅行社报价却不同？

### （三）影响旅游产品定价的因素

旅游企业为了制定出合理的产品价格，必须综合考虑影响旅游产品定价的各种因素。主要包括旅游企业可以控制的影响因素和不可控因素。其中，旅游企业可控的因素有产品的成本、品质与特色、企业的营销目标等；旅游企业不可控的因素有旅游产品供求关系、消费者的需求、市场竞争状况、宏观经济状况（经济景气指数、物价因素、汇率因素）、法律法规因素（政府的调控）等。

**1. 产品成本**

产品的成本按成本与销售量的关系可以分为固定成本和变动成本。

（1）固定成本　固定成本是指旅游企业为了开业接待顾客而不得不支付的成本。固定成本在一定范围内和一定时间内总额不随销售量的增减而变动，如房屋租金、设备折旧、管理人员工资、管理费、广告费等，这些固定成本的付款大多数是提前约定好的，基本不会随着旅游人数的增减而变动。

（2）变动成本　变动成本是与企业接待的顾客人数有关的成本。它是随产品销量变化与总额成正比例变化的成本，如交通、住宿、餐饮、景点门票等费用。旅游人数越多，则成本越高，成本与产品销量基本上是成比例上升。

**知识范例**

旅游产品成本计算范例

某旅行社开发了北京到海南标准团旅游产品，包机租用200人座航空飞机，租金20万元人民币，住宿、餐饮、景点门票等费用为每人1200元。当游客分别为180人、200人时，试确定其固定成本和变动成本费用。

学习笔记

其固定成本和变动成本费用计算如下：

固定成本：200000元

180人变动成本=180×1200=216000（元）

200人变动成本=200×1200=240000（元）

总成本：

180人总成本=200000+216000=416000（元）

200人总成本=200000+240000=440000（元）

每人成本：

180人每人成本=416000/180=2311.11（元）

200人每人成本=440000/200=2200（元）

从以上可看出，无论180名游客或者200名游客，固定成本没有发生变化，而变动成本发生了变化，因而总成本也发生改变；比较每人的变动成本，我们发现，当销售量增加时，每人成本反而降低了。这一事实说明旅行社提高销售量，可以降低单位固定成本，从而增加旅行社的收益。

**2. 企业目标**

企业的本质就是追求利润，但在经营策略上，有的追求短期利润的最大化，有的追求长期利润的最大化。价格应依据总体的企业目标来设置。例如，这些目标在形式上表现为：有的是为了树立产品品牌形象，有的是为了最大限度地占有市场份额。

当追求短期利润的最大化时，旅游企业应制定市场可以接受的最高价，以便最快地收回投资。当追求长期利润的最大化时，旅游企业应制定市场可以接受的最低价，以便最大限度地占有市场，排挤其他竞争对手。

当旅游企业开发新的旅游产品时，则应制定一个合适的价格，以便树立该产品在市场上的形象。

**3. 供求关系**

旅游企业确定旅游产品的价格，必须考虑价格与旅游市场供需之间的内在联系，即旅游供给和需求与旅游产品价格的关系。

（1）供给　供给指的是一定市场条件下，市场所能提供的产品总量。其供给规律是：当旅游产品市场价格升高，获利空间增大时，经营这一产品的企业就会增多，其供给量也随之增多；当旅游产品市场价格

学习笔记

降低，获利能力随之下降，甚至发生亏本时，经营这一产品的企业就会减少，因而产品供应量就会不足。反过来，供应量增多（供过于求），价格就会降低；供应量减少（供不应求），价格就会升高。

（2）需求　需求指的是一定市场条件下，市场对某产品有支付能力的需要量。需求与价格成反方向运动，即价格升高，需求量减小；价格降低，需求量增大。反过来，需求增大，价格升高；需求降低，价格降低。这就是所谓需求规律。

（3）供求平衡　供给与需求共同作用，使得产品价格不断产生波动。在供给与需求不变的情况下，当旅游产品达到某一价位时，企业愿意出售，旅游者（或客户）愿意购买，供给与需求达到暂时平衡，这就是所谓供求平衡，这时的价格称为供求平衡价格。

（4）供求规律　所谓供求规律指的是商品供求与商品价格相互作用、相互影响、相互制约的规律。旅游企业的定价，应遵循这一规律。旅游产品价格可以调节市场需求，价格合理可以吸引更多的旅游者。

**4. 市场环境**

组成市场环境的因素很多，这里主要讨论影响产品价格的竞争环境和国家政策环境。

（1）竞争环境　竞争市场可以分为完全竞争市场、垄断市场和寡头垄断市场三种。在完全竞争市场上，有很多的购买者和供应者，因而产品价格完全由市场所决定，旅游企业甚至根本无法自己决定产品的价格。在垄断市场上，产品由垄断企业进行控制和垄断，产品价格完全由垄断企业所决定。而在寡头垄断市场，产品由少数几家企业所垄断，因而其产品价格也就由少数几家企业所控制。当然，价格定得过高，会引起旅游者的抵制。

由于旅游产品组成的综合性，使得旅游产品的市场竞争环境较为复杂。就我国目前而言，对于整体旅游产品，特别是中心城市周围的短程旅游产品，属于完全市场竞争定价。对于出入境旅游，由于我国执行配给制，则形成了寡头垄断市场，其价格完全由少数几家旅行社所控制。对于旅游景点而言，由于部分景点的独断性和不可替代性，其门票价格也是独断的，处于垄断状态。

就竞争产品而言，旅游企业在定价时，首先要比较其他企业同类产品的价格并尽可能分析竞争对手的该类产品的成本和价格发展趋势，然后才能确定自己产品具有竞争能力的价格。

当旅游产品经过经销商进行分销时，企业可以和经销商协定产品的

学习笔记

最终价格。当由经销商确定产品的最终价格时，由于最终价格对购买者发生影响，企业要预测经销商的利润空间，以便作出适当的反应。

（2）国家政策环境　近年来，国家对旅游价格的控制趋于放松，取消了一系列国家干预价格的政策。但为建立旅游市场秩序，国家会制定相应的政策、法律、法规等，以指导旅游企业的经营行为。

## 二、旅游产品定价流程

### （一）分析成本需求与竞争环境

旅游产品的价格受到旅游产品成本、特色、生命周期、市场竞争和市场需求状况等多方面因素影响，其中，决定价格的三个最重要的因素是成本、市场需求和竞争状况。因此，分析旅游产品的成本构成、市场需求情况和市场竞争环境是旅游产品定价的第一步。

▲ 认知旅游产品定价的流程

其中，市场需求是旅游企业定价的基础，决定了价格的上限。包括目标市场的旅游消费偏好、购买力、需求量及对价格的敏感程度等；旅游产品成本决定了该产品可以承受的价格下限，为产品定价提供重要依据；在确定价格上限和下限后，在二者之间产品价格高低的制定，则取决于竞争者和潜在竞争者制定的价格。

### （二）确定旅游产品定价目标

旅游产品的定价目标主要有三种：一是以利润为定价目标。包括以利润最大化为定价目标和适度利润的目标；二是以销售额最大化为定价目标。由于销售额为旅游产品的销量与价格的乘积，故销售额最大化，就是产品的销量与价格的之积最大；三是以提高市场占有率为定价目标；所谓市场占有率就是某企业的某产品在某市场上的销量占同类产品在该市场销量的百分比。

### （三）选择旅游产品定价方法

围绕决定旅游产品价格的三个最重要的因素——成本、市场需求和竞争状况，确定旅游产品的定价方法主要有三种：一是以成本为导向定价方法。即以旅游产品的成本为基础，成本加上盈利就是产品的价格，如成本加成定价法等；二是以需求为导向的定价方法。即根据旅游者的需求强度、感觉、认知和愿意支付的价格来定价，如理解价值定价法

学习笔记

等；三种是竞争导向的定价方法。即以同行竞争对手的价格为基础来定价，如随行就市定价法等。

### （四）运用旅游产品定价策略

定价策略是市场营销组合策略中的重要部分，是影响交易成败的关键因素，同时又是市场营销组合中最难以确定的因素。这就要求旅游企业既要考虑企业目标的实现，又要考虑市场对价格的接受能力，从而使定价策略既能帮助企业实现经营目标，又能对消费者产生吸引力，促进购买。通常旅游产品的定价策略主要有撇脂定价策略、渗透定价策略、心理定价策略、折扣定价策略等。

**任务检测**

请扫描二维码
检测一下任务知识学习情况吧！

**任务考核**

| 考核内容 | 非常优秀 | 优秀 | 良好 | 合格 | 不合格 |
|---|---|---|---|---|---|
| 按时完成任务情况 | | | | | |
| 搜索整理信息能力 | | | | | |
| 小组团结协作能力 | | | | | |
| 小组汇报展示能力 | | | | | |
| 小组成果创新能力 | | | | | |
| 任务考核分值建议 | 非常优秀（90～100分）、优秀（80～90分）、良好（70～80分）、合格（60～70分）、不合格（60分以下） | | | | |

根据小组任务实施情况，结合表中考核内容，完成小组任务考核评价。

## 任务 2 旅游产品定价方法

学习笔记

### 任务要求

了解成本导向、需求导向和竞争导向的定价方法，认识成本导向定价法中总成本加成定价法、变动成本加成定价法、保本定价法和目标收益定价法的计算公式；熟悉成本导向、需求导向和竞争导向定价法的适用条件；会分析和判断旅游产品所采用的定价方法，并能根据企业目标，为产品选择合适的定价方法。通过小组合作方式，搜集知名旅游企业的产品价格信息。选择一类产品价格，分析该价格所采用的定价方法，能够根据市场环境变化，为该产品选择合适的定价方法。

### 任务实施

**1. 搜集信息，整理资料**

（1）结合生活实际，列举日常生活常见物品的价格，并分析价格的构成。

（2）通过调查，搜集客房、餐饮、景区、旅游线路产品等的价格。

**2. 分析讨论**

（1）不同类型产品（客房、餐饮、景区、旅游线路产品等）的定价依据和价格构成。

（2）不同类型旅游产品的定价方法。

（3）比较各类产品的定价方法，整理出不同定价方法的适用条件。

**3. 成果展示**

小组合作，汇报分析讨论结果，以案例、报告或方案的形式在课堂展示。

**4. 成果完善**

根据教师评价，不断完善成果，修改并提交成果。

### 任务学习

▲ 认识成本导向定价法

#### 一、成本导向定价法

成本导向定价法是以产品的成本为基础来制定产品价格的方法，成本加上盈利就是旅游产品的价格。成本

学习笔记

导向定价法具体又分为以下几种。

### （一）总成本加成定价法

总成本加成定价法是指按服务过程中耗费的固定成本、分摊的变动成本费用和边际利润进行定价。利润加成是指企业按成本的某一个比例计算的利润目标。不考虑营业税率时，计算公式为：

▲ 总成本加成定价法

单位产品价格=单位产品总成本×（1+成本加成率）

单位产品总成本=单位产品总固定成本+单位产品总变动成本

知识范例

**总成本加成定价法计算范例**

某酒店的阳澄湖大闸蟹的加工费是35元，市场采购价为30元/只，加成率为1.8。请运用总成本加成定价法，计算出1只阳澄湖大闸蟹的价格是多少元？2只阳澄湖大闸蟹的价格是多少元？

解析：已知阳澄湖大闸蟹的固定成本为加工费35元，阳澄湖大闸蟹的变动成本为30元/只。

1只阳澄湖大闸蟹价格=（单位产品固定成本+单位产品变动成本）×（1+加成率）
=（35+30）×（1+1.8）
=182（元）

2只阳澄湖大闸蟹的价格=（35+30+30）×（1+1.8）=266（元）

### （二）变动成本加成定价法

变动成本加成定价法又称边际贡献定价法，也就是旅游企业根据单位产品的变动成本来制定产品的价格，制定出来的价格只要高于单位产品的变动成本，企业就可以继续生产和销售，否则就应停产、停销。计算公式为：

▲ 变动成本加成定价法

单位产品边际贡献=销售单价-单位产品变动成本

单位产品价格=单位产品变动成本+单位产品边际贡献

例如：一间客房房价成本价为100元/天，其成本构成为固定成

学习笔记

本60元，变动成本40元，如不得已销售价降为90元/天，卖则亏10元/天，还有边际贡献50元；不卖则亏60元/天，故还是卖为好，企业还是选择继续经营。但是，如果售价低于40元/天，则不卖为好，企业就应该停止营业。

因此，可以说变动成本加成定价法，是指保证旅游产品的边际贡献大于零的定价方法，即旅游产品的单价大于单位变动成本的定价方法。

### （三）保本定价法

保本定价法又称盈亏平衡定价法，是指旅游企业在既定的固定成本、平均变动成本和旅游产品估计销量的条件下，实现销售收入与总成本相等时的产品价格。也就是不赔不赚时的产品价格，是市场不景气时采用的定价方法。不考虑营业税率时，计算公式为：

▲ 运用保本定价法

旅游产品价格=单位产品固定成本+单位产品变动成本

单位产品固定成本=总固定成本/既定销量

因此，科学地猜测销量和已知固定成本、变动成本是保本定价的前提。

知识范例

**保本定价法计算范例**

俏江南阳澄湖大闸蟹加工费（总固定成本）是30元，市场采购价（单位变动成本）是30元/只。通过平时销量分析，了解到大闸蟹每天的平均销量为10只，请运用保本定价法计算一只大闸蟹的价格是多少？

解析：1只大闸蟹价格=单位产品固定成本+单位产品变动成本

=30/10+30

=33（元）

### （四）目标收益定价法

▲ 运用目标收益定价法

目标收益定价法，又称投资收益定价法、目标利润定价法，是指旅游企业为确保投资按期收回，并获得预期利润，根据投资生产的产品的成本费用及预期生产的

学习笔记

产品的数量，确定能实现营销目标价格的定价方法。不考虑营业税率时，计算公式如下：

旅游产品价格=（旅游产品总成本+目标利润）/预计销售量

目标收益定价法的优点是可以保证企业既定目标利润的实现。这种方法一般是用于在市场上具有一定影响力、市场占有率较高或具有垄断性质的旅游企业。缺点是只从卖方的利益出发，没有考虑竞争环境和市场需求的情况。

## 二、需求导向定价法

需求导向定价法是指酒店根据旅游消费者对其产品的需求强度、感觉、认知和愿意支付的价格为依据来制定价格的方法。常见的有理解价值定价法、习惯定价法、可销价格倒推法、需求差别定价法等。

▲ 认识需求导向定价法

### （一）理解价值定价法

理解价值定价法也称认知价值定价法、觉察价值定价法，是以消费者对商品价值的感受及理解程度作为定价基本依据。即人们常说“值”或“不值”。

### （二）习惯定价法

习惯定价法是指某些旅游产品经过广大旅游消费者长期多次重复购买，已经形成比较稳定的价格印象，消费者已习惯这个价格水平。旅游企业在定价时，就以旅游则所熟悉的“习惯价”来定价。

### （三）可销价格倒推法

可销价格倒推法也称反向定价法，是指旅游企业根据产品的市场需求状况和消费者能够接受的最终销售价格，通过价格预测和试销、评估，先确定消费者可以接受和理解的零售价格，然后倒推批发价格和出售价格的定价方法。因其定价程序与一般成本定价法相反，故称反向定价法。

### （四）需求差别定价法

不同旅游消费者在不同地区、不同时间，对同一旅游产品的需求强度是不同的，因此，旅游企业根据需求强度的差异来制定产品价格，即

学习笔记

需求差别定价法。具体可以根据购买对象不同、时间不同、地区不同等进行差别定价。如某旅游景区面向不同对象，有儿童价和成人价；在不同季节，有淡季价和旺季价；景区内某饮料的售价高于景区外某超市的价格。

知识案例

### 不一视同仁的定价法

意大利特兰托市郊的高速公路旁，有一家“阿吉帕汽车旅馆”。起先，这家旅馆主要接待驾车路过的旅客和因公出差的人。后来，由于竞争激烈，生意萧条，年终常常出现亏损。因此，这家旅馆不得不寻求新的招数来吸引新客人。

不一视同仁价格政策，是这家旅馆成功的新招数之一。这家旅馆为了吸引各种类型的客人，针对不同类别的客人的特点，制定了不同的价格。

（1）散客　这类客人多是因公出差和驾车过路的客人，是该旅馆原来的主要市场。由于出差人的支出由企业开销，而不是由个人支付，因此这部分人不在乎价格的高低，对价格不很敏感；而过路的客人一般在夜晚到达旅馆，急于住宿，也对价格的高低不大计较。针对这些特点，这家旅馆对这类客人收取全价，就餐费另加。

（2）团体客人　这类客人主要是由旅行社组团而带来住宿的客人。由于旅行社对各旅馆竞争的情况比较了解，对设施、价格、服务十分清楚，他们总是希望选择价格优惠、设施齐全、服务优良的旅馆。并且，由于旅行社组团的客人量比较大，可以增大旅馆的规模效益，因此，优惠价格对团体客人应该具有很强的吸引力。这家旅馆对团体客人采用了两种优惠价格：对住宿带三餐饭的全包价，旅馆给客人折扣13.8%；对住宿带早餐和晚餐的半包价，旅馆对客人折扣9.4%。同时，在以上两种优惠价格中凡21人以上的团体可提供一人食宿免费。

（3）家庭客人　这类客人主要是驾车出游的家庭。这家旅馆对3人以上的家庭提供优惠价，3人同住的客房，平均每人的房价只有单人价格的65%，不满12岁的小孩可以免费同父母同住。

学习笔记

（4）长期租房客人　这类客人主要是包房一个月以上的客人，多为企业单位包租。这家旅馆根据客人租房的数量多少和时间长短给予不同的优惠，最低价可达散客价的50%。这家旅馆采用的不一视同仁的价格政策，很受不同类型的旅游者欢迎，出租率大大提高。尽管平均房价有所降低，但这家旅馆还是在激烈的竞争中靠大量销售生存了下来，并增加了盈利。

资料来源：林绍贵. 旅游市场营销实务. 西安：西北工业大学出版社，2010.

**案例提示　思考问题**

案例提示：这种需求导向的定价，一方面增强了价格的吸引力，能有效刺激客户购买；另一方面，根据不同客户的不同需求，调控价格，实现供求均衡和稳定发展。

请思考：

1. 上述案例体现了哪种定价方法？
2. 这种定价的好处是什么？

### 三、竞争导向定价法

竞争导向定价法是指旅游企业以同行竞争对手的价格为基础的定价方法。主要包括率先定价法和随行就市定价法。

▲ 认识竞争导向定价法

#### （一）率先定价法

率先定价法是一种主动竞争的定价方法，即旅游企业根据自身经营状况和市场需求情况而领衔定价的一种定价方法。一般为实力雄厚或产品独具特色的旅游企业所采用。这种方法所确定的产品价格若能符合市场的实际需要，率先定价的企业会在竞争激烈的市场环境中获得较大的收益，居于主动地位。

学习笔记

### （二）随行就市定价法

随行就市定价法是指旅游企业根据旅游市场中同类产品的平均价格水平，或以追随或稍低于竞争对手的产品价格为基础的定价方法。在许多同行相互竞争的情况下，每个旅游企业都经营着类似的产品，若价格高于别人，就可能失去大量销售额；若价格低于别人，就必须增加销售额来弥补降低了的单位产品利润，而这样做又可能迫使竞争者随之降低价格，从而失去价格优势。因此，平均的价格更容易被消费者接受，又可以避免同行之间价格竞争，使旅游企业获得稳定的市场份额。

**任务检测**

请扫描二维码

检测一下任务知识学习情况吧！

**任务考核**

| 考核内容 | 非常优秀 | 优秀 | 良好 | 合格 | 不合格 |
| --- | --- | --- | --- | --- | --- |
| 按时完成任务情况 | | | | | |
| 搜索整理信息能力 | | | | | |
| 小组团结协作能力 | | | | | |
| 小组汇报展示能力 | | | | | |
| 小组成果创新能力 | | | | | |
| 任务分值建议 | 非常优秀（90～100分）、优秀（80～90分）、良好（70～80分）、合格（60～70分）、不合格（60分以下） | | | | |

根据小组任务实施情况，结合表中考核内容，完成小组任务考核评价。

## 任务3　旅游产品定价策略

**任务要求**

了解旅游新产品的定价策略，知道撇脂定价策略和渗透定价策略，熟悉心理定价策略、折扣定价策略和差别定价策略。通过小组合作方

学习笔记

式，搜集当前市场上的旅游产品价格，分析讨论旅游产品采用的定价策略，能够为旅游产品制定有竞争力的价格，实现收益最大化。

## 任务实施

**1. 搜集信息，整理资料**

（1）结合生活实际，列举日常生活常见物品的价格，并总结其价格特点。

（2）搜集生活中常见物品采用的定价策略。

（3）搜集某知名旅游企业的产品价格案例。

**2. 分析讨论**

（1）不同企业旅游产品（客房、餐饮、景区、旅游线路产品等）采用的定价策略。

（2）新产品定价策略、心理定价策略、折扣定价策略和差别定价策略的特点以及适用条件。

（3）渗透与撇脂、尾数与整数、声望与招徕等定价策略的优缺点。

**3. 成果展示**

小组合作，汇报分析讨论结果，以案例、报告或方案的形式在课堂展示。

**4. 成果完善**

根据教师评价，不断完善成果，修改并提交成果。

## 任务学习

### 一、新产品定价策略

#### （一）撇脂定价策略

撇脂定价策略是一种高价策略。撇脂的本意是指从牛奶中撇取最富有营养成分的油脂，有提取精华之意。一些旅游新产品在上市之初，经营者利用游客求新、求异心理，把产品价格定在高位，以期尽快收回成本，尽可能在短期内获取丰厚利润，在市场上树立高品质的产品形象。但是，定价过高会抑制市场需求，往往会影响市场开拓，甚至因少有人问津而导致产品在投入期夭折。

▲ 运用新产品定价策略

学习笔记

撇脂定价策略的适用条件主要有：①产品新颖独特。②旅游资源或产品的生产技术具有垄断性。③流行时间短，竞争压力小。一些产品在一个时期内十分时兴，引领潮流，而其他供给者加入竞争尚须时日。在那段稍纵即逝的时间内，经营者可把产品定高价，等竞争者纷纷加入或游客兴趣转移时，企业已获利颇丰。

### （二）渗透定价策略

渗透定价策略是一种低价策略，是指经营者把价格定的低一些以吸引游客，以期挤入市场、增加销售量，在短期内获得较高的市场占有率。由于旅游市场竞争十分激烈，不少企业采取渗透定价策略，希望以薄利多销的办法来扩大市场份额，同时又希望通过“多销”所产生的规模效益，降低成本，取得较多的利润。但是，这种低价易使旅游者形成低价低质的错觉，从而影响产品和企业在旅游市场上的形象。

渗透定价策略的适用条件主要有：①潜在市场规模大的产品。②需求弹性大的大众化产品。③企业供给能力强的产品。庞大的潜在市场被激活，大批旅游者被吸引过来后，旅游企业应有足够的供给能力去保证。一些产品以低价吸引了客流，而却因供给不足使许多游客分流到竞争企业，购买本企业产品的游客因消费环境恶化或服务质量下降而不满。如某家酒店推出每位88元海鲜自助午餐，其低价位吸引了大量客人，但因就餐者过多而餐厅场地容纳不下，一部分客人不得不排队等候，不愿等候的客人纷纷离去，就餐的客人也因就餐场所过于拥挤喧嚣而烦恼，红红火火一段时间后，餐厅又趋于沉寂。

### （三）满意定价策略

满意定价策略是介于撇脂定价和渗透定价之间的定价策略。旅游企业认为，过高和过低的价格都是价格决策中的极端行为，往往对企业形象、对产品销售、对旅游中间商、对旅游者都不利，因而宜权衡各种利弊得失，兼顾各方面利益，既不以高价吓走游客，也不以低价排斥同行，而采取适中的令各方面较为满意的价格策略。但是，旅游企业很难掌握令买卖双方都感到满意的价格水平，难以适应复杂多变的旅游者的需求。

满意定价策略的适用条件主要有：①需求弹性适中。②不愿引起价格战。③不愿以高价引起潜在竞争者加入。④市场产销较为稳定的产品。

学习笔记

## 二、心理定价策略

心理定价策略是指旅游企业运用心理学原理，根据旅游者对产品价格的不同心理反应，确定令其心理满意的价格，以刺激他们购买的策略。包括尾数定价策略、整数定价策略、声望定价策略、招徕定价策略、吉利数字定价策略、分级定价策略等。

▲ 运用心理定价策略

### （一）尾数定价策略

尾数定价策略最早是指旅游企业给旅游产品定一个零头数结尾的非整数价格，给人以“计算准、利润少、便宜感”。例如：9.8元、99.9元等。现在针对旅游者求廉的心理，旅游产品的定价通常以7、9结尾，如67元、69元，也称为尾数定价。对于价格不高、需求弹性大的旅游产品比较适用。

### （二）整数定价策略

整数定价策略是指旅游企业在定价时，采用合零凑整的方法，制定以0结尾的价格。给人以“一分钱一分货”的感受。如10元、100元、1000元等。对于价格不太敏感的消费者，追求产品质量的旅游产品比较适用。

### （三）声望定价策略

声望定价策略指旅游企业针对旅游者“价高质必优”的心理，对在旅游者心目中有较高信誉的产品制定较高的价格。采用声望定价策略，企业不仅能获取单位产品的最高利润，而且有利于提高产品形象，从而进一步提高旅游企业的声望。

声望定价策略满足了旅游消费者求名和炫耀的心理。一是旅游产品在消费者心中是有声望的知名产品。例如，作为希尔顿集团旗下风靡全球的现代奢侈品牌，三亚海棠湾康莱德酒店自明星在此举办过婚宴后不久，闻声而来的高端消费者络绎不绝。二是旅游产品的质量不易鉴别，但价值特殊。例如，某些具有艺术价值的旅游商品或具有文化价值的旅游文创产品。但是，对于知名度较低，市场规模小的产品不宜采用。

知识案例

学习笔记

**声望的标志**

在世界民族工艺品市场上，中国景德镇瓷器享誉世界。1985年，在巴黎世界博览会期间，有些法国人想购买景德镇出产的成套瓷器，但一看价格近300法郎，就打消了购买的念头。后来外贸人员根据景德镇瓷器的国际声誉，把价格提高到2000法郎，一些富人和收藏家蜂拥购买。

在印度尼西亚也出现过类似的情况。印度尼西亚妇女制作的巴厘克久负盛名，颇受欢迎。日本商人把巴厘克带到日本推销，举办了一场轰动一时的巴厘克时装表演，贵妇人光临欣赏，对之大加赞赏，但竟无一人购买。后来一位日本销售专家揭开谜底，原来是定价太低，上层人士认为购买后有失身份。不久印度尼西亚商人提价到原来的四倍，巴厘克被一抢而空。

资料来源：摘选自旅行社资讯网（2021-03-12）

案例讨论

根据以上案例内容，请分析什么是声望定价？比较声望定价与整数定价策略。

### （四）招徕定价策略

招徕定价策略又称特价商品策略。这是一种有意将部分商品按低于市场平均价格的价格出售来招揽吸引消费者的定价策略。如特价菜、特价房、特价票等，由于价格明显低于市场上其他同类产品，因而顾客盈门。这种策略适用于经营产品种类较多的旅游企业。一般是对部分产品降价，从而带动其他产品的销售。但是，降价的产品必须是对购买者有吸引力的产品，而且降低幅度要大，能激发消费者的购买动机。

### （五）吉利数字定价策略

吉利数字定价策略是指旅游企业利用消费者对某些数字的发音和心理象征意义制定产品价格的策略。这种定价策略简单易行，带给旅游者

学习笔记

以心理愉悦，使这类旅游者乐于接受，迎合了旅游者求吉利、吉祥或特殊寓意的心理。例如，中国人喜欢数字“6”“8”“9”等，因此，许多宴会餐定价为999元/桌或1888元/桌；有的客房定价为666元/间等。但是，利用吉利数字定价时要尊重民族习俗，因为不同国家或民族的吉利数字不同，寓意相差很大。

#### （六）分级定价策略

分级定价策略是指旅游企业将产品按照档次分为几级，每级定一个价格来满足不同消费层次的宾客需求。档次高的，可以满足高消费顾客的优越感；档次低的，可以满足低消费群体的求廉心理。例如，某酒店的婚宴套餐定价为3388元/桌、3588元/桌、3888元/桌；某酒店的豪华间标价2530元/晚/间、套间3335元/晚/间、行政房3105元/晚/间、行政套间3680元/晚/间、高级行政套间5300元/晚/间。

### 三、折扣定价策略

折扣定价策略是指旅游企业为了扩大销量，占领市场，或为了巩固和加强与中间商的合作关系，往往在既定的基本价格的基础上，给予消费者或中间商让利性减价措施的策略，以此吸引买方购买或增加消费。常见的折扣策略主要有数量折扣、时间折扣、同业折扣、现金折扣等。

▲ 运用折扣定价策略

#### （一）数量折扣定价策略

数量折扣是指旅游企业根据买方购买旅游产品的数量或金额而给予不同价格折扣的定价策略，以鼓励中间商大量购买，吸引旅游者增加消费，吸引新的旅游者加入购买队伍。如有的酒店推出10人以上住宿价格优惠20%，就属此种定价策略。一般而言，在一定时期内购买旅游产品数量越多或金额越高，给予的折扣率也越大。数量折扣又分为累计数量折扣和非累计数量折扣两种形式。

**1. 累计数量折扣**

累计数量折扣是指在一定时期内，按购买者购买总量或总金额给予不同的价格折扣，如某酒店和旅行社达成协议，一年内，旅行社累计用房达2万间天时，打9.5折；一年内累计用房达3万间天时，打9折等。

**2. 非累计数量折扣**

非累计数量折扣又称一次性数量折扣。即顾客一次性购买产品数量或

学习笔记

金额达到相应折扣标准时，则给予相应折扣。如某酒店对第一次入住的客人住5天免1天房价，对回头客住4天免1天房价，吸引了不少新老客人入住。

数量折扣适用于旅游企业为调动旅游中间商增加购买数量、刺激旅游者增加消费量、提高回头消费率、吸引潜在旅游者加入购买。如今，有些企业经营者把数量折扣策略运用得炉火纯青，当购买者特别是旅游消费者购买数量或金额达到一定标准时，往往不是直接减少客户的购买款，而是付给折扣款项的代金券，用于下次购买时冲抵等量价款。数量折扣不仅吸引了新客户，而且把新客户变成稳定的常客。

采用累计数量折扣策略有利于与客户建立长期稳定的业务关系，有助于吸引回头客、稳定常客，达到扩大销售的目的，但是，累计数量折扣实行周期长，一些散客会因时间过长而不愿等待；非累计数量折扣的目的是为了鼓励增加每次购买的数量。但是，打折少，对游客吸引力不强。

### （二）时间折扣定价策略

时间折扣是指旅游企业根据旅游者购买时段、季节的不同而给予一定的折扣，又称季节折扣。有的旅游产品消费淡、旺季较为明显，甚至在一周或一天不同时段消费也不均衡。为了充分发挥供给能力，避免资源闲置而造成的浪费，旅游企业一般会区分淡旺季或淡旺季时段，对在淡季或较清淡时段购买者予以优惠。如某酒店康乐设备较为齐全，但客人一般集中于某一时段消费，其他时间生意清淡；该酒店经过调研后，对室内游泳池在每天零点至中午12:00的价格打5折，12:00至14:00价格打6折，14:00至19:00不打折，19:00至24:00打8折；舞厅在14:00开始营业，14:00至19:00门票打5折、饮料等打6.5折，19:00至23:00不打折等。企业通过时间折扣定价，吸引了许多本地客人在清淡时段来店消费，黄金时段的营业额也因人气足而更高，出现了黄金时段更旺，淡时不淡的好势头。

旅游企业采用这种定价策略，可以刺激旅游者平淡时段或淡季的购买，有利于“熨平”供求曲线，促进供求关系趋于平衡，提高设备利用率，增加销售量。但有时旅游产品的淡旺时段难以把握，在清淡时段打折过多会影响企业收益，打折过少又起不到作用；甚至有时还会给客人以产品卖不出去的错觉。因此，使用时间折扣定价前，一定要充分调查，准确评估。

学习笔记

### （三）同业折扣定价策略

同业折扣是指旅游企业根据各类中间商在市场营销中所承担的不同职能，给予不同的价格折扣或优先权、佣金，促使他们愿意执行某种市场营销功能（如推广、促销等）。采用这种定价策略，有利于企业开拓销售渠道，调动旅游批发商和零售商经营本企业产品的积极性；有利于企业借助旅游中间商的营销渠道网络来销售产品，解决直接销售渠道能力不足的问题。但是，采用折扣、佣金，会使旅游产品的平均价格下降。

### （四）现金折扣定价策略

现金折扣指旅游企业为了鼓励旅游者或旅游中间商，以现金付款或按期付款而给予旅游购买者一定价格折扣的优惠策略。这种策略有利于酒店加速资金周转，扩大再生产；减少坏账、死账，减少资金损失。

### （五）会员折扣定价策略

会员折扣是旅游企业为了开发和维系客户，培养忠诚客户，邀请经常来本企业消费的客户入会，为这些客户建立客户档案，并给予一定价格折扣的优惠策略。这种策略有利于企业与客户建立良好关系，客户良好的口碑，还能成为企业的免费促销系统。

### （六）产品组合折扣定价策略

任何旅游企业都经营有多种产品，这些产品具有一定的替代性或互补性，有的产品畅销，有的产品滞销，因此，旅游企业可以将不同的产品进行组合销售。即企业对其经营的各种产品进行综合分析和评价，通过连带、捆绑等方式，组合成产品套系，为产品组合或系列制定一个优惠价格，使产品组合的价格明显低于各个单项产品的价格之和。产品组合折扣就是指企业的消费者可以以折扣价格购买组合产品或产品套餐。如许多酒店的房价包含了客房住宿和早餐。酒店采用这种定价策略，可以实现整个产品组合利润的最大化。

## 四、差别定价策略

差别定价策略是指旅游企业将相同的产品以不同的价格出售的策略，目的是通过若干个局部的旅游市场而扩大销售，增加旅游企业的盈利来源。

▲ 运用差别定价策略

学习笔记

### （一）地理差别定价策略

由于旅游产品的不可转移性决定了不同位置的产品所体现出的产品价值是不同的，如同一酒店客房的区位、楼层、朝向等不同，营销人员可以利用价格对此进行调节，以平衡市场供求。例如，某温泉酒店位于主楼的客房为每间888元，非主楼内客房为每间788元。

### （二）时间差别定价策略

时间差别定价策略指旅游企业针对相同的旅游产品，按照旅游者需求的时间不同而制定不同的价格。如平时和节假日价格、工作日和周末价格等。例如，某景区门票在每年的5月至10月执行旺季票价为25元一张，其他月份执行淡季票价为13元一张。

### （三）顾客差别定价策略

顾客差别定价策略是指旅游企业针对不同的消费者，对同一产品实行不同的价格。例如，酒店客房的对内价和对外价；火车票的学生价、成人价等。

## 任务检测

请扫描二维码

检测一下任务知识学习情况吧！

## 任务考核

| 考核内容 | 非常优秀 | 优秀 | 良好 | 合格 | 不合格 |
|---|---|---|---|---|---|
| 按时完成任务情况 | | | | | |
| 搜索整理信息能力 | | | | | |
| 小组团结协作能力 | | | | | |
| 小组汇报展示能力 | | | | | |
| 小组成果创新能力 | | | | | |
| 任务分值建议 | 非常优秀（90~100分）、优秀（80~90分）、良好（70~80分）、合格（60~70分）、不合格（60分以下） | | | | |

根据小组任务实施情况，结合表中考核内容，完成小组任务考核评价。

学习笔记

**项目思政案例**

## 凯宾斯基饭店：决不降价——五星饭店五星价

1992年，由德国、中国、韩国三国合资兴建的北京凯宾斯基饭店正式开业了。开业伊始，正值北京的高星级饭店群体形成之际。京广中心、港澳中心、中国大饭店等现代化饭店相继落成，而王府饭店、北京饭店等老牌饭店也完成了硬件的改造，重新加入到大竞争圈中，高档次饭店的供给迅速扩大。

1996年底，由于北京地区高星级饭店总量的持续扩容，市场竞争日益白热化，引发了商家们最敏感的“价格大战”。一时间饭店价格开始超大幅度下滑，严重危及到饭店的正常经营利润，也不可避免地造成了服务管理水平的整体跌落。

凯宾斯基饭店在高星级饭店群体中属于典型的“后来居上者”。在众多知名饭店纷纷通过“降价”手段来寻求生存空间的大环境下，有的饭店通过降价让利，通过拼设备、拼硬件来维持营运。而凯宾斯基饭店则避实就虚，他们始终保持着稳定的价格政策，没有一头扎进“先降价，后降服务”的恶性循环中去。绕过大家都咬住不松口的国内旅游市场，先行一步进军商务客源市场，率先确定以接待商务客人和国际会议为主、辅以境外旅游客源的营销体系。同时大量优惠出租公寓写字楼，以此带动客房的出租，并明确以高支付高消费型客源为主攻方向，及时退出对中低档客源的争夺。这一点在当时的大环境下，的确需要足够的勇气和实力。

商务客源市场上的不懈努力终于得到了丰厚的回报。开业第一年饭店的客房出租率就已达58.31%，营业收入高达1.9亿元，经营利润7970万元，位列全国行业50强。

凯宾斯基饭店作为当时经济效益最卓著的排头兵，在反复分析形势、仔细斟酌研究后，他们提出了“五星饭店五星价”的口号。他们对自己的软硬件优势充满信心，同时也深信，明智的客人在价格相同的同档次饭店中只会选择服务管理更优秀者，与其屈尊去斗价格，损人不利己，不如理直气壮地比服务，将行业竞争引入健康合理的轨道。在这样思想的指导下，凯宾斯基饭店不但没有在淡季陷入无休止的价格战，反而保住了平均房价水平，并进一步在顾客心中树立和巩固了自己的形象，凸显了自己的至尊地位。

这就是凯宾斯基人的经营之道，既充分满足顾客的愿望，又不

学习笔记

牺牲自己的利益. 同时也兼顾到整个饭店市场的稳定和发展，正所谓“利人，利己，利社会”。用凯宾人的话来说就是，“每一个企业都应该有权根据自己的市场情况来灵活决定自己的价格政策，而这个价格政策应当以既有利于本饭店收入，又不损害当地旅游市场为前提”。

资料来源：https://wenku.baidu.com（根据网络资料改编）

**案例思考**

根据案例信息，请以“旅游企业竞相降价所带来的后果是什么？你认为旅游企业竞争的最高境界是什么？”为题，撰写一份不少于1500字的报告，阐述你的观点。

## 项目小结

本项目对旅游产品价格和影响旅游产品定价的因素，以及旅游产品定价流程、定价方法和定价策略等内容进行了介绍。解释了旅游产品价格、固定成本、变动成本等基本概念，梳理了不同产品应采取的定价方法，介绍了三种旅游新产品的定价策略、六种心理定价策略、六种折扣定价策略和三种差别定价策略。通过以上内容的学习，便于学生掌握旅游产品价格的相关术语和基本概念，能够运用旅游产品定价方法与策略，分析和制定旅游企业产品价格，提高产品竞争力。通过项目案例分析与解读，让学生树立正当竞争意识和诚实守信意识，养成良好的职业道德。

## 项目练习

请扫描二维码

检测一下项目知识学习情况吧！

## 项目实训

请扫描二维码

完成游戏闯关吧！

学习笔记

# 项目八 运用旅游产品销售渠道策略 拓宽销路

## 项目综述

畅通的销售渠道有利于旅游产品的销售，提高旅游企业的核心竞争力。因此，依据自身情况和市场、科技等环境，构建适合企业自身的销售渠道至关重要。本项目主要学习旅游产品销售渠道的概念、作用、分类，以及影响旅游产品分销渠道选择的因素和分销渠道策略等内容。通过这些内容的学习与训练，使学生能够全面了解旅游产品销售渠道，认识旅游企业分销渠道的作用、类型、策略等，能够分析判断旅游产品的分销渠道，并能为企业选择适合的销售渠道策略，实现渠道制胜。

## 项目知识图谱

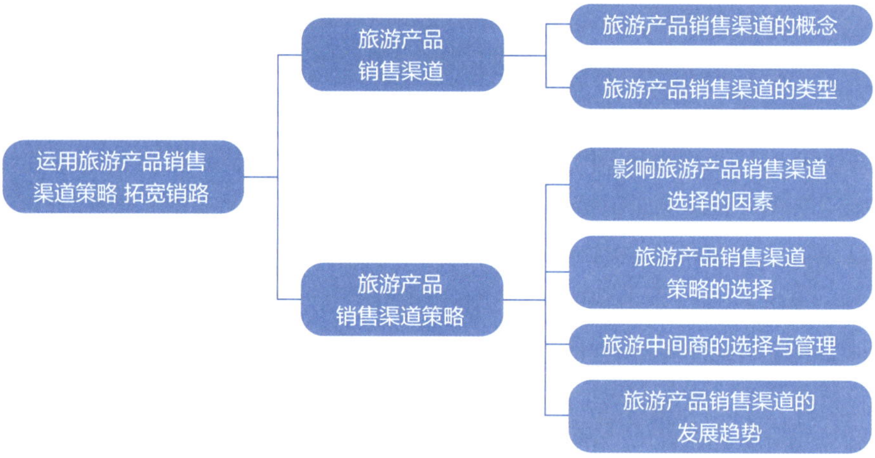


## 项目学习内容

1. 旅游产品销售渠道的概念及作用。
2. 旅游产品销售渠道的类型。
3. 选择旅游产品销售渠道。
4. 运用旅游产品销售渠道策略。

## 项目学习目标

学习笔记

| | |
|---|---|
| 知识目标 | 认识长渠道与短渠道、宽渠道与窄渠道、单渠道与多渠道；掌握旅游产品销售渠道策略；熟悉旅游中间商的选择与管理。 |
| 能力目标 | 能够分析旅游产品的销售渠道类型；能够分析判断旅游中间商的优劣；能够针对旅游产品制定适合的渠道策略。 |
| 素质目标 | 具有科学的管理服务态度，具有精准分销的意识；具有培养团队协作的意识；养成笃学践行知行合一的工作作风。 |
| 思政目标 | 重视科技应用和质量管理；具有合作意识、节约意识；培养与时俱进、开拓创新精神。 |

## 项目导入案例

### 武夷山景区营销渠道

武夷山景区作为国内的著名景区，游客遍布全国各个地方，而其优美的风景对外国游客也有很大的吸引力。武夷山景区的产品销售过程中，其营销渠道发挥着重要的作用。

武夷山景区利益共享型营销渠道的渠道成员主要有两种：一是旅行社；二是专业的旅游网站。

武夷山景区与旅行社的合作主要有以下方面：首先是景区协助旅行社加大旅游宣传促销力度，运用区域市场联合营销模式，加强旅行社与其他各旅游目的地旅行社的竞争力。其次，与旅行社联合提升和挖掘华南市场、北方市场、中原市场和华中旅游市场等武夷山的主要客源地。整合包装旅游新线路，与旅行社联合推出精品旅游线路。此外，武夷山景区还协助旅行社对其从业人员进行培训。

武夷山景区与专业旅游网站合作的主要内容有以下方面：一是旅游网站在其网络平台上提供武夷山景区门票的在线订购，并在其平台上提供与武夷山景区相关的旅游线路、景点介绍、酒店、交通等相关信息。二是景区则要做好旅游网站会员的相关服务，并提供给旅游网站相关的信息内容。

学习笔记

**案例解读**

武夷山景区通过整合线上和线下营销渠道，实现了优势互补，增强了竞争力。随着互联网的进一步发展，武夷山景区与一些旅游网站开展更深入的合作，加快了景区的传播速度，扩大了传播范围，提高了市场的渗透性。例如，武夷山景区与同程网合作，进行虚拟社区营销活动。同程网在其平台上建立起武夷山景区的虚拟社区，提供在线旅游体验、游客互动等活动。同时，同程网以其专业性对武夷山景区的旅游文化进一步地进行挖掘，让旅游者更了解武夷山，抓住旅游者不断变化的需求，最大限度推广武夷山旅游品牌。

资料来源：根据网络资料改编

**案例思考**

结合项目知识学习，思考如下问题。

1. 武夷山景区的渠道成员有哪些？
2. 武夷山景区采取的渠道策略是什么？
3. 案例对我们选择渠道策略有何启示？

## 任务1 旅游产品销售渠道

**任务要求**

了解旅游产品销售渠道的概念及作用，认识直接销售渠道与间接销售渠道、长渠道与短渠道、宽渠道与窄渠道、单渠道与多渠道等渠道类型，熟悉旅游中间商等旅游产品销售渠道成员。通过小组合作方式，搜集知名旅游企业的产品销售信息，分析讨论企业的销售方式、合作的中间商，以及采用的渠道类型。

任务实施

学习笔记

**1. 搜集信息，整理资料**

（1）通过上网搜索或查阅图书等，了解国内外知名旅游企业。

（2）分析资料，选择一家典型旅游企业，详细了解企业的渠道营销案例。

（3）分析旅游企业的销售渠道发展历程。

**2. 分析讨论**

（1）不同旅游产品的直销模式（线上、线下）。

（2）不同旅游产品的间接销售模式，合作的中间商及其特点。

（3）不同旅游产品采用的销售渠道类型（直接销售渠道与间接销售渠道、长渠道与短渠道、宽渠道与窄渠道、单渠道与多渠道）。

（4）各种销售渠道的优势。

**3. 成果展示**

小组合作，汇报分析讨论结果，以案例、报告或方案的形式在课堂展示。

**4. 成果完善**

根据教师评价，不断完善成果，修改并提交成果。

任务学习

## 一、旅游产品销售渠道的概念

旅游产品销售渠道是指旅游产品从旅游生产企业向旅游消费者转移过程中所经过的各种环节和途径。即旅游企业把产品销售给最终消费者的全部过程的组合。它是由一系列具有产品所有权或使用权，或者帮助产品所有权或使用权转移的组织和个人组成。销售渠道成员主要包括旅游产品流通的起点——旅游生产企业或供应商、中介机构——旅游中间商，以及终点——旅游消费者。

▲ 认识旅游产品销售渠道

一个畅通的销售渠道有助于旅游产品顺利销售，使旅游企业获得核心竞争力。因此，构建畅通的销售渠道对旅游企业市场营销活动的开展具有重要作用。

旅游产品销售渠道具有四个方面的功能。

（1）方便交易的功能　销售渠道为旅游消费者提供方便的销售网点

学习笔记

和便利的顾客可达性。销售渠道的分散化不仅降低了旅游企业的工作量，而且可以使潜在的旅游者在合适的时间和合适的地点购买所需产品，从而拉近旅游企业和消费者之间的距离，提高企业的营销效率。

（2）信息交流功能　销售渠道成员能够帮助旅游企业进行相关信息的搜集、传递和沟通，从而帮助旅游企业更全面地了解市场的需求信息，以及竞争对手的营销信息，有利于企业及时作出准确的营销决策。

（3）促进销售功能　旅游中间商等渠道成员通过各种媒体广告、展销会、现场推销等促销手段，刺激消费者产生需求，激发消费者的购买欲，从而促进消费者作出购买决定，进而促进产品销售。

（4）分散风险职能　旅游中间商通过代购或代销旅游企业的产品，分担了旅游产品在流通过程中的潜在风险以及可能产生的损失，同时为旅游者提供了风险保证。

此外，销售渠道还具有产品再开发的功能。即旅游企业或中间商通过为旅游消费者提供旅游前的咨询服务，加强与旅游者的沟通交流，从而针对旅游者需求适当调整旅游产品，从而形成新的产品组合，更好地满足旅游者需求。

## 二、旅游产品销售渠道的类型

根据旅游产品在流通过程中是否通过中间环节，分为直接销售渠道和间接销售渠道（图8-1）；根据旅游产品在流通过程中通过中间环节的多少，分为短渠道和长渠道。

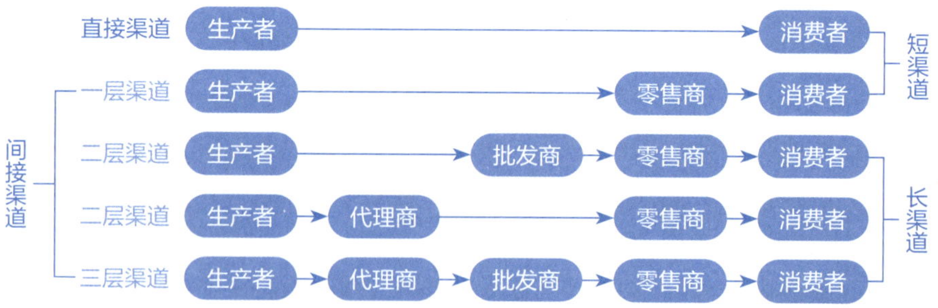


▲ 图8-1　旅游产品销售渠道的类型

### （一）直接销售渠道

直接销售渠道又称零层渠道，是指旅游产品在流通过程中没有经过任何中间环节，即旅游企业直接将产品卖给消费者。常见的直销渠道主要有四种形式：一是顾客直接到实体店门市购买消费。餐厅和旅游景区

学习笔记

大多采用此种形式；二是顾客通过企业的电话、网络直接预订。酒店客房、飞机票、火车票等大多采用此种形式；三是顾客到企业设立的服务网点购买。自设服务网点是指旅游企业在游客比较集中的地方或商业区设立的销售网点，如一些连锁集团；四是企业推销人员上门销售，如参加旅游交易会，现场推销旅游产品。

直接销售渠道的优点是旅游企业直接与顾客接触，有利于提高旅游产品的质量，树立良好的旅游企业形象；同时，还可以省去旅游中间商的分销成本，从而降低产品成本，获取较大的收益。缺点是旅游产品销量小和销量不稳定的情况下，市场拓展不够，促销成本较高。

### （二）间接销售渠道

间接销售渠道是指旅游产品在流通过程中至少经过一个中间环节。即旅游企业通过旅游中间商将其产品转卖给最终旅游消费者的销售模式。一层渠道、二层渠道和多层渠道统称间接销售渠道。其中，旅游中间商主要包括旅游代理商、批发商、零售商等。

▲ 认识旅游产品销售渠道类型

间接销售渠道的优点是渠道越长，旅游产品市场拓展的可能性就越大；缺点是渠道越长，旅游企业对旅游产品分销的控制能力和信息反馈的掌握能力就越差，不利于旅游企业通过信息反馈提高旅游产品质量和提升旅游企业形象。

间接销售渠道按照中间环节的多少可以分为以下三种。

（1）一层渠道　在一层渠道中，旅游企业与消费者之间只有一个中间环节。通常由旅游企业向旅游零售商支付佣金，由旅游零售商将产品销售给旅游者。这种渠道适用于销量不大，地区集中或单一的旅游产品，它有利于降低旅游产品生产者的成本和开支，提高经济效益。一般来说，我国的国内旅游业务主要是旅游客源地的组团旅行社充当这个中间环节。

（2）二层渠道　二层渠道是指旅游企业与消费者之间有两个销售中间环节。这种销售渠道多用于入境旅游产品的销售。在二层销售渠道中，从事团体包价旅游的国际旅行社先将产品提供给境外的旅游批发商，然后由其委托各个客源地的旅游零售商把产品出售给旅游消费者。

（3）多层渠道　多层渠道是指旅游企业与消费者之间有三个或更多个销售中间环节，主要用于销售量大、差异性小的某些入境旅游产品。

学习笔记

在我国国际旅游业务中，多层分销渠道是经营入境旅游产品应用最广、最典型的模式。

### （三）短渠道与长渠道

短渠道是指旅游产品在流通过程中没有或只通过一个中间环节。零层渠道（直销）和一层渠道都是短渠道。长渠道是指旅游产品在流通过程中通过两个或两个以上中间环节。二层及多层渠道都是长渠道。

一般而言，长渠道的市场覆盖面广，但增加了渠道服务水平的差异性和不确定性；加大了旅游企业对经销商进行协调的工作量。较适合销售大众化旅游产品；而短渠道的市场覆盖面较窄，但旅游企业对渠道的控制程度较高；高端游、定制游等旅游产品较为适宜。

### （四）窄渠道与宽渠道

根据旅游产品在流通过程中，销售渠道的每一个层次使用相同类型旅游中间商的数量，可将旅游产品的销售渠道分为窄渠道和宽渠道，如图8-2所示。同一层次使用相同类型旅游中间商的数量越多，渠道就越宽，反之，渠道就越窄。

宽渠道的优点主要是能使产品迅速进入流通和消费领域，有利于中间商展开竞争，迅速实现产品价值及满足消费者需求；缺点是中间商多，使产销之间关系松散，不容易取得所有中间商的合作，生产者要花较多的时间和精力处理与中间商的关系；一般旅游景区门票的销售往往采用宽渠道；窄渠道的优点是生产企业与中间商关系非常密切，相互依附关系强，中间商会随时将市场信息传达给生产企业。但是，风险较大，一旦中间商发生变化就会使生产企业陷于被动。

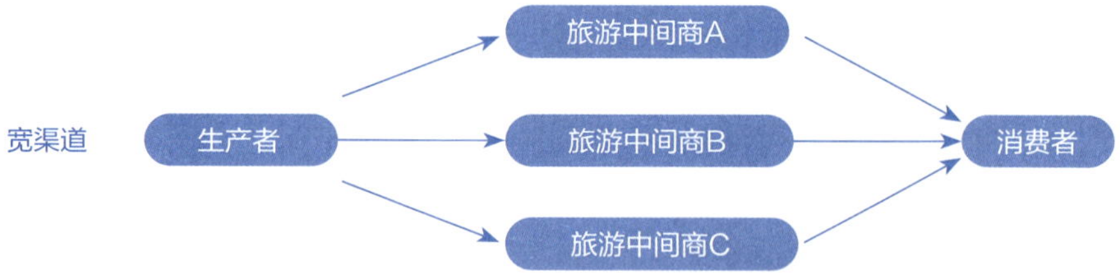


▲ 图8-2 窄渠道与宽渠道

学习笔记

### （五）单渠道与多渠道

根据旅游企业使用的渠道类型的数量，分为单渠道和多渠道。其中，单渠道是指旅游产品全部由旅游企业直接销售或全部交给旅游中间商经销。如果旅游企业根据不同层次、不同环节或不同旅游消费者，采取不同的销售渠道，就是多渠道。一般来说，当旅游企业经营的旅游产品较少或经营能力较弱时可以采取单渠道，反之则采取多渠道，以便更好地扩大产品的覆盖面，大量销售自己的旅游产品。

**任务检测**

请扫描二维码

检测一下任务知识学习情况吧！

**任务考核**

| 考核内容 | 非常优秀 | 优秀 | 良好 | 合格 | 不合格 |
|---|---|---|---|---|---|
| 按时完成任务情况 | | | | | |
| 搜索整理信息能力 | | | | | |
| 小组团结协作能力 | | | | | |
| 小组汇报展示能力 | | | | | |
| 小组成果创新能力 | | | | | |
| 任务分值建议 | 非常优秀（90～100分）、优秀（80～90分）、良好（70～80分）、合格（60～70分）、不合格（60分以下） | | | | |

根据小组任务实施情况，结合表中考核内容，完成小组任务考核评价。

## 任务 2　旅游产品销售渠道策略

**任务要求**

熟悉影响旅游产品销售渠道选择的主要因素，掌握销售渠道策略的选择，能够比较评价和选择旅游中间商。通过小组合作方式，搜集知名

学习笔记

旅游企业的旅游产品销售途径，分析讨论企业各产品的销售渠道策略，能够选择合适的渠道，制定合适的销售渠道策略。

任务实施

**1. 搜集信息，整理资料**

（1）通过上网搜索或查阅书刊等，了解市场上的旅游中间商有哪些？

（2）选择一个有代表性的旅游中间商，详细介绍该中间商的概况。

（3）介绍该中间商的优缺点（包括分销成本、市场覆盖面等）。

**2. 分析讨论**

（1）某知名旅游企业的旅游产品类型。

（2）各种类型旅游产品的销售途径。

（3）影响旅游产品销售渠道选择的因素。

（4）某知名旅游企业采取的销售渠道策略。

**3. 成果展示**

小组合作，汇报分析讨论结果，以案例、报告或方案的形式在课堂展示。

**4. 成果完善**

根据教师评价，不断完善成果，修改并提交成果。

任务学习

## 一、影响旅游产品销售渠道选择的因素

旅游产品销售渠道是旅游企业营销活动的重要组成部分，企业应该选择哪种类型的分销渠道，受到许多因素的影响和制约，因此，旅游企业在选择分销渠道时，必须充分考虑自身的产品、目标市场，以及所面临的内外部环境等因素的影响。

▲ 认识影响旅游产品销售渠道选择的因素

### （一）旅游产品因素

旅游产品特征是企业选择分销渠道时应考虑的首要因素。旅游产品的规格档次、价格等均会影响其分销渠道的选择。

（1）产品的规格档次　一般情况下，知名度高、信誉好、档次高的

旅游产品，选择直接的短而窄的销售渠道；反之，选择间接的长且宽的销售渠道。

（2）产品的市场认知度 对于市场认知度高，顾客较熟悉的旅游产品，选择长且宽的销售渠道；反之，选择短而窄的销售渠道。

（3）产品的价格 对于高价旅游产品，选择短而窄的销售渠道；反之，选择长且宽的销售渠道。

（4）产品的生命周期 通常投入期的新产品和衰退期的老产品选择短渠道和窄渠道；对于成长期和成熟期的热销产品选择长渠道和宽渠道。

### （二）市场因素

影响旅游产品分销渠道选择的市场因素众多，主要包括目标市场规模、旅游市场的集中程度、购买习惯等。

（1）目标市场规模 目标市场规模越大，为方便旅游者的购买所需设立的销售网点就越多，就越有必要借助中间商的力量进行销售。应选择宽渠道满足更大的市场覆盖面。如果目标市场规模较小，比较适合采用直接销售渠道和长度较短的间接销售渠道。

（2）目标市场的地理分布 判断目标消费者的地理位置和地理集中程度，如果旅游者距离旅游企业较近，分布比较集中，就应采用直接分销渠道和短渠道；如果旅游者地理分布较分散则需要较多的旅游中间商，就应选择宽且长的销售渠道。

（3）消费者的购买频率 消费者购买频率较高，选择宽且长的销售渠道；反之，选择短而窄的销售渠道。

（4）消费者购买的季节性 消费者购买的季节性强适合选择宽且长的销售渠道；购买的季节性弱则选择短渠道。

（5）竞争者状况 随着旅游市场的开拓，旅游企业之间的竞争随之加剧，对于经营产品相同的旅游企业，可以模仿竞争者的销售渠道，选择与竞争对手相同的或相似的分销渠道。经营不同产品的旅游企业也可以开辟新的分销渠道，避开竞争者已经使用的销售渠道，以提高企业的竞争力。

（6）旅游中间商 旅游中间商的功能、实力等也会影响分销渠道的选择。如果旅游零售商的实力较强、经营规模较大、销售服务质量较好，旅游企业可以通过旅游零售商来销售其旅游产品；反之，需通过旅游批发商进行分销。

学习笔记

### （三）企业自身因素

在旅游产品销售渠道的选择过程中，旅游产品生产企业或供给商自身的规模与实力如何，也会对销售渠道的选择产生重大影响。

（1）企业的规模　规模较大的旅游企业，选择长渠道；小型企业选择短渠道。

（2）企业的组织接待能力　大型旅游企业接待能力强，所需实现的销售量较大，需要采用长且宽的销售渠道去争取足够多的客源量。小型企业组织接待能力弱，能够负荷的客源量相对有限，采用直销的方式就可能获得所需的客源量。

（3）企业的实力　企业实力包括企业的资金实力、人员水平和经营管理能力。资金实力雄厚，在营销队伍和营销管理方面具备较好条件的旅游企业，可自行设立较多的销售网点，即选择直接销售渠道；反之，则需要尽量依靠旅游中间商帮助销售。

（4）企业的声誉　声誉好的旅游企业选择直接渠道或短渠道；反之，选择间接渠道。

（5）企业的经营目标和产品组合状况　以提高市场占有率、扩大销量为经营目标的旅游企业，选择长且宽的销售渠道；以高额利润为经营目标的旅游企业，选择短且窄的分销渠道。

### （四）环境因素

旅游活动涉及食住行游购娱等多个方面，具有综合性特征，因此，其所处的政治、经济、社会文化、科技、交通等宏观环境都会对旅游企业的销售渠道选择产生影响。例如，随着互联网的发展，旅游企业越来越倾向于采用较短的销售渠道。

## 二、旅游产品销售渠道策略的选择

### （一）旅游产品销售渠道长度的选择

▲ 认知旅游产品销售渠道策略

所谓产品销售渠道长度的选择，就是对选择何种长度的销售渠道进行决策。这主要看旅游企业自身的实力、组织接待能力等。如果旅游企业实力雄厚，可以独立建立强大的营销网络，甚至拥有自己的连锁集团、旅行社等，对旅游中间商的依赖性小，那么，该旅游企业可以选择短渠道；如果旅游企业的实力较弱或客源分散，旅游企业对旅游中间商的依赖性大，应选择长渠道。

学习笔记

### （二）旅游产品分销渠道宽度的选择

所谓旅游产品销售渠道宽度的选择是对其销售渠道的数目、销售网点的多少，以及销售网点分布格局的选择。旅游企业销售渠道宽度的选择主要有三种，即广泛性分销、选择性分销和独家分销。

**1. 广泛性分销**

广泛性分销又称密集分销，是指旅游企业在自身实力有限的情况下，为扩大产品的销售而广泛选择中间商的经营策略。这一策略在选择中间商时不受过多限制，只要中间商愿意就能够销售其产品，并且双方能在利益分配上达成协议，就能够成为合作者。

广泛性分销的优点在于，市场覆盖面广，灵活性强，旅游者购买旅游产品较方便，而且一般不会受到某一个旅游中间商经营失利的严重影响，因此，广泛性分销比较适合大众化产品。其不足之处在于，旅游中间商的构成复杂，积极性相对不高，责任心较差，且不易受控制，易对旅游企业造成不好的影响。因此，采用此策略的旅游企业应加强对中间商的约束，定期评价考核和更新旅游中间商。

**2. 选择性分销**

选择性分销是指旅游企业选择部分旅游中间商经销或代销本旅游企业产品的一种形式。这种形式介于独家分销和广泛性分销之间，比较适用于价格较高或数量有限的一些产品。但是，这种渠道对旅游中间商的要求比较高。旅游企业应选择一些信誉好、能力强、有经验的中间商合作。

**3. 独家分销**

独家分销是指旅游企业在一定时期内只在一个地区选择一个旅游中间商销售其产品。这种渠道策略最大的优点是可以密切旅游企业与中间商的协作关系，提高其销售积极性。同时独家分销也有利于旅游企业对营销渠道的控制，有利于促销新产品和开发新客源，特别适用于特殊高价旅游产品。但是，这是一种最窄的营销渠道，也是一种极端的营销渠道，旅游企业的风险很大。因此，旅游企业必须选择信誉卓著、销售能力强的中间商才行。

学习笔记

知识案例

### 航空公司营销渠道改进策略

统计资料显示，目前航空运输销售市场，航空公司直销与代理销售的比例将近2∶8。支付销售代理费成为国内诸航空公司最大的销售成本，如果说5年以前航空公司大力发展销售代理是扩大销售网络的有效措施，如今市场形势的变化重组后，航空集团自身主业发展面临的压力不得不使我们考虑调整这种格局，改进营销渠道。

一种较好的改进策略是收缩代理销售网络，同时扩大公司直销规模及航空集团，各家公司在各自基地城市建立多个售票处，使航空公司在基地城市的营销渠道逐渐调整为由靠代理人为主转向自销和代销并驾齐驱，均衡发展。由"放"到"收"代理网络而扩大直销的销售渠道改进策略。

资料来源：根据网络改编

案例解读

航空公司收缩代理销售网络，不仅可以减少中间环节，提高效率，降低成本，还能加强对销售渠道成员的管理与控制。同时，旅游企业的销售渠道策略不是固定不变的，而应根据社会发展、市场环境等及时调整。

## 三、旅游中间商的选择与管理

旅游中间商是指协助旅游企业推广、销售旅游产品给最终消费者的组织和个人。它主要包括旅游代理商、旅游批发商、旅游零售商、以及随着互联网的产生与发展而出现的在线网络服务商等。

### （一）旅游中间商的选择

从旅游企业的角度出发，评价旅游中间商的标准一般有两点：一是看中间商是否能为企业带来实际利益，即销售量或销售额；二是看旅游企业自身维护产品分销渠道所必须支付的费用的高低。为此，在选择旅游中间商时，应本着经济、实效、可控及适应性的原则，综合考虑以下四个方面，最终确定合适的中间商。

（1）中间商的销售能力和市场信誉　即旅游中间商的经营规模、营销能力和在消费者及同行业中的信誉。

（2）中间商的历史背景和发展状况　即中间商的成立时间、发展历程，以及其经济状况、市场状况等。

（3）中间商的合作意愿和目标市场　在选择中间商时，必须看其是否具备与本企业合作的诚意，工作是否有积极性；中间商的目标市场及活动范围最好与本企业销售产品所针对的目标市场一致。

（4）中间商的市场经验和发展潜力　要选择经验丰富的中间商，如果中间商的发展潜力巨大，那么对旅游企业及中间商的发展都有好处。

### （二）旅游中间商的评价与管理

#### 1. 旅游中间商的评价

旅游中间商并不是永久不变的，而是要定期对其进行评价，好的中间商留下继续合作。同时，还要不断地寻找新的中间商来替代不好的中间商。旅游企业对中间商的评价主要包括：历年的销售指标完成情况和利润大小；为企业提供的利润额和费用结算情况；为企业推销产品的积极性；为企业的竞争对手工作的情况；对本企业产品的宣传推广情况；对客户的服务水平、满足需要程度；与其他中间商的关系及配合程度；中间商占企业产品销售量的比重的大小。

#### 2. 旅游中间商的管理

旅游企业对分销渠道的管理实质上就是对中间商的管理，企业对中间商的管理主要涉及两个方面：一是如何提高中间商的合作积极性；二是如何加强渠道成员的冲突管理。其中，如何提高中间商的合作积极性的措施如下。

（1）要帮助中间商增加收入，采用适当手段激励中间商，比如对中间商采用较大的折扣、佣金、奖金或各种津贴等；邀请旅游中间商免费试吃试住、考察旅游线路等。

（2）加强对中间商的培训，提高其在市场上的信誉度。

（3）开展销售竞赛，对销售业绩突出的中间商予以重奖，以更好地鼓励中间商。

（4）要维护中间商的尊严，强调以人为本，了解中间商的需求，关

学习笔记

心他们，并尽力满足他们的需求。

（5）不断提高旅游产品的质量和品种，也是提高中间商购销积极性的主要手段。

知识案例

## 珠海步步高大酒店的销售渠道

珠海步步高大酒店为了扩大对商务顾客和旅游散客的销售，对销售渠道进行了分析。销售部通过对目标顾客中高档旅客的出发点、中转站和乘坐的交通工具等的调查研究和分析后发现，很大一部分旅客在食宿、餐饮上并无明确的目标，呈现出随意的特征，酒店只要向他们提供满意的心理价值和设施条件，均可成为其选择的对象，关键是销售渠道问题。

因此，他们提出，在目前尚无电脑联网预订系统的情况下，应派人直接与火车站、汽车站、机场、码头等单位联系，替他们担任部分分销业务，并签订代理合同，由他们代理招徕客源，开展订房、订餐业务，按他们的销售业绩按比例付佣金。后来，他们在广州、深圳、中山等地的客运枢纽、票务代办处和外省办事处等，建立了几家合作伙伴，初步建立了分销网络。该酒店向各分销点提供宣传资料、价格表、登记表等。各分销代理点分别陈列宣传资料、价目表等，主动向来往旅客推荐、介绍该酒店的地理位置、档次和服务特色，有效地扩大了销售。

他们在试行了一段时间后，又作出了补充决定：第一，每年召开一次分销商会议，总结经验、表彰先进、介绍挖掘客源的知识和销售业务的技能。第二，进行广泛的市场调研，摸清外省客源结构，一旦时机成熟，先在南方各大城市及旅游热点地区发展分销代理商，然后扩展至全国。

资料来源：韩勇，丛庆. 旅游市场营销学.
北京：北京大学出版社，2006.

案例讨论

谈谈你对珠海步步高大酒店销售渠道的看法。

## 四、旅游产品销售渠道的发展趋势

学习笔记

### （一）分销渠道逐步“扁平化”

旅游产品的分销渠道随着中国旅游营销发展的整体趋势，逐步减少产品到最终消费者的中间环节，也就是所谓的扁平化发展。旅游产品的渠道扁平化通过对流通环节的压缩，使得代理层次减少，直销的销售方式增多。渠道的扁平化对于旅游产品的生产者或供应者来说，可以减少中间环节，提高效率，节约成本。但渠道的扁平化也会给企业带来管理难度。这就需要企业不断加大其营销的影响力，与代理商寻求最佳的平衡点，以控制渠道和零售终端。

### （二）分销渠道逐步“宽化”

扁平化的渠道减少了中间的冗余环节，使得渠道宽度增加，最终消费者可以方便地通过若干途径获得旅游产品的信息和对产品的消费，而不必依赖于单一的信息来源和渠道成员；旅游消费者在进行消费前，多渠道获得需要的信息的同时还可对不同渠道进行比较。

### （三）由总经销向终端市场建设为中心转变

渠道的扁平化使零售终端的位置日益突出。旅游产品的生产商通过大力建设终端市场，可以更直接地接触市场，获得市场信息，降低产品价格，方便消费者购买，加强与消费者的沟通并达到吸引最终用户的目的。

### （四）网络营销日渐风靡

进入21世纪，蓬勃发展的互联网对传统的产品分销渠道产生了巨大的冲击，如网上旅游信息咨询，酒店客房在线预订等。网络营销使旅游企业准确掌握市场信息，使产品的生产商与消费者之间沟通更加方便，降低交易成本和流通成本，提高产品竞争力，最大限度地降低产品积压和浪费，有助于企业提供个性化产品。

学习笔记

知识链接

### 打造中国出境游市场营销策略　首重选对渠道

尽管民航局的“五个一”政策将持续执行到10月，根据调查显示，2020年有六成国人打算出游，其中，有超过45%的人希望出国旅游。专家认为，打造中国出境游市场营销策略，首重选对渠道。

星望市场与销售总监Vera Huang表示，要为中国市场创造内容以推广营销策略，首先要了解中国众多有别于其他地区、但拥有类似功能的社交平台渠道，包括：相当于脸书、LINE、WhatsApp的微信、如同推特的微博、像是Vmate、Snapchat和Dubsmash的抖音和快手、类似Instagram的小红书、有如Youtube的哔哩哔哩，以及像是Priceline、亿客行、Skyscanner、缤客、MakeMy Trip的携程和飞猪，还有类似猫途鹰的马蜂窝和穷游网，以及如同亚马逊的淘宝、天猫、拼多多与京东等。值得注意的是，中国的社交平台渠道，除了可以发送内容，更可以直接销售，因此打造中国出境游市场营销策略，选对合适自己的渠道，以接触自己所期望吸引的目标客群，非常重要。

资料来源：TTG旅业报2020.6.19

任务检测

请扫描二维码
检测一下任务知识学习情况吧！

任务考核

| 考核内容 | 非常优秀 | 优秀 | 良好 | 合格 | 不合格 |
| --- | --- | --- | --- | --- | --- |
| 按时完成任务情况 | | | | | |
| 搜索整理信息能力 | | | | | |
| 小组团结协作能力 | | | | | |
| 小组汇报展示能力 | | | | | |

续表

| 考核内容 | 非常优秀 | 优秀 | 良好 | 合格 | 不合格 |
|---|---|---|---|---|---|
| 小组成果创新能力 | | | | | |
| 任务分值建议 | 非常优秀（90~100分）、优秀（80~90分）、良好（70~80分）、合格（60~70分）、不合格（60分以下） | | | | |

根据小组任务实施情况，结合表中考核内容，完成小组任务考核评价。

学习笔记

## 项目思政案例

### 携程旅行网的成功之道

携程旅行网是中国一家大型旅游网站，自1999年创立以来，一直围绕旅行业务和服务而逐步发展。从机票到酒店的分销业务，再到"机票+酒店"自助游业务，以及上下游产业链的延伸，使得携程不断完善，目前主营酒店预订、机票预订、度假预订、商旅管理、特约商户和旅游资讯等业务。

（1）酒店预订　携程拥有中国领先的酒店预订服务中心，为会员提供即时预订服务。其合作的酒店超过32000家，遍布全球138个国家和地区的5900余个城市。不仅为会员提供优惠房价预订，更在主要酒店拥有大量保留房，为会员出行提供更多保障。

（2）机票预订　携程旅行网拥有全国联网的机票预订、配送和各大机场的现场服务系统，为会员提供国际和国内机票的查询预订服务。截至2020年12月31日携程提供全球480多家航空公司的航班，覆盖全球200多个国家和地区的2600多个机场，机票直客预订量和电子机票预订量均在同行中名列前茅，成为中国领先的机票预订服务中心。

（3）商旅管理　商旅管理业务面向国内外各大企业与集团公司，以提升企业整体商旅管理水平与资源整合能力为服务宗旨。依托遍及全国范围的行业资源网络，以及与酒店、航空公司、旅行社等各大供应商建立的长期良好稳定的合作关系，携程充分利用电话呼叫中心、互联网等先进技术，通过与酒店、民航互补式合作，为公司客户全力提供商旅资源的选择、整合与优化服务。目前已与爱立信、可口可乐、宝钢及海尔等多家国内外知名企业达成合作。

（4）特约商户　特约商户是为VIP（贵宾）会员打造的增值服

学习笔记

务，旨在为VIP会员的商务旅行或周游各地提供更为完善的服务。携程在全国15个知名旅游城市拥有3000多家特约商户，覆盖各地特色餐饮、酒吧、娱乐、健身、购物等生活各方面，VIP会员可享受低至5折消费优惠。

（5）旅游资讯　旅游资讯是携程为会员提供的附加服务。由线上交互式网站信息与线下旅行丛书、杂志形成立体式资讯组合。通过大量的旅游资讯、精美的文字信息、多角度的感官体验，为客户提供周到体贴的出行服务，打造独具个性的旅游方案。

**案例思考**

根据案例信息，你认为在竞争激烈的互联网时代，携程旅行网是如何发展并取得成功的呢？请自拟题目，撰写一篇不少于1000字的分析报告。

## 项目小结

本项目对旅游产品销售渠道的概念、作用和类型进行了解释。比较分析了直接销售渠道与间接销售渠道、短渠道与长渠道、窄渠道与宽渠道、单渠道与多渠道的特点；介绍了影响旅游产品分销渠道选择的因素和分销渠道策略以及旅游中间商的选择管理。通过以上内容的学习，便于学生掌握旅游产品销售渠道的相关概念和术语，能够运用旅游产品销售渠道策略，改进和创新旅游企业销售渠道策略。通过项目案例分析与解读，让学生树立协同发展意识，具有创新精神。

## 项目练习

请扫描二维码
检测一下项目知识学习情况吧！

# 项目九 运用旅游产品促销策略 扩大销量

学习笔记

## 项目综述

旅游产品促销是旅游市场营销组合的重要内容之一，目的是促进销售，扩大销量，实质是一种沟通活动。因此，制定促销组合策略，灵活运用各种促销手段是旅游市场营销人员应具备的核心技能之一。本项目主要学习旅游产品促销组合策略、旅游广告促销、营业推广促销、人员推销和公共关系促销等内容。通过这些内容的学习与训练，使学生能够全面而深入地理解旅游产品促销组合策略，掌握旅游广告促销、营业推广促销、人员推销和公共关系促销的概念、特点、方式和方法，能够分析判断各种促销手段及其优缺点，并能灵活运用于实践。

## 项目知识图谱

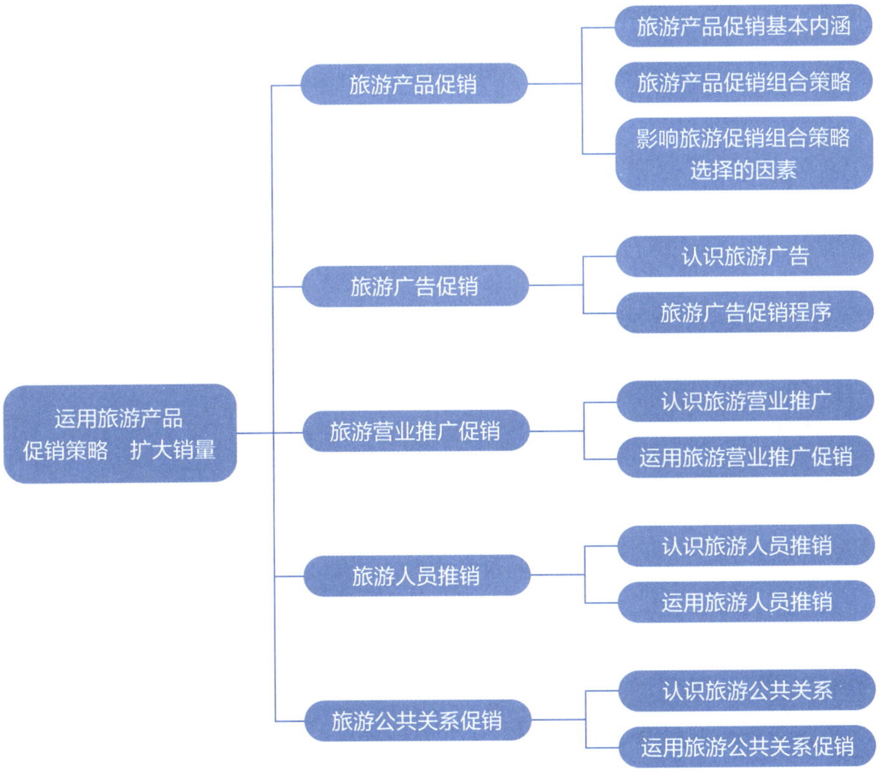

学习笔记

## 项目学习内容

1. 旅游促销组合策略。
2. 旅游广告促销。
3. 旅游营业推广促销。
4. 旅游人员推销。
5. 旅游公共关系促销。

## 项目学习目标

| | |
|---|---|
| 知识目标 | 掌握旅游促销组合策略；了解影响旅游促销组合的因素；了解旅游广告、营业推广、人员推销、公共关系的概念及特征；掌握旅游广告媒体及其优缺点；掌握旅游广告促销策划的程序与技巧；掌握旅游广告、营业推广、人员推销、公共关系促销的方式；掌握旅游广告、营业推广、人员推销的程序与技巧；了解旅游旅游公共关系促销的作用。 |
| 能力目标 | 能够分析和选择旅游企业的促销组合策略；能够分析判断旅游广告媒体的优缺点；能够设计旅游产品宣传广告；能够策划营业推广促销活动；能够运用人员推销的方法技巧促销旅游产品；能够分析和运用旅游公共关系活动。 |
| 素质目标 | 树立顾客中心的服务理念；培养求真务实的工作作风；培养敏锐的观察力与思辨力。 |
| 思政目标 | 培养与时俱进、开拓创新的精神；具有文明服务意识；树立社会主义核心价值观。 |

## 项目导入案例

### 红花餐馆的成功之路

案例介绍

1935年，洛奇先生在日本开了一家餐馆，取名红花餐馆。1959年，他的儿子小洛奇来到美国，几年后继承父业，在曼哈顿中心建造了一个有40个座位的普通日本红花餐馆。由于红花餐馆采用地道的日本乡村客店风格，又由日本厨师当着客人的面烹调，独有的风格再加上洛奇成功的经营，使红花餐馆非常成功，他很快就开办了三家红花餐馆，每年盈利130万美元，到1970年他已经拥有了七家联营餐馆。

学习笔记

小洛奇经营红花餐馆的秘诀除了把握特色、加强组织领导和降低成本以外，很重要的一点就是广告宣传与公关。他在促销方面投入了可观的人力、物力、财力资源，广告费用占营业额的8%～10%。负责促销的董事格仑·西蒙也是擅长其职的。他善于别出心裁，从不在报纸娱乐版登广告，因为那儿广告太多，易被其他广告和其他餐厅的广告所干扰冲击，而失去吸引力，不能使消费者记忆。因而采用视像广告，配合新颖生动的说明词，引人入胜。他进行了大量市场调查工作。弄清顾客的消费动机和需求，有什么购买特征等。在《纽约时报》《纽约杂志》《妇女服饰》等上面做的大量广告，虽无“餐馆”两字，却使红花餐馆拥有了极大的知名度。他在每一个城市做广告，在每一个城市的娱乐指南上做广告。

事实证明，每天的印刷出版物、电台或电视上都有日本红花餐馆的宣传，这是了不起的。他们采取多种方式，如在超级市场表演，为庆祝活动提供饮食服务，招待青年人团体用餐，给会议客人赠送火柴盒，向女士俱乐部赠送东方筷子，给公关宣传人士和专栏作家酬劳，安排洛奇接受记者采访……

### 案例解读

红花餐馆通过广告宣传、人员推销、公共关系、展销会，以及营销辅助物如火柴盒、东方筷子等方式开展促销，取得了成功。虽然餐馆每年的宣传需要付出100万美元，加上开发公共关系的50万美元，达到了营业额的8%以上，但是，这种投资是值得的，不可少的。为此，一位持怀疑态度的作家心悦诚服地说“至少有25个原因使人们喜欢到日本红花用餐”。他后来列举了31条原因，其中就包括“经常有兴高采烈的公关联谊活动”和“非同寻常的广告宣传及概念”。红花餐馆的促销负责人格仑·西蒙说：“促销工作就是保卫公司的形象”。他认为，促销的目的不在于“红花”出现的次数和人们接触的次数，而是“对红花的发展有用。有的促销目的和结果是把客人吸引到餐馆来，有的则为我们带来了可能的财务利益，或物品，或朋友，或其他。”

学习笔记

## 案例思考

1. 红花餐馆采用了哪些促销方式?
2. 这些促销方式对红花餐馆的发展起到什么作用?
3. 从红花餐馆的成功经营中，我们能总结出什么经验?

# 任务1 旅游产品促销

## 任务要求

了解旅游产品促销的概念及要素，熟悉旅游促销组合策略，知道影响旅游促销组合的因素。通过小组合作方式，搜集知名旅游企业的旅游产品促销信息，分析讨论企业的促销组合策略（推式、拉式策略），能够分析判断和选择旅游企业的促销组合策略。

## 任务实施

**1. 搜集信息，整理资料**

（1）通过上网搜索或查阅图书等，了解旅游产品的促销要素。

（2）分析资料，选择一家知名旅游企业，详细了解企业的促销组合策略。

**2. 分析讨论**

（1）旅游产品的促销组合要素。

（2）旅游产品的促销组合策略。

（3）某知名旅游企业的产品促销案例。

（4）某知名旅游企业的产品促销组合策略。

**3. 成果展示**

小组合作汇报分析讨论结果，以案例、报告或方案的形式在课堂上展示。

**4. 成果完善**

根据教师评价，不断完善成果，并提交。

任务学习

学习笔记

## 一、旅游产品促销基本内涵

旅游产品促销策略是市场营销组合的四大策略之一，其目的是扩大旅游企业在目标市场中的声誉和影响，促进旅游产品销售。旅游产品促销是指旅游企业利用各种有效的手段和方法，将产品信息及购买途径传递给目标顾客，使目标顾客认识和了解企业的产品，从而激发顾客的购买兴趣，强化购买欲望，甚至创造需求，从而促进产品销售的一系列活动。由此可见，促销的实质是传播与沟通信息（图9–1）。

▲ 图9–1　旅游产品夏季促销标签

然而，企业希望通过顾客自然的口碑传播来实现广阔的销路是远远不够的，必须主动地对市场进行刺激。灵活运用各种有效的促销方法，激发或诱导顾客潜在的旅游消费需求，从而扩大旅游企业的销售。此外，通过企业的促销活动还可以创造需求，发现新的市场机会，在目标市场上树立良好的社会形象，培养和提高顾客的忠诚度，不断扩大市场份额，巩固企业的市场地位。

旅游企业大多有着复杂的营销沟通系统，其进行产品促销的方法和手段也是多种多样。旅游企业要想充分发挥促销的作用，必须重点关注各种促销手段的优势，灵活运用多种方法进行组合，找到能适合企业自身的组合策略，产生优势互补、事半功倍的效果。旅游企业常用的促销手段主要包括人员推销和非人员促销两大类。人员推销是指旅游企业的推销人员直接接触潜在消费者，面对面地介绍产品、并促进产品销售。非人员促销主要包括旅游广告、营业推广和公共关系等。

## 二、旅游产品促销组合策略

通过对影响旅游产品促销组合策略的因素进行综合分析，就可以初步制定旅游企业的促销组合策略。一般来说，这些策略可以分为两大类：拉式策略和推式策略，如图9–2所示。

学习笔记

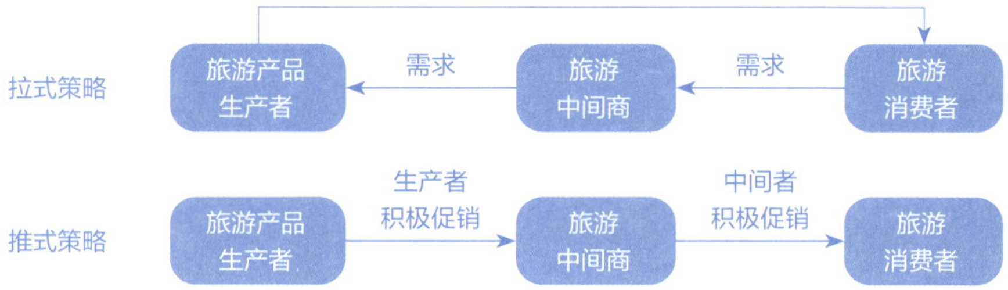


▲ 图9-2 旅游产品促销策略

### （一）拉式策略

拉式策略是旅游企业以广告和营业推广为主，辅之以公共关系的促销组合策略（图9-3）。拉式策略是基于直接激发最终消费者对本旅游产品的兴趣，形成急切的市场需求，促使其主动去寻找购买途径，然后拉引中间商纷纷经销这种产品。在市场营销过程中，由于中间商与生产企业对某些新产品的市场前景有不同的看法。当新产品上市时，中间商因担心市场风险过高而不愿经销。在这种情况下，旅游企业就可以先从消费者方面推销，形成巨大的市场需求，促使中间商经销。

▲ 图9-3 以广告为主的促销策略

### （二）推式策略

推式策略是旅游企业以人员推销为主，营业推广、公共关系等与之相配合的促销组合策略（图9-4）。推式策略着眼于积极地把本企业的产品推向目标市场，即旅游企业劝说或诱使旅游中间商及旅游消费者来购买自己的产品，使旅游产品逐次地通过各个销售渠道，并最终抵达旅游消费者；表现为在销售渠道中，每个环节都对下一个环节主动出击，强化顾客的购买动机，说服顾客迅速购买。

▲ 图9-4 以人员销售为主的促销策略

## 三、影响旅游促销组合策略选择的因素

由于各种促销手段都有利弊，因此在整个促销过程中，旅游企业必

须根据所处的内外部环境和企业自身的营销目标，灵活地选择，从众多的组合方案中选出最佳组合策略。影响旅游企业选择旅游促销组合策略因素包含如下几个方面。

**1. 促销目标**

促销目标是影响促销组合决策的首要因素。每一种促销方式都有各自的特点和成本差异，相同的促销方式用于不同的促销目标，其成本效益也会有所不同。不同的目标也会针对不同的对象，如消费者或中间商。针对消费者的促销组合应该要有较大的影响范围，而针对中间商的促销组合应着重激励中间商，体现给中间商的优惠和让利程度。

**2. 产品性质**

在产品性质方面，不同性质的旅游产品或服务，旅游者购买的需求不同，购买的动机和习惯也不同，因此需要不同的促销组合。对于顾客众多、分布面广、购买频率高，而每次购买量又较少的产品，广告往往是主要的促销方式，其他方式为辅助方式；对于价格昂贵、风险较大的产品，旅游者需要更多的信息去衡量其性价比、可靠性等，一般广告所提供的信息不能满足其需求，因而可以把人员推销或公共关系等作为重点途径；而其他单位价值较低、大众性的产品应采用广告宣传为主，目标市场面较窄的产品则可以采用人员推销为主。

**3. 市场状况**

不同的目标市场，由于其类型、规模、消费者分布范围和数量的不同，而应采用不同的促销组合。当市场潜在消费者较多时，应采用广告促销，以利于广泛开发市场；潜在消费者较少时，则可用公共关系或人员推销，以深入接触消费者、巩固现有消费者。同时，规模小、消费分布集中、地域狭窄的市场可以采用人员推销为主；规模大、消费者分布分散的市场可采用广告宣传为主。此外，市场还受每一地区的社会文化、风俗习惯、经济政治环境等的影响，选择促销组合的策略时，应与它们相适应，以达到最佳促销效果。

**4. 产品生命周期**

产品所处的生命周期阶段是设计促销组合时应考虑的重要因素。旅游产品处于不同的生命周期阶段，需要采取不同的促销组合。在产品的导入期时，促销主要以宣传为主，让目标客户知道该产品的存在。一般而言，广告和公共关系都可以让目标群体认识某种产品类别或品牌，提高其对该产品或品牌的关注度，同时还可以用营业推广方式作为辅助，鼓励人们购买之前试体验该产品；在产品的成长期时，仍可大量使用广

学习笔记

告进行宣传，但可以减少营业推广，因为消费者不再需要多少刺激就会购买。此时，促销策略的重点应该放在产品与竞争对手的产品之间的差异化优势上，突出产品或品牌的优势，建立和维护消费者对品牌的忠诚度；当产品进入成熟期时，竞争对手日益增多，市场竞争十分激烈。在这一阶段，大部分消费者对产品已有所了解，营业推广也逐渐起着重要作用，再度刺激消费者的购买欲望；当产品进入衰退期时，企业应相应降低促销规模，广告也仅起到提示作用，保持顾客的记忆，公共关系、人员推销等方面可减至最小规模，但营业推广可继续开展，保证产品的顺利销售。

**5. 企业自身状况**

旅游企业自身状况对促销组合的影响主要是指企业的资金状况对促销组合的影响。因为资金状况直接关系着促销预算，而促销预算的多少又影响着促销方式的选择。各种促销方法所需费用是不相同的，企业应使用尽可能少的花费取得尽可能大的促销效果，提高促销效率。除了资金状况外，旅游企业的规模、声誉、知名度等因素都会影响促销组合策略的制定。

知识案例

### 西湖模式：门票免费的另类启示

“景区不仅仅是贩卖一个景点，更是在提供一个服务的体系。”杭州旅游委员会宣传处处长华雨农在杭州接受采访时说，杭州西湖坚持免费，一方面是响应还湖于民的政策，坚持把自然风景和人文景观一起还给民众；另一方面也是开拓一种新的旅游模式，通过免费的方式吸引大批的游客来杭。游客增加和逗留时间的延长，带动了杭州市餐饮旅馆、零售、交通等周边服务行业乃至整个城市的整体发展。

“西湖著名的241算法，说只要每个游客在杭州多留24小时，杭州市的年旅游综合收入便会增加100亿元。”免费的西湖没有了门票收入，却没有因此而亏钱，反而赚得更多。据了解，西湖在免费开放前，杭州一年的旅游总收入为549亿元，而2011年，杭州的旅游总收入已经达到1191亿元。西湖的成功转型，引发了业界对旅游经营模式的探讨。

资料来源：李学芝，宋素红. 旅游市场营销与策划. 大连：东北财经大学出版社，2020.

学习笔记

## 案例讨论

结合上述知识的学习，你认为西湖模式适合所有旅游景点吗？为什么？西湖门票免费模式对你有怎样的启发？

## 任务检测

请扫描二维码
检测一下任务知识学习情况吧！

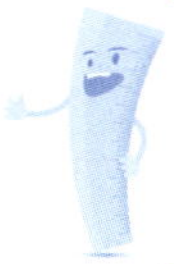

## 任务考核

| 考核内容 | 非常优秀 | 优秀 | 良好 | 合格 | 不合格 |
| --- | --- | --- | --- | --- | --- |
| 按时完成任务情况 | | | | | |
| 搜索整理信息能力 | | | | | |
| 小组团结协作能力 | | | | | |
| 小组汇报展示能力 | | | | | |
| 小组成果创新能力 | | | | | |
| 任务考核分值建议 | 非常优秀（90~100分）、优秀（80~90分）、良好（70~80分）、合格（60~70分）、不合格（60分以下） | | | | |

根据小组任务实施情况，结合表中考核内容，完成小组任务考核评价。

# 任务 2　旅游广告促销

## 任务要求

了解旅游广告的概念与特点，认识旅游广告媒体及其优缺点，掌握旅游广告策划的步骤与内容。会分析判断旅游产品采用的广告媒体。通过小组合作方式，搜集知名旅游企业及其产品的宣传广告。选择某旅游

学习笔记

企业，分析该企业所采用的广告媒体，并能为该企业选择或设计合适的广告促销策略。

任务实施

**1. 搜集信息，整理资料**

（1）通过上网搜索或查阅书刊等，了解市场上的广告媒体。

（2）总结各种广告媒体的特点。

（3）总结旅游广告媒体现状。

**2. 分析讨论**

（1）各种旅游广告媒体的优缺点。

（2）具有特色或创意的旅游广告或广告媒体。

（3）某知名旅游企业或网红产品的广告促销案例。

（4）完善某旅游企业或产品的广告设计方案。

**3. 成果展示**

小组合作汇报分析讨论结果，以案例或报告的形式在课堂上展示。

**4. 成果完善**

根据教师评价，不断完善成果，并提交。

任务学习

## 一、认识旅游广告

### （一）旅游广告的概念

旅游广告是指旅游企业以付费的方式，租用媒体或通过自己购买、制作的媒体进行公开宣传介绍旅游企业及其产品或服务的信息，达到影响受众购买、促进旅游产品销售的一种促销手段。

### （二）旅游广告的特点

旅游广告是一种非人员沟通与促销方式，旅游广告促销与其他促销方式相比，具有以下特点。

▲ 认识旅游广告

**1. 传播面广**

旅游广告可以在促销人员无法接触到顾客的时间和地点时，深入到生活的各个方面去面向顾客，通过不同

学习笔记

的广告媒体，可以使旅游产品或服务的信息传递给广大的旅游者，信息传播范围广，可以使旅游企业及其产品迅速扩大影响。

**2. 间接传播**

旅游广告通过各种不同的中间媒介，传播旅游产品的各种信息，旅游企业和消费者并不直接见面，属于间接的信息传递方式。因此，旅游广告的内容和方式，对旅游广告的效果影响极大。

**3. 强烈的表现力和吸引力**

旅游广告在利用声音、色彩、影像等艺术和技术手段方面具有得天独厚的优势，因而与其他的旅游促销方式相比，旅游广告具有更强的表现力和吸引力，能在视觉和听觉上给目标受众带来强烈的冲击。

**4. 促销效果的滞后性**

旅游广告的效果并不是立竿见影的，它往往需要经过较长的时间才能将效果充分发挥出来，从一定意义上讲旅游广告不具备即时性的特点，它对旅游者购买行为的影响难以立即发生作用。

**5. 公开性**

旅游广告是非个体传播，是一种高度大众化的信息传播方式，具有速度快、范围广、直接传递、不失真的特征。旅游广告是一种高度公开的信息沟通方式。

**6. 单向性**

旅游广告是单项地把旅游产品信息传递给潜在旅游者，而不是像人员推销那样可以进行双向沟通。旅游企业有时候很难判断潜在旅游者是否已注意到旅游广告内容，无法针对实际情况及时调整广告策略。

### （三）旅游广告媒体类型

旅游企业常用的广告媒体一般可以分为自办媒体、大众传播媒体和新媒体。

**1. 自办媒体广告**

自办媒体广告是旅游企业开展广告促销活动的重要工具。常见的自办媒体广告主要有户外广告牌、广告传单和载有旅游信息的纪念品或文创产品。

（1）户外广告牌　户外广告牌是一种形式灵活、成本低、影响力较大的自办广告媒体。一般将其设置在火车站、飞机场、汽车站、水运码头等过往行人多的公共场所、路旁、建筑物顶部，多配有夜间灯光照明，不论白天还是夜晚都很容易被过往人群注意到。广告牌上有简洁、

学习笔记

生动的广告标语，并适当配有相关彩色图片。

（2）广告传单　广告传单采用图、文形式，设计制作为单页传单、多页传单、折叠式传单等形式，由旅游企业传递给中间商散发，也可直接雇人在人流较多的公共场所散发或在公共广告栏张贴。

（3）载有旅游信息的商品　旅游纪念品、文创产品等旅游商品是最有特色的旅游广告媒体，旅游企业可以利用载有企业信息的物品进行广告促销宣传。例如，有的旅行社向旅游者赠送印有本旅行社名称、社徽、联系地址和电话号码的旅行包、伞、太阳帽、T恤衫、钥匙链等纪念品；还有能体现和代表旅游景区或目的地的文化创意产品。如故宫的纸胶带、翠玉白菜伞、朝珠耳机、口红、千里江山艺术桌垫等。旅游者在旅游过程中和日常生活中使用这些商品时，无意中为旅游企业做了免费广告宣传。

**2. 大众传播媒体广告**

大众传播媒体广告主要有电视、报纸、杂志、广播电台和网络。旅游企业可以根据产品目标市场的特点选择他们喜爱的媒体开展广告促销。

（1）电视　电视具有视听紧密结合、形象生动活泼、信息传送及时、传播范围较广、重复率高等优点，是一种影响力极强的广告媒体。但电视广告播出时间短，观众难以迅速理解广告信息，需多次播放。另外，电视广告费用较高，许多中小型旅游企业难以单独承担。

（2）报纸　报纸是一种影响面广、费用较低和重复率高的广告媒体。报纸分为全国性报纸、地方性报纸和专业性报纸三种类型。

（3）杂志　杂志大多是一种以某一阶层读者为宣传对象的广告媒体，特别是旅游专业性杂志，顾客往往对其介绍的信息较信赖，是旅游企业开展广告促销的理想杂志。

（4）广播电台　广播电台主要是以地方广播电台居多，所以广播电台是一种以地方性市场为主要宣传目标的广告媒体。

（5）网络　网络具有互动性、新颖性、针对性和高效性等特点，使得越来越多的人从中受益。作为一种新型的广告媒体，网络的作用越来越大。随着互联网的快速发展，网络有着取代传统媒体广告的趋势，越来越多的旅游企业通过网络将自己的产品广告传送给广大的客户，客户只需点击鼠标、敲打键盘就可以足不出户地了解到旅游资讯、购买旅游产品。

**3. 新媒体广告**

新媒体广告是指在新媒体上投放的广告，与传统媒体相比，新媒体具有成本低、效果好、客户定位更准确、创意空间更广等优势。主要的新媒体有电子菜谱、移动电视、手机等。

（1）电子菜谱　电子菜谱广告以中高档餐厅里平板电脑、pad、ipad电子菜谱为媒体，通过高清大图、视频效果、虚拟效果等来增加品牌的公众认知度，面对的受众收入水平较高，属于年轻、时尚的新媒体。

（2）移动新媒体　移动新媒体广告以移动电视、车载电视、地铁电视等为主要表现形式，通过移动电视节目的包装设计，来增加受众黏性，便于广告投放。

（3）手机新媒体　手机新媒体是所有媒体形式中最具普及性、最快捷、最为方便，并具有一定强制性的平台，它的发展空间非常巨大。随着5G手机逐渐普及，手机媒体将成为普通人在日常生活中获得信息的重要手段。

### （四）旅游广告媒体比较

不同的广告媒体各有优缺点，如表9-1所示。

表 9-1　各类广告媒体比较分析

| 媒体类别 | 优点 | 缺点 |
|---|---|---|
| 电视 | ①时效性强、接触频率高②视听结合，有很强的表现力和感染力③市场覆盖率高④可信度高 | ①费用高②每次传播时间有限，不能传达详细的信息③对顾客选择性差④杂乱⑤较短的生命周期 |
| 报纸 | ①时效性强、接触频率高②较高的当地市场覆盖率，针对性强③有形性、费用低廉④可信度较高 | ①较短的生命周期②表现手法单调③杂乱、不易引起注意 |
| 杂志 | ①人口选择性强②较短的生命周期和较高的传阅率③有形性、易保存④制作质量高⑤威望和可信度高 | ①时效性差、接触频率低②杂乱、版面位置选择性差③传播范围有限④费用高 |
| 广播电台 | ①地理及人口针对性强②覆盖面广③制作时间短、传播速度快④时效性强、接触频率高⑤费用低 | ①表现单调、没有可视性的沟通②听众零星分散，顾客选择性差③对产品的表现力差④杂乱⑤较短的生命周期 |
| 网络 | ①互动性强②新颖③更新及时 | ①可信度有待加强②维护技术要求高 |

学习笔记

续表

| 媒体类别 | 优点 | 缺点 |
|---|---|---|
| 户外广告牌 | ①接触频率高②地理位置选择灵活③不杂乱，视觉效果强烈④较长的生命周期 | ①顾客选择性差②制作时间长③信息内容较少④缺乏威望 |
| 广告传单 | ①顾客选择性强②保密性好、竞争小③个性化突出④不杂乱⑤费用低 | ①广告形象差②可信度低 |
| 车载广告 | ①引人注目②接触频率高 | ①造价较高②覆盖面有局限性 |

## 二、旅游广告促销程序

旅游广告促销程序主要包括确定广告目标、进行广告预算、设计广告信息与选择广告媒体、评价广告效果等内容，具体实施步骤如图9–5所示。

▲ 旅游广告促销策划

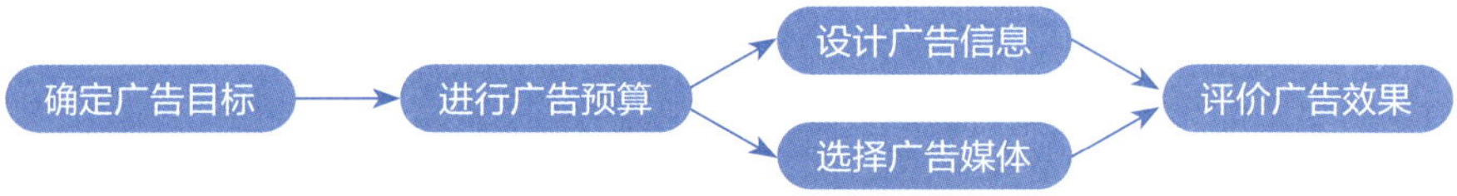


▲ 图9-5 旅游广告促销程序

### （一）确定广告目标

实施广告策略，首先要确定广告目标。广告目标是指旅游企业播放广告要达到的目的，它取决于企业所处的发展阶段和整体营销目标。一般来说，广告目标分为三种基本类型。

**1. 宣传型广告**

宣传型广告是指旅游企业通过广告活动向目标对象提供各种产品信息，例如产品的类型、各类产品的特色、价格等，主要应用于产品市场开拓的起步阶段，主要介绍新产品或服务项目，有利于激发潜在消费者的初步需求和树立良好的市场形象。另外，通过宣传型广告，旅游企业还可以向市场介绍一项老产品的新用途，介绍产品的变化和可以提供的服务，说明产品的性能和功效。

**2. 说服型广告**

说服型广告主要用于产品的成长期。此时，旅游者对某一产品有需求，但未形成品牌偏好，可在不同品牌中进行选择。所以，说服型广告主要突出本企业产品的特色与竞争者的产品之间的差异等，目的在于建立消费者对本企业的品牌偏好，改变其对本企业产品的态度，鼓励消费者放弃竞争者的产品进而购买本企业的产品。

**3. 提示型广告**

提示型广告主要是为了随时提醒消费者本企业产品的存在性及优势，保持产品的知名度和吸引力。实践证明，提示型广告不但可以提醒旅游消费者及时购买产品，还能够大大缩短旅游者重复购买产品的间隔时间。

## （二）进行广告预算

为了实现成本与效果的最佳结合，以较低的广告成本达到预定的广告目标，旅游企业必须进行合理的广告预算，即投放广告活动的费用计划，它规定了各种经费额度和使用范围等。常见的广告预算方法有以下几种。

**1. 量力而行法**

量力而行法是根据旅游企业财务的承受能力来决定广告预算的方法。这种方法简便易行，但是容易造成广告费用和真正需要的费用脱节，导致广告计划难以执行，无法实现预期的广告目标。相对来说，这种方法较适宜于小型企业及临时的广告开支。

**2. 销售百分比法**

销售百分比法是指把某一销售额（当期、预期或平均值）的一定百分比作为广告预算，或是将其设定为销售价格的百分比。这种方法使广告费用与销售收入挂钩，简便易行，但是颠倒了二者的关系，忽视了广告促销对销售收入的正效应。同时，使用这一方法，需要根据本企业历史经验和数据、行业一般水平等来确定这个百分比，没有充分考虑未来市场的变化。

**3. 目标任务法**

目标任务法是根据为实现广告目标所必须完成的任务及为完成这些任务所需要的费用来决定广告预算。目标任务法具有较强的科学性，注重广告效果，使预算能满足实际需求。但是该方法各费用的确定带有一定的主观性，且预算不易控制。

**4. 竞争平衡法**

竞争平衡法是指参照竞争对手的广告费来确定能与其抗衡的广告费用。把竞争对手的广告费用考虑进来，有利于与竞争对手在同一平台上对话，保持在广告促销中处于平等或优势地位，但是过于关注费用支出竞争，忽视了竞争者广告费用的不合理性以及与竞争者之间的差异。因

学习笔记

此使用竞争平衡法时应考虑企业自身的实力、以及与竞争者之间的差别，不能盲目攀比。

### （三）设计广告信息

广告信息设计是广告策略实施的第三步，也是广告决策的核心。广告能否达到预期效果和目标取决于广告信息设计得是否有创意，是否对消费者有吸引力和感染力。因此设计的广告信息应达到以下要求。

**1. 有创意**

作为广告，只有其信息内容和表现形式具有创意，才容易吸引大众的眼球。然而，企业也应注意到，广告创意的价值最终在于能刺激销售，不能为了创意本身而追求创意。

**2. 主题突出、鲜明**

广告主题是广告的灵魂所在，是广告要表达的基本内容。这个主题必须反映出该产品的独特优势，有利于产品在市场上的定位。只有这样，消费者才能在接触广告之后很容易理解这则广告在向他们传递什么信息以及他们可以做什么或得到什么服务。

**3. 措辞易于记忆和传播**

一般来说，语句简洁、言简意赅的广告词才容易给目标消费者留下印象，便于消费者记忆。

**4. 内容具有可信性**

目前市场上的广告多得使消费者目不暇接，也有不少消费者怀疑部分广告的真实性。只有广告内容是真实的，才能获得消费者的信任，达到扩大产品销售的目的。如果广告内容失真，欺骗消费者，这不仅损害了消费者的利益，同时也会影响企业的名誉，甚至使企业受到法律的制裁。

要达到上述要求，可以从旅游企业的广告信息制作、选择和评价、如何表达三个环节来严格控制。企业向市场提供的产品可能具备多方面的特征，应对这些特性加以分辨，选出最具代表性和传播价值的特性制作成可选择的广告信息方案；对多种信息方案进行选择时，可以从信息的吸引力、可信度来判断；广告信息的表达是对各种广告形式的综合运用，既要达到标新立异吸引观众的效果，又要尽量避免广告主题被新奇形式掩盖而喧宾夺主。

### （四）选择广告媒体

选择广告媒体实质上就是寻找最佳媒介来传递广告信息，实现广告目标。旅游广告媒体有很多，不仅有电视、报纸、杂志、广播、网络等大众传播媒体，还有宣传册等企业自制媒体以及手机等新媒体。各种媒体都有其优缺点，因此，旅游企业在选择广告媒体时主要从广告媒体的特点、广告费用水平、广告信息自身的特点、旅游产品的特点与覆盖区域、目标受众的视听习惯等方面进行考虑。

学习笔记

### （五）评价广告效果

广告效果评价是广告促销整体管理中不可缺少的重要组成部分。它不仅能够衡量广告投入是否达到了预期的效益，还为下一步的广告策划提供了改进的依据。广告效果评估分为两个方面：广告传播效果评价和广告销售效果评价。

**1. 广告传播效果评价**

广告传播效果是指广告信息传播的广度、深度、对消费者的认知和偏好所产生的影响程度，主要表现为受众对广告信息的接触范围、理解和记忆程度等。

（1）接触度评价　受众对广告的接触情况表现为对音像广告的视听情况和书面广告的阅读情况，如电视广播广告的视听率、报纸杂志的阅读率、网络广告的点击率等。

（2）理解度评价　这主要是测定接触过广告的受众对广告信息的认知、理解情况，如受众对广告信息的个人观点、联想和看过广告后对产品的评价等。

（3）记忆度评价　记忆度主要是指受众对接触过的广告信息的印象深刻程度，记住了多少主要信息，可以采用让受众回顾广告用语、回想广告表现手法、复述广告内容等方法来进行评价。

**2. 广告销售效果评价**

广告销售效果不等于广告传播效果。通过广告提高了产品的知名度，不一定能提高产品的销售量，因此越来越多的企业开始注重评价广告销售效果，即广告发布后在相关市场上旅游企业产品的销售变化情况。由于除广告之外产品销售量还受到价格、竞争状况等多种因素的影响，准确测定广告销售效果较为困难。

学习笔记

知识案例

## 张家界借助《阿凡达》推广乾坤柱

“乾坤柱”为张家界“三千奇峰”中的一座，位于世界自然遗产武陵源风景名胜区袁家界景区，海拔1074米，顶部植被郁郁葱葱，峰体造型奇特，垂直节理切割明显，仿若刀劈斧削，巍巍屹立于张家界，有顶天立地之势。

云雾缭绕、美丽壮观，山脉如在空中漂浮……这是《阿凡达》中的经典场景“哈里路亚山”。张家界一些人士将袁家界风景区中的“乾坤柱”更名为“哈里路亚山”。引来各界关注和争议。

张家界设立“阿凡达主题游综合事务办公室”，推出“阿凡达之旅”。出资10万元面向全球悬赏寻找第二座《阿凡达》“哈里路亚山”原型。而“阿凡达之旅”将结合影片中的15处场景，推出“阿凡达——潘多拉神奇之旅”“阿凡达——哈里路亚山玄幻之旅”“阿凡达——悬浮山神秘之旅”等旅游线路，景点涵盖张家界的黄石寨、金鞭溪、袁家界各景区。

资料来源：网易旅游

案例解读

因为张家界的袁家界风景区中“乾坤柱”更名为“哈里路亚山”，才引来各界的关注和争议，使得各大媒体报道。在创新性方面，“乾坤柱”命名为热映电影《阿凡达》中“哈里路亚山”无疑是一种创新，此做法能激发更多奇异想象并吸引更多游客到此欣赏。在价值方面，如此低成本高回报的营销手段为其实现可观经济收益。此策略若可争取作为阿凡达续集的拍摄地，相信会有机会更深层次地发掘无形资源，进一步拓展提高关注度与美誉度。在学术方面，借助新科冠军票房电影，打造仙境世界，持续巩固张家界品牌在中国旅游界地位，扩大旅游资源的品牌吸引力。

学习笔记

## 任务检测

请扫描二维码
检测一下任务知识学习情况吧！

## 任务考核

| 考核内容 | 非常优秀 | 优秀 | 良好 | 合格 | 不合格 |
|---|---|---|---|---|---|
| 按时完成任务情况 | | | | | |
| 搜索整理信息能力 | | | | | |
| 小组团结协作能力 | | | | | |
| 小组汇报展示能力 | | | | | |
| 小组成果创新能力 | | | | | |
| 任务考核分值建议 | 非常优秀（90～100分）、优秀（80～90分）、良好（70～80分）、合格（60～70分）、不合格（60分以下） | | | | |

根据小组任务实施情况，结合表中考核内容，完成小组任务考核评价。

# 任务3　旅游营业推广促销

## 任务要求

了解旅游营业推广的概念与特点，认识旅游营业推广的对象及方式方法，掌握旅游营业推广活动策划的步骤与内容。会分析判断旅游企业采用的推广方式及效果。通过小组合作方式，搜集知名旅游企业及其产品的推广案例。选择某旅游企业，分析该企业的营业推广对象及方式，并能为该企业设计适合的营业推广促销活动。

## 任务实施

**1. 搜集信息，整理资料**

（1）通过上网搜索或查阅书刊等，了解市场上的营业推广活动。

学习笔记

（2）总结旅游营业推广的方式。

（3）筛选最具特色或吸引力的营业推广方式。

**2. 分析讨论**

（1）旅游营业推广促销的特点。

（2）具有特色或吸引力的旅游营业推广方式。

（3）某知名旅游企业的营业推广促销案例。

（4）完善某旅游企业的营业推广活动方案。

**3. 成果展示**

小组合作汇报分析讨论结果，以报告或方案的形式在课堂上展示。

**4. 成果完善**

根据教师评价，不断完善成果，并提交。

**任务学习**

## 一、认识旅游营业推广

### （一）旅游营业推广的概念

旅游营业推广是指旅游企业在某一特定时期与空间范围内，通过刺激和鼓励交易双方，并促使消费者尽快购买或大量购买产品及服务而采取的一系列促销措施和手段。这种促销手段能在短时间内迅速地提高营业额，因而称之为营业推广，又称销售促进。

▲ 认识旅游营业推广

### （二）旅游营业推广的特点

旅游营业推广以援助人员推销和广告促销为基本功能，通常是短期或临时的，与其他促销方式相比，具有以下特点。

**1. 非常规性**

旅游广告、人员推销是作为旅游企业的常规性旅游促销活动出现的。而旅游营业推广是用于短期和额外的旅游促销工作，重点着眼于解决具体的促销问题，承担短期内具有特定目的和任务的促销工作，因此旅游营业推广是对旅游广告、人员推销的一种补充措施，以非常规性和非周期性的使用方式出现。

学习笔记

知识案例

### 代保管余酒加打折吸引回头客

某三星级酒店餐饮部发现，不少客人点了名酒开瓶后总有剩余，就餐结束后又不好意思带走。总经理请营销部与餐饮部共同研究，看是否能找到解决办法：既不减少客人消费又不让客人觉得有带走余酒显得小气的尴尬。经过两个部门的研讨，商定了为客人免费提供代保管余酒服务加打折吸引回头客的办法。规定有余酒留在该酒店的客人再次来店就餐可凭存酒凭证打9.5折，还别出心裁地把存酒凭证做成印有本酒店标志的精美饰品。这既提醒客人有余酒在酒店，又为酒店做义务宣传。这一办法推出后，客人反映颇佳，回头客不断增加。

资料来源：来自网络改编

案例讨论

你认为该三星级酒店灵活的免费代保管余酒服务并借此人性化的打折吸引回头客做法好不好？该办法是否适合其他酒店餐饮部门借鉴呢？

**2. 灵活多样性**

旅游营业推广是可以通过多种多样的方式，刺激和鼓励旅游中间商和旅游者购买旅游产品，如以批量折扣、推广津贴等方式对旅游中间商进行营业推广，以赠送纪念品、旅游地特产等方式，对旅游者进行营业推广。

**3. 强刺激性**

旅游营业推广是为了使旅游中间商和旅游者尽快或大量购买旅游产品而采取的旅游促销手段，这就决定了旅游产品只有具有强烈的刺激性，才能促使旅游中间商和旅游者购买，从而较快地增加旅游企业的销售额，巩固和提高旅游企业的市场占有率。

**4. 短期高效性**

旅游营业推广是在特定的时间和空间范围内，通过赠送、折扣等形式，刺激旅游中间商和旅游者产生购买行为，因此短期效益明显。

学习笔记

但是，这种促销手段存在一定的局限性和副作用。有些推广方式表现出急于出售的心态，容易让旅游者怀疑此产品的可靠性。经常使用容易使人产生“促销的是次品、卖不出的商品”的误解。

## 二、运用旅游营业推广促销

旅游企业实施营业推广活动一般会经过五个步骤：确定目标，选择方式，制定方案，实施和控制方案，评价效果。

▲ 旅游营业推广促销流程

### （一）确定营业推广活动的目标

首先，旅游企业的营业推广目标应在营销整体目标的基础上确定，不能过度追求短期的促销目标而忽视整体目标，更不能与之背道而驰。其次，针对消费者、中间商、销售人员三个不同的对象时，营业推广的目标也是不同的，各自都有其独特的侧重点，而且其具体实施的方式也是不同，应根据实际情况具体分析，制定合适的目标。

### （二）选择营业推广的方式

推广目标确定之后，需要通过一定的方式和手段来付诸实际行动。营业推广的方式多种多样，主要有针对旅游者的、针对旅游中间商的、针对推销人员的营业推广三种。旅游企业可以根据促销目标、目标市场的类型、市场环境以及各种方式的特点等因素来选择适合本企业的方式。

**1. 针对旅游者的营业推广方式**

（1）免费试用　即旅游企业邀请旅游者到旅游目的地进行免费游览或试吃、试住等免费旅游体验活动。如酒店为顾客提供一定数量的菜品供他们免费试吃，以便顾客在购买之前实际感受菜品的色香味等，从而坚定他们的购买信心。

（2）优惠券　即旅游企业向特定的旅游消费者赠送打折券、抵金券等优惠券。消费者在购买某种产品或服务时，持券可以减免一定的金额。

（3）赠送　即旅游企业在特定情况下向旅游者赠送礼品、旅游体验项目等。如酒店赠送客人鲜花、生日蛋糕、饮料等。

（4）购物抽奖　一般是对购买特定产品或购买总额达到一定限度的消费者所给予的奖励，可以是一次性的，也可以是连续的。一次性抽奖是为了在一定时间内销售完某种产品，产品售完即停止奖励。连续抽奖

学习笔记

是为了刺激顾客在较长时间内购买这种产品，如连续抽奖，各期奖品可以成为一整套。

（5）组合展销　即旅游企业将一些能显示本企业优势和特征的产品集中展示，边展示边销售。

**2. 针对旅游中间商的营业推广方式**

（1）促销合作　即旅游企业在中间商开展促销活动时，提供一定的帮助和协作，共同参与促销活动。促销合作可以通过提供现金，也可以通过提供实物或劳务的方式实现。

（2）销售折扣　即旅游企业为鼓励旅游中间商多采购或经销自己的产品，可以根据其经销的产品的比例给予一定的折扣，包括批量折扣、季节折扣等。

（3）津贴　这种奖励主要是针对旅游中间商的。津贴有广告津贴、宣传册津贴、陈列窗津贴等。旅游产品生产企业或供应商为刺激和鼓励旅游中间商对产品加大推销力度、增加产品销量，对旅游中间商的广告、宣传费用等给予一定的津贴。

（4）旅游交易会或展览会　旅游交易会或展览会是旅游企业开展营业推广的一个重要方式。旅游产品交易会不论是国内的还是国际的，都是直接接触诸多旅游中间商和广大旅游消费者的好机会。旅游产品展销可以将各种促销手段集于展销厅或展销台，其往往是图像、出版物、音像、VR、AR（增强现实）、手工艺品、文创产品等的综合体现。

**3. 针对推销人员的营业推广方式**

针对推销人员的营业推广主要有免费培训、销售奖励、销售竞赛等，目的是鼓励他们销售产品的热情，促使他们积极开拓新市场。

（1）免费培训　有些旅游产品采用广告促销比较合适，而有些产品则适合通过销售人员推销。因此，需要为本企业及其中间商的推销人员进行业务培训，从而满足旅游企业销售人员向其客户提供旅游产品咨询服务、讲解服务或售后服务等的需要。这种方式主要适用于本企业和中间商的推销人员。

（2）销售奖励　即旅游企业对在一定时期内超额完成绩效的销售人员给予一定的奖励，以鼓励销售人员积极推销产品。主要包括奖金、奖品、奖励旅游等。

（3）销售竞赛　一般由旅游企业发起，通过有奖问答或设立销售额奖等形式，激发他们经销本企业产品的兴趣和积极性。对于获奖者，旅游企业将给予一定的物质和精神奖励，如免费旅游、提高折扣和佣金

学习笔记

等。这种做法主要适用于中间商及本企业的推销人员。由于这种方法能有效地激发销售人员的积极性，因而被大多数旅游企业定期或不定期地采用。

知识链接

### 桂西南大德天旅游联盟联合会展营销

广西合那高速公路被英国《卫报》称为世界最美高速，国内“驴友”则称其为“中国仙境第一路”。这条高速从合浦县到那坡县，共500多千米，在山水画廊中蜿蜒穿梭，沿途保留着众多原生态的景象，与湛蓝的天空、山川构成了一幅壮美的画卷。大新、靖西路段，这条最美高速就像一根丝线，把周边许许多多的景点像珍珠一样串起来，熠熠生辉。如今，这些珍珠以声名远播的5A级景区德天跨国瀑布景区为龙头，抱团形成桂西南大德天旅游联盟，共赴文旅之约。

2020年1月8日，桂西南大德天旅游联盟十家成员单位以“融合发展·营创未来”为主题的2020年信息发布会在广西南宁举行。德天跨国瀑布景区作为本次活动的主办方，联合宁明花山岩画景区、八桂壮王城、明仕田园景区、德天老木棉酒店、安平仙河景区《花山》实景演出、古龙山大峡谷景区、通灵大峡谷景区、广西龙虎山景区共同协办，向社会各界分享桂西南大德天旅游营销联盟2019年的累累硕果，发布2020年产品信息及营销举措。

德天跨国瀑布景区营销总监代表桂西南大德天旅游联盟首次发布了《2020年桂西南大德天旅游营销联盟（七家景区）旅游专列/包列/包机奖励办法》。该奖励办法的出台标志着桂西南大德天旅游联盟抱团取暖、联合推广及市场共建新模式的开启。这既是桂西南大德天旅游目的地史无前例的整合营销事件，也是区域联盟正式走向市场的品牌联合转变，通过以奖代补开展大型旅游专列、包列、包机撬动市场，推动中远程市场的拓客能力和市场核心竞争力的提升。

资料来源：廖钟迪．旅游市场营销．武汉：华中科技大学出版社，2020.

### （三）制定营业推广的方案

在实施营业推广活动之前，还应制定一个科学的符合实际的方案。营业推广方案是实施活动的具体安排，一般包括四个要素。

学习笔记

**1. 方案预算**

方案预算是指销售人员准备拿出多少费用来刺激消费者，活动经费是多少。销售人员对于一定时期内用于营业推广的预算占旅游企业促销总预算的比例应有充分认知。

**2. 营业推广对象**

营业推广可以针对目标对象群的所有人，也可以是其中的一部分人。

**3. 营业推广时间**

营业推广时间长短、促销频率均需适宜，要把握市场变化情况，选择恰当的时机。

**4. 分配途径**

即通过一定途径去进行促销活动。在选择分配途径时既要考虑各种途径的传播范围，又要考虑成本。

### （四）实施和控制方案

在实施方案时，可以先在某一地区进行或针对少部分对象试验，看实际方案是否还存在不妥之处，经调整后再扩大范围正式实施方案，并不时对方案进行抽查和控制，防止出现较大纰漏和错误。一旦发现，就应及时纠正，确保能达到预期效果；以免造成不良影响甚至严重损失。

### （五）评价方案效果

方案实施之后还须评估其实施效果。通过收集与比较营业推广前后旅游企业的相关数据和材料，采用定量和定性方法相结合的方式，分析营业推广活动所实现的成果、产生的问题，并与最初制定的目标比较，分析是否存在差距、差距的原因是什么、今后在进行类似活动时可以在哪方面进行改进等。

**任务检测**

请扫描二维码

检测一下任务知识学习情况吧！

学习笔记

任务考核

| 考核内容 | 非常优秀 | 优秀 | 良好 | 合格 | 不合格 |
| --- | --- | --- | --- | --- | --- |
| 按时完成任务情况 | | | | | |
| 搜索整理信息能力 | | | | | |
| 小组团结协作能力 | | | | | |
| 小组汇报展示能力 | | | | | |
| 小组成果创新能力 | | | | | |
| 任务考核分值建议 | 非常优秀（90~100分）、优秀（80~90分）、良好（70~80分）、合格（60~70分）、不合格（60分以下） | | | | |

根据小组任务实施情况，结合表中考核内容，完成小组任务考核评价。

## 任务4 旅游人员推销

### 任务要求

了解旅游人员推销的概念与特点，认识旅游人员推销的原则及方式，掌握旅游人员推销的步骤与技巧。会分析判断旅游企业采用的推销方式及效果。通过小组合作方式，搜集知名旅游企业及其产品的推销案例。选择某旅游企业，分析该企业的推销方式和技巧，并能为该企业设计适合的推销方案。

### 任务实施

**1. 搜集信息，整理资料**

（1）通过上网搜索或查阅书刊等，了解市场上的人员推销活动。

（2）总结人员推销的方式（场合）。

（3）筛选有效或成功的推销方式。

**2. 分析讨论**

（1）旅游人员推销的特点（优势）。

（2）具有特色或吸引力的旅游人员推销方式。

（3）某知名旅游企业的人员推销案例。

（4）完善某旅游企业的推销方案（包括推销对象、方式、时间、内容等）。

学习笔记

**3. 成果展示**

小组合作汇报分析讨论结果，以案例或方案的形式在课堂上展示。

**4. 成果完善**

根据教师评价，不断完善成果，并提交。

任务学习

## 一、认识旅游人员推销

### （一）旅游人员推销的概念

旅游人员推销是指旅游企业利用销售人员对旅游产品进行促销的方式，是销售人员直接向目标客户介绍产品并努力把产品卖给客户的过程。

▲ 认识旅游人员推销

### （二）旅游人员推销的特点

**1. 信息传递的双向性**

旅游人员推销作为一种双向沟通的促销形式，一方面，向旅游者宣传介绍旅游产品的质量、特色、价值，为旅游者提供旅游产品的信息，以此招徕顾客，促进产品的销售；另一方面，通过与顾客交谈，可以了解顾客对产品的要求等信息，以便于旅游企业更好地满足顾客的需求。在推销过程中，不断地传播信息、收集信息、反馈信息，为旅游企业的经营决策提供重要依据。

**2. 推销过程的灵活性**

旅游推销人员通过与旅游者交谈，能够掌握旅游者的购买动机，因而可以从旅游者感兴趣的角度介绍旅游产品，唤起旅游者的需求。同时，还可以解答旅游者的疑问，消除旅游者的不满，并抓住有利时机，促成交易。

**3. 成本高**

旅游人员推销与其他促销手段相比，虽然对旅游者购买的推动力比较大，但是设计的附加支出也比较多，导致每次接触的成本比较高。

旅游推销人员通过与顾客的接触，还可以与顾客建立良好的关系，使顾客在感情动机的驱使下购买本企业的产品。因此，人员推销作为旅游企业最常用、最直接、最有效的一种促销方式，在实践中被广泛运用。

学习笔记

### （三）旅游人员推销的作用

**1. 双向沟通和立即反馈**

人员推销是一种信息双向沟通，能够促使双方快速作出反应。推销人员在推销旅游产品的同时，需要了解旅游者的需求，旅游者也可通过推销人员，了解他们需要的产品的信息，有利于推进和扩大产品销售。

**2. 提供个性服务，稳定客企关系**

人员推销是人与人的接触，而广告等促销手段是人与物的接触。人与人的接触使销售过程具有人情味、个性化，有利于增进双方沟通交流，有利于旅游企业与旅游者建立稳定关系。

**3. 发现需求，有针对性地推介和展示产品**

在人员推销中，销售人员面对的都是具体的目标旅游者，有利于及时获取这个目标旅游者的需求信息，从而有针对性地向其推销适合的产品，有利于快速达成交易。

### （四）旅游人员推销的原则

旅游人员推销的原则是整个推销活动的指导思想与基本原则，正确掌握推销原则，推销人员才能使整个推销活动有所遵从，减少推销失误，提高推销成效。

**1. 顾客导向原则**

顾客导向是指推销人员必须摒弃以企业为中心的传统推销观念，再经过分析、研究，明确顾客的需求，并通过推销活动来满足顾客的需求。

**2. 互利互惠原则**

所谓互利互惠就是指推销人员所推销产品的交易能为买卖双方带来福利。即：

（1）你所推销的产品正是客户所需要的。

（2）你所推销的产品是适合客户的。

（3）交易成功后，推销人员的自信心增强。

（4）交易成功后，推销人员的业务得到发展。

**3. 诚实性原则**

诚实性原则是指推销人员在推销洽谈过程中，切实对顾客负责，真心诚意与顾客进行推销洽谈。这是推销人员最基本的行为准则，推销人员在推销过程中失去诚实，就意味着失去顾客，甚至会永远失去顾客。

诚实性原则要求推销人员做到以下三点：一是讲真话，实事求是的向顾客传递所推销产品的信息，力争取得顾客的信任；二是出示真实可靠的身份证明和所推销产品证明，打消顾客的疑虑，坚定顾客的购买决心；三是货真价实，树立良好的推销信誉。

学习笔记

### （五）旅游人员推销的方式

知识案例

妙推豪华套房

某天，南京金陵饭店前厅部的客房预订员小王接到一位美国客人从上海打来的长途电话，想预订两间每天收费在120美元左右的标准双人客房，三天以后开始住店。小王马上翻阅了一下订房记录表，回答客人说由于三天以后饭店要接待一个大型国际会议的多名代表，标准间客房已经全部订满了。小王讲到这里并未就此把电话挂断，而是继续用关心的口吻说："您是否可以推迟两天来，要不然请您直接打电话与南京××饭店去联系询问如何？"

美国客人说："我们对南京来说是人地生疏，你们饭店比较有名气，还是希望你给想想办法。"小王暗自思量以后，感到应该尽量勿使客人失望，于是接着用商量的口气说："感谢您对我们饭店的信任，我们非常希望能够接待您，请不要着急，我很乐意为您效劳。我建议您和朋友准时前来南京，先住两天我们饭店内的豪华套房，每套每天也不过收费280美元，在套房内可以眺望紫金山的优美景色，室内有红木家具和古玩摆饰，提供的服务也是上乘的，相信您住了以后会满意的。"

小王讲到这里故意停顿一下，以便等客人的回话，对方沉默了一些时间，似乎在犹豫不决，于是小王开口说："我料想您并不会单纯计较房价的高低，而是在考虑这种套房是否物有所值，请问您什么时候乘哪班火车来南京？我们可以派车到车站来接，到店以后我一定陪您和您的朋友一行亲眼去参观一下套房，再决定不迟。"美国客人听小王这么讲，倒有些感到盛情难却了，最后，终于答应先预订两天豪华套房后挂上了电话。

资料来源：根据网络改编

学习笔记

案例解读

上面案例中的小王在促销时已经掌握人员推销的基本原则，并及时使客人的注意力集中于他付更多的钱租了房后能享受哪些服务，将客人的思路引导到这个房间是否值得他所付出的。小王沟通成功之处在于不引导客人去考虑价格的高低，而是用比较婉转的方式报价，以减少对客人的直接冲击力，避免使客人难以接受而陷于尴尬。小王中肯、合乎情理的建议，也使客人感觉自己受到尊重，在这种情况下，反而很难回答说“不”，实现了饭店销售人员积极主动促销的正面效果。因此，销售人员在促销时，一方面要通过热情的服务来体现；另一方面则有赖于积极主动、合情合理的促销，只有掌握销售心理和技巧才能奏效。

**1. 营业推销**

营业推销一般包括两种类型，一种是由企业内部销售人员在办公室内用电话、网络来联系洽谈业务，接待来访购买者和咨询者，另一种是旅游企业其他各个岗位的从业人员，在为旅游消费者提供服务过程的同时，销售自身产品的活动。

**2. 会议推销**

会议推销就是旅游企业利用各种会议，如各种类型的旅游订货会、旅游交易会、旅游博览会，介绍宣传本企业的旅游产品的一种推销方式。

**3. 上门推销**

上门推销就是指旅游企业派专职的推销人员，携带旅游企业及其旅游产品的说明书，宣传材料以及相关材料，走访客户进行推销的方式，这是一种古老的、存在时间最长的推销形式。

## 二、运用旅游人员推销

### （一）旅游人员推销的程序

旅游企业开展人员推销的方式主要有营业推销、会议推销和上门推销三种，采用的推销方式不同，实施过程也相应不同。现以上门推销为例，说明旅游企业销售人员开展人员推销的过程，如图9-6所示。人员推销的具体过程分为以下几个阶段。

学习笔记

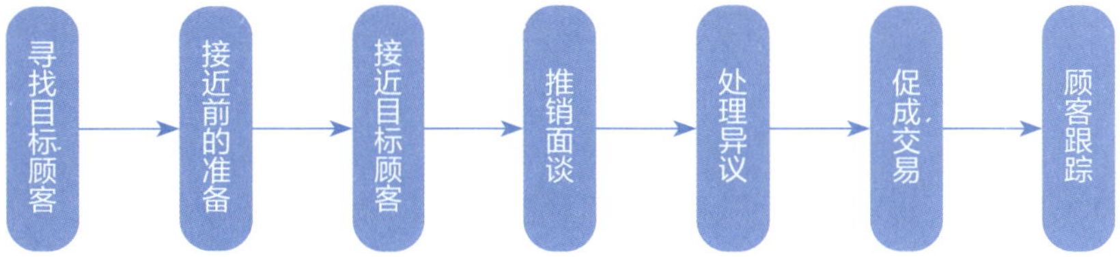


▲ 图9-6　旅游人员推销的程序

**1. 寻找目标顾客**

什么样的产品就要针对什么样的人群。旅游企业人员推销的第一步就是要先寻找和发现顾客。这些顾客是指有购买能力、有意愿的顾客，可以通过多种方法和渠道去发现，如个人工作积累、地毯式访问法、个人观察法、市场咨询法、资料查阅法、广告开拓法、连锁介绍法、中心开花法等。销售人员在发现极可能购买本企业产品的顾客之后，就应重点关注他们的需求和愿望。

**2. 接近前的准备**

接近目标客户前的准备是指在正式访谈之前进一步了解顾客的情况，确定具体的工作目标，选择接近的方式，拟订推销时间和日程安排，预测推销中可能产生的一切问题，准备好推销材料等（如企业概况、产品列表、个人名片等）。当对不同的顾客进行了充分的前期准备后，就可约见顾客。约见既是准备接触的延续，又是接近顾客的开始，因此是推销能否进行下去的重要环节，绝对不能突然造访、干扰和不尊重顾客。

▲ 旅游人员营业推销流程

**3. 接近目标顾客**

接近顾客是指见面寒暄阶段，这一过程往往是短暂的。在这短暂的时间里，推销人员首先要给对方留下良好的第一印象，因此，旅游企业的推销人员一定要注重自身的衣着打扮、言谈举止，时刻面带微笑。第一印象往往会先入为主影响顾客的态度和对推销的看法；然后推销人员还要根据所掌握的顾客材料和接近时的实际情况，快速把握顾客当前的心理状态，以便判断转变交谈话题的时机。

▲ 旅游人员上门推销流程

**4. 推销面谈**

接近和面谈是与顾客接触过程中的不同阶段，两者之间没有绝对的界限，其本质区别在于谈话的主题不同。接近阶段多侧重于双方感情交流和创造良好的氛围，而面谈则重点在于介绍和推销旅游产品。推销人员可以对本企业的产品进行包装后，向顾客介绍“新产品”“热销产

学习笔记

品”“限量产品”“纪念性产品”“特殊产品”等，吸引消费者，刺激其产生购买欲望。

面谈是一项技巧性、艺术性极强的工作，要随对象、环境和个人经验不断变化，每一次面谈都是不尽相同的。销售人员应本着互惠互利的原则，以达到双方利益为目标，进而才能赢得顾客的信任。

**5. 处理异议**

顾客对产品和服务提出异议，就表示他希望进一步了解相关情况，对产品感兴趣或者是有需求。这种情况下，推销人员一定要重视顾客的疑问，耐心解释。尤其是在遇到产品价格问题时，一定要会“包装”产品，让顾客弄清楚本产品的特征、优点和利益，正确认知产品的总价值。

如果顾客没有任何异议，只有两种可能：第一，他根本就没有听进去，没有问题可提；第二，他已完全了解相关情况，产品和服务完全符合他的心意。通常第二种情况是非常少见的，而第一种情况则代表他对产品不感兴趣，不想购买。因此销售人员应积极主动地去面对异议，充分利用这个机会去消除顾客的疑惑，并进一步突出产品的特点或附加服务等。

处理异议最大的忌讳就是与顾客争论，即使在顾客完全错误的情况下也要保持冷静，因为争论中占了口舌之快，影响的是销售结果。

**6. 促成交易**

处理异议之后，能否成交取决于两个方面：一是产品的质量、价格和信誉等；二是销售人员的能力、促进成交的技巧。此时，销售人员要密切关注各种成交信号，抓住成交时机，及时将顾客注意力转向各种选择性决策，或提出建设性意见，或提供折扣优惠，促使顾客下定购买决心，有效地达成交易。

**7. 顾客跟踪**

推销人员与顾客达成交易之后还要与顾客常联络，一方面，有利于推销人员与顾客保持良好的关系；另一方面，便于及时处理顾客的不满。

### （二）旅游人员推销处理客户不满的程序与技巧

旅游企业推销人员与客户保持良好关系的技巧主要有两个方面：一是紧跟时代潮流，会运用现代科技通信手段联系客户。如运用电话、微信、QQ、E-mail、微

▲ 销售不跟踪 万事一场空

学习笔记

博、短信等，不仅能与顾客建立朋友之间的感情，还可以传递产品信息；二是真正关心顾客，多为顾客做一些贴心的小事，成为顾客的知音。如天气提醒、生日祝福、节日问候等。

旅游企业推销人员处理顾客不满的程序和技巧主要有以下六个方面。

**1. 聆听不满**

推销人员消除顾客不满的第一步是学会倾听，即聆听顾客的不满。同时，在聆听顾客不满时，需要真诚地注视顾客的眼睛，设身处地的聆听，多听少说。

**2. 做笔记**

只聆听顾客的不满还远远不够，推销人员接下来要做的是记录顾客的不满。做笔记不仅能表明销售人员对待顾客不满的慎重态度，缓解双方情绪，还可以使推销人员保持理智，避免遗忘。

**3. 分析原因**

记录笔记可以帮助销售人员记录问题，而真正解决问题的关键在于分析出顾客不满的原因，明确顾客的需求，力争找到令双方都满意的解决办法。

**4. 敲定与转达决策**

销售人员找出顾客不满的原因，下一步就应该解决问题，敲定与转达决策。即推销人员以口头和书面两种形式记录顾客的不满，并记录顾客最终所认同的处理方式，共同签名，这样可以有效避免顾客以后会对解决方式产生不满。通过书面形式的记录，推销人员不仅可以有效地避免言语承诺的不可信性，还能给顾客以安全感。

**5. 追踪电话**

解决了顾客的不满之后，推销人员还需要通过电话对顾客进一步进行跟踪，一是确定顾客的满意程度；二是加深顾客对本企业产品的印象。如果以后还有新产品或服务，还可以继续推荐，即使该客户不买，也会介绍给亲朋好友，形成口碑效应。

**6. 自我反省**

处理不满的最终阶段不是打电话确认顾客的满意，而是针对每一次顾客不满的案例，进行总结，即自我反省。只有不断地总结学习，才能够成长，不断地提升自我价值。

学习笔记

## 任务检测

请扫描二维码
检测一下任务知识学习情况吧！

## 任务考核

| 考核内容 | 非常优秀 | 优秀 | 良好 | 合格 | 不合格 |
|---|---|---|---|---|---|
| 按时完成任务情况 | | | | | |
| 搜索整理信息能力 | | | | | |
| 小组团结协作能力 | | | | | |
| 小组汇报展示能力 | | | | | |
| 小组成果创新能力 | | | | | |
| 任务考核分值建议 | 非常优秀（90~100分）、优秀（80~90分）、良好（70~80分）、合格（60~70分）、不合格（60分以下） | | | | |

根据小组任务实施情况，结合表中考核内容，完成小组任务考核评价。

# 任务 5　旅游公共关系促销

## 任务要求

了解旅游公共关系的概念与特点，认识旅游公共关系促销的作用，掌握旅游公共关系促销方式与技巧。会分析判断旅游企业采用的公关促销方式及效果。通过小组合作方式，搜集知名旅游企业的公关促销案例。选择某旅游企业，分析该企业的公关促销方式和技巧，并能总结公关促销成功的经验。

## 任务实施

**1. 搜集信息，整理资料**

（1）通过上网搜索或查阅书刊等，了解市场上的公共关系促销活动。

（2）总结公共关系促销的方式（手段）。

（3）筛选成功的公关促销方式。

学习笔记

**2. 分析讨论**

（1）旅游公共关系促销的特点。

（2）典型的旅游公关促销方式。

（3）某知名旅游企业的公关促销案例。

（4）总结某旅游企业公关促销成功的经验。

**3. 成果展示**

小组合作汇报分析讨论结果，以案例或方案的形式在课堂上展示。

**4. 成果完善**

根据教师评价，不断完善成果，并提交。

任务学习

## 一、认识旅游公共关系

### （一）旅游公共关系的概念

▲ 认识旅游公共关系促销

旅游公共关系是旅游业组织为了塑造良好的组织形象，增强组织实力，占领旅游市场，获得良好的社会效益和经济效益，而利用各种传播沟通手段来影响社会公众的心理与行为的一种科学与艺术。它包含六个方面的内容：一是旅游公共关系的行为主体是旅游组织；二是旅游公共关系的沟通对象是相关社会公众与组织；三是旅游公共关系的工作手段是各种传播沟通媒介；四是旅游公共关系的根本目的是塑造良好的组织形象和信誉；五是旅游公共关系是旅游组织的系列公共关系；六是旅游公共关系既是一门科学又是一门艺术。

旅游公共关系不同于旅游广告，旅游广告是付费形式，借助媒体传播旅游企业和产品信息。而公共关系一般是通过不付费的公共报道来传播，传播的信息带有新闻性，因而给消费者的一般感觉是权威的、公正可靠的，消费者比较容易相信和接受；旅游公共关系也不同于旅游人员推销。人员推销的主要职能在于通过推销人员与客户的接触沟通来达成交易；旅游公共关系与营业推广也有明显的区别，旅游营业推广是通过临时性、带有奖励性质的刺激方式来促销；旅游公共关系不着眼于旅游产品的销售，而是协调企业内部关系以及内部和外部之间的关系，内求团结，外树形象，谋求有利于企业发展的天时地利人和的环境，但是，

学习笔记

这种方式不如其他方式见效快。

### （二）旅游公共关系的特点

旅游公共关系作为一种营销传播方式，具有真实性、持久性、独特性和间接性等特点。因此，公共关系在塑造旅游企业良好的公众形象、提高其知名度和美誉度、增强市场竞争力方面具有重要作用。

**1. 真实性和持久性**

旅游公共关系传播的信息或借助于事实本身，让人耳闻目睹；或通过他人之口，比如新闻媒介告知天下。这样可以避免“自卖自夸”之嫌，突破社会公众的防范、戒备心理，能够深入人心，因此，可信度高，效果持久。

**2. 新颖性和独特性**

在现代社会，促销的手段层出不穷，广告战更是激烈，但大多难以引起社会公众的注意，而且经常惹人反感。旅游公共关系却独辟蹊径，它不是直接刺激旅游者的购买行为，而是将公关促销活动融入旅游服务工作当中，以新闻或其他活动传播信息，新颖独特，容易引起社会公众的关注。

**3. 间接性和主动性**

旅游公共关系促销具有间接性。即旅游企业对旅游者不是直接推销产品，而是通过塑造旅游企业良好的形象，并由此推动旅游企业的产品的销售，另外，旅游企业经常积极主动地向社会公众开展公共关系活动，加强和社会公众的联系，使社会公众能够充分了解和认识企业，从而树立良好的旅游企业形象。

### （三）旅游公共关系促销的作用

旅游公共关系促销的基础作用是收集与企业营销决策相关的重要信息，应对突发事件，进行危机公关。旅游公共关系促销最显见的作用在于促进产品销售，最根本的作用在于利用现代传播手段，扩大沟通渠道，使外界了解旅游企业，从而提高旅游企业的知名度，在公众心目中树立良好的形象和信誉。

知识链接

学习笔记

### 墨西哥大地震

有一年，墨西哥某旅游胜地附近的火山爆发，引发地震。新闻报道之后，当晚该旅游地的饭店就接到了很多游客的电话，要求取消旅游计划，辞掉已订好的房间。当地旅游业面临重大损失，当地有关部门马上请美国著名公关公司为其策划。公关专家来此地考察，在飞机上就发现与该地同名的火山实际上距离较远，旅游区并未受到影响。专家们马上拍了一部电视片：一边是完好无损的旅游区，一边是正在喷发的火山。他们还组织了探险旅游团专程来观看火山爆发。电视片播出后，打消了游客的恐惧心理，不仅挽留了已有的旅客，而且还吸引了更多前来观看火山爆发的旅游者。

资料来源：根据网络改编

## 二、运用旅游公共关系促销

旅游公共关系作为一种可信度较高的信息沟通方式，旅游企业常用的公关促销方式有以下几种。

### 1. 新闻报道

将有新闻价值的旅游企业活动信息或产品信息通过新闻媒体向公众传递。新闻报道通常是客观描述事实，需以新闻工作者的风格来阐述，同时力争使其新闻价值最大化，收到有利于企业发展的公众效应。旅游企业公关部门还可将本企业的发展史、营销状况、重大发展动向、企业文化建设等内容写成新闻稿件，通过新闻媒体宣传报道出去。此外，旅游企业还可以邀请新闻记者来企业参观、召开新闻发布会和记者招待会等形式，向外界报道企业的情况，让社会公众多了解本企业，这是旅游组织让公众了解有关信息的一种简捷有效的途径。

▲ 旅游公共关系促销手段

### 2. 策划专题活动

旅游组织围绕自身重大事件、活动所开展的庆典、庆祝和仪式等旅游公共关系专题活动。一般由企业领导人介绍本企业的相关情况以及本企业回报社会和消费者的实际行动，以提高社会公众对本企业的关注。

### 3. 公益赞助和捐赠

旅游企业可以赞助教育、环保、健康等公益事业，还有给发生灾害

学习笔记

的地区和人们进行捐赠。这些赞助和捐赠活动一方面表现了本企业高度的社会责任感；另一方面，公众通过这些活动，对企业增加了认知，产生对本企业的好感，从而树立企业良好的公众形象，促进企业的产品销售等。

**4. 事件赞助**

旅游企业可以通过赞助国内外有价值的事件实现新闻覆盖率，同时这些事件也有助于提高本企业的品牌知名度，如赞助一些体育、音乐、艺术活动，学术竞赛、智力竞赛等。

知识案例

### 里根总统的答谢宴会

1984年初，当获悉美国总统里根访华的消息后，长城饭店的经理和公关人员立即意识到：这是一个难得的机会！美国总统如能光临长城饭店，将给“长城”带来极大的声誉，对饭店前途产生极大的影响！为了争取里根能在长城饭店举行答谢宴会，他们拟定了周密的计划，并全力付诸实施。当时长城饭店还未全部竣工，服务设施尚未完善。公关部人员克服种种困难，夜以继日地作了大量准备。

他们认为，美国驻华使馆在这件事上无疑有极大的发言权。于是他们就邀请大使馆官员到饭店作客，不厌其烦地带领美国驻华使馆的工作人员参观饭店，介绍设施与服务，听取他们对饭店设施、饮食、服务等方面的意见，并且抓紧时间一一改进。改进了，再请大使馆的官员来作客，再听取他们的意见，当大使馆官员对饭店的饮食和服务都表示满意之时，饭店再提出承办里根总统答谢宴会的要求，终于得到大使馆的支持，争取到了里根总统在“长城”举行答谢宴会的机会。

里根总统访华时，有400多位海外记者前来采访。长城饭店承揽了接待这些记者的工作，并且努力提供优质服务，使记者们对长城饭店具有极好的印象。美国三大广播公司（CBS，NBC，ABC）为及时发稿，都在长城饭店选定了自己的播视地点。在同饭店谈判费用时，饭店提出：只要在播映时说明是在长城饭店举行的现场转播，费用可以从优。由于这一要求同新闻必须具备的五要素（时间、地点、人、事、原因）完全吻合，所以很容易达成协议。在接

学习笔记

待外国记者的过程中，长城饭店为他们提供材料和通信设施，协助其采访，做到有求必应。

1984年4月28日，来自世界各地的500多名记者聚集在长城饭店，向世界各地发出了里根总统答谢宴会的消息。发表在世界各地的报纸、电视台的消息中，无一不提到长城饭店。正是由于这次现场播出的报道，以及世界各大通讯社、报纸的报道，使全世界的电视观众和报纸读者在注意里根访华这个大事件的同时，也了解了北京长城饭店豪华的设施和一流的服务。于是，长城饭店在全世界名声大振。许多外国人产生了好奇心："长城"是怎样一家饭店？为什么美国总统选择在这里举行宴会？后来，许多外国来宾一下飞机，就想到"长城"住宿，长城饭店的生意格外兴隆。据统计，长城饭店开业的头两年，70%以上的客人来自美国，这不能不归功于那次组织的公关活动。如今，许多国家的元首和政府首脑选择长城饭店举行答谢宴会和记者招待会似乎已成为惯例。

资料来源：根据网络改编

## 案例讨论

通过上述知识的学习，结合案例，你认为公共关系促销方式的核心是什么？

在这一次营销事件中，长城饭店除了努力完善自身设施与服务的不足之外，你认为其营销成功的关键之处是什么？

## 任务检测

请扫描二维码

检测一下任务知识学习情况吧！

学习笔记

任务考核

| 考核内容 | 非常优秀 | 优秀 | 良好 | 合格 | 不合格 |
| --- | --- | --- | --- | --- | --- |
| 按时完成任务情况 | | | | | |
| 搜索整理信息能力 | | | | | |
| 小组团结协作能力 | | | | | |
| 小组汇报展示能力 | | | | | |
| 小组成果创新能力 | | | | | |
| 任务考核分值建议 | 非常优秀（90～100分）、优秀（80～90分）、良好（70～80分）、合格（60～70分）、不合格（60分以下） | | | | |

根据小组任务实施情况，结合表中考核内容，完成小组任务考核评价。

## 项目思政案例

### “金陵”情暖宾客心　宾客离别恋“金陵”

案例介绍

有一次，美国一个旅游团来到南京，该团的陪同告知，旅游团来华后对已去两地的吃、住不大满意，要求金陵饭店动脑筋搞好接待，饭店对该团成员名单及简况仔细作了研究，对这些客人吃、住做了精心安排。他们从登记卡上发现该团的一位团员的生日就在进店的当天。

“机会来了”，公共关系部就定做了一盒生日蛋糕，布置康乐中心做好演奏《生日快乐》的准备。在客人开怀畅饮时，一名身穿红色旗袍的公关小姐将蛋糕送上桌，饭店总经理作了简短的生日祝词，席间响起了《生日快乐》那欢快的旋律，客人们拍着手掌，高兴地唱了起来，这天的晚宴给客人们带来了欢愉。

离开南京时，美国客人在留言簿上写道：“我们爱金陵饭店，你们小姐的优质服务，给我们留下了美好的回忆。有机会来南京，还要住金陵饭店。”

案例解读

几年来，来自世界各地的宾客，无论是总统、总理、部长，还是商人、教授、记者，无不对金陵留下深刻的印象。那么，是什么东西像磁石一样吸引着他们呢？正是金陵饭店“以诚待客，情暖人心”的服务宗旨。金陵饭店以雄辩的事实表明：中国人能够管理好国际一流现代化饭店，中国饭店业将会越来越兴盛。

学习笔记

**案例思考**

通过案例介绍与案例解读，请从“企业经营需要员工秉承求真务实、以诚待客的工作态度”的视角，撰写一篇1500字左右的体会报告，题目自拟。

## 项目小结

本项目对旅游产品促销策略和旅游广告、营业推广、人员推销、公共关系等基本概念进行了解释。梳理了不同广告媒体的优缺点，分析了旅游广告、营业推广、人员推销、公共关系四种促销手段的特点与效果，明确了四种促销手段的实施过程与技巧。通过以上内容的学习，便于学生掌握旅游产品促销的相关概念，能够运用旅游产品促销策略，促进和扩大旅游产品的销售，满足客户需求，塑造企业良好形象。通过项目案例分析与解读，让学生树立社会主义核心价值观，具有敏锐的观察力与思辨力，养成求真务实的工作作风和开拓创新的精神。

## 项目练习

请扫描二维码
检测一下项目知识学习情况吧！

## 项目实训

请扫描二维码
完成游戏闯关吧！

# 参考文献


[1] 张庚森．市场营销调研[M]．大连：东北财经大学出版社，2002.

[2] 苏日娜．旅游市场营销[M]．北京：机械工业出版社，2008.

[3] 韩勇，黄萍．旅游市场营销[M]．北京：旅游教育出版社，2013.

[4] 菲利普·科特勒．营销管理[M]．北京：中国人民大学出版社，2001.

[5] 李学芝，宋素红．旅游市场营销与策划：理论实务案例实训[M]．大连：东北财经大学出版社，2012.

[6] 王秋明．酒店市场营销实务[M]．北京：清华大学出版社，2013.

[7] 廖钟迪．旅游市场营销[M]．武汉：华中科技大学出版社，2020.

[8] 李翠微．旅游市场营销学[M]．北京：经济科学出版社，2008.

[9] 何丽芳，李飞，罗小川．酒店营销实务[M]．广州：广东经济出版社，2005.

[10] 陆朋．旅游市场营销[M]．北京：中国财富出版社，2011.

[11] 舒伯阳．旅游市场营销[M]．北京：清华大学出版社，2009.

[12] 林绍贵．旅游市场营销实务[M]．西安：西北工业大学出版社，2010.

[13] 韩勇，丛庆．旅游市场营销学[M]．北京：北京大学出版社，2006.

[14] 李学芝，宋素红．旅游市场营销与策划[M]．大连：东北财经大学出版社，2020.

[15] 郑凤萍．旅游市场营销[M]．2版．大连：大连理工大学出版社，2008.

[16] 彭萍，张素芳．旅游公共关系[M]．北京：旅游教育出版社，2013.

[17] 小卡尔·迈克丹尼尔，罗杰·盖兹．当代市场调研[M]．范秀成等译．北京：机械工业出版社，2000.

高等职业教育经管类专业平台课精品教材

“互联网+”新形态立体化教学资源特色教材



# 商务礼仪立体化教程

主　编 | 苗　杰

副主编 | 敖慧仙　宋　飞

中国轻工业出版社

**图书在版编目（CIP）数据**

商务礼仪立体化教程 / 苗杰主编．—北京：中国轻工业出版社，2022.8

高等职业教育经管类专业平台课精品教材

“互联网+”新形态立体化教学资源特色教材

ISBN 978-7-5184-3511-1

Ⅰ．①商… Ⅱ．①苗… Ⅲ．①商务—礼仪—高等职业教育—教材 Ⅳ．①F718

中国版本图书馆 CIP 数据核字（2021）第 096596 号

责任编辑：张文佳　　责任终审：李建华

整体设计：锋尚设计　　责任校对：吴大朋　　责任监印：张　可

出版发行：中国轻工业出版社（北京东长安街6号，邮编：100740）

印　　刷：艺堂印刷（天津）有限公司

经　　销：各地新华书店

版　　次：2022年8月第1版第1次印刷

开　　本：787×1092　1/16　印张：11.75

字　　数：240千字

书　　号：ISBN 978-7-5184-3511-1　定价：49.80元

邮购电话：010-65241695

发行电话：010-85119835　传真：85113293

网　　址：http://www.chlip.com.cn

Email：club@chlip.com.cn

如发现图书残缺请与我社邮购联系调换

191568J2X101ZBW

# 前 言

荀子曰："人无礼则不生，事无礼则不成，国家无礼则不宁。"礼仪是人们社会交往的行为规范和准则，是信息传递与情感交流的艺术与技巧。礼仪在人类漫长的历史进程中产生并逐步发展，生来便打上了民族与时代的烙印。现如今人类文明高度发展，崭新的时代中，人们的交际范围时空限制弱化，这些变化对礼仪的修习都提出了更新、更高的要求。

作为一名从事多年礼仪教学的高校教师，在阅览过诸多的教材和经历过几番教学模式改革的洗礼后，我陷入了深深的思考。礼仪既是深入内心的人文素养，又是外化表现尊重的操作方法，既有时代烙印，又有文化传承。在这样的思考中编者便萌生出编写一本融入礼仪文化，强化礼仪意识，知识系统，干货满满，实操凿凿的立体化教材的想法。该教材以职场新人角色切入，模拟职场礼仪情景，以知识点和配套资料为支撑，真正实现"教学做一体化"，同时也为教师的实训课堂设计和职场从业人员提供参考。

商务礼仪涵盖的内容多而杂，本教材内容选取宗旨不求大而全，从修养与技艺兼修出发，精挑商务环境中实用性强的内容。教材共包含八个项目：礼仪与商务礼仪再认知、商务人士仪容仪态礼仪、商务人士服饰选择与穿戴礼仪、商务会面基础礼仪、商务宴请礼仪、商务接待与拜访礼仪、商务专题活动礼仪、商务会议与谈判礼仪。本书不仅有精简的礼仪知识讲解，有多样化的案例、配套的题库和试卷等，更为重要的是还有一本单独编写的与课程内容相匹配的实操性极强的课堂实操手册。如此设计旨在为读者拓展视野、为自学自检提供极大的便利和鲜少的体验感。

本教材在选材与编写上主要有三个特点：一是单独编写实训手册，手册中设置仿真情景的实训操作任务，有人物有故事，能够让学生身临其境，调动积极性，激发动脑、动手能力；二是实训手册与主体教材两者互为支撑，相辅相成。二者知识排布体例大致相同，主体教材为学生完成实训手册的内容提供知识支撑，但实训手册内容更贴近职场场景，内容更新颖，任务难度大，具有拓展性。手册与主体教材可分可合，相得益彰；三是主体教材编写内容精简，干货满满，不仅有题库可以辅助学生巩固知识点，为线上混合教学提供助力，也有精选案例，将课程思政理念融入其中，这些案例可以带给学生礼仪启示，培养学生的礼仪意识，提升学生的职业素养。

本书在编写过程中参阅了诸多商务礼仪书籍及其他文献，在此向所有礼仪从业者和相关书籍的作者们致以最诚挚的谢意!编者将教学实践经验、线上线下混合式教学模式的感悟以及融入课程思政思想的小想法，悉数都收纳于本书，倾注心血编写。但由于学识、能力有限，教材难免存在疏漏和粗糙之处，在此也真诚地恳请广大读者批评指正。

编者

# 目 录

项目一 礼仪与商务礼仪再认知 / 1

任务一 礼仪的起源、概念、特征及分类认知 / 1
任务二 明确商务礼仪的原则和作用 / 9

项目二 商务人士仪容仪态礼仪 / 15

任务一 恰当修饰个人仪容 / 15
任务二 大方优雅的仪态塑造 / 20

项目三 商务人士服饰选择与穿戴礼仪 / 34

任务一 认知服装的功能与着装原则 / 34
任务二 商务人士服装选择与着装技巧 / 38
任务三 配饰的选择与佩戴 / 45

项目四 商务会面基础礼仪 / 50

任务一 正确称呼他人 / 50
任务二 握手的礼仪规范与要求 / 54
任务三 介绍的礼仪规则与要求 / 57
任务四 名片的制作与使用规范 / 62

项目五 商务宴请礼仪 / 69

任务一 明确宴请的种类和形式 / 69
任务二 中餐宴请礼仪 / 72
任务三 西餐宴请礼仪 / 82

项目六 商务接待与拜访礼仪 / 91

任务一 商务接待礼仪 / 91
任务二 商务拜访礼仪 / 99
任务三 馈赠礼仪 / 102

项目七 商务专题活动礼仪 / 109

任务一 开业典礼礼仪 / 109
任务二 剪彩仪式礼仪 / 113
任务三 签字仪式礼仪 / 117
任务四 新闻发布会礼仪 / 121

项目八 商务会议与谈判礼仪 / 126

任务一 商务会议礼仪 / 126
任务二 商务谈判礼仪 / 131

参考文献 / 137

# 项目一　礼仪与商务礼仪再认知

《礼记》有云："人有礼则安，无礼则危。"在中华民族漫长的历史进程中，人们在日常生活、经济往来、政治文化等诸多活动中一直习礼遵礼。现如今，社会不断进步，全球一体化步伐加快，礼仪不断更新和注入了更多的形式与内容。认知礼仪与商务礼仪的基本常识，对于日常交往、商务活动、提升职业素养等都有着重要的现实意义。

## 任务一　礼仪的起源、概念、特征及分类认知

**【知识链接】**

礼仪从其产生到逐渐成为规范，经历了漫长的岁月，内容涉及古今中外人类社会生活的方方面面。礼仪属于道德体系中社会公德的内容，是人们的行为规范准则。在现代社会中，礼仪是一个人思想水平、文化修养、交际能力的外在表现，是国家精神文明建设的重要组成部分，是社会文明程度、道德风尚和生活习俗的反映。礼仪有着太多的内涵。现在就让我们追根溯源，看看到底礼仪为何？它的实质、特征、分类是什么？

### 一、礼仪的起源与发展

#### （一）中国礼仪的起源与发展

礼仪之起源，可以追溯到远古时代。礼仪包括"礼"和"仪"两部分内容。从仪式上来说，礼仪起源于氏族公社举行的祭祀活动。"礼，履也，所以事神而致福也。"这是《说文解字》中"礼"的释义，即礼是用来"事神""致福"的行为。《辞源》对礼仪作了这样的概括："礼仪，行礼之仪式。"人类最初的"礼仪"主要是对自然物，表达了人类对神秘不可知的自然界的敬畏和祈求。后来，这种敬畏逐渐地扩展到人类自身，比如转到那些在人类与自然界斗争中做出重大贡献的先贤先哲们。随着人类社会的发展，礼仪在传承沿袭中不断变革，其演变大致可分为五个阶段。

（1）起源阶段（公元前21世纪夏朝产生之前）。统观考古学、文献学、民族学的材料可以发现，那时原始民族已经形成了一些对后世颇具影响的礼仪规范，原始的

政治礼仪、祭祀礼仪、婚姻礼仪、交际礼仪等已有雏形，但不完善也不具有阶级性。据考证，距今约18000年前的山顶洞人就有了礼仪的观念和实践：山顶洞人缝制衣服以遮羞御寒；把贝壳串起来，挂在脖子上来满足审美的需要；族人死后，举行宗教仪式，如在死人身上撒赤铁矿粉。半坡遗址资料显示，新石器时代晚期，人们已经开始注重尊卑有序、男女有别了。炎黄时期，礼仪日渐规范，且逐渐被纳入礼制的范畴。尧舜时期，国家已具雏形，礼仪已经具有系统性。

（2）形成阶段（公元前21世纪到公元前771年的夏、商、西周三代）。这一阶段中国社会进入了奴隶制社会，生产力较原始社会有了更大发展，社会文化也得到了较大的发展。奴隶主阶级为了维护本阶级的利益，巩固自己的统治地位，制定了较为完整的国家礼仪和制度，确立了崇古重礼的文化传统。古代的礼制典籍开始出现，如中国历史上第一部记载礼的书籍——《周礼》。古代典籍《周礼》《仪礼》《礼记》统称“三礼”。人们通常认为，传世的《周礼》和《仪礼》是周公的遗典，《礼记》为释文。“三礼”所涉及的各种礼制，涵盖了中国古代礼仪的主要内容，是我国有关礼仪的经典之作，对后世的礼仪建设起到了不可估量的作用。

（3）变革阶段（公元前771年到公元前221年的春秋战国时期）。战国时期是我国社会从奴隶制向封建制转变的过渡时期。这一时期，“三礼”在许多场合废而不行。一些新兴利益集团开始创造符合自己利益和巩固其社会地位的新礼。学术界百家争鸣，以孔子、孟子为代表的儒家学者系统地阐述了礼的起源、本质和功能等问题，第一次在理论上全面而深刻地论述了社会等级秩序划分及其意义，以及与之相适应的礼仪规范。

（4）强化和衰落阶段（约公元前221年到1911年，即从秦汉到清末）。这一时期礼仪的重要特点是尊君抑臣、尊夫抑妇、尊父抑子、尊神抑人。在这段漫长的历史演变过程中，礼仪礼制起着调节、整合、润滑人际关系的作用，作为一种无形的力量制约着人们的思想与行为表现。

（5）现代礼仪阶段（从辛亥革命到现在）。这个阶段应该说是现代礼仪的形成和发展时期。

辛亥革命后，西方文化大量传入中国，一部分传统礼仪制度和规范逐渐被时代所摒弃，科学、民主、自由、平等的观念迅速深入人心，新的价值观念和礼仪标准得到传播和推广。新中国成立后，在马克思主义、毛泽东思想、邓小平理论、“三个代表”重要思想、科学发展观、习近平新时代中国特色社会主义思想的指导下，新型的人际关系、社会关系也随之确立，适合我国的现代礼仪逐渐形成，中国的礼仪、礼学也从此进入了崭新的历史时期，内容丰富，兼收并蓄，去粗取精。随着世界经济全球发展进程的加快，涉外活动与日俱增，礼仪礼节也随之变革和发展。

可以说我国现代礼仪是在继承和弘扬中华民族传统文化精华的基础上，积极与国际礼仪接轨，从而形成的既具有时代特点，适应社会需要，又符合国际交际要求的礼仪规范。

### （二）西方礼仪的起源与发展

英语中表示礼仪的单词“Etiquette”，来源于法语，在法语中原意是“法庭上的通行证”。古代的法国法庭，为了显示司法活动的威严和保证司法活动正常有序地进行，不但制定了许多法庭的规定，而且将这些规定印在或写在一张长方形的通行证上，发给进入法庭的每一个人，这个通行证就叫作“Etiquette”。这个词的意义后来在英语中有所扩展，不仅指法庭上的通行证，而且泛指人际交往的通行证，因为在社会生活的各个方面，人们都必须遵守一定的规矩和准则。在西方，礼仪的演变与中国有相似之处，但又有很大的不同。这不仅表现在具体形式上，还表现在礼仪的哲学论述上。

爱琴海地区和希腊是亚欧大陆西方古典文明的发源地。在文化典籍中作者将礼仪的见解与论述诉诸笔端。公元前11世纪，古希腊进入“荷马时代”。《荷马史诗》包括《伊利亚特》和《奥德赛》两部分。这部著名的叙事诗主要描写特洛伊战役和希腊英雄奥德赛的故事，其中也有关于礼仪的论述，如讲礼貌、守信用的人才受人尊重。斯堪的纳维亚古代史诗《埃达》中就详尽地描述了当时用餐的规矩，其中提到，举杯敬酒大有学问，失礼就得受罚。1716 年出版的麦兰杰斯的著作《论接待权贵和女士的礼仪——兼论女士如何对男性保持雍容态度》为人们规定了一整套的行为规范。西班牙人佩特斯·阿尔冯希于1204年出版了《行为准则》，之后相继有了王室贵族及资产阶级所应遵循的行为准则。

古希腊哲学家对礼仪有许多精彩的论述。毕达哥拉斯率先提出了“美德即是一种和谐与秩序”的观点。亚里士多德指出，德行就是公正。他说：“人类由于志趣善良而有所成就，成为最优良的动物，如果不讲礼法、违背正义，他就堕落为最恶劣的动物。”公元1世纪末至公元5世纪，是罗马帝国统治西欧时期。此期间，教育理论家昆体良撰写了《雄辩术原理》一书。书中论及罗马帝国的教育情况，他认为一个人的道德、礼仪教育应从幼儿时期开始。诗人奥维德通过诗作《爱的艺术》，告诫青年人不要贪杯，用餐不可狼吞虎咽。

公元476年，西罗马帝国灭亡，欧洲开始封建化过程，12世纪至17世纪，是欧洲封建社会的鼎盛时期。中世纪欧洲形成的封建等级制以土地关系为纽带，将封建主与附庸联系在一起。此期间制定了严格而烦琐的贵族礼仪、宫廷礼仪等。

14世纪至16世纪，欧洲进入文艺复兴时期。意大利作家加斯梯良编著的《朝臣》讲述了从政的成功之道和礼仪规范及其重要性。尼德兰人文主义者伊拉斯谟撰写的《礼貌》着重论述了个人礼仪和进餐礼仪等，提醒人们讲究道德、清洁卫生和外表美。英国资产阶级教育思想家约翰·洛克于1963年写了《教育漫话》，该书系统深入地论述了礼仪的地位、作用以及礼仪教育的意义与方法。英国哲学家弗兰西斯·培根指出："一个人若有好的仪容，那对他的名声大有裨益，并且，正如女王伊莎伯拉所说，那就'好像一封永久的推荐书一样'。"英国政治家切斯特菲尔德勋爵在其名著《教子书》中指出："世间最低微、最贫穷的人都期待从一个绅士身上看到良好的教养，他们有此权力，因为他们在本性上是和你相等的，并不因为教育和财富的缘故而比你低劣。同他们说话时，要非常谦虚、温和，否则他们会以为你骄傲而憎恨你。"西方现代学者，编纂出版了不少礼仪书籍，其中比较著名的有卡耐基的《成功之路丛书》等。

## 二、礼仪及商务礼仪的基本概念

在礼仪的发展过程中，与"礼"有关的名词与概念不断涌现，下面我们简析几个常用的礼仪名词。

### 1. 礼貌

在社会交往中，礼貌是人们之间互相表示敬重和友好的行为规范，是待人接物时的外在表现，它通过言谈、表情、姿势等形式来表示对他人的敬重。礼貌侧重强调人作为个体的品质和素养。

### 2. 礼节

礼节是人们在社会交往过程中表示敬意、问候、慰问、祝颂等意愿时所遵循和使用的惯用形式。它是待人接物的行为规则，有时代烙印和社会性，当然也有较强的约束力。如中国古代见面要作揖、跪拜，当今世界各国通行的点头、握手，南亚诸国的双手合十，欧美国家的拥抱、亲吻等，都是见面问候的不同礼节。当今国家社会交往频繁，很多礼节也呈现互相融通之势，但也仍存在很多差异。所以在国际交往中，熟知并尊重对方国家、民族的礼节与风俗习惯十分必要。

3. 仪式

仪式是礼的秩序形式，是程式化了的程序礼节，即为表示敬意或表示隆重而在一定场合举行的、具有专门程序的规范化的活动。例如在中国古代，仪式的应用范围很广，凡是重大的活动，如帝王上朝、官员升堂或出行以及祭祀鬼神、庆祝节日等，都要举行各种仪式。在人类社会的发展中，人们需要仪式感来纪念和表达思想感情。

4. 礼仪

礼仪是指人们在一定的社会交往场合，为表示相互尊重、敬意、友好而约定俗成的、共同遵循的行为规范和交往程序。礼仪的内涵最深，范围最广。从汉语角度看，礼仪是复合词语，包含“礼”和“仪”两部分：“礼”指“事神致福”，即敬神；“仪”指“法度标准”。所以“礼”为“尊敬”理念，“仪”为“行为”表达方式，礼仪存在于社会的一切交往活动中，既有精神层面的要求，也有外化行为的表现，其表现形式受物质水平、历史传统、文化心态、民族习俗等诸多因素的影响。

5. 商务礼仪

商务礼仪是公司或企业的商务人员在商务活动中，为了塑造良好的个人和组织形象而应当遵循的对交往对象表示尊敬与友好的规范或程序。它是一般礼仪在商务活动中的运用和体现。

综上所述，礼貌、礼节、礼仪都是人们在交往中向对方表示尊重和友好的意愿，所以精神层面上，三者是一致的，但它们之间也有区别。礼貌、礼节多指交往中的个人或单个行为；礼仪则指社交活动中，以一定的程序、方式来表现的完整行为，内涵更为丰富。商务礼仪是在商务场合，从事经济活动的人士遵从的礼仪规范的总和。

## 三、礼仪的特征

礼仪作为一种文化现象和社会交往规范，具有以下五个方面的特征。

1. 丰富性

礼仪是一种行为规范，它涉及社会的方方面面。不同的人在他的生活、学习和工作的特定领域里，有各种特定的礼仪要求。因此，无论是在内容上还是在形式上，礼仪都是丰富多样的。例如孩子从降生开始，他的父母就已开始对其进行家庭礼仪教育了。以后通过家庭教育与学校教育，青少年逐渐懂得“尊老爱幼”“尊师守纪”“文明礼貌”等礼仪规范与礼仪常识，并潜移默化地成为他们的自觉行为。当走上工作岗位后，他们除了要遵守社会基本的礼仪规范外，还要熟悉和遵守各种职业礼仪，如军人有军人的礼仪、教师有教师的礼仪、公务员有公务员的礼仪、营业员有营业员的礼仪等。

2. 继承性

礼仪是一个国家、民族传统文化的重要组成部分。现代文化与传统文化之间有着密切的联系。中国的礼仪文化经过几千年的继承和发展，不仅构成了中华民族精神文化的一个重要组成部分，同时也形成了中华民族自己的礼仪文化心理。这种礼仪文化心理是以反映中华民族文明水平、道德风貌、大智大勇等健康高尚的礼仪修养为本质特征的，是中华民族优秀礼仪文化的心理积淀。正因为礼仪具有继承性的特点，因而使得礼仪文化的丰富与发展成为可能。事实上，每一个民族的礼仪文化都是在本民族固有礼仪文化的基础上，通过不断吸收其他民族的礼仪文化而不断发展起来的。对于流传下来的礼仪规范，人们应取其精华、去其糟粕、古为今用。

3. 差异性

礼仪作为一种行为准则和规范是约定俗成的。但在具体运用时，由于文化传统、风俗习惯与宗教信仰的不同以及时间、空间或对象的差别，存在着很大的差异，这种差异主要表现在三个方面。一是同一种礼仪内容由于时间、空间的差别，有着不同的表现形式。例如古代见面时人们常行揖礼、万福利、拱手礼，现代社会则常点头示意、握手。同是见面礼，不同的民族和地区则有不同的形式。二是同一种礼仪形式，在不同的国家、地区或民族间有着不同的意义。例如在阿拉伯地区，男人之间手拉手一起前行是一种友好和尊重的表示，而在美国则被视为同性恋者。三是同一种礼节，在不同场合、对不同对象也有细微的差别。如握手，若是初识，别握得太久；特别是男士与女士握手，一般轻轻握一下即可，不宜太久，否则有失礼之嫌，而男士碰到久别重逢的挚友，则提倡紧握。

【小资料】龙的传说

对于龙，中国人崇拜它，是从原始社会的图腾崇拜开始的。进入君主时代，龙又成了“真龙天子”的象征。现在，龙则成了吉祥喜庆的代名词。而在英国乃至整个西方国家，龙却多是凶残阴险的，人人惧怕，人人厌恶，在很多关于龙的故事中，它总是落个被宰杀的下场。因此，圣诞节时不能给西方人送“龙卡”，但可以送给中国人。

4. 互动性

礼仪的互动性是指在一方施礼的情况下，另一方需要回应，否则即被视为失礼，因为施礼本身就是相互尊重有礼貌的表现。正所谓“礼尚往来，往而不来，非礼也；来而不往，亦非礼也”(《礼记·曲礼上》)。这在国际交往中尤其要注意，因为以礼相待是国际交往的准则。

5. 时代性

礼仪是社会的产物，礼仪作为一种行为规范，会随着社会的发展而发展，随着时代的进步而进步和变化，因此礼仪在内容和形式上都具有明显的时代烙印。如20世纪初女士在正式的商务场合需要穿制式皮鞋，如今正装皮鞋和正装凉鞋都适用于商务场合。

## 四、礼仪分类

现代礼仪涉及社会生活的方方面面，分类依据也不尽相同，此处所列分类是目前人们在礼仪习得与履行中最常见的五种分类，这五种分类指明了其适用的人群与场合，具有很强的现实指导作用。

（1）政务礼仪，也叫公务员礼仪，是指国家公务员在执行国家公务时所应当遵守的礼仪。

（2）服务礼仪，是指各类服务行业的从业人员，在自己的工作岗位上所应当遵守的礼仪。

（3）商务礼仪，是指企业的从业人员，以及一切从事经济活动的人士在经济往来中所遵守的礼仪。

（4）社交礼仪，也称交际礼仪，是指社会各界人士在一般性的交际应酬中所应当遵守的礼仪。

（5）涉外礼仪，指的是人们在国际交往中，在同外国人打交道时所应当遵守的礼仪。

礼仪在漫长的历史过程中随着社会的发展而发展，它是人们在一定的社会交往场合，为表示相互尊重、敬意、友好而约定俗成的、共同遵循的行为规范和交往程序。这些规范和程序像无形的双手约束着我们，特色与惯例同在，个性与共性并存，共同构成了当今国际礼仪的亮丽风景。

## 在线自测

请大家自行扫描右侧的二维码进行在线自测，自测允许重测，取最高的分值记录成绩。

【案例分析与讨论】

大学毕业生小王去应聘酒店总经理的助理，经过几轮面试。最后留下两个人进入总经理面试阶段。和他一起的面试者是D大的高才生，很漂亮的一个女孩，小王当时想，这么漂亮的女孩，能力也不错，最后录取这位漂亮女孩的机会要比录取他的大。然而他并不是那样容易放弃的人，谁笑到最后还不一定。

那天，他们两个人一起被通知去总经理的办公室，路上遇到一位保洁阿姨在擦玻璃，她的清洁车放在旁边，转身时不小心撞到女孩，把桶里的水溅到了两个人的身上。同行女孩的鞋子和裙摆上都有水渍，小王的裤子和皮鞋上也有。那个女孩瞬间就发火说："你这个保洁员有没有长眼睛，明知道后面有人来，还那么不小心，你是不是故意的？我等会儿要面试，现在你看看我这样怎么去见人，耽误了我的面试你负责得起吗？真是倒霉。"又转头对小王说："你等一下我，我去收拾一下，等会儿一起进去，要不然你一个人先去也不好，对吧？"说完不等小王回答就往洗手间方向去了。

小王听到女孩这样对保洁员说话，对她顿时没了好感。小王对保洁阿姨说："阿姨，没关系，就是溅到一点儿水，您别太自责，下次注意就好。"之后还帮保洁阿姨把地上的水擦干净。在等那个女孩的时候，一边和阿姨聊天，一边还帮保洁阿姨擦高处的玻璃。

最后，他们两个人到了总经理的办公室。

总经理对小王伸出手说："恭喜你，你被录取了。"

原来，所谓最后一场面试，就是刚才保洁阿姨的那段考验。

那位总经理这样说："我们是服务行业，心里有别人，懂得尊重别人是最重要的。在人之上，能尊重体恤下属；在人之下，能自尊自爱不自弃，这样的人以后才能被委以重任。"

【讨论问题】

1. 你认为该公司总经理的这场面试有没有道理？说说你的理由。

2. 你觉得女孩为什么瞬间就发火了？她为什么让小王等她？

3. 参加面试是每个大学生可能都会面临的，你觉得专业能力、容貌、道德素质哪一项最为重要呢？如果非要你排序，你的答案是什么？

4. 你认为讲究礼仪、学习礼仪最重要的是需要培养什么心理素质呢？

## 任务二　明确商务礼仪的原则和作用

【知识链接】

如今全球经济一体化进程不断加快，涉外商务交往情况越来越多，正确地履行商务礼仪规范变得尤为重要。下面我们就简单说说商务礼仪的作用与原则。

### 一、商务礼仪的作用

1. 有利于塑造良好的个人形象

个人形象，是一个人的相貌、身高、体形、仪容、谈吐、举止、气质风度以及修养等多方面的综合表现。学习商务礼仪，不仅能在面容修饰、服饰搭配、谈吐举止等外在方面提升外在美，更能让人心怀尊敬之意，待人真诚，举止适度，做事有礼有节，如此内化于心、外化于形，将人的外在美与内在美相结合起来，展示个人良好的教养与优雅的风度。

2. 有利于促进人际交往，改善人际关系

孟子曰："仁者爱人，有礼者敬人。爱人者人恒爱之，敬人者人恒敬之。"尊敬是礼仪情感的基础。在社会交往中，尊敬交往对象，讲究礼仪是一种重视对方的表现，能够拉近彼此的距离。礼仪是人际交往的行为准则，虽然在不同的环境和场合下，表达尊敬与友好的意愿时使用的礼仪规范有差异，但依然是约定俗成的行为准则。学礼，遵礼，行礼，以礼相待，才能获得对方的好感与信任，使彼此的交往产生良好的效果，长此以往，必将造就和谐完美的人际关系。

3. 有助于提高商务组织的经济效益

在消费者和公众心目中，商务人员就是商务组织的代表，商务人员的形象也代表着组织的形象。良好的商务人员形象有利于提升公众对于组织的好感。从组织的角度来说，讲究礼仪也是企业价值观念、道德观念、员工整体素质的整体体现，是企业文明程度的重要标志。遵守商务礼仪可强化企业的道德要求，树立企业的良好形象。

4. 有助于提升国民素质和国家精神风貌

教养反映素质，素质体现于细节，反映个人教养的礼仪表现是人类文明的标志之一。一个人、一个民族、一个国家的礼仪状况，往往反映着这个人、这个民族、这个国家的文明水平、整体素质、整体教养。因此学习礼仪，践行礼仪，是提升国民素质、提升国家精神风貌的重要途径。

5. 有助于促进国际交流与合作

改革开放以来，随着我国经济的快速发展，全球一体化进程的加快，我国与世界各国之间的交流与合作日益增多。尊重国际礼仪和交际礼节，尊重各国人民的风俗习惯，是我国对外活动中的一贯做法。这种做法反映了我国维护世界和平、加强国际友好交往的真诚愿望。在这种情况下，认真研习礼仪，让礼仪更好地为我们的涉外交往助力必然会进一步促进国际交流与合作，增强我国的国际竞争力。

在涉外交往中，我们既要继承和发扬我国优良的礼仪传统，保持礼节与礼仪的民族特色，又要吸收他国礼仪中好的东西和国际通行惯例，为我所用，做到待人接物合乎礼仪，注重礼仪的实效。

## 二、商务礼仪的基本原则

那如何才能在从事商业活动时知礼守礼，礼遇他人呢？我们认为在具体向对方施礼时，应将如下原则作为指导。

1. 平等交往原则

平等交往是现代礼仪的首要原则。在社会交往中能不能平等，是现代礼仪和中国古代礼仪的根本区别所在。人与人之间的关系是平等的关系，在人格上是完全平等的。这种平等的人际关系决定了现代礼仪的平等交往原则。这里讲的“平等”，主要指交往双方态度上的平等。只有平等待人，才能形成和谐融洽的人际关系。要贯彻平等交往原则，一是要正确认识和看待自己，既不自负也不自卑；二是不卑不亢地对待他人，既要表现出对对方应有的尊重，又不卑躬屈膝，阿谀奉承。

2. 真诚守信原则

在商务交往中，要能赢得对方的信任，增强相互之间的关系，必须真诚守信。这也是现代礼仪的一条重要原则。英国的社会学家卡斯利博士认为，大多数人选择朋友都是以双方是否出于真诚而决定的。当然，要获得对方的“真诚”，首先要对别人“真诚”。大家都知道心理学上有个名词叫“皮格马利翁效应”，它的含义与中国古语“精诚所至，金石为开”差不多。它是指一个人的思想、观点、愿望和要求能否为对方所接受，往往与他对对方的真诚程度成正比。即他对对方越真诚，对方接受他的思想、观点、愿望和要求的可能性就越大，他就越容易建立起良好的人际关系。

所谓“守信”，是指与人交往时要讲信用，要“言必行，行必果”。答应为别人办的事，一定要竭力办好，不信口开河乱许诺，不失信于他人。拿遵守时间来说，与人约好时间就要准时赴约，不可轻易更改；若必须更改，应尽早通知对方并致以歉意，以免造成不好的影响。在商务交往中，贯彻真诚守信原则的关键是言行一致，表里如一。

3. 理解宽容原则

宋代宰相吕端说：“水至清则无鱼，人至察则无徒。”在人际交往中，要以礼待人，更要善解人意，宽以待人。宽容就是心胸坦荡、豁达大度，能设身处地地为他人着想，谅解他人的过失，不计较个人得失，有很强的容纳意识和自控能力。中国传统文化历来重视并提倡宽容的道德原则，并把宽以待人视为一种为人处世的基本美德。在商务活动中，鉴于各自的立场和利益，难免会出现冲突和误解。遵循理解宽容原则，眼光长远一点，善解人意，体谅别人，才能正确对待和处理好各种关系与纷争，争取到更长远的利益。

【礼仪小故事】

安徽省桐城市有条“六尺巷”，其由来是：清朝康熙年间，官至文华殿大学士兼礼部尚书的张英，其在桐城的祖居与吴姓人家为邻。对方欲越界盖房，家人遂驰书京城禀告，张英写了一首诗作复："一纸修书只为墙，让他三尺又何妨？长城万里今犹在，不见当年秦始皇。"家人见诗，顿感惭愧，让地三尺；吴姓人家深感其义，也退让三尺，这样就诞生了"六尺巷"。

4. 自律自觉原则

礼仪与法律都是调节人际关系、指导人们行为的规范，但法律是国家制定的，是由国家政权机构强制实行的行为规范的总和，而礼仪规范则是需要人们自觉遵守的。这种遵守礼仪的"自律自觉"，来源于在教育和社会舆论的影响下形成的理念与价值观，它是牢固的礼仪意识和优秀的礼仪品质的表现。这种遵守礼仪的"自律自觉"，要求人们时时处处讲文明、讲礼仪、重视社会公德、遵守公共秩序。例如在社交场合或公共场所，均会自觉注意公共卫生，不随地吐痰和乱扔废物；买票、上车、购物都应自觉排队等。

【礼仪小故事】

《三国演义》中有记，当年曹操在发兵宛城时规定："大小将校，凡过麦田，但有践踏者，并皆斩首。"这样，骑马的士卒都下马，扶麦而过。可是，曹操的马却因受惊而践踏了麦田。曹操立刻唤来行军主簿，拟议自己践麦之罪，并掣剑欲自刎，郭嘉极力劝住曹操，曹操便割发代首，于是三军悚然。古人是不能轻易割发的，因为当时的观念认为头发受之于父母，神圣之至，若发与体相离，则意味着身首异处或弃尘缘而去。

曹操认为：自己制定法令，自己却违反，怎么能取信于军？即使是全军统帅，也应受到处罚。他拿剑割发，传示三军："丞相踏麦，本当斩首号令，今割发以代。"

5. 适度原则

古人葛洪云："不欲极饥而食，食不过饱；不欲极渴而饮，饮不过多。"讲的是饮食之道要适度，过犹不及。同样礼仪亦是如此。礼仪是人际交往的艺术，在人际交往中虽然要知礼守礼，但知礼守礼也需要把握适度原则。在一般交往中，既要彬彬有礼，又不能低三下四；既要热情友好，又不能阿谀奉承。在服务行业的工作人员，也要注意热情有度。所谓适度，就是要注意感情适度、谈吐适度、举止适度。只有这样才能真正赢得对方的尊重，达到沟通的目的。

6. 入乡随俗原则

俗话有云："十里不同风，百里不同俗""礼兴于俗，俗化为礼"。在商务交往中，我们需要遵守入乡随俗的原则，即尊重对方国家或民族的风俗习惯、宗教信仰。具体礼仪操作要求是做客他方时，在不影响个人宗教信仰的前提下，可以暂时放弃自己的礼仪规范，转而学习和遵从对方的礼仪规范。在涉外交往中遵从入乡随俗原则时务必分清主客立场，主方要尽地主之谊，尽量照顾客方，客人自当尽量按照主方要求行事。

总之，掌握并遵行上述商务礼仪原则，才能在商务活动中做到待人诚恳、彬彬有礼，才能合作共赢，共同发展。

## 在线自测

请大家自行扫描右侧的二维码进行在线自测，自测允许重测，取最高的分值记录成绩。

【案例分析与讨论】

**"一米线"面面观**

你知道"一米线"吗？提到"一米线"你脑中闪现的是怎样的地点和场景呢？是人们在核酸检测时的地上的一米画线？还是医院、银行业务窗口前的一米画线？现在我国很多人口密集处的地上都画有白色或者黄色的"一米线"。但是面对着地上的"一米线"，你有留意过人们的反应是相同的吗？是严格遵守，规范保持一米距离，还是视若无睹，我行我素。"一米线"早已有之，各国各州都有，例如一些特别讲究个人隐私的国家，民众心中都很尊重"一米线"，买东西交款，去洗手间、售票处和海关出入口等处排队时，一个人永远会离另外一个人一米开外，仿佛那条线就刻在他们的脑海里。即使两个人日常交谈时也会下意识地保持一米左右的距离，否则就会心里觉得别扭。

【讨论问题】

1. 你的脑海中刻有“一米线”吗？你觉得树立“一米线”的观点有必要吗？
2. 你认为划定“一米线”有何益处？
3. 你认为现在“一米线”的普及性应用说明了什么？

# 项目二　商务人士仪容仪态礼仪

心理学中的“首因效应”让我们明白第一印象对于人际交往的重要性。研究表明，一个人良好的外在形象对于初次见面时给对方留下良好的第一印象至关重要。在当今竞争激烈的社会中，一个人的形象远比人们想象的更为重要。作为训练有素的商务人员，注重塑造自身优美的外观世界，恰当修饰仪容，注意服装选择与搭配，言谈举止适度，不仅能够彰显良好的个人修养和风度，更是对交往对象表达尊重之意。

## 任务一　恰当修饰个人仪容

**【知识链接】**

仪容，是指一个人的身体不着装的部位，通常包含容貌、头发、手部等。当然重点是指容貌。一个人先天的仪容通常来自遗传，都说“人无完人”，没有人生来完美。但现如今我们可以通过后天的修饰技巧扬长避短，这不仅是人性追求美的体现，也是对交往对象审美需求的尊重。

关于仪容修饰，我们要“内正其心，外正其容”。容貌的最终状态取决于很多因素，年龄、性别、学识、遗传、装扮、审美等。对仪容进行合乎常规的修饰与维护是对自己的重视，也是对别人的尊重，是交往需要，值得肯定。但不要过度容貌焦虑，不择手段追求完美，这样往往容易迷失自我，

仪容修饰的两条基本原则：一是干净整洁；二是修饰避人。我们在进行仪容修饰时，主要包含面部、手部、头发三个部分。下面就分三个方面来说明。

### 一、面部修饰

在商务环境中，绝大多数单位都要求自己的职员，不分男女老幼，要适度进行面部修饰，且要做到：化妆上岗、淡妆上岗。

对商务人士来说，化妆最重要的功能有两个：一是塑造形象；二是体现尊重。

1. 化妆的原则

（1）美化原则。美化的原则是从效果来说的，即要使化妆达到美的效果。“爱美之心，人皆有之”，每一个化妆的人都希望通过化妆能使自己变得更美丽，但化妆并不是简单地把各种彩妆涂抹在脸上。首先要拥有正确的审美观，在正确的审美观的指导下去化妆。其次要对脸部特征有充分认知和了解，对自己的容貌有正确的认知与定位。再次，学习各种化妆技巧，从而有针对性地扬长避短，显优藏拙。

（2）自然原则。自然是化妆的生命，它能使化妆后的脸看起来真实而生动，而不呆板生硬。化妆如若失去了自然的效果，那就失去了灵魂。自然的化妆要依赖正确的化妆技巧、合适的化妆品；要讲究过渡、体现层次；要点面到位、浓淡相宜。总之，最高级的化妆效果就是“妆成有若无”。

（3）协调原则。化妆要注重遵循协调原则。妆面协调，指化妆部位色彩搭配、浓淡协调，所化的妆针对脸部个性特点，整体设计协调。全身协调，指脸部化妆还必须注意与发型、服装、饰物协调。身份协调，指礼仪人员化妆时要考虑到自己的职业特点和身份，采用不同的化妆手段和化妆品。场合协调，是指化妆要与所去的场合气氛要求一致。日常办公，画淡妆；出入宴会、社交场合，化浓妆；参加追悼会，素衣淡妆，忌使用鲜艳的红色化妆。不同的场合不同的化妆，相得益彰，不仅会使化妆者内心保持平衡，也会使周围的人心理融洽。

2. 化妆的步骤

（1）洁面护肤。洁面护肤是化妆的基础。洁面即洗脸，正确地洗脸有助于清除皮肤的污垢、汗渍等，能够保持皮肤的弹性、促进血液循环和新陈代谢的正常进行，正确的洗脸方法是首先使用32℃左右的温水清洗脸部，然后用适合自己肤质的洗面用品，用手由下颌向上揉搓，手指打圈，手经过鼻翼两侧至眼眶正反打圈，最后用清水洗净，并擦拭干净。洗脸的方向是正面从下而上，侧面自上而下。动作要轻柔、舒缓，不可生硬、用力过猛。洗完脸后，应及时涂抹水、乳、霜等护肤品，保持皮肤水润。

（2）涂抹防晒隔离霜。护肤后，就正式进入化妆环节了，首先是涂抹防晒隔离霜。紫外线会引起光氧化，加速皮肤老化，因此及时涂抹防晒霜十分必要。防晒霜的主要作用就是阻隔紫外线对皮肤的伤害。隔离乳也叫作妆前乳，通常涂在防晒霜之后、粉底之前，可以起到滋润皮肤、隔离灰尘和彩妆的作用。现在有些产品是防晒隔离二合一，这样就更加省时省力了。

（3）涂敷粉底和遮瑕。粉底的主要功能是遮盖毛孔、均匀肤色。首先，选择粉底液质地很重要，根据你的皮肤特质、季节、场合来选择粉底液的质地。通常水样粉底液涂抹起来不费力气，容易上妆均匀。其次，选择颜色很重要，粉底的主要作用是均匀肤色，因此不要刻意选择过白的粉底液，要选择贴近自身皮肤的颜色。然后，选择配方很重要，一定要选择无油配方的、长时间不易脱妆的粉底，补起妆来也更为方便。粉底上妆可以使用粉底刷，也可使用粉扑或美妆蛋。遮瑕一般用在粉底之后，主要用来遮盖皮肤上比较明显的瑕疵。

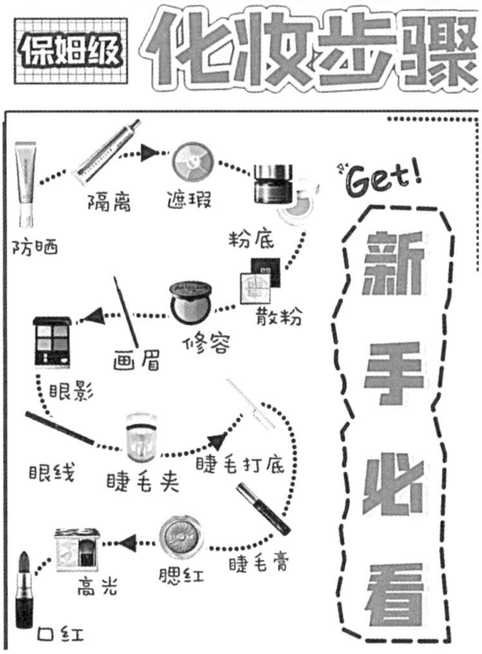


（4）修容与定妆。修容主要是指使用修容粉对脸型进行修饰，让脸部轮廓更立体、更漂亮。修容这个步骤，可视具体情况增减，通常为了上镜或者拍摄，建议使用修容粉，这样拍摄出来的效果更好。日常生活工作，白天光照条件很足的情况下，不建议使用修容粉，否则会显得脸脏脏的，很不自然。

定妆是化妆必不可少的环节。定妆产品有定妆散粉、定妆粉饼、定妆喷雾等。无论使用哪种，使用定妆的目的都是让妆面更干爽，减少出油，使妆容更持久。

（5）描眉画眼。画眉和眼妆是非常重要的化妆步骤。使用眼影，首先注意根据不同的服饰、场合、个人的皮肤颜色选择适合的眼影的颜色，一般认为比较适合亚洲女生的眼影颜色是大地色，低调内敛。然后涂抹在合适的位置。眼影画好后，再画眼线，涂睫毛膏。画眉需要注意先根据脸型修剪眉形，然后再使用眉粉或眉笔描画眉毛。

（6）美化鼻部。即通过高光或画鼻侧影，以修饰鼻形。

（7）涂抹腮红。打腮红的目的是修饰美化面颊，使人看起来气色好。涂抹腮红可用粉质的，也可用腮红膏。一般涂抹位置为颧骨处，一定要涂得自然，涂得薄，具体涂抹的范围与手法需根据个人脸型选择。

（8）涂抹口红。口红是非常重要的化妆单品，口红的颜色和质地多种多样，每个人需要根据自己的肤色、场合、脸型、气质、职业等来选择不同的口红。当然如果唇形不是很完美，也可先使用唇线笔勾画唇形，然后填入色彩适应的唇膏，使嘴唇增色。

（9）修正补妆。最后检查一下化妆的效果，进行必要的调整、补充、修饰和矫正。

3. 需要注意的化妆礼仪规范

化妆可使人变得楚楚动人，化妆的礼节则更能显示出一个人的修养。

（1）正式场合要化妆。当出席正式场合时，男士女士均应适当化妆，让自己容光焕发、富有活力，化妆是对别人的基本尊重，否则会被视为失礼。

（2）避免当众化妆或补妆。我们经常会遇见这样的女士，她们对自己的容貌非常在意，不论是在工作、学习时间，还是在公共场所，一旦有了空闲，就马上掏出自己的化妆盒来对镜修饰一番，旁若无人。然而，在众目睽睽之下化妆是非常失礼的。这样做既可能有碍于他人，也不尊重自己。如果真的有必要化妆或进行修饰的话，要在卫生间或无人的地方去做，切莫当众表演。即使你的化妆技术的确高人一筹，也不一定非要众人知道。要是你经常在工作时间如此这般的话，容易被他人误认为不务正业，遭人轻视。

（3）避免过量使用浓香型化妆品。化妆品中通常都添加有香精，香精含量也不尽相同。在商务环境中，尤其是相对封闭的工作环境中，一定要避免过量使用浓香型化妆品，以免造成旁人不适。例如在使用香水时，工作场合建议选择淡香型香水，喷涂时大概保证距离1米内的人能闻到即可，不必喷涂过多。

（4）不要非议他人的妆容。由于民族、肤色和个人文化修养的差异，每个人的化妆不可能都是一样的。就拿我国来说，有的女士偏爱浓妆，有的则偏爱淡妆。外国人化妆则更是各具特色，例如非洲人喜欢佩戴各种不同颜色的假发，一些老太太喜欢把脚趾甲涂得鲜红，东南亚一些国家的女士喜欢嚼槟榔，从而把牙齿染成黑色。对此，我们不要少见多怪，不要非议他人的妆容，也不要与他人随意切磋化妆手法。

（5）不要借用他人的化妆品。化妆品通常是私人用品，为了安全和隐私，最好不要借用他人的化妆品。即使是好朋友，或者自己忘了带化妆盒，除非化妆品的主人心甘情愿为你提供方便，否则千万不要借用别人的化妆品，因为这是极不礼貌的。

目前，男士们使用的化妆品也越来越多，化妆品已不再为女士所专用。男士们在化妆时应当遵循的基本准则是，男女有别，即不要化妆以后让人觉得你是“男扮女装”了。一般情况下，男士的化妆步骤较女性可以简单些，可视情况酌量增减即可。

## 二、发型修饰

人际交往中，看人的一般习惯性做法是“远看头，近看脚，不远不近看中腰”。只要稍加留意就会发现，人们注视他人的第一眼首先是从头看起。头发是我们每个人的制高点，是交往对象无法忽视的重要部分。因此，作为一名商务人员，要想维护自己的形象，就必须认认真真地整理自己的头发。

商务人士的发型需要注意以下几点。

1. 干干净净

商务人员应勤洗发、勤理发，努力使自己的头发保持清洁卫生的状态。具体来说，应当至少三天洗一次头发，至少半月理一次发。此外，还需随时检查自己头发的清洁度。如果要出席重要的商务活动或与此相关的社交活动，那么最好去理发店或美容店，请理发师对自己的头发精心修剪一番。

2. 整整齐齐

商务人员必须把头发“按部就班”地梳理“到位”，不宜蓬松杂乱。即使只有一缕头发不服从管理“冒”出来，也是“犯规”的。为了使头发保持既定的发型，建议使用美发用品对其加以固定。

3. 长短适当

在头发的长度方面，对于商务人士有一个比较特殊的要求：宜短，不宜长。商务男士头发的长度：以6厘米左右为佳，要求“前发不覆额，后发不及领，侧发不掩耳，且面不留须”。商务女士头发的长度相对“宽松”，不过最好是不要长过肩部，或挡住眼睛。男女都不要留大鬓角，即不宜在耳朵前面有意留下一缕头发。

成年男子都会长胡须。我国当代风俗，男子不蓄胡须，所以若不是老人或是职业上的特殊需要，都不要蓄须。男士应该经常修面，胡须最好每天剃一次。胡须比较多的人除早晨剃一次外，出席重要活动时，事先也应剃一次。特别要指出的是，不可以当众剃须，更不可以在人前一根根地拔胡须，这既不文明也不卫生。

## 三、手部的修饰

在人的仪表中，手占有重要的位置。当你打电话、执行公务、就餐、与人交往时，人们总是会先看到你的手，所以有人说“手是人的第二张脸”。手的形象与人的整体形象密切相连。首先，要勤洗手，手的清洁与否能反映出一个人的修养与卫生习惯。其次要经常修剪指甲，工作场合要把指甲修剪整齐，保持干净，不要留长指甲。

同时不要过度修饰指甲。涂抹指甲油，要与身份、年龄、场合、工作相协调。

## 在线自测

请大家自行扫描右侧的二维码进行在线自测，自测允许重测，取最高的分值记录成绩。

【案例分析与讨论】

**美中不足**

一天，黄先生与两位好友小聚，来到某知名酒店。接待他们的是一位五官清秀的服务员，接待工作做得很好，可是她面无血色，显得无精打采。黄先生一看到她就觉得心情欠佳，仔细留意才发现，这位服务员今天没有化工作淡妆，在餐厅昏暗的灯光下显得病态十足。上菜时，黄先生又突然看到传菜员涂的指甲油缺了一块，他的第一反应是“不知是不是掉到我的菜里了”。但为了不惊扰其他客人用餐，黄先生没有将他的怀疑说出来。用餐结束后，黄先生唤柜台内服务员结账，而当时柜台服务员正在对着反光玻璃墙面修饰自己的妆容，没注意到客人的需要。自此以后，黄先生再没有去过这家酒店。

【讨论问题】

1. 请你指出该酒店服务员在仪容修饰上存在哪些问题。

2. 你觉得在职场，工作场合涂抹彩色指甲油或者做美甲是否合适，并说明你的理由。

3. 你认为工作场合的仪容修饰需要注意哪些事项？

## 任务二　大方优雅的仪态塑造

**【知识链接】**

仪态，又称“体态”，是指人的身体姿态。仪态是身体所表现的样子，但它也是一个人内在气质的外在表现。人的举手投足、一颦一笑，其实都并非偶然的随意的，这些行为举止自成体系，像有声语言那样具有一定的规律，并具有传情达意的功能。人们可以通过自己的仪态向他人传递个人的思想与情感，展示个人的学识与修养。正如达·芬奇所说："从仪态了解人的内心世界、把握人的本来面目，往往具有相当的准确性和可靠性。"

在商务交往愈加频繁的今天，商务人员在迎来送往的过程中，更需注意自己的行为举止。恰如其分的体姿，炯炯有神的目光，充满魅力的微笑，都是一个人素养、能力、礼貌的体现。

## 一、站姿

站立是人们生活交往中的一种最基本的举止。优美而典雅的造型是优雅举止的基础。从侧面看，由耳与面至脚的踝跟前侧，要形成一条垂直的虚线。简而言之，良好的站姿即"挺胸抬头腹部平"。良好的站姿能衬托出美好的气质和风度，给人以挺拔笔直、舒展俊美、庄重大方、精力充沛、信心十足、积极向上的印象。

古人主张，人的姿态要"站如松、行如风、坐如钟、卧如弓"，这是对姿态美的形象概括。在现代社会交往中，从现代礼仪角度考虑，也必须注意训练自己的站姿、坐姿和走姿。

1. 规范站姿的基本要求

站姿的基本要求：头要提，颈要拉，肩要展，背要挺，腰要立，臀要翘，腿要直，脚要调。

2. 女士常用站姿的具体要领

①头正，双眼平视前方，精神饱满，表情自然放松。

②两肩平且放松，手臂自然下垂。

③手姿有三种：一种是垂手式站姿，即双手自然下垂，手心向内，中指微贴裤缝；第二种是腹式站姿，即双手交叉相握，置于小腹处，手臂自然弯曲；第三种是脐式站姿，即双手交叉相握，置于肚脐处，手臂自然弯曲。

④两腿夹紧并拢，立直。

⑤脚姿有三种：第一种是并步式，即双脚并拢，脚尖朝前；第二种是V字步，即脚跟靠拢，两脚尖分开60°左右，呈"V"字状；第三种是丁字步，即一只脚的脚跟

▲ 腹式站姿

▲ 脐式站姿

▲ 垂手式站姿

▲ V 字步

▲ 并步

▲ 丁字步

靠在另一脚的侧面足弓处，双脚一脚前，一脚后，呈“丁”字状。

3. 男士常用站姿的具体要领

①头正，双眼平视前方，精神饱满，表情自然放松。

②两肩平且放松，手臂自然下垂。

③男士常见的手姿有三种：第一种是垂手式，即双手自然下垂，手心向内，中指微贴裤缝；第二种是叉手式，两手在腹前交叉，或右手搭在左手上直立；第三种是握腕式，即右手握住左手的手腕处，双手可放置在身前，也可背到身后。

④男士的脚姿常见的也有三种：一种是并步式，与女士并步式脚姿相同；第二种

是“V”字步，与女士V字步脚姿要领相同；第三种平行式，即双脚平行分开，脚尖朝前，不要外八，双脚分开的距离不超过肩膀的宽度。

此处只是介绍了在商务场合中经常会使用到的站姿类型。女士的三种脚姿与三种手姿可随机搭配使用，男士亦然。

## 二、坐姿

坐姿是举止的主要内容之一，作为一种举止，同样有优美与丑陋之别、优雅与粗俗之分。端庄优美的坐姿，会给人以文雅、稳重、自然大方的美感。坐姿的基本要求是端庄、大方、自然、舒适。

1. 规范坐姿的基本要求

①入座时要轻而稳。款款走到座位前，转身后，右脚向后撤，使腿肚贴到椅子边，轻稳地坐下。女子入座时，若是裙装，应用手将裙摆稍拢一下，以免裙底“走光”。不要坐下后再站起来整理衣服，那样是失礼的。

②嘴唇微闭，下颌微收，面容平和自然。

③双肩平正放松，两臂自然弯曲，双手自然搭放在腿上，亦可放在椅子或是沙发扶手上，注意掌心必须向下。

④坐在椅子上，要立腰、挺胸，上体自然挺直。

⑤女士双膝自然并拢，双腿正放或侧放，两脚自然着地，男士双脚可分开一定距离，也可交叠（男士坐时双膝可略分开一拳的距离）。

⑥在社交场合，不论坐椅子或沙发，均不得坐满，以坐满椅子的三分之一到三分

之二为宜，脊背轻靠椅背，正襟危坐，以表示对对方的恭敬和尊重。

⑦人离座时，要自然稳当，右脚向后收半步，而后站起。

⑧谈话时可以有所侧重，此时上体与腿同时转向一侧。与人谈话时，通常可以把双手轻搭在沙发扶手上，但不可手心朝上；也可以双手相交，放在腿上，右手掌再搭在左手背上，这种坐姿显得比较优雅。

2. 女士常用坐姿动作要领

①标准式：坐下后，上身挺直，双肩平正，两臂自然弯曲，两手交叉叠放在两腿中部，并靠近小腹。两膝并拢，小腿垂直于地面，两脚保持小丁字步。

②侧斜式：两小腿向左斜出，两膝并拢，右脚跟靠拢左脚内侧，右脚掌着地，左脚尖着地，头和身躯向左斜。注意大腿小腿要成90°，小腿要充分伸直，尽量显示小腿长度。

③前伸式：在标准坐姿的基础上，两小腿向前伸出一脚的距离，脚尖不要跷起。

④交叉式：在前伸式坐姿的基础上，右脚后缩，与左脚交叉，两踝关节重叠，两脚尖着地。

⑤前后式：右脚前伸，左小腿后屈，大腿靠紧，两脚前脚掌着地，并在一条直线上。

⑥后点式：两小腿后屈，脚尖着地，双膝并拢。

⑦重叠式：双膝并拢，小腿前后交叉叠放在一起，自上而下不分开，脚尖不宜跷起。双脚的置放视座椅高矮而定，可以垂放，亦可与地面呈45°斜放。采用此种坐姿，切勿双手抱膝，穿超短裙者宜慎用。

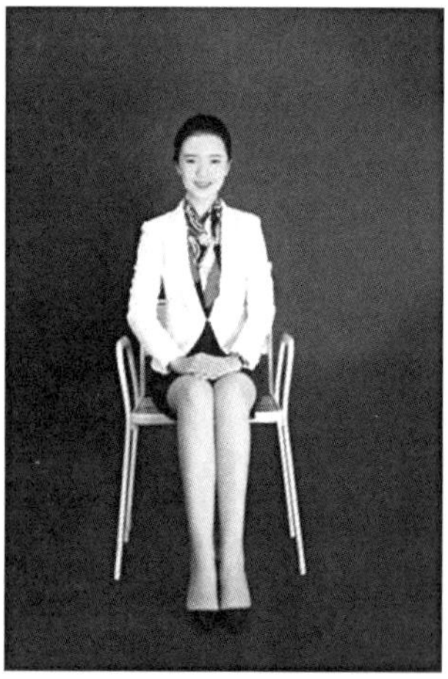

▲标准式

▲侧斜式

▲叠腿式

⑧叠腿式：在标准式坐姿的基础上，左腿向左侧斜45°左右，右腿叠放置侧斜的左腿上，后背挺直，双手交叠放置在右腿膝关节上。

3. 男士常用坐姿动作要领

①标准式：上身挺直、坐正、双腿自然弯曲，小腿垂直于地面并略分开，双手分放在两膝上或椅子的扶手上。

②前伸式：在标准坐姿的基础上，一小腿前伸，一小腿后撤。

③侧身前伸式：在标准坐姿的基础上，身体稍微侧转，一小腿前伸，一小腿后撤。

④重叠式：双膝并拢，小腿前后交叉叠放在一起，自上而下不分开，脚尖不宜跷起。

▲ 标准式

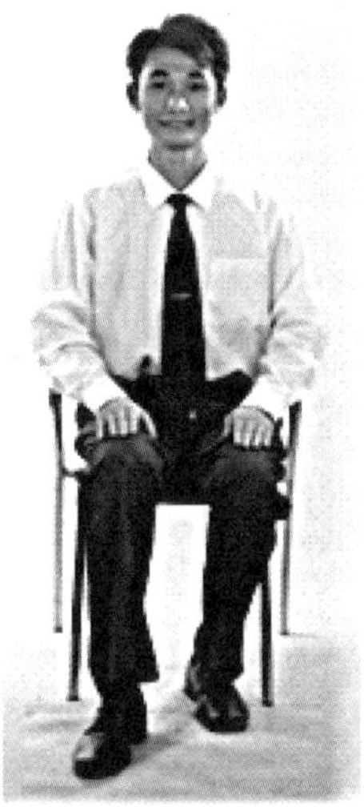
▲ 前伸式

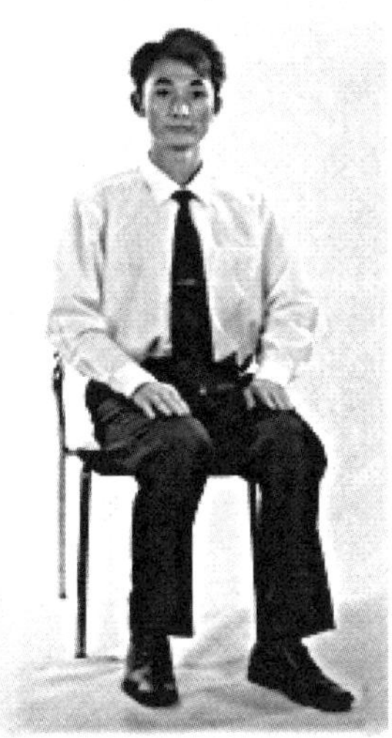
▲ 侧身前伸式

▲ 重叠式

## 三、走姿

走姿属于动态美。人的走姿千姿百态，没有一成不变的固定模式，每个人都有表现自己个性的步态。有的人步伐矫健，动作敏捷，给人以健壮、活泼、精神抖擞之感；有的人步履轻盈，体态端庄，使人感觉斯文、优美而庄重。美的步态，能够折射出一个人良好的个性和朝气蓬勃、积极向上的精神状态，呈现出一种健美的姿态，会给人留下美好的印象。

走姿虽然千姿百态，个性彰显，但好的走姿亦有共性。下面就来讲一下走姿的共性要求。

走姿的基本要求是：从容、平稳、直线。

①在保持标准站姿的基础上（即上身挺直，头正挺胸，收腹，立腰），重心略微前倾；双目向前平视，微收下颌，面容平和自然，用眼睛的余光注意前下方，使脸面保持在垂直线上。

②两臂自然前后摆动。双肩平稳，摆动时以肩关节为轴，上臂带动前臂，双臂向前、向后自然摆动，摆幅以30°~ 35°为宜。

③注意步位。女士行走时，双腿大腿内侧轻微摩擦，两脚走在一条直线上，脚尖朝向正前方；男士行走时，双脚平行移动，两脚距离一拳左右，脚尖朝向正前方。

④步频步幅要适中。男士的步伐矫健、稳重、刚毅、洒脱，具有阳刚之美，一般来说男士的步频快于女性。女士的步伐轻盈，具有阴柔之美，女士的步频可稍慢。脚步要干净利索，有鲜明的节奏感，不可拖泥带水，也不可重如马达声。步幅一般应该是前脚的脚跟与后脚的脚尖相距为一脚长，但因性别的不同而会有一定的差异。男士步幅约40厘米，女士则为30厘米左右，不宜太大。当然，女性的步幅跟服装与鞋也有一定关系，例如女士穿裙装（西服裙）、旗袍和高跟鞋时，步幅就宜小些；穿长裤时，为显示臀部曲线美，可走出较大而快的步子，流露出潇洒和轻盈的姿态。

⑤跨出的步子应是全脚掌着地，膝和脚腕不可过于僵直。

⑥停步、拐弯、上下楼梯时应从容不迫，控制自如。

## 四、优美的蹲姿

拿取低处的物品或拾起落在地上的东西时，不要弯上身、翘臀部，要使用蹲和屈膝动作，可采用交叉式蹲姿或高低式蹲姿，以避免低头、弯腰、翘臀或双腿叉开，这样既不文雅，也不礼貌。

### 1. 交叉式蹲姿

下蹲时右脚在前，左脚稍后，右小腿垂直于地面，全脚着地。左腿在后与右腿交叉重叠，两腿前后靠紧，合力支撑身体。臀部向下，上身稍前倾。女士必须将腿靠紧，臀部向下。

### 2. 高低式蹲姿

下蹲时左脚在前，右脚稍后，两脚靠紧向下蹲。左脚全脚着地，小腿基本垂直于

▲ 高低式蹲姿

地面，右脚脚跟提起，脚掌着地。右膝低于左膝，右膝内侧靠于左小腿内侧，形成左膝高右膝低的姿态，臀部向下，基本以右腿支撑身体。

## 五、得体的手势

手是人体最灵巧的器官，如果说“眼睛是心灵的窗户”，那么手就是心灵的触角。手势在传递信息、表达意图和情感方面发挥着重要作用。舞蹈家杨丽萍深谙手势的艺术，她的舞蹈无论是《雀之灵》《火》还是《雨丝》，之所以令人喜爱，离不开那双出神入化的手，她的每个具有表现力的动作几乎都是从手开始到手为止，观众的视线总会被她那充满灵性、微妙传神的手势所牵引。

在社会交往中，手势有着不可低估的作用，生动形象的有声语言再配合准确、精彩的手势动作，必然能使交往更富有感染力、说服力和影响力。

1. 手势的区域

手势活动的范围有上、中、下三个区域。此外，还有内区和外区之分。肩部以上称为上区，多用来表示理想、希望、宏大、激昂等情感，表达积极肯定的意思；肩部至腰部称为中区，多表示比较平静的思想，一般不带有浓厚的感情色彩；腰部以下称为下区，多表示不屑、厌烦、反对、失望等，表达消极否定的意思。

2. 常见的手势

在许多交往场合，商务人员有时需要做引领动作，例如请客人进门和请客人坐下，为客人开门等，都需要运用手与臂的协调动作，同时，由于这是一种

▲ 女士手势

礼仪，还必须注入真情实感，调动全身活力，使心与形体形成高度统一。手势的规范标准是：五指伸直并拢，腕关节伸直，手与前臂形成直线。在做动作时，肘关节弯曲130°左右为宜，掌心向斜上方，手掌与地面形成45°。

引领动作主要有以下几种表现形式：

（1）横摆式。以右手为例：将五指伸直并拢，手心不要凹陷，手与地面呈45°，手心向斜上方。腕关节微屈，腕关节要低于肘关节。动作时，手从腹前抬起，至横膈膜处，然后，以肘关节为轴向右摆动，到身体右侧稍前的地方停住。同时，双脚形成右丁字步，左手下垂，目视来宾，面带微笑。这是在门的入口处常用的谦让礼的姿势。

（2）曲臂式。当一只手拿着东西，扶着电梯门或房门，同时要做出“请”的手势时，可采用曲臂手势。以右手为例：五指伸直并拢，从身体的侧前方向上抬起，至上臂离开身体的高度，然后以肘关节为轴，手臂由体侧向体前摆动，摆到手与身体相距20厘米处停止，面向右侧，目视来宾。

（3）斜下式。请来宾入座时，手势要斜向下方。首先用双手将椅子向后拉开，然后，一只手曲臂向前抬起，再以肘关节为轴，前臂由上向下摆动，使手臂向下成一斜线，并微笑点头示意来宾。

（4）直臂式。为来宾指示较远的方向或远处的物品时，手臂向外侧横向摆动，掌心斜向上方，指尖指向去往方向，手臂抬至肩高，身体微侧向来宾。

递物是商务人士在工作中不可缺少的动作，为了体现对客人的尊重，递物时应双手为宜，不方便双手并用时，也要采用右手；将有文字的物品递交他人时，须使之正面面对对方；将带尖、带刃或其他易于伤人的物品递于他人时，切勿以尖、刃直指对方。

▲ 横摆式

▲ 曲臂式

【礼仪小故事】

**“V”形手势的来源**

商务场合常用的“V”形手势是英国首相温斯顿·丘吉尔一怒之下发明的，以表示胜利。有一次，丘吉尔在地下掩蔽部内举行记者招待会，突然地面警报声大作，丘吉尔闻声举起右手，用食指和中指同时按住作战地图上的两个德国城市，大声地对与会记者说：“请相信，我们会反击的!”这时，在场的一名记者发问道：“首相先生，您有把握吗?”丘吉尔转过身，目光锐利地望着记者们，立即将按在地图上的两指指向天花板，情绪激动地大声回答说：“一定胜利!”丘吉尔这一镇定威严的神态举止被记者们拍了下来，登在了第二天出版的报纸上。从此，这一“著名”的手势便在英国城乡广泛流行开来，并很快在全世界得到了普及。但是，这一手势如果手心向内，在澳大利亚、新西兰、英国则是一种侮辱人的信号，代表“upvours”；在欧洲各地也用此手势来表示数字“2”。

▲丘吉尔与“V”形手势

## 六、鞠躬

鞠躬是一种向人行礼的体态。鞠躬时需要注意以下事项：

（1）鞠躬度数与对人的尊重程度呈正比。常见的鞠躬有15°鞠躬、30°鞠躬和45°鞠躬。

（2）注意入乡随俗：在日本，初次见面通常行30°鞠躬礼，分手时行45°礼，在我国、韩国、新加坡、马来西亚通常行稍鞠躬礼，即15°鞠躬。

（3）先进行语言问候然后再鞠躬。

（4）鞠躬动作要点：头颈背成直线，双手自然放在裤缝两边（女士双手交叉放在体前）前倾15°（或30°），目光约落于体前1.5米处，再慢慢抬

▲鞠躬的标准姿势

起，注视客人。忌讳在鞠躬时只弯头、头部左右晃动、双腿没有并齐、驼背等不雅的动作。

## 七、面部表情的表现与控制

表情是思想感情的自然外露。古人云："人身之有面，犹室之有门，人未入室，先见大门。"面部表情作为丰富且复杂的体态语的一个重要方面，它包括脸色的变化、肌肉的收展以及眉、鼻、嘴等的动作，这里重点介绍眼神和微笑。

### 1. 眼神

俗话说："眼睛是心灵的窗户"，它是人体传递信息最有效的器官，而且能表达最细微、最精妙的差异，显示出人类最明显、最准确的交际信号。据研究，在人的视觉、听觉、味觉、嗅觉和触觉感受中，唯独视觉感受最为敏感，人由视觉感受的信息占总信息的83%。那在与人交往时，如何运用眼神才是合乎礼仪的呢？本书从眼睛注视的时间、注视的区域、视线的角度控制及瞳孔的变化四个方面简要说明。

（1）注视的时间。据调查研究，人们在交谈时，视线接触对方脸部的时间占全部谈话时间的30%～60%，超过这一平均值，可认为谈话者本人不仅对谈话内容很感兴趣，对谈话对象也很感兴趣；低于平均值，则表示对谈话内容和谈话对象都不怎么在意。因此不难想象，如果谈话时心不在焉、东张西望，或只是由于紧张、羞怯不敢正视对方，目光注视的时间不到谈话的1/3，这样的谈话，必然难以被人接受和信任。当然，注视对方也必须考虑到文化背景，如长时间注视南欧人，对方可能感到受到冒犯。

（2）注视的区域。在人际交往中，根据交往双方的关系、所处的场合，眼神注视的区域也应有所差别。当然这里说的注视区域是交际双方处于2米左右的距离的范围时双方的眼神注视区域，因为距离较近时，如果眼神游离，东张西望，是不重视和不尊重对方的表现。具体注视区域可分为三种：

▲ 眼睛注视的区域

一是公务凝视区域，主要指发际线到眼睛下边缘的区域，这一区域适合在商务交往公务交往中使用，如右图上部框内的区域。

二是社交凝视区域，主要指眼睛到下巴的区域，这一区域较之前范围扩大，适合在社交活动中使用，如图中部框内的区域。

三是私密凝视区域，主要指下巴往下的躯体的部分。这一区域只有关系非常亲密的人才能使用，否则随意乱看，容易引起对方反感，如图中下部框线的区域。

（3）视线的角度控制。人们在社会交往中，视线的角度也是有差别的，这种角度的不同会给交往对象带来不同的感受。当一个人视线向下，会给人一种权威感和优越感；当一个人视线朝上，会给人服从、温顺的感觉；当视线水平时，则会让人有客观理智的感觉。

（4）瞳孔的变化。瞳孔的变化即视觉接触时瞳孔的放大或缩小。心理学家往往用瞳孔大小变化的规律来测定一个人对不同事物的兴趣、爱好、动机等。兴奋时，人的瞳孔会扩张到平常的4倍大；相反，生气或悲哀时，消极的心情会使瞳孔收缩到很小，眼神必然无光。所谓“含情脉脉”“怒目而视”等都多与瞳孔的变化有关。据说，古时候的珠宝商人就已注意到这种现象，他们能窥视顾客的瞳孔变化而猜测对方是否对珠宝感兴趣，从而决定是抬高价格还是降低价格。而当打牌的人发现对手的瞳孔放大时，就会知道对手有一手好牌了。

在社交过程中，眼神的具体使用和控制一定要与双方的关系、场合、情境相结合，正确地运用眼神能够为我们的社交带来意想不到的效果。例如与朋友会面或被介绍认识时，可凝视对方稍久一些，这既表示自信，也表示对对方的尊重。双方交谈时，应注视对方的眼鼻之间，表示重视对方及对其发言感兴趣。当双方缄默不语时，就不要再看着对方，以免加剧因无话题本来就显得冷漠、不安的尴尬局面。当别人说了错话或显拘谨时，务请马上转移视线，以免对方把自己的眼光误认为是对其的嘲笑和讽刺。

眼神表达出异常丰富的信息，但微妙的眼神有时也只可意会，难以言传，只能靠我们在社会实践中用心体察、积累经验、努力把握，方能在社交中灵活运用。

▲ 微笑

2. 微笑

著名画家达·芬奇的杰作《蒙娜丽莎》是文艺复兴时期出色的肖像作品之一。画中女士的微笑给人以美的享受，使人们充满对真善美的渴望，至今让人回味无穷。微笑，是一种特殊的语言——“情绪语言”。它可以和有声语言及行动相配合，起“互补”作用，沟通人们的心灵，架起友谊的桥梁，给人以美好的享受。工作、生活中离不开微笑，社交中更需要微笑。

微笑是世界通用的体态语，它超越了各种民族和文化的差异。微笑是人人都喜爱的体态语，正因为如此，无论是个人还是组织，都要充分重视微笑及其作用。

美国有一个城市被称为微笑之都，它就是爱达荷州的波卡特洛市，该市通过一项法令，该法令规定全体市民不得愁眉苦脸或拉长面孔，否则违者将被送到“欢容遣送站”去学习微笑，直到学会微笑为止。波卡特洛市每年都会举办一次“微笑节”，可以想象，“微笑之都”的市民的微笑绝不比“蒙娜丽莎”逊色。

微笑是有规范的，一般要注意四个结合：

（1）口眼结合。要口到、眼到、神色到，笑眼传神，微笑才能扣人心弦。

（2）笑与神、情、气质相结合。这里讲的“神”，就是要笑得有情入神，笑出自己的神情、神色、神态，做到情绪饱满、神采奕奕；“情”，就是要笑出感情，笑得亲切、甜美，反映美好的心灵；“气质”就是要笑出谦逊、稳重、大方、得体的良好气质。

（3）笑与语言相结合。语言和微笑都是传播信息的重要符号，只有注意微笑与美好语言相结合，声情并茂，相得益彰，微笑方能发挥出它应有的特殊功能。

（4）笑与仪表、举止相结合。以笑助姿、以笑促姿，形成完整、统一、和谐的美。

尽管微笑有其独特的魅力和作用，有礼貌的微笑应是自然的坦诚，内心真实情感的表露。强颜欢笑，假意奉承，那样的“微笑”只能起反作用，因为作为本能，人类一眼便可分辨“笑容”的真伪。

## 在线自测

请大家自行扫描右侧的二维码进行在线自测，自测允许重测，取最高的分值记录成绩。

【案例分析与讨论】

**“OK”手势引发的误会**

一位美国的工程师被公司派到他们在德国收购的一家分公司工作，有一次，他与一位德国工程师一起检修一台大型故障机器。美国工程师在机器顶端检查，德国工程师在下面检查，当美国工程师寻找到故障所在时，非常高兴地跟在下方检查的德国工程师比画了一个“OK”的手势。结果没想到，德国工程师看到后，生气地放下工具走开了，并拒绝和美国工程师进一步交流。后来这位美国人才从其他德国同事那里了解到这个手势在德国是一种极具侮辱的冒犯性手势。

【讨论问题】

1. 你知道“OK”手势在美国表示什么含义吗？

2. 你还知道“OK”手势在不同的国家和地区所表达的不同含义吗，查阅资料说说看。

3. 这个案例说明了手势这种体态语有什么特点？我们在使用体态语时需要注意哪些礼仪规范呢？

# 项目三　商务人士服饰选择与穿戴礼仪

## 任务一　认知服装的功能与着装原则

【知识链接】

意大利影星索菲亚·罗兰说过："你的服装往往表明你是哪一类人物。它们代表着你的个性。一个和你会面的人往往自觉不自觉地根据你的衣着来判断你的为人。"英国戏剧大师莎士比亚说："服饰往往可以表现人格。"我国著名学者郭沫若也说过："衣裳是文化的表现，是思想的形象，更是一个民族文化修养素质的具体化。"的确，服饰在商务交往中往往反映了一个人的社会地位、身份职业、个性特点、性格爱好、文化修养及审美品位。端庄适宜的服饰是一个人自我尊严的传达，也是尊重他人的表现。用服饰为自己塑造一个美好的外在形象，在商务交往中所产生的效应是不容忽视的。

### 一、服装的功能

随着人类社会的产生与发展，服装的功能也越来越多。在现代社会中，服装的功能主要有三种。

1. 蔽护功能

蔽护即遮蔽和保护的意思。人类的祖先为了遮羞和取暖，开始学习制作衣服。服装既能遮蔽人体，又能维护人体的热平衡，以适应气候变化的影响。这是服装产生的最初原因，也是服装最主要的一项功能。时至今日，人们仍然在穿着更舒适、更保暖的道路上不断地努力和研发。

2. 美化功能

追求美是人的本性。服装的美化功能就表现在服装的美观性上，服装的美能衬托人的魅力，能满足人们精神上美的享受。服装中影响美观性的因素主要有纺织品的质地、色彩、花纹图案、坯布组织、形态保持性、悬垂性、弹性、防皱性、服装款式等。

3. 社会功能

社会功能就是人们通过服装可以体现其社会特征和群体归属，如警察穿制服，不同民族的人穿民族服装，官员穿官服，不同朝代人着不同服装等。

我国古代各朝各代官职各有不同，名称、职责也各有不同，当然服饰也不同。清代官员的朝服在前胸和后背处有一块装饰图案，文官和武官不同官阶，图案各有不同。朝服上的图案称为补子，文官的补子图案用飞禽，武官的补子图案用猛兽，这也正是成语衣冠禽兽的来源。文官的补子图案是一品仙鹤，二品锦鸡，三品孔雀，四品云雁，五品白鹇，六品鹭鸶，七品鸂鶒，八品鹌鹑，九品蓝雀。武官的补子图案是一品麒麟，二品狮子，三品豹，四品虎，五品熊罴，六品彪，七品、八品犀牛，九品海马。

## 二、服装的着装原则

### 1. 整洁性原则

整洁性原则是指着装要整洁干净。保持衣服整洁干净是着装的第一要求。一个穿着打扮整齐干净的人给人的感觉是积极向上的，也更容易给人留下良好的第一印象。

### 2. 个性化原则

个性化原则主要指依据个人的性格、年龄、身材、肤色、爱好、气质和职业等要素着装，力求穿出自己的个性和品位，树立自己的个人形象。

选择服饰因人而异，重点在于自然得体、扬长避短，显示独特的个性魅力和最佳风貌。选择衣服不但要适合自己的个性特征，体现“与众不同”，也要以一定的交际目的为基础，适应具体的交际需要。

### 3. TPO 原则

TPO原则的概念最早是由日本男用时装协会（MFU）于1963年提出来的。TPO是英文单词中“Time（时间）”“Place（地点）”“Occasion（场合）”的缩写，意思是着装要适应时间、地点和场合的要求。当时日本男用时装协会提出这个概念，初衷是想借助1964年要举办的东京奥运会期间的国际礼装来推进日本男装的时装化。没承想，TPO原则一经提出便迅速传播，并成为全世界服装选择和着装的最有影响力的着装原则。

（1）时间原则（Time）。时间原则就是指人们在着装时要根据时间的不同及时变换自己的着装。时间涵盖了每一天的早、中、晚三个时间段，也包含春、夏、秋、冬季节的更替。人们着装时必然会考虑时间层面，做到“随时更衣”。在通常情况下，人们早间在家中和户外的活动居多，无论外出跑步做操，还是在家里盥洗用餐，着装都应以方便、随意为宜，可以选择运动服、便装、休闲装等，这样会透出几分轻松温馨之感。日间是工作时间，着装要根据自己的工作性质和特点，总体上以庄重大方为原则。如果安排有社交活动或商务活动，则应以典雅端庄为基本着装格调。晚间以宴请、舞会、音乐会等正式社交活动居多。此时，人们的交往空间距离相对会缩小，服饰给人们视觉与心理上的感受程度相对增加。因此，晚间着装要讲究一些，礼仪要求也要严格一些。晚间着装以晚礼服为宜，以形成高雅大方的礼仪形象。

（2）地点原则（Place）。地点原则是指人们在选择和穿着服装时应考虑要与具体的地点相适应、相协调。西装革履地步入金碧辉煌的高级酒店会产生一种人境两相宜的效果，而西装革履地走进运动场，则让人觉得极其不协调。在学校的大学生，在教室上课宜穿休闲装，进行科研成果汇报、论文答辩宜穿衬衫西裤或西装套装，在运动场参加体能测试应穿运动装和运动鞋，在寝室休息可以穿睡衣。

（3）场合原则（Occasion）。场合原则是指人们的着装也要与特定的场合气氛相协调，实现人景相融的最佳效应。一般商务人士所处的场合可粗分为三种：公务场合、社交场合和休闲场合。

公务场合着装应整洁、大方、美观、庄重、保守，宜选择制服、套装、套裙等。

休闲场合则讲究穿着舒适自然，宜选棉质休闲衬衣，卫衣、T恤、牛仔装、运动装、户外装等。

社交场合讲究时尚个性，美丽高雅，女士宜选连衣裙、套裙、中式服装、旗袍、晚礼服等，男士宜选礼服、正装西装等。

服饰所蕴涵的信息内容必须与特定场合的气氛相吻合，否则，往往会引起人们的疑惑、猜忌、厌恶和反感，导致交往空间距离与心理距离的拉大和疏远。

【礼仪小故事】

一次一家杂志社公开招聘编辑，面试时来了一位年轻的姑娘，姑娘刚大学毕业，素颜、金黄色的短发、穿着一套睡衣样式的衣服，脚穿棉袜和一双厚底老爹鞋。姑娘一进门，立马吸引了面试官们的注意，短暂尴尬无语后，面试的人事主管和总编辑问了几个专业问题，姑娘也坐下来侃侃而谈。结束后，面试领导虽然感觉这个姑娘有些思想和小才华，但也表达了自己的疑虑：这样时髦前卫不羁的造型太不适合面试和岗位要求，也是对这次面试的不重视。最终，还是没有录取。

4．协调性原则

着装的协调是指一个人的穿着要与年龄、性别、容貌肤色、脸型、体型、身份、职业等相吻合，表现出一种和谐美。

不同年龄的人着装应该各有讲究，年轻人可穿得鲜艳、活泼、随意，体现年轻人的朝气蓬勃；中年人力求突出成熟风韵，妆色柔和，服饰优雅、质地考究；老年人则要注意庄重雅致，体现成熟与稳重的睿智风格。

每个人容貌肤色都不相同，因此在选择服饰时，也应根据各自的容貌肤色来进行不同的搭配。学习颜色属性，了解自身肤色特点，注意颜色搭配，才能扬长避短。

商务人员还应根据体型挑选合适的服装，实现服装和人体的协调统一。体型分类有不同的标准和说法，现在较为流行的身材分类是：沙漏形身材，梨形身材，O形身材，H形身材，苹果形身材，倒三角形身材，其中最受青睐的无疑是沙漏形身材。人的身材的改变并非一朝一夕的事，因此更需要根据身材，掌握恰当的穿搭技巧，便可以达到扬长避短的视觉效果。

着装还要与职业身份相协调。服饰要合乎和体现自身的职业身份特点，与所从事的职业和身份角色形象相协调。例如教师不宜着奇装异服，浓妆艳抹，珠光宝气；推销人员服饰需体现稳重、可靠；科研人士则应显得专业、知性、沉稳。

衣装是人的一张名片，在你未言语之前，它已经源源不断地向对方输送了关于你的诸多信息。随着时代的发展，如今大多数人已经意识到服饰的能量，非常关注服饰搭配。但作为主体的我们，更应确立正确的着装理念，切忌矫枉过正，应“识人择衣”，穿出属于自己的风格。

## 在线自测

请大家自行扫描右侧的二维码进行在线自测，自测允许重测，取最高的分值记录成绩。

【案例分析与讨论】

**推销员乔吉拉德谈着装**

被吉尼斯世界纪录列为全世界最伟大的推销员乔吉拉德是一位颇受欢迎的人物。他对职业着装的研究非常到位，他提出不要吝啬，要买你付得起的最好服装，质料好的衣服会使你更帅气，也更耐穿；上班、宴会、谈判和休闲等各种不同的场合着装要有不同的选择搭配；你不能穿牛仔裤去见银行总裁，也不能穿着西装去玩足球；粗俗的领带、过大的皮带、劣质的扣子和过重的首饰都会影响一个人的职业形象，同时还会分散别人对你本身的注意力；皮鞋与衣服一定要搭配好，而且不同场合要选择不同的鞋子。

【讨论问题】

1. 案例中乔吉拉德提到了哪些不适合商务人员选择的服装和饰品？
2. 你认为乔吉拉德提到了哪些职业着装应遵循的原则？
3. 你同意乔吉拉德的着装观点吗？说说理由。

## 任务二　商务人士服装选择与着装技巧

【知识链接】

作为训练有素的商务人士，要根据TPO原则来选择适合自己的服装，此处对商务人士较经常穿着的服装品类及其穿着技巧进行简单说明。

西装，又称西服、洋服。它源于欧洲，据考证，其最早是中世纪欧洲马车夫的一种制服。清朝晚期传入中国，当时的激进青年把它作为接受新思想的象征。20世纪80年代以后，西装在中国重新成为风尚，国家领导人接见外宾、经贸代表团出访国外、人们日常上班工作，西装都被看作是最佳的着装选择。西装是一种国际流行、经久不衰的服装，是男性服装中最受欢迎也最受看的一种。它样式美观大方，穿着方便简捷，适应场合很广。

西装根据适应的场合的不同可以分为：正装西装和休闲西装两种，正式的公务场合和商务场合，男士们通常都会选择穿着正装西装。

西装造型典雅高贵，穿在男士身上会使之显得英武矫健，风度翩翩，魅力十足。俗语有云："西装七分在做，三分在穿"，所以西装的选择与穿着有诸多讲究。

## 一、男士正装西装的选择与着装规范

正装西装是商务男士在公务场合最常见的服装，也是现代交际中男子最得体的着装。国外很多机构都规定工作人员上班，男士必须穿西服打领带。为了塑造良好的个人形象，男士必须学会穿西装。

### 1. 男士西装的选择

首先要选择合适的款式。西装的款式可分为意式、英式、美式、日式四大流派。尽管西装在款式上有流派之分，但是各流派之间差异并不是很大，只是在后开衩的部位、单排扣双排扣、领子的宽窄、肩的宽窄、收腰程度等方面有所不同。因此，我们在选择西装时，要充分考虑到自己的身高、体型，如身材较胖的人最好不要选择瘦型短西装；身材较矮者也最好不要穿上衣较长、肩较宽的双排扣西装。西装必须合体，领子应紧贴衬衣领口而且领口低于衬衣领口1~2厘米。袖子的长度以到手腕为宜，西装衬衣的袖长应比西装外套袖长1~2厘米，这样可以用白色衬衣衬托西装的美观，以显出层次，显得活泼有生气。胸围以比衬衫胸围多3~5厘米为宜，松紧适中。要特别注意后背不起吊，也就是使上衣的下摆线与地面平行。

其次要选择合适的面料和颜色。西装的面料要挺括一些。做正式礼服用的西装可采用深色如黑色、深蓝、深灰等颜色的全毛面料制作。日常穿的西装颜色可以有所变化，面料也可以不必讲究，但必须熨烫挺括。如果穿着皱巴巴的西装，是会损坏自己的交际形象的。

再次要选择合适的衬衣。穿着西装时一定要穿带领的衬衣；花衬衣配单色的西装效果比较好，单色的衬衣配条纹或带格西装比较合适；方格衬衣不应配条纹西装，条纹衬衣也不要配方格西装。

最后要选择合适的领带。在交际场合穿西装必须要打领带，领带的颜色、花纹和款式要与所穿的西装相协调。领带的面料以真丝为最优。在领带颜色的选择上，杂色西装应配单色领带，而单色西装则应配花纹领带；驼色西装应配金茶色领带，褐色西装则需配黑色领带等。

2. 男士西装的穿着规范

一是要穿好衬衣。穿西装必须要穿长袖衬衣，衬衣选择正装衬衫，领头一定要硬扎、挺括，外露的部分一定要平整干净。衬衣下摆要塞在裤子里，领子不要翻在西装外，衬衣袖子长于西装袖子。

二是要注意内衣不可过厚过多。穿正装西装衬衣内忌穿过多内衣。衬衣内除了背心之外，最好不要再穿其他内衣，如果天气寒冷，建议选择加棉衬衫或者羽绒衬衫。衬衣外面还可以穿上与西装成套的马甲，避免穿上显得过于臃肿，影响穿西装的效果。

三是要打好领带。在比较正式的社交场合，穿西装应系好领带。领带有简易打法和复杂打法之分。领带的长度要适当，以达到皮带扣处为宜。系领带时，衬衣的第一个纽扣要扣好，如果佩戴领带夹，一般应在衬衣的第四、第五个纽扣之间。

四是要鞋袜整齐。穿西装一定要穿正装皮鞋，而不能穿布鞋或旅游鞋。皮鞋的颜色要与西装相配套，通常深色西装搭配黑色皮鞋。皮鞋还应擦亮，不要蒙满灰尘。穿皮鞋还要配上合适的袜子，黑色皮鞋宜选深色纯色的袜子，不能选择白袜子。

五要扣好扣子。西装上衣的扣子在扣法上有特殊的讲究。单排扣西装讲究“扣上不扣下”，即一粒扣西装可扣，可不扣；两粒扣西装，扣上面一粒，下面一粒不扣；三粒扣西装，扣上面两粒，下面一粒不扣，也可只扣中间一粒。但双排扣西装，上衣扣子一般要求全部扣上，不要敞开穿。

3. 男士穿着正装西装时的“三个三”

一是“三色原则”，男士在正式场合穿着正装西装时，全身颜色必须限制在三种之内，否则就会显得不伦不类，失于庄重和保守。

二是“三一定律”，即男士穿着西装外出时，身上有三个部位的颜色必须协调统一，这三个部位分别是鞋子、腰带、公文包，最理想的颜色选择是黑色。

三是“三大禁忌”，即在正式场合穿着正装西装时，绝不能出现的三个错误：袖口上的商标未拆；在正式场合穿着夹克打领带；在正式场合穿着西服时袜子出现问题。

4. 商务男士的其他服装选择

正装西装是商务男士在正式场合穿着的不二之选，但对于商务男士，场合多样，服装也多样，现代社会时尚新潮，新款服装更是层出不穷，所以商务男士也有更多的选择空间，下面几种服装也是现代商务男士的常选项。

（1）时尚休闲装。当时代步入21世纪，商务男士的着装开始追求时尚休闲，时尚休闲装已经成为他们着装的挚爱。比尔·盖茨、史蒂夫·乔布斯就是其中的代表。针织衫内搭衬衫是比尔·盖茨最心仪的搭配。日常出行、去学校演讲、接受采访、开公司年会都能看到盖茨这样的经典搭配。盖茨虽偏爱如此搭配，却不是一成不变的。他总是会在衬衫和针织衫的颜色搭配上下功夫，而且搭配出来的效果很不错。史蒂夫·乔布斯的标志性着装是黑色长袖高领套头衫，蓝色牛仔裤，脚踏一双运动鞋。多年来，人们怀疑乔布斯从未换过衣服。但他去世后，人们发现他的柜子里有上百件这样的衣服。

选择时尚休闲装体现了现代人追求个性的性格，当然我们也不难发现，这些在公务场合的休闲装，也以款式简洁、色彩单一为特征，绝非花里胡哨，另类奇异。

（2）男士传统礼服。礼服一般泛指一切适合在特别庄重场合中或举行仪式时所穿着的服装。男士常见的传统礼服有以下几种：

①中山装。前门襟有五粒扣子；带风纪扣的封闭式领口；上下左右共有四个贴袋，袋盖外翻并有盖扣；一般应由上下身同色的深色毛料精制而成。穿着时，应将前门襟、风纪扣、袋盖扣全部扣好；口袋内不宜放杂物，以保持平整挺括；配擦亮的黑皮鞋。成年男子穿上一套合身的上下同质同色的毛料中山装，配上黑皮鞋，会显得庄重、神气、稳健、大方，富有中国男子气派。中国男士也非常喜欢着中山装出席各种外交、社交场合。

②晨礼服。晨礼服是欧美国家日常生活中使用的礼服。通常上装为灰色或黑色，后摆为圆尾形，上衣长与膝齐，胸前仅有一粒扣。下装为深灰色黑条裤，一般用背带，配白衬衫，灰、黑、驼色领带即可，穿黑袜子、黑皮鞋，可戴黑礼帽。白天参加各种典礼、婚礼，星期天上教堂做礼拜时穿戴。

③大礼服。也称燕尾服，西式晚礼服的一种。黑色或深蓝色上装，前摆齐腰剪平，后摆较长而下端分开像燕子尾巴，翻领上镶缎面。下装为黑或蓝色配有缎带、裤腿外侧有黑丝带的长裤，一般用背带，系白领结，配黑皮鞋、黑丝袜，戴白手套。大礼服是一种晚礼服，适合于晚宴、舞会、招待会等场合。

④小礼服。也称小晚礼服、晚餐礼服或便礼服。这是晚间集会最常用的礼服，其上衣与普通西装相同，通常为全黑或全白，衣领镶有缎面。下装为配有缎带或丝腰带的黑裤。系黑领结，穿黑皮鞋，一般不戴帽子和手套。这种礼服适用于晚上举行的宴会晚会、音乐会，观看歌舞剧等场合。

▲ 中山装

▲ 晨礼服

▲ 大礼服

▲ 小礼服

## 二、商务女士的服装选择与穿着

商务女士在职场穿着的服装应选择款式简洁、讲究配套、色彩单纯的，以期表现出商务女士的精明强干，落落大方。

1. 女士西服套装的选择与穿着

在很多商务场合和公务场合，商务女士会选择女士西服套装。女士的西服套装，通常是两件套，上身为女士西装，下身为与上衣配套的裙装或者裤装。在职场，女士西装套装款式宜简洁大方，不宜过分的花哨和夸张。

女士西装的领型有“V”字领、青果领、披肩领等；款式有单排扣、双排扣；衣长也有变化，最短短至齐腰处，或长至大腿；造型上有宽松的、束腰的，还可有各种图案的镶拼组合，女士可根据个人实际情况选择穿着。

穿着女士西装，下身可选择西裤搭配，也可选择与上衣配套的窄裙。至于到底选择西裤还是窄裙，取决于个人选择，也取决于国际惯例，通常涉外交往，建议采用西服套裙，国内交往，套裙或者西裤均可。

西服套裙中的下装通常是腰裙，如西装裙、一步裙、H型裙、A字裙等窄裙。套裙面料高档，如夏季用丝绸、春秋用各类毛料、冬季用羊绒或毛呢织物。西服套裙的色彩宜选单色，整套西服套裙的总体颜色不能超过两种颜色，这样色彩更加和谐统一，给人稳重睿智之感。如果下身穿着西裤，行动起来则更为方便。下身是裤装的西装套服的色彩要求与西服套裙一样。

2. 商务女士的其他服装选择

（1）女士休闲装。在一些社交场合和休闲场合中，商务女士也会穿着设计时尚、简约大方的休闲装。例如卫衣、运动装、针织衫、牛仔裤等。休闲装简单舒适，不刻板，讲究个性，非常受年轻人的喜爱。

（2）女士连衣裙。连衣裙是上衣和裙子的结合体，它不但能尽显女士特有的恬静和妩媚，而且穿着便捷、舒适，因此特别受到女士的喜爱。连衣裙的款式很多，无定规，裙长可长可短，袖子可有可无，裁剪形式各异，图案色彩不一，令人眼花缭乱。在商务场合，如果穿着连衣裙，应以大方典雅为宜，如可选带袖的纯色的，款式简洁利落的，也可将连衣裙与西装外套等组合搭配，提高服装的使用率。

（3）女士传统礼服。礼服主要适合隆重的社交场合穿着，如参加公司年会、酒会、大型宴会，出席各种典礼庆典等。女士常见的礼服有以下几种。

①旗袍。旗袍有各种不同的款式和花色。紧扣的高领，贴身，衣长过膝，两侧开

叉，斜式开襟，这都是旗袍的特点。在礼仪场合穿着的旗袍，其开叉不宜太高，应到膝关节上方1~2cm为最佳。着旗袍可配穿高跟鞋或半高跟皮鞋，或配穿高级面料、制作考究的布鞋。

②晨礼服。晨礼服，为质料、颜色相同的上衣与裙子搭配而成，也可以是单件连衣裙，一般以长袖为多，肌肤的暴露很少。可戴手套和帽子，也可携带一只小巧的手包或挎包。晨礼服主要是在白天穿，适用于参加在白天举行的庆典、茶会、游园会和婚礼等。

③小礼服。也称小晚礼服或便服。通常是指长至脚面而不拖地的露背式单色连衣裙，其衣袖有长有短，着装时可根据衣袖的长短选配长短适当的手套，通常不戴帽子或面纱，主要适合于参加晚上6点以后举行的宴会、音乐会或观看歌舞剧。

④大礼服。也称大晚礼服，是一种单色拖地或不拖地的连衣裙；佩戴颜色相同的帽子和长纱手套以及各种饰物。大礼服是一种最正式的礼服，主要适用于在晚间举行的正式活动，如官方举行的正式宴会、酒会、大型正式的交际舞会等。

现在，随着时代的发展，人们快节奏生活的状态，服饰呈现出从简趋势。与此同时，服装的社会功能也更加突出，现代商务人员应选择合适的服装，表达对他人的尊重，提升个人魅力与素质。

## 在线自测

请大家自行扫描右侧的二维码进行在线自测，自测允许重测，取最高的分值记录成绩。

【案例分析与讨论】

**穿衣不对，尴尬一堆**

曾有一位企业家去会见前来考察的德国同行，由于天气炎热，他便像往常一样，穿着T恤衫、短裤和凉鞋就去了。岂料对方见到他后立刻露出不悦的神色，没谈几句就起身告辞了。因为在德国，这种重要的商务场合，彼此都要西装革履，否则则意味着瞧不起对方。无独有偶，一名推销汽车部件的推销员，西装革履地去一家汽车修理厂推销汽车配件。结果，这家修理厂的员工对他十分冷淡。这名推销员很苦恼，不明原因，便去请教一位知名的营销专家。专家让他下次去的时候穿与修理厂工人一样的工作服，这样会让工人们觉得他是与工人们一样的身份和地位，更加有亲近感，结果推销员成功了。

【讨论问题】

1. 推销员小伙第一次西装革履，结果修理厂工人对他十分冷淡，大家觉得是什么原因?

2. 推销员小伙第二次穿的是制服，或者可以叫作工作服。你知道制服的制作和穿着有哪些讲究吗?

3. 通过这个案例，对于职场的服装选择你有怎样的感悟呢?

## 任务三 配饰的选择与佩戴

【知识链接】

配饰指的是对人的外表起到装饰、点缀、美化作用的饰品，如耳环、项链、戒指、手镯、发卡、胸针、领带、眼镜、丝巾、皮包等。配饰有的是单纯的美化、装饰用品，有的是实用性和装饰性相结合的物品，也有的因其自身价值昂贵，既是饰物又是财富，具备装饰和收藏两种功能。

### 一、商务人员配饰礼仪准则

在现代社会的商务交往中，饰品和着装已经作为一种艺术手段为商务人士塑造自身形象提供帮助。具有一定文化艺术修养的商务人士，在着装的同时，都会适当考虑合适的配饰，通过巧妙、精致的点缀，来趋雅避俗，显优藏拙，提升个人形象。

德国美学家格罗赛说:“诱致人们将自己装饰起来的最大的、最有力的动机，无疑是为了取得别人的喜悦。”商务场合要让配饰养眼、养神、养心，必须遵循相应的礼仪准则，这些礼仪准则具体如下。

1. 点到为止，恰到好处

配饰不要太多，美加美并不一定等于更美，浑身上下珠光宝气、挂满饰物，除了让他人感觉炫耀和庸俗外，没有丝毫美感。

2. 扬长避短，显优藏拙

配饰是起点缀作用的，通过佩饰可突出自己的优点、掩盖缺点。传说中国历史上著名的“四大美女”，有的就是靠佩饰的塑造。据说貂蝉虽花容月貌，但耳朵短小，她便佩戴耳坠使耳朵有加长感。脖子短而粗的人，不宜戴紧贴脖子的项链，最好戴细长的项链，这样从视觉上把脖子拉长了；个子矮的人，不宜戴长丝巾，否则会显得更矮小；短而粗的手指不宜戴重而宽的戒指，戴一个窄戒指反而能使手指显得细长些。

3. 突出特点，彰显个性

配饰要彰显自己的个性，不要别人戴什么，自己就跟着戴什么。别人佩戴好看的东西，不一定适合自己。例如，西方女士一般嘴大、鼻子高、眼窝深，戴一对大耳环显得漂亮，而东方女士适宜佩戴小耳环，以此突出东方女性的含蓄秀婉、温文尔雅。

4. 适应场合，四季分明

不同的场合对佩饰的颜色、质地、款式及佩戴方式都有不同的要求。如商务人士参加谈判、发布会及会议，宜佩戴深色庄重的领带，让对手或听众在无形中感觉到一种沉着稳重；参加社交聚会或联谊会，佩戴浅色活泼的领带，能给人留下一种青春激昂的美好印象。佩饰在适应不同场合的同时还要区分季节。季节不同，佩饰的种类、款式、色彩要求也就不同。

## 二、配饰的选择与佩戴

配饰的种类繁多，在此只选择几种常用的进行简单的介绍。

1. 领带

领带是西装的专有装饰物，是西装的一个组成部分，被称为“西装的灵魂”，对西装的美观起着重要的点缀作用。正式商务场合，穿西装必须选用好领带，而选用好领带就要考虑以下因素。

（1）领带与衬衫颜色、式样相协调。如穿白色或其他浅颜色的单色衬衫时，领带就应鲜艳些；反之，衬衫上的图案很鲜艳，领带就要素雅些。应避免条纹和醒目的颜色与花哨的方格相配。

（2）领带与年龄相协调。年轻人可选择图案活泼、色彩对比强烈一些的领带，如黑红相间的斜条花纹领带；年龄大的人最好选择庄重大方的色彩。

（3）领带与肤色相和谐，皮肤黑的人不宜选用色彩鲜艳的领带。

通常情况下，黑西装、白衬衫，宜选用灰色、蓝色、绿色领带；灰西装、白衬衫，宜选用灰色、绿色、黄色领带；暗蓝色西装、白色或明亮的蓝色衬衫，宜选用蓝色、橙黄色的领带；蓝色西装，粉红、乳黄、银灰、明亮的蓝色衬衫，宜选用暗蓝色、灰色、胭脂色、黄色领带；褐色西装，白或灰白色、明亮的褐色、银色衬衫，宜选用暗褐色、灰色、绿色、黄色领带；绿色西装，明亮的蓝色、银灰色、褐色衬衫，宜选用黄色、胭脂色、褐色领带。

系领带必须穿硬领且长度适度的长袖衬衫，领带系好后，宽的一片一般要略长于窄的一片，长度以长片抵达皮带扣为宜。领带有多种系法，商务人士学会系领带是基本技能。

【礼仪小故事】

**领带的来历**

领带的历史，最早可以追溯到古罗马时代，古罗马的士兵喜欢在脖子上戴一种类似于围巾的东西，就有一点领带的味道。公元16世纪中叶，效忠于法兰西国王路易十四的克罗特亚雇佣军普遍使用一种红色披肩。这种披肩的肩幅很宽，有织纱的花边，系在胸前打结，这就是领带的雏形。渐渐地，为了在战场上区分敌我，法国军队开始普及这种披肩并将其作为标志，同时，对披肩也做了改进，把肩幅由宽大变为窄长，质地更加挺括，此时外形已经很像领带。到了1668年，领带开始成为男子服装的组成部分。不过，那时的领带还是一种在脖子上要绕两圈、两端随便牵拉着、下面还有3个或4个花结的波形彩带。

后来在贵族中间出现了“斯腾哥尔克式”领带，它们以镶花边的细麻布制成，一端从坎肩的扣眼中穿过。这种新式样的领带在妇女中也流行起来。

领带的发展在18世纪又前进了一步。1750年，一种“浪漫式”领带在西方出现。这是一种方形的白洋纱巾，先对角折，然后再折几下，绕过脖子在胸前打结，系法非常讲究，艺术性更加突出。到了18世纪末，人们对白色和黑色领带十分感兴趣，认为这两种颜色的领带显得高雅、富丽。高高地遮掩住脖子是西方19世纪领带装饰的特点。这一时期，领带的颜色五彩缤纷，质地多为绸缎、天鹅绒之类。

19世纪70年代，首次出现了自结花结领带，社会名流注重用领带装饰自己。社交活动中，领带也成为一种礼仪象征。至此，领带已失去了围巾的作用，成为地地道道的衣着装饰品。

2. 皮包

皮包是商务人士经常携带的物品之一，在商务场合选用恰当适宜的皮包有助于达到商务活动的目的。选用皮包需要注意以下事项：

①出席高规格场合，应选用质地高档、做工精细、外观华丽、体积小、横长形的皮包为佳。

②商务人士可选用牛皮、羊皮制品，也可选用革制品，但珍稀、名贵动物的皮革制品不宜选用。

③颜色多选用单色，男士穿西装要注意根据“三一定律”选择皮包的颜色，女士的皮包颜色也应与服装相协调。

④皮包宜选用长方形、正方形、椭圆形、半圆形等规则的形状。

⑤皮包内的东西应注意分类摆放，固定位置。不乱用皮包，不乱拿乱放皮包。

3. 首饰

首饰主要指的是人们佩戴在头部的装饰物，首饰起着辅助、烘托、陪衬、美化的作用。从审美的角度来看，它与服装、化妆一道被列为人们用以装饰、美化自身的三大方法之一。较之于服装，它常常发挥着画龙点睛的作用。佩戴首饰也有很多讲究，具体规则如下：

①数量上以少为佳，最好不要超过三种，每种不超过两件。

②色彩质地上力求同质同色，风格划一。若同时佩戴两件或两件以上的首饰时，应使其质地色彩一致，戴镶嵌首饰时应使其与主色调保持一致。千万不要使所戴的几种首饰色彩斑斓，同时还要注意首饰的色彩与服装的色彩协调。

③身份上首饰选择要与自己的性别、年龄、职业、工作环境保持大体一致，不宜相去甚远。如有的行业不让戴首饰，像医务工作者、宾馆服务员、厨师，这是由于行业特点所决定的，该行业的人员应无条件地遵守。

④在体型上要使首饰为自己的体型扬长避短。选择首饰时应充分正视自己的形体特点。如脖子长的人适合戴短、粗的项链，脖子短的人适合戴细、长的项链，手掌与手指偏小的人不适合戴大戒指，而适合戴小巧玲珑的小型戒指或小钻戒，可令手指秀丽可爱。

⑤佩戴方法上要明确不同佩戴方法的含义，正确佩戴，如戒指通常戴左手，戴在不同的手指上有不同的寓意：戴在食指上表示自己还没有男朋友，戴在中指上表示自己还在热恋，戴在无名指上表示已婚或订婚，戴在小指上表示独身主义。胸针要注意别的部位，穿西服应别在左侧领上，穿无领上衣时应别在左侧胸前。发型偏左时胸针应当居右，发行偏右时胸针应当偏左，其高度应在从上往下数第一粒与第二粒纽扣之间。

## 在线自测

请大家自行扫描右侧的二维码进行在线自测，自测允许重测，取最高的分值记录成绩。

【案例分析与讨论】

**如此装扮**

小黄去一家外企进行最后一轮总经理助理的面试，为确保万无一失，这次她做了精心的打扮。一身前卫的衣服、时尚的手环、造型独特的戒指、亮闪闪的钛金项链、长长的珍珠耳坠，身上每一处都是焦点，简直是“鹤立鸡群”。况且她的对手只是一个相貌平平的女孩，学历也不如她高，小黄觉得胜券在握。但结果却出乎意料，她并没有被这家外企所认可，主考官抱歉地说：“你确实很漂亮，可是我觉得你并不适合干助理这份工作，实在很抱歉。”

【讨论问题】

1. 你认为小黄的装扮存在什么问题?
2. 你给小黄面试的服装与配饰提点建议吧。

# 项目四　商务会面基础礼仪

商务人士在现代社会生活中与他人的交往日趋频繁，联系日益紧密。在参加宴请、会议、论坛、谈判、峰会等形式各异的商务活动中，在日常与亲人朋友的交际交往中，称呼、介绍、握手、使用名片等基础礼节必不可少。这些礼节都是我们与人会面时的最基础礼节，适用范围广，频率高，所以学习这些会面基础礼仪必要且重要。

## 任务一　正确称呼他人

【知识链接】

称呼始于见面之处，称呼不仅仅表达的是对对方的尊重，更标示着双方的关系。在不同的商务场合，面对不同的交往对象，使用何种方式的称呼才能恰到好处呢？对商务人士而言，常见的称呼方式主要有以下几种。

1. 泛尊称

泛尊称适用于各种商务场合。对男性一般称“先生”，对女性一般称“女士”“姑娘”“夫人”。值得注意的是，称呼女性时，要根据其婚姻状况，已婚的女子称“夫人”，未婚的女子称“姑娘”，对不知婚否、难以判断的可以称为“女士”。需要注意的是，泛尊称有地域特色和时代特点，最好提前了解。

在一些国家，“阁下”一词也可作泛尊称，如我国企业人员对外国一定级别的官员可称“阁下”。泛尊称可以同姓名、姓氏和行业性称呼分别组合在一起，在正式场合使用，如“玛格丽特·撒切尔夫人”“范博先生”“律师先生”“秘书小姐”等。

2. 职务称

在商务活动中，交往对象有职务的，可称呼对方的职务，如“董事长”“总经理”“经理”等。职务性称呼还可以同泛尊称、姓名、姓氏分别组合在一起使用，如“董事长先生”等。

对职务高的官方人士，如部长及以上的高级官员，不少国家称“阁下”，如“总统阁下”“大使先生阁下”。对有高级官衔的女性，也可称“阁下”。但在美国和德国等国家没有称呼“阁下”的习惯，对这些国家的相应人员，应称呼“先生”。

3. 职衔称

商务交往的对方，如拥有社会上备受尊重的学位、学术职称、专业技术职称、军衔和爵位的，可称呼“博士”“律师”“法官”“将军”“公爵”等。这些职衔性称呼还可以同姓名、姓氏和泛尊称分别组合在一起在正式场合使用，如“李博士”“王律师”“法官先生”等。在德国，获得博士学位是一件大事。国学大师季羡林的《留德十年》中有这么一段记载，在他通过博士答辩的当晚，房东太太就郑重其事地更改了对他的称呼——“博士先生”。尤其北部地区的商人，非常重视自己的头衔，当与他们一起一次次地称呼其头衔时，他们必然格外高兴。在德国，拥有博士头衔的人可以申请将头衔印在护照和其他证件上，这在他们看来是一件很自豪的事。

4. 职业称

商务交往的对象是不同行业的人士时，直接以被称呼者的职业作为称呼，如“化妆师”“设计师”“记者”“会计”等。在这些职业称呼前面还可以同姓名、姓氏分别组合在一起使用。

5. 姓名称

职场中如果双方彼此较熟悉，可以直接称呼其姓名或姓氏，如“王×”“贾×”等。为表示亲切，还可以在被称呼者的姓前面加上“老”“大”或“小”等字，而免称其名，如“老王”“小张”。更加亲密者，往往不称其姓，而只呼其名，如“丽丽”“美美”等。

6. 特殊性的称呼

涉外商务活动中，对君主制国家的王室成员和神职人员应用专门的称呼。如称国王或王后为“陛下”；称王子、公主、亲王等为“殿下”；有爵位的称爵位或“阁下”。对神职人员应根据身份称为“教皇”“主教”“神父”“牧师”等。

7. 代词称与亲属称

除以上常用的称呼外，在商务交往中还有以“您”“你”相称的“代词称”以及“大姨”“二舅”等亲属之间的“亲属称”。

## 称呼礼仪的原则与技巧

### 1. 称呼礼仪的原则

称呼礼仪的基本原则有两个：一为尊重，二为恰当。

（1）尊重。合乎礼仪的称呼一定是表达对他人尊重和表现自己讲礼仪有修养的一种方式。在商务交往中，称呼对方应使用尊称。

（2）恰当。商务交往中，要视对象、场合、双方关系等选择恰当的称呼，如对象是理发师、厨师、企业工人称“师傅”，则恰如其分。当与众多人打招呼时，还要注意亲疏远近和主次关系。一般先长后幼、先高后低、先女后男、先疏后亲为宜。

2. 称呼的技巧

（1）要记住对方的姓名。戴尔·卡耐基说过：“在交际中，最明显、最简单、最重要、最能得到好感的方法，就是记住人家的名字。”商务场合，记住并准确称呼对方的姓名，也会让对方感觉到亲切，一见如故。

【礼仪小故事】

**拿破仑是这样记住对方名字的**

传说，拿破仑曾得意地说，即使他日理万机，仍然能够记得他所认识的人。他的方法非常简单，如果他没有清楚地听到对方的名字，就说：“抱歉，没听清楚。”如果碰到一个不寻常的名字，他就问：“怎么写？”在谈话当中，他会把那个人的名字重复说几次，试着在心中把它跟那个人的特征、表情和容貌联想在一起。假若对方是个重要的人物，他就把那个人的名字写在一张纸上，仔细看看，记在心里，然后把那张纸撕掉。这样做，他对那个名字就不仅有声音的印象，还有容貌的印象。

拿破仑记住对方名字的技巧，或许对商务人士记住对方姓名有所帮助。能够记住客户姓名，对商务人士有效开展商务活动具有很大的帮助。

（2）要入乡随俗。称呼应随不同的商务环境而变化，入乡要随俗，根据所处的环境习惯来称呼。在多数大城市，对女性往往以“女士”“小姐”“夫人”相称，对男性以“先生”相称，但在我国大多数农村和中心城市，这样的称呼未必合适。对年轻女性，有可能不应称“小姐”而应称“大姐”，对已婚女性不应称“夫人”而应视年龄大小改称“大嫂”“大娘”“大婶”，对男性则称“大哥”“大叔”“大伯”“大爷”。在工厂，“师傅”是较常用的尊称。在艺术界、学术界，为表示尊重往往称“老师”。必须注意，不同环境中，对同一人的称呼可能有很大差异。如一般地区把母亲称作“妈妈”，而在某些地区“妈妈”却是指祖母；有的地区将老年妇女称“太婆”表示尊重，而有些城市将妇女称“太婆”则表示鄙夷。

3. 初次见面要慎重

初次与人见面或会面时，称呼对方时要特别慎重。

4. 专业职务和行政职务有选择性地称呼对方

行政职务通常指的是某人现在所任的最高职务或以前的最高职务。专业技术职务通常代表的是一个人在某一专业技术领域所达到的级别。在某些国家，人们特别喜欢别人用专业技术职务称呼自己。如果称呼对方的行政职务或专业技术职务，一定要根据场合有选择性地称呼对方。

5. 不使用低级庸俗或带有侮辱性的称呼

在商务交往中，有些庸俗低级的称呼切勿在正式场合使用，如“兄弟”“哥们儿”“铁哥们儿”等都不是很合适。

## 在线自测

请大家自行扫描右侧的二维码进行在线自测，自测允许重测，取最高的分值记录成绩。

【案例分析与讨论】

**称谓不对，礼物报废**

有一位先生要为一位外国朋友订做生日蛋糕和贺卡。蛋糕店小姐接过订单一看，忙说：“对不起，请问先生，您的朋友是小姐还是太太?”这位先生也不清楚这位外国朋友结婚没有，从来没有打听过，他为难地想了想说：“小姐？太太？一大把岁数了，应该是太太吧。”生日蛋糕做好后，服务员小姐按照地址将生日蛋糕送到酒店客房，一女子开门，服务员小姐有礼貌地说：“请问，您是怀特太太吗?”女子愣了愣，不高兴地说：“错了！”服务员小姐抬头看看门牌号，再打电话问那位先生，房间号码没错呀。再敲一遍，门被打开，“没错，怀特太太，这是您的蛋糕。”那女子大声说：“告诉你错了，这里只有怀特小姐，没有怀特太太。”啪的一声，门被大力地关上，蛋糕落地。

【讨论问题】

1. 这个案例中的女士因为什么生气并拒收蛋糕的?

2. 称呼“小姐”和“太太”有什么区别?

3. 使用“小姐”和“太太”称呼对方时,需要注意哪些礼仪规范?

4. 通过这则案例,你认为称谓在社交中的作用是什么?

## 任务二 握手的礼仪规范与要求

【知识链接】

从某种意义上说,在现代商务政务活动中,握手是普及范围最广、使用频率最高、最受人们青睐的一种见面礼。下面就来说说如何恰到好处地使用握手礼,充分展示握手礼的魅力。

1. 握手的历史来源

相传在刀耕火种的年代,人们经常持有石头或棍棒等武器,陌生者相遇,双方为了表示没有敌意,便放下手中的武器,并伸出手掌,让对方抚摩掌心。久而久之,这种习惯便逐渐演变为今日的握手礼节。当今,握手已成为世界上最为普遍的一种礼节,其应用的范围远远超过了鞠躬、拥抱、接吻等。可谓是:聚散忧喜皆握手,此时无声胜有声。在日常交际中,我们必须注意握手的基本礼节。

2. 握手次序有规则

根据礼仪规范,握手时双方伸手的先后次序,一般应当遵守“尊者优先”的原则,应由位尊者首先伸出手来,位卑者只能在此后予以响应,而绝不可贸然抢先伸手,否则便是失礼之举,其基本规则如下:

①男女之间握手,男士要等女士先伸出手后才握手。如果女士不伸手或无握手之意,男士向对方点头致意或微微鞠躬致意。

②主客之间握手,见面之初,主人要先向客人伸出手,表示对客人的热情欢迎;在客人告辞时,则应由客人先伸出手来与主人相握,在此表示的是“再见”之意。

③长幼之间握手，年幼的一般要等年长的先伸手。和长辈及年长的人握手，不论男女，都要起立趋前握手，并要脱下手套，以示尊敬。

④上下级之间握手，下级要等上级先伸出手。但涉及主宾关系时，可不考虑上下级关系，做主人的应先伸手。

⑤若是一个人需要与多人握手，则握手时亦应讲究先后次序，由尊而卑，即先年长者后年幼者，先长辈后晚辈，先老师后学生，先女士后男士，先已婚者后未婚者，先上级后下级，先职位身份高者后职位身份低者。

3. 握手姿势有讲究

握手的标准姿势是行礼时行至距握手对象约1米处，双腿立正，上身略向前倾，伸出右手，四指并拢，拇指张开与对方相握。握手时应用力适度，上下稍许晃动三四次，随后松开手来，恢复原状。当然在现实生活中，握手也有其他的姿势，如双手环抱式相握，一只手握手另一只手搭在对方的手臂处也可见到。具体采用哪种姿势可因人而异，因境不同。

双方握手的时间也要恰当，握手时间的长短可根据握手双方的亲密程度、具体事宜而灵活掌握，不可一概而论。

握手时用力也要恰当。可以握得稍紧些以示热情，但不可太用力，更不可把对方握疼，否则会显得粗鲁无礼。但也不可握得太轻，有人握手时只用指尖与人接触，这种做法显得妄自尊大。正确的做法应当是不轻不重地用手掌和手指全部握住对方的手，然后微微上下晃动。如果下级或晚辈与自己有力而紧紧地相握，一般应报以相同的力度为佳，这样可使晚辈或下级感受到你的威望，也能感受到你对他的热情与信任。

4. 握手需注意的其他事项

①握手时应用右手，不能用左手握手，也不能戴手套握手。但如在社交场合和公关活动中女士戴薄纱手套或网眼手套可不摘。

②当别人伸手与你握手时，都是友好问候的表示。不能拒绝或迫不得已地敷衍了事，否则会挫伤对方的自尊心。

③握手时手要干净。伸出脏手，会使对方难堪。另外，出手汗的人，在握手前应将手擦干，否则也将使对方感到很不舒服。

④人多时，注意不要交叉握手，可待别人握完再握。因为交叉握手，手臂恰好形成一个十字架形，在西方，传说交叉握手会招来不幸。

⑤与上级或长辈握手时，下级或晚辈为表示崇敬之情可采用双手捧握的握手姿势。

⑥军人戴军帽与对方握手时，可先行军礼，然后再握手。

## 在线自测

请大家自行扫描右侧的二维码进行在线自测，自测允许重测，取最高的分值记录成绩。

【案例分析与讨论】

**巧行握手礼**

张先生是某公司的总经理，一日，下班后他走出公司大楼时，碰到了销售部的新员工小李。小李在新员工培训会上见过张总，开心地疾步上前，主动打招呼并伸出手与张总握手，“张总好，我是销售部新来的员工，我叫李明。碰到您，真是太开心了……”，说了1分钟的话两人这手就握了1分钟。

晚上，张先生在一场商务宴会上偶遇了他高中的同班女同学王洁，上学时两人是前后桌，张先生对王洁同学印象深刻，所以偶然遇见时，非常兴奋，主动走上前并伸出手与王洁握手，结果王同学好像没有注意到他，被动地、迟疑地、慢吞吞地伸出了手……之后两人简单聊了几句就分开了。

【讨论问题】

1. 在案例中这两次握手之礼的所处场合及人物之间的关系有何变化？

2. 在案例中提到了两次见面握手，你认为这两次握手之礼行法是否恰当？并说说你的理由。

3. 通过此案例你认为行握手礼需要特别注意哪些礼仪规范？

# 任务三　介绍的礼仪规则与要求

**【知识链接】**

无论是在商务政务环境中，还是日常的生活中，我们都不可避免地要结识陌生人，与陌生人打交道。介绍就是与初次见面的陌生的双方开始交往的起点。如何有效地结识他人，更好地宣传推销自身？掌握自我介绍和为他人做介绍的技巧非常重要。

## 一、介绍的类型

介绍可以根据不同的标准分为不同的类型，此处我们介绍最为常见的类型，即自我介绍、他人介绍和集体介绍。

1. 自我介绍

在不同场合，遇见对方不认识自己，而自己又有意与对方认识，当场没有他人从中介绍，往往需要自我介绍。例如：因业务关系需要相互认识，进行接洽时可自我介绍；当遇到一位你知晓或久仰的人士，他不认识你，你可自我介绍：“×××（称呼），您好！我是×××（单位）的×××（姓名），久仰大名，很荣幸与您相识”；第一次登门拜访，事先打电话约见，在电话里应自我介绍。参加一个较多人的聚会，主人不可能一一介绍，与会者可以与同席或身边的人互相自我介绍。自我介绍前应有一句引言，以使对方不感到突然，如“我们认识一下吧。我叫×××，在×××公司公关部工作”。在出差、旅行途中，与他人不期而遇，并且有必要与之建立临时接触时，可适当自我介绍。初次前往他人住所、办公室，进行登门拜访时要自我介绍。应聘求职时需首先做自我介绍，等等。

2. 他人介绍

他人介绍又称第三者介绍，是经第三者为彼此不相识的双方引见、介绍的一种介绍方式，如介绍客人与本单位的领导及员工认识。在他人介绍中，为他人介绍的第三者是介绍者，而被介绍者所介绍的双方则是被介绍者。

他人的介绍，通常都是双向的，即将被介绍者双方各自均做一番介绍。作为介绍人应把握的介绍原则有二：一是介绍者要对被介绍者双方情况都比较了解，遇事要有主见，思想上要明确是介绍还是不介绍；二是介绍人还要善解人意，通过观察发现双方是否要求介绍。

3. 集体介绍

集体介绍其实是他人介绍的一种特殊形式，是指介绍者为他人介绍时，被介绍者其中一方或双方不只是一个人。集体介绍在商务交往中也极为常见。

## 二、介绍的礼仪规则与要求

1. 自我介绍的礼仪规则

自我介绍时，要及时、清楚地报出自己的姓名和身份。大方自然地进行自我介绍，可以先面带微笑，温和地看着对方说声："您好!"以引起对方的注意，然后报出自己的姓名和身份，并简要表明结识对方的愿望或缘由。进行自我介绍一定要力求简洁，尽可能地节省时间，介绍总的时间以半分钟为佳。

自我介绍，态度务必自然、友善、亲切、随和。要充满信心和勇气，敢于正视对方的双眼，显得胸有成竹。介绍时语气要自然、语速要正常、语音要清晰，这对自我介绍的成功十分有好处。

进行自我介绍时所表述的各项内容，一定要实事求是，真实可信。没有必要过分谦虚，一味贬低自己去讨好别人，但也不可自吹自擂，夸大其词，在自我介绍时掺水分，会得不偿失。

他人进行自我介绍时也要注意：一是引发对方做自我介绍时应避免直话相问，缺乏礼貌，如："你叫什么名字"，而应该尽量客气一些，用词更敬重些："请问尊姓大名""您贵姓""不知怎么称呼您""您是……"等；二是他人做自我介绍时要仔细聆听，记住对方的姓名、职业等。如果没有听清楚，不妨在个别问题上再仔细问一遍，这比他人做过自我介绍，而你还是不明情况的好；三是等一个人做了自我介绍后，另一个人也做相应的回报，做自我介绍，这才是礼貌的。

2. 他人介绍的礼仪规则

（1）他人介绍的基本规则。为他人做介绍时必须遵守"尊者优先了解情况"的规则，在为他人做介绍前，先要确定双方地位的尊卑，然后先介绍位卑者，后介绍位尊者。具体如下：

先将男士介绍给女士。例如，介绍王先生与李小姐认识，介绍人应当引导王先生到李小姐面前，然后说："李小姐，我来给你介绍一下，这位是王先生。"注意在介绍的过程中，被介绍者的名字总是后提。

先将年轻者介绍给年长者。把年轻者引见给年长者，以示对前辈、长者的尊敬。

如："王教授，让我来介绍一下，这位是我的同学张明。""张阿姨，这是我的表妹王丽。""刘伯伯，我请您认识一下我的表弟李强。"在介绍中应注意有时虽然男士年龄较大，但仍然是将男士介绍给女士。

先将职位低的介绍给职位高的。在商务场合要先将职位低的介绍给职位高的。如："王总，这位是××公司的总经理助理刘女士。"注意这里我们先提到的是王总经理，这是因为我们把王总经理的职位看作高于刘女士，尽管王总经理是一位男士，仍不先介绍他。

先将主人介绍给客人。例如主客双方见面，介绍者应先向客人介绍主方人员，如："张先生，我想请你认识一下我的女儿晓芳。""张先生，请允许我介绍一下我的妻子。"

先将未婚女子介绍给已婚女子。如："张太太，让我来介绍一下，这位是李小姐。"注意当被介绍者，无法辨别其是已婚还是未婚时，则不存在先介绍谁的问题，可随意介绍，如，"张女士，我可以把我的女朋友李小姐介绍给你吗?"

介绍与会先到者与后来者认识时，先介绍后来者，后介绍先来者。

特别需要注意的是，通常在商务场合，不必要优先采用"女士优先"的原则，主客的身份、职位的高低更应关注，应该遵从社会地位高有了解对方的优先权的原则。

（2）介绍人的神态与手势。作为介绍人，在为他人做介绍时，态度要热情友好，语言要清晰明快。介绍一方时，应微笑着用自己的视线把另一方的注意力引导过来。

介绍的规范动作：介绍时，手势动作应文雅、规范。无论介绍哪一方，都应胳膊略向外伸，手心朝上，手背朝下，四指并拢，拇指张开，指向被介绍的一方，并向另一方点头微笑，切忌伸出手指指来指去。必要时可以说明被介绍一方与自己的关系，以便新结识的朋友之间相互了解和信任。切忌介绍人不能用手拍被介绍人的肩膀、胳膊和背等部位，更不能用食指或拇指指向被介绍的任何一方。

（3）介绍人的陈述。介绍人在做介绍时要先向双方打招呼，使双方有思想准备。介绍人的介绍语宜简明扼要，并应使用敬辞。在较为正式的场合，可以说："尊敬的诸葛先生，请允许我向您介绍一下……"或说："××，这就是我和你常提起的×××。"在介绍中要避免过分赞扬某人，不要给人留下厚此薄彼的感觉。在介绍别人时，切忌把复姓当作单姓，常见的复姓有"欧阳""司马""司徒""上官""诸葛""西门"等。注意不要把"欧阳明"称"欧先生"。当介绍人为双方介绍后，被介绍人应向对方点头致意，或握手为礼，并以"您好""很高兴认识您"等友善的语句问候对方，表现出结识对方的诚意。介绍人在介绍后，不要随即离开，应给双方交谈提示话题，待双方进入话题后，再去招呼其他客人。当两位客人正在交谈时，切勿立即为其介绍别的人。

（4）他人介绍的其他注意事项。在为他人做介绍时，介绍者对介绍的内容应当字斟句酌，慎之又慎。在绝大多数的场合下，介绍人为他人做介绍都是深受欢迎的。但也有例外情况，即相遇的双方或一方因某种原因根本不愿认识，如果在这种情况下为他们做介绍，就会使他们陷入不情愿之中而又不得不勉为其难，这也是失礼的。因此，介绍人应对双方是否有结识的愿望有实在的把握，若一时把握不准，可以先征求一下同行朋友的意见，比如说："那边有我的一个老朋友，我得过去与他打个招呼。"这样，同行朋友如愿意结识他，就会跟在你身边，如果无意则会避开。

在正式场合，内容以双方的姓名、单位、职务等为主。如："我来给两位介绍一下。这位是A公司的公关部主任李芳女士，这位是B公司的总经理汪洋先生。"

在一般的社交场合，其内容往往只有双方姓名一项，甚至可以只提到双方姓氏为止。接下来，则由被介绍者见机行事。如："我来介绍一下，这位是老张，这位是小王，你们认识一下吧。"

在比较正规的场合，介绍者有备而来，有意将某人举荐给某人，因此在内容方面，通常会对前者的优点加以重点介绍。如："这位是李明先生，这位是我们公司的林楠总经理。李先生是一位管理方面的专业人士，他还是北大的MBA。林总，我想您一定很想认识他吧?"

在进行他人介绍时，介绍者与被介绍者都要注意自己的表达、态度与反应。介绍者为被介绍者介绍之前，不仅要尽量征求一下被介绍双方的意见，而且在开始介绍时还应再打一下招呼，切勿上去开口即讲，显得突如其来，让被介绍者措手不及。

被介绍者在介绍者询问自己是否有意认识某人时，一般不应加以拒绝或扭扭捏捏，而应欣然表示接受。实在不愿意时，则应说明缘由。

当介绍者走上前来，开始为被介绍者进行介绍时，被介绍的双方应起身站立，面含微笑，大大方方地注视介绍者或者对方，神态庄重、专注。

当介绍者介绍完毕后，被介绍双方应依照合乎礼仪的顺序进行握手，并且彼此问候对方。此时的常用语有："你好""很高兴认识你""久仰大名""认识你非常荣幸""幸会，幸会"，等等。必要时还可做进一步的自我介绍。

介绍时要注意实事求是，掌握分寸，不能胡吹乱捧。

介绍姓名时，一定要口齿清楚，发音准确。把易混的字咬准，如“王”和“黄”，“刘”和“牛”等；对同音字、近音字必要时要加以解释，如“邹”和“周”，“张”和“章”，“徐”和“许”等。

3. 集体介绍的礼仪规则

集体介绍时，原则上应按照他人介绍的顺序进行，其基本规则是：介绍双方时，先卑后尊。而在介绍其中各自一方时，则应当自尊而卑。具体操作如下：

（1）在被介绍者双方地位、身份大致相似，或者难以确定时，应当先介绍人数较少的一方，后介绍人数较多的一方。

（2）若被介绍者在地位、身份之间存在明显差异，特别是当这些差异表现为年龄、性别、婚否、师生以及职务有别时，则地位、身份为尊的一方即使人数较少，甚至仅为一人，仍然应被置于尊贵的位置，最后加以介绍，而先介绍另一方人员。

（3）若需要介绍的一方人数不止一人，可采取笼统的方法进行介绍，例如可以说：“这是我的家人”“他们都是我的同事”等。但最好还是要对其一一进行介绍。进行此种介绍时，可比照他人介绍时位次尊卑顺序进行介绍。

（4）当被介绍者不只是双方而是多方时，应根据合乎礼仪的顺序，确定各方的尊卑，由尊而卑，按顺序介绍各方。如果需要介绍各方成员时，也应该按照由尊而卑的顺序依次介绍。

## 在线自测

请大家自行扫描右侧的二维码进行在线自测，自测允许重测，取最高的分值记录成绩。

【案例分析与讨论】

**久别重逢的见面**

王峰在大学读书时学习非常刻苦，成绩也非常优秀，几乎年年都拿特等奖学金。为此，同学们给他起了一个绰号——“超人”。大学毕业后，王峰顺利地获取了在美国攻读硕士学位的机会，毕业后又顺利地进入了美国公司工作。一晃8年过去了，王峰已成为公司的部门经理。

2020年国庆节，王峰带着妻子女儿回国探亲。一天，在大剧院观看音乐剧，刚刚落座，就发现有三个人向他们走来。其中一个边走边伸出手大声地叫："喂！这不是超人吗？你怎么回来了？"这时，王峰才认出说话的人正是他的高中同学贾征。贾征大学没考上，自己跑到南方去做生意，赚了些钱，如今回到上海注册公司当起了老板。今天正好陪着两位从香港来的生意伙伴一起来看音乐剧。这对生意伙伴是他交往多年的一对年长的香港夫妇。

此时，王峰和贾征彼此都既高兴又激动。贾征大声寒暄之后，才想起了王峰身边还站着一位女士，就问王峰身边的女士是谁。王峰这才想起向贾征介绍自己的妻子。待王峰介绍完毕，贾征高兴地走上去，给了王峰妻子一个拥抱礼。这时贾征想起了该向老同学介绍他的生意伙伴。大家相互介绍、握手、交换名片和简单的交谈后，就各自回到自己的座位上观看音乐剧了。

【讨论问题】

1. 你认为在上述案例中两人有无不合礼之处，如有请你指出来，并说明理由。
2. 这则案例带给你哪些见面礼仪方面的感悟？

## 任务四　名片的制作与使用规范

【知识链接】

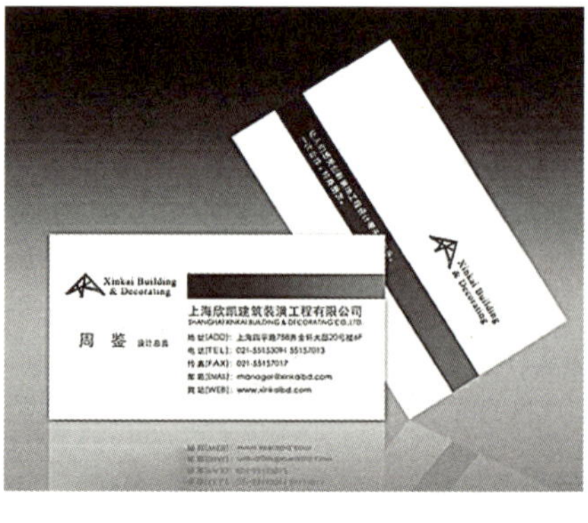


名片，是现代生活中一种雅致而使用频繁的交际工具和手段，是一种最为经济实用的介绍性媒介。名片源于中国，早在西汉时期就已经广为流行了，名称也屡有变化，样式也各有不同。西汉时没有纸，只能削竹、木为片，当时称之为"谒"，东汉时改叫"刺"，六朝时叫"名"，唐时称为"门状"，宋代称之为“门状”，明朝叫“名帖”（红贴），清时又称“名刺”。以后又改用纸，曰“名纸”，现在普遍叫名片。

现代生活中，由于名片印制规范，文字简洁，使用方便，且易于保存，因此其用途广泛，各行各业都有使用。一张印制精美、独特的名片一经递出，一定会给对方留下深刻的印象。

## 一、名片的用途

在现代社会，名片的使用极为广泛，名片的作用主要有：

（1）自我介绍。因名片中通常展示名片所有者的很多个人信息，因此具有很强的自我介绍和自我宣传的作用。如果姓名中有冷僻字，准备名片则更为重要。

（2）保持联络。在社交活动中，互换名片，可以告知对方个人的联系方式，便于保持联络，加深了解。

（3）替代便函。用来对友人表示祝贺、感谢、介绍、辞行、慰问、馈赠以至吊唁等多种礼节。

（4）替代礼单。向友人寄送或托送礼物或鲜花时，可在礼品或花束中附上名片并写上祝贺短语。

（5）可作“介绍信”。写上“介绍××先生给某先生”即可代替介绍信，如果一位大使想把使馆新来的参赞介绍给当地外交团的朋友，可在自己名片的左下角用铅笔写上p．p即（介绍），然后把新参赞的名片附在后面一并送去。

（6）用于通报和留言。拜访友人时，若被访人是尊长，可在名片的姓名下方写上“求见”“拜谒”字样，转行顶格起写上对方的姓名和称谓。登门拜访，若被访者不在家，可留下一张名片，上面写一句“很遗憾，未能一见”“很遗憾，来访未晤”；也可在名片上写上几句话道明来意，以代替便笺，也是一种很友善的表示。

## 二、名片的制作

印制名片，一般委托名片制作商承办，为了使自己的名片规范实用且独具特色，有时可自行设计。

### 1. 规格

国内通用名片的基本规格为9厘米×5.5厘米，这是制作名片的首选规格。境外人士使用的名片多为10厘米×6厘米，女士专用名片为8厘米×4.5厘米。版式有横版和竖版两种。

2. 质地

商用名片不宜选用特殊材质，宜选择相对大众化的纸质名片，而且要保证一定的质量，确保其耐磨耐折。

3. 文字

商务名片一般印刷标准的简体汉字，不使用繁体字，字体最好使用黑体、宋体、楷体、仿宋等标准字体，尽量不要使用行书、草书、专属等不易识别的字体。

4. 色彩

一般来讲，名片的色彩总体上要控制在三种之内，其中包括标记、图案、公司、徽记的色彩在内。在一个空间之内，颜色多于三种会给人一种杂乱无章的感觉。

5. 图案

一般情况下，商务名片除了公司的标识外，不适宜带其他没有效用的任何图案。在名片上印个人照片是绝对不允许的。

6. 内容

商用名片通常包括四部分内容：一是本人所属的单位及具体部门，印在名片的上方；二是本人的姓名、职务或职称，印在名片的中间；三是与本人联系的方法，包括单位所在的地址、电话号码和邮政编码等，印在名片的下方；四是背面英文对照。现在国际合作越来越多，很有必要在名片的背面印上英文，便于对外交流合作。

## 三、名片的使用技巧与礼仪规范

1. 名片使用的“三个不准”

名片在使用时有三个不准，即名片不准随便进行涂改；名片上不准提供私宅电话号码（或私人手机号码）；名片上不准印两个以上的头衔。一般而言，一张名片上的本人头衔最好只是一个，至多不要超过两个。

【礼仪小故事】

**历史上写字最多的名片**

蔡尔康（1851—1921）的名片被认为是历史上写字最多的名片，其右上角为："四品衔工部主事、奏保经济特科、公举优行思贡生。历办《申报》副主笔、《沪报》总主笔、《新闻报》开创正主笔。《南洋官报》采访委员，历掌《万国公报》广学会正翻译。"中部为："震旦江苏上海蔡尔康，晚号支佛，外号铸铁庵主，缕馨仙史。清帝逊位后，改号采芝翁。"左下角为："世居老北门内西穿星街99号。"名片背面还罗列着他的著作十余种，累计200余字，简直是一份履历表。

点评：十几种称谓汇集在一张名片上，使该名片成为名片之"最"。而名片用在商务交往中，讲究内容的设计，内容宜精练而不复杂，宜突出主要内容，舍弃次要内容，这样的名片会更好地服务于商务活动。

2. 索取名片的技巧

在商务交往中，为了便于与对方联系，需要索取对方的名片，那索取名片有哪些技巧呢？

（1）交易法。主要做法就是把自己的名片首先递给对方。其实，这是最省事的索取别人名片的方法。

（2）明示法。它的具体做法，就是明确表示索要或交换名片之意。这种办法适用于比较熟的人之间，交易法则适用于不熟的人之间。

（3）谦恭法。晚辈、年轻人跟长辈、名人、有地位的人打交道的时候，可采用此种方法去索取对方的名片。比如，可以说"不知道以后我能不能有机会继续向您请教。"或者是说："以后怎么才能比较方便地向您请教？"

（4）联络法。长辈对晚辈、上级对下级或者平级、平辈的人之间可以采用联络法。比如，可以说"以后怎么和您联系比较方便？"

3. 递送名片

正常情况下，名片是一个人身份、地位的象征，也是使用者要求社会认同、获得社会尊重的一种方式，所以名片交换时应重视其礼仪效应，恰到好处地使用名片，会显得彬彬有礼，令人肃然起敬。递送名片时应注意下面4点：

（1）足量携带。名片的主要作用是介绍自己和保持联系，所以作为训练有素的商务人士，在商务场合中会使用到名片，便应足量携带，以备不时之需。如确实用完了，应向对方致歉"不好意思，名片用完了。"然后，印好名片后给对方补发。

（2）放置到位。名片不宜随处乱放，应准备好名片盒或名片袋来盛放名片，取用时东翻西找十分失礼。

（3）循序渐进。递送名片有一定之规，需要按照“尊者居后”的规则依次递送，即地位低者先向地位高者递送名片。例如男士先递给女士，晚辈先递给长辈，下级先递给上级，主人先递给客人，未婚者先递给已婚者。

如果需要同时把名片递给多人时，一般情况下可按照以下几条规则操作：

一是按照职务高低。比如，这边有四个人：王总经理，李副总经理，部门经理张先生，秘书何小姐，你就可以按照其职务的高低递送名片。

二是由近而远。谁离得近，就先给谁名片。

三是顺时针方向行进。要是一张圆桌，人们围成一圈，则可按照顺时针方向去递送名片。

（4）面向对方。要把印有最重要的文字那个部分面对着别人。比如，你对面是中国人，你就要把中文对着人家，并且还应该把自己的名字正对着别人，别倒着给对方。递送时用双手拿着名片的两个上角递给对方。

如果是同外国人交换名片，可先留意对方用几只手把名片递过来，随后再跟着模仿。因为欧美人、阿拉伯人和印度人习惯用一只手与人交换名片；而日本人比较认真，见面一开始就会交换名片，他们认为名片代表了持名片人及其代表的组织机构，对名片格外地尊重。日本人向对方呈递名片时是毕恭毕敬的，他们用双手的大拇指与食指夹住名片，把文字正方向的一边向着接受者并轻轻鞠躬，以便让对方能够读到名片上的内容。

4. 接受名片

接受他人名片时，应起身站立，面带微笑迎向对方，恭敬地用双手的拇指和食指接住名片的下方两角，并轻声说“谢谢”“能得到您的名片十分荣幸”。当着对方的面，用30秒钟以上的时间，仔细通读对方的名片；不懂之处应当立即请教，随后郑重其事地将名片放入自己携带的名片盒或名片夹中。

应该注意，如果没有必要，最好不要强索他人的名片。当他人索取本人名片，而不想给对方时，不宜直截了当，而应以委婉的方法表达此意。可以说：“对不起，我忘了带名片。”或者说：“抱歉，我的名片用完了。”

5. 放置收藏名片的方法

随身所带的名片最好放在专用的名片包、名片夹里，也可以放在上衣口袋内。不要把它放在裤兜、裙兜、提包或钱夹里。在交际场合，如用名片，应将其预备好，不要在使用时乱找。接过他人名片后，应将其精心放入自己的名片包、名片夹内。

存放名片的方法大体上有以下四种：按姓名的外文字母或汉语拼音字母顺序分类；按姓名的汉字笔画的多少分类；按专业或部门分类；按国别或地区分类。如果收藏的名片很多，还可以编一个索引，这样用起来就更方便了。

## 在线自测

请大家自行扫描右侧的二维码进行在线自测，自测允许重测，取最高的分值记录成绩。

【案例分析与讨论】

### 名片引发的不愉快

2019年4月25日，海城举办了一场大型的商品交易会，各方厂家云集，产品丰富，样式新颖，很多企业家也来到此处。华新公司的销售部经理徐刚恰巧也来参加交易会，但在这次交易会上，却遇到了令人不快的小插曲。

徐刚下午走进会场时，发现人很多，地下散落着很多商家的宣传单，不少宣传单上还附有一张名片，名片上多是销售人员的信息，但来往的客人却像根本没有注意到宣传单，随意踩踏宣传单及上面的名片。徐刚看到此场景，觉得很不舒服。

在交易会上徐刚听说衡诚集团的崔董事长也来了，想利用这个机会认识这位素未谋面又久仰大名的商界名人。晚宴上他们终于见面了，徐经理彬彬有礼地走上前去，说道："崔董事长，您好！我是华新公司的销售部经理，我叫徐刚，这是我的名片。"说着，便从随身携带的公文包里拿出名片，递给了对方。崔董事长显然还沉浸在之前与他人的谈话中，随手接过徐刚的名片，说道："你好。"草草地看完，便放在了一边的桌子上。徐经理在一旁等了一会儿，并未见这位崔董有交换名片的意思，便失望地走开了……

【讨论问题】

1. 徐刚看到人们踩踏地上的附有名片的宣传单，为什么感到心里不舒服?

2. 评价一下徐刚的自我介绍。

3. 案例中有哪些不符合名片使用礼仪的细节，请你一一指出，并说明较妥当的做法。

# 项目五　商务宴请礼仪

古人云“民以食为天”，“食”在人类的生活中占有举足轻重的地位。随着社会的发展和人类文明程度的日益提升，人类的“食”也不仅仅停留在吃饱喝足的层次上，而是更讲究“食”的形式，讲究赏心悦目，礼到周全。

现代商务交往日益频繁，无论是谈判会议、拜访接待，还是洽谈业务、参观游览，“宴请”都已成为商务交往中的重要事项。在商务宴请中，掌握中西餐礼仪就显得非常重要了。

## 任务一　明确宴请的种类和形式

**【知识链接】**

宴请可以根据不同的标准划分为多种形式，每种形式的宴请在菜肴、人数、时间、着装等方面也有着许多不同的要求。国际上宴请主要分为宴会、招待会、茶会和工作餐四种形式。主办方要根据活动的目的、邀请的对象及人数、地点和经费开支等因素决定采取何种宴请形式。

1. 宴会

宴会是最正式、最隆重的宴请。按照举办时间划分，可分为早宴、午宴和晚宴，以晚宴档次为最高；按餐别划分，可分为中餐宴会、西餐宴会和中西合餐宴会；按性质划分，可分为工作宴会、欢迎宴会和节庆宴会；按礼宾规格划分，可分为国宴、正式宴会、家宴和便宴。

（1）国宴。这是国家元首或政府首脑为国家庆典或欢迎外国元首、政府首脑而举行的规格最高的正式宴会。宴会厅内要悬挂国旗，并由乐队演奏国歌和席间乐。国宴由国家元首或政府首脑主持，席间由主人和主宾致辞、祝酒。国宴的礼仪要求最为严格，参加国宴者必须着正装，座次按礼宾次序排列。

（2）正式宴会。正式宴会的礼仪要求比较严格，宾主按身份排席次和座次，其规格仅次于国宴，除了不挂国旗、不奏国歌以外，其余的安排大体与国宴相同。正式宴会对服务人员以及餐具、酒水和菜肴均有一定的要求。

（3）家宴。家宴即在家中设宴招待客人，往往由主妇亲自下厨烹调，一家人共同招待客人，让客人产生“宾至如归”的感觉。西方人士常用这种方式以示友好、关系融洽。

（4）便宴。便宴不属于正式宴会，气氛比较亲切、随意，更适合于日常友好的交往。便宴形式简便，偏重人际交往，而不拘泥于规模和档次。便宴可以不安排座次，不做正式讲话、致辞，菜肴的规格和道数亦可酌情增减。

2. 招待会

招待会是一种较为灵活的宴请方式。招待会通常准备有食品、酒水和饮料，由客人根据自己的口味选择。招待会一般不安排座次，客人或站或坐，也可以与他人一起或独自一人用餐。常见的招待会有冷餐会、酒会等。

（1）冷餐会。冷餐会，也叫自助餐，是一种非常方便灵活的宴请形式。根据主客双方的身份，冷餐会的规格可高可低。冷餐会的时间一般在中午12时至下午2时、下午5时至7时左右举办。菜肴以冷食为主，也备有热菜，酒水陈放在桌子上供客人自选自取。食品、饮料应按量取食，不可浪费。冷餐会可安排在室内或室外的花园里举行，可不设桌椅，也可准备桌椅由客人自由入座。

（2）酒会。酒会也称作鸡尾酒会，适用于各种节日、庆典及仪式活动。酒会的形式灵活，便于宾客之间广泛地接触和交流。酒会以酒水为主，配以各种小吃、果汁、三明治、小香肠等。不设刀叉，多以牙签取食。食品和酒水由服务人员用托盘端送，或部分放置在小桌上由客人自选自用。

酒会一般采用站立形式，不设座椅和茶几，以便客人随意走动，广泛交流。酒会举办的时间比较灵活，请柬上往往会注明整个活动延续的时间，客人可在席间的任何时候到达或退席，不受时间的约束。

3. 茶会

茶会是一种简便的接待形式，通常安排在上午10时或下午4时左右。茶会一般在客厅举行，内设茶几、座椅，备有茶、点心或部分小吃，请客人边吃边谈。茶会一般不排座次，来宾可以随意就座。茶会对茶叶的品种、沏茶的用水和水温以及茶具都颇有讲究。茶叶的选择要照顾到客人的嗜好和习惯，茶具要选用陶瓷器皿，不要用玻璃杯，也不要用热水瓶代替茶壶。欧洲人一般喜欢红茶，日本人喜欢乌龙茶，茶会还可以准备咖啡和冷饮。

4. 工作餐

工作餐是现代生活中一种常见的非正式宴请形式，是利用进餐的时间和形式，边吃边谈工作。此类活动不请配偶和与工作无关的人员参加，工作餐一般不排座次，大家边吃边谈，不必过分拘束，形式较为灵活。在国外，工作进餐通常实行AA制，由参加者各自付费。

## 在线自测

请大家自行扫描右侧的二维码进行在线自测，自测允许重测，取最高的分值记录成绩。

【案例分析与讨论】

**吃相难看的背后**

记得有一次，我与一朋友吃饭，恰好父亲来看我，便接来一起吃。父亲寡言，饭间一直静静地听我们聊天。回家的路上，父亲说："你这个朋友，不可深交。"我愕然，这个朋友是因生意认识的，合作过几次，印象还不错。父亲说："从吃相看，基本可以估摸出他是个怎样的人。他夹菜有个习惯性动作，总是用筷子把盘子底部的菜翻上来，划拉几下，才夹起菜，对喜欢吃的菜，更是反反复复地翻动，就好比把筷子当成锅铲，把一盘菜在盘子里重新炒了一次。"我不以为然："每个人习惯不同，有的人喜欢细嚼慢咽，有的人喜欢大快朵颐，不可苛求。"父亲摇摇头说："如果一个生活困窘的人面对一盘盘美味佳肴，吃相不雅可以理解，可你这位朋友本是生意之人，物质生活并不困苦，如此吃相，只能说明他是个自私、狭隘之人。面对一盘菜，他丝毫不顾及别人的感受，用筷子在盘子里翻来覆去地翻动，如果面对的是利益的诱惑，他一定会不择手段占为己有。"

接着，父亲讲起他小时候的故事。父亲5岁时，爷爷就去世了，孤儿寡母的日子过得极为窘迫，常常食不果腹。有时去亲戚家做客，奶奶会提前反复叮嘱父亲："儿啊，吃饭时一定要注意自己的吃相，不能独自霸占自己喜欢吃的菜，那会被人耻笑的。我们家穷，但不能失了礼节。”奶奶的话，父亲铭记于心，即使面对满桌美味佳肴，他也不会失态，总能控制有度。末了，父亲意味深长地说：“不要小瞧一双筷子，一个小小的细节，可以看出拿筷子者的修为和人品。”后来发生的一件事，印证了父亲的猜测，为了一点蝇头小利，那位朋友果然弃义而去。

从那之后，我一直谨记父亲的话，一个人的一生，诱惑何其多，但要时刻对欲望加以节制，好的东西，更不能占为己有，要与人分享。

【讨论问题】

1. 你小时候在饭桌上父母教没教导过你饭桌礼仪？如果有，你还记得吗？列举几条与大家交流。

2. 你同意案例中父亲对朋友吃相的评价吗？你觉得吃相的背后是什么？

3. 你还知道哪些家里老辈人传下来的就餐礼仪呢？

4. 通过中国传统的就餐礼仪要求能反映中国人的哪些特质呢？

## 任务二　中餐宴请礼仪

【知识链接】

中餐是中式餐饮的简称。中餐宴请礼仪主要是指以中餐待客，或是品尝中餐时，应自觉遵守的礼仪习惯做法和传统习俗。

中餐历史悠久，中餐宴请礼仪的内容丰富多彩，这里仅挑选部分相对重要的方面做简要说明。

### 一、时地选择技巧

无论哪种类别的商务宴请，如果想要达到宴请的目的，在时间和地点的选择上还是需要多多注意的。

1. 时间选择技巧

依照商务礼仪惯例，安排中餐宴会时，其具体时间要考虑两个因素。

（1）民俗惯例。依照用餐的具体时间，中餐分为早餐、午餐、晚餐三种。在绝大多数情况下，确定正式宴请的具体时间，要遵从民俗惯例，例如，正式宴会通常都安排在晚上，因业务交往而安排的工作餐大都选择在午间。应注意，在筹备商务宴会时，对重要的活动日、纪念日、节假日、某一方不方便的日子或忌日，最好尽量避开。

（2）主随客便。讲究主随客便，即要优先考虑被邀请者，尤其是主宾。如有可能，应先与主宾协商一下，力求方便对方。

2. 地点选择技巧

商务宴请的地点选择要注意三点：

（1）环境幽雅。商务人士宴请不仅是为了“吃”，而是借助“吃”的方式让对方身心愉悦，以此增进彼此的感情，拉近彼此的距离。这就需要注重“吃”的环境。在可能的情况下，“吃”的环境一定要选择幽雅的用餐地点。幽雅表现在：一是卫生状况良好；二是清静；三是舒适；四是有格调。

（2）设施完备。较为正规的商务宴请的用餐地点，要注意其设施的完备，包括餐具用品、音响设施等。

（3）交通方便。交通方便不仅是指位置方便、线路便捷，而且停车、出行也应便利。

## 二、中餐的点菜艺术

中餐宴请中点菜是非常关键的，这一环节决定着这场宴请主客能否吃饱吃好，有时更能体现出诚意，提高合作的信任度。

对于商务人士而言，点菜要符合礼规，讲究艺术。

1. 点菜礼规

（1）量入为出。用餐点菜时，最重要的是，虽然要让客人吃饱吃好，但也要量力而行。点菜需要根据客方的身份和禁忌、宴请目的、主方预算等多种因素来确定菜单。

（2）惯例周全。日常生活中的宴请形式很多，有的自由随意，有的规格高档、礼仪周全。在商务型的宴请中，在中餐宴会中通常会按照中餐惯例上菜的顺序点菜。

中餐的上菜顺序为凉菜、热炒、主菜、汤、水果拼盘、主食（中国北方地区习惯后上汤，南方地区习惯先上汤）。这样点菜礼到周全，让人愉悦。

2. 点菜艺术

商务聚餐中，主人点菜时不应过于殷勤，也不宜过于吝啬。点菜有两种方式：一是整点，即点套餐或包桌；二是零点，即根据“个人预算”，在用餐时现场临时点菜。无论以何种方式点菜，都应尽量征求一下被请者，特别是主宾的意见，不要只凭个人喜好行事。

商务聚餐时，如自己是客方，被邀请点菜时，应注意以下几点：一忌乱点；二忌多点，尤其是不要点名贵大菜，切勿抱有“不吃白不吃，吃了也白吃”的心态，让做东者“大出血”；三忌非议他人点的菜，切不可挑三拣四，评头论足。点菜时，可借鉴的方法有二：方法之一，告诉做东者自己没有特殊要求，请对方随便点，这实际上正是对方所欢迎的做法；方法之二，认真点上一个不太贵的菜，请其他人再点。这样做既符合做东者的要求，又没有对其他人实行“包办代替”。

3. 点菜窍门

宜选的菜肴可以考虑如下几项：

（1）具有中餐特色的菜肴，如北京烤鸭、西湖醋鱼、新疆大盘鸡等。尤其在宴请国外人士时，对此更应当注意。

（2）具有本地特色的菜肴。宴请他人，尤其是宴请外地人时，应尽量安排一些具有本地特色的菜肴。如沈阳的李连贵熏肉大饼，锦州的干豆腐，四川的麻婆豆腐，长沙的臭豆腐等。选用一些这样的特色菜，恐怕要比“千人一面”的生猛海鲜更受欢迎。

（3）本餐馆的招牌菜。在知名餐馆点菜时，应尽量选择一些该餐馆的招牌菜。

（4）主人的拿手菜。举办家宴时，主人要多做几个自己的拿手菜。

对于忌选的菜肴要考虑以下三个因素：

（1）宗教禁忌。例如，穆斯林不食猪肉、不饮酒；汉传佛教徒在饮食上禁食荤腥之物，这不仅指的是不吃肉食，也包括葱、蒜、韭菜、芥末之类气味刺鼻的食物。

（2）民俗禁忌。例如，世居我国东北地区的满族和朝鲜族，虽然比邻而居，但前者不食狗肉，而后者喜食狗肉；藏族通常不吃鱼和狗肉；西方人通常不吃动物的内脏、头部和脚爪。

（3）个人禁忌。如有的人不吃肉、有的人不吃鱼、有的人不吃鸡蛋等，对于个人饮食禁忌，应充分了解，并予以特殊照顾。

## 三、位次规则

在中餐宴请礼仪中，位次的排序相当重要，它象征着来宾的身份地位和主人给予对方的礼遇，因此特别受到宾主双方的重视。

1. 桌次排序规则

中餐宴请通常使用圆桌来布置菜肴和酒水。当采用一张以上数量的圆桌时，就出现了桌次的尊卑问题，需要按照一定的顺序对多张圆桌进行排列。下面我们就来介绍一下中餐宴会的桌次排序规则：

（1）以远为上。多张圆桌竖排时，讲究以远为上，以近为下。这里的远近，是以距离正门的远近而言的（图5-1）。

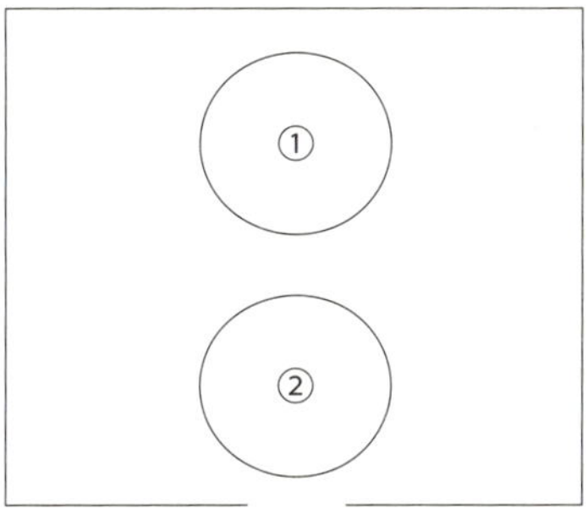

▲图 5-1

（2）以右为上。当两桌横排时，其桌次以右为尊，以左为卑。这里的右与左，是由面对正门的位置来确定的。这种做法也叫“面门定位”（图5-2），与我国传统左为尊相反。

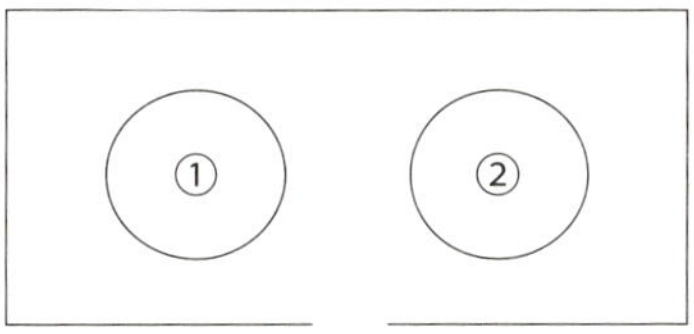

▲图 5-2

（3）居中为上。多张餐桌并列横排时，以居中者为上（图5-3）。

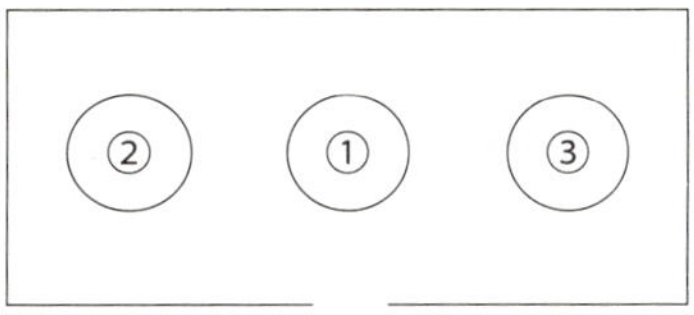

▲图 5-3

（4）主桌定位。由三桌或三桌以上所组成的宴请，在安排桌次时，除了要注意“面门定位”“以右为尊”“以远为上”这三条规则之外，还应兼顾其他各桌距离主桌远近。通常，距离主桌越近，桌次越高；距离主桌越远，桌次越低。这项规则也称“主桌定位”（图5-4）。

为确保宴请时赴宴者及时、准确地找到自己所在的桌次，可采用如下方法：一是在请柬上注明对方所在的桌次；二是在宴会厅入口悬挂宴会桌次排列示意图；三是安排专门人员引导宾客就座；四是在每张餐桌上摆放桌次牌，桌次牌以书写阿拉伯数字为宜。

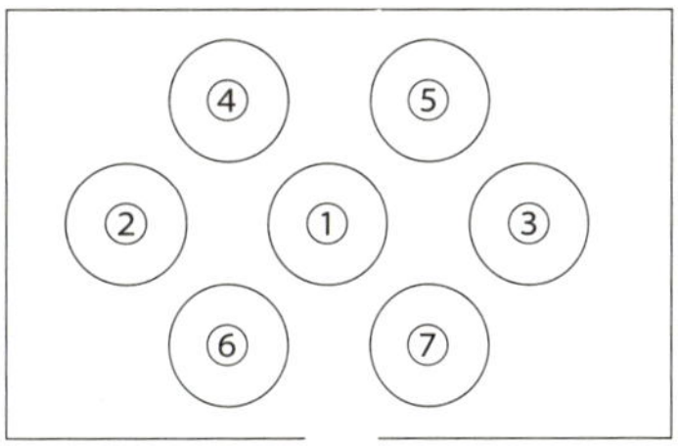

▲图 5-4

2. 席位排序规则

商务宴请时，不仅桌次有主次尊卑之分，而且每张餐桌上的具体席位也有主次尊卑之别。如果席位主次尊卑有误，会带来不应有的麻烦和后果。如果是邀请欧美人士，遵守席位排序规则有以下几种基本方法。

（1）主人大多面对正门而坐，并在主桌就座。

（2）举行多桌宴请时，各桌上均应有一位主人的代表在座，也称各桌主人，其位置一般应与主桌主人同向，有时也可以面向主桌主人。

（3）各桌上席位次序的尊卑，应根据其距离该桌主人的远近而定，以近为上，以远为下。

（4）各桌上距离该桌主人相同的位次，讲究以右为尊，即以该桌主要面向为准，其右为尊，其左为卑。

应注意，每张餐桌上所安排的用餐人数应限于10 人之内，并宜为双数。

根据上述席位次序的排列方法，圆桌上主位的排列可分为两种（以国际惯例“右为尊”为例）。

（1）每桌一个主位的排列方法。特点是：每桌只有一名主人，主宾在其右侧就座，每桌只有一个谈话中心（图5-5）。

（2）每桌两个主位的排列方法。特点是：主人夫妇就座于同一桌，以男主人为第一主人，以女主人为第二主人，主宾和主宾夫人分别在男女主人右侧就座。每桌从客观上形成了两个谈话中心（图5-6）。

有时，倘若主宾的身份高于主人，为表示尊重，可安排其在主人位次上就座，请主人坐在主宾的位次上。如果出席人员中有身份高于主人者，也可请其居于主位而坐，而请实际上的主人坐在其左侧。

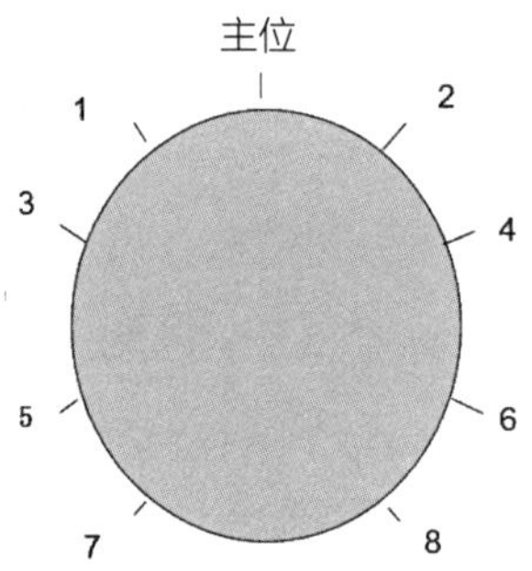


▲图 5-5

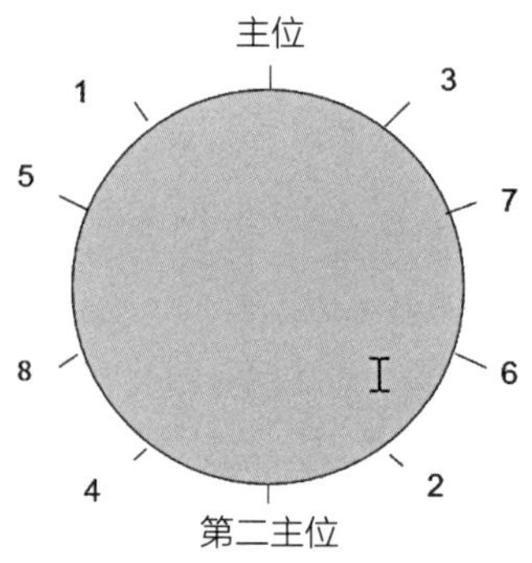


▲图 5-6

3. 便餐席位规则

一般情况下，便餐时的席位排列主要涉及的是位次的排列问题，而往往与桌次无关。在排列便餐的席位时，如需要进行桌次的排列，可参照宴请桌次的排列进行。如有较多的位次排列，主要有五种方法可循。

（1）左、右位次视不同对象采用。国内一般采用左为尊，如果对方是欧美人士可考虑右为尊的次序。

（2）中座为尊。三人一同就座用餐时，居于中座者在位次上要高于在其两侧就座之人。

（3）面门为上。面对正门者为上座，背对正门者为下座。

（4）观景为佳。在一些高档餐厅用餐时，室外或室内往往有优美的景致或高雅的演出，可供用餐者观赏。此时，以观赏角度最佳之处为上座。

（5）临墙为好。在某些中低档餐馆用餐时，通常以靠墙之位为上座，以靠过道之位为下座。

## 四、餐具使用礼节

一顿标准的中餐通常首先上桌的是冷盘，接下来的是热炒，随后上的是主菜，然后上点心和汤，最后上的是水果拼盘。要吃上这样的一顿标准中餐必须使用各种餐具相配合。下面就来简单说明餐具的使用礼节。

### 1. 主餐具

（1）筷子。筷子是中餐的主要餐具，用于夹取食物。用筷子吃饭是我国的传统，在餐桌上使用筷子要注意：筷子应成双使用，不能用单根筷子去插取食物；不要用嘴含筷子；不要挥舞筷子；不要敲筷子；不要用筷子插食物；不要用筷子翻搅菜肴；不要把筷子放在汤碗上。

【礼仪小故事】

**筷子的神话传说**

传说姜子牙喜欢钓鱼，但是又整天钓不着，只好空手而回。对此，妻子很生气。一天姜子牙又钓鱼回来，妻子连忙喊他吃饭，他很饿，伸手就去抓肉吃，这时不知从哪里飞来一只小鸟，落到他手背上，姜子牙将鸟赶走，然后又去抓肉，而小鸟又落在他手背上。这时，小鸟说话了，叫姜子牙跟它出门。小鸟飞到一个篱笆上停了下来，抓了两根小竹棒给姜子牙说："你拿这个去夹肉吧。"姜子牙听从小鸟的话，但当竹棒触到肉片时却冒出一股烟，姜子牙很惊讶。坐在跟前的妻子只好说出了实话，承认在肉里放了毒药。从此以后，姜子牙吃饭都用这两根小竹棒，后来人们就把它叫作筷子。

（2）汤匙。汤匙主要用以饮汤，尽量不要用其舀菜。用筷子取菜时，可用汤匙加以辅助。使用汤匙要注意：一是用它饮汤时，不要全部放入嘴中吸吮；二是用汤匙取食物后，应立即食用，不要再次倒回原处；三是如食物过烫，不宜用汤匙来回搅拌；四是不用时，应将汤匙放在自己的食碟上，不要放在桌上或汤碗里。

（3）碗。碗主要用于盛放主食、羹和汤。在正式商务宴会上，使用碗时要注意：一是不要端起碗进食，尤其不要双手端起碗进食；二是碗内的食品要用餐具取，不能用嘴吸；三是碗内的剩余食品不可往嘴里倒，也不可用舌头舔；四是暂时不用的碗不可放杂物。

（4）盘。稍小一些的也叫碟子。在餐桌上，盘子一般应保持原位不动，并且不宜将多个盘子叠放在一起。每个人面前的食碟是用来暂放从公用菜盘取来的菜肴。使用食碟时要注意：一是不要取放菜肴过多；二是不要将多种菜肴堆放在一起，以免相互“串味”；三是不要将不宜入口的残渣、骨、刺等吐在地上、桌上，应轻放在食碟的前端，由服务人员撤换。

2. 辅餐具

（1）水杯。中餐的水杯，主要用于盛水、饮料、果汁等。要注意：一是不要用以盛酒；二是水或饮料不可过满；三是喝入嘴中的东西不能再吐回去。

（2）湿毛巾。正式商务宴会前，会为每位用餐者送上一条湿毛巾，它是用来擦手的，不能用来擦脸、擦嘴、擦汗。宴会结束时，会再送上一块湿毛巾，这是用来擦嘴的，不能用来擦脸、擦汗。

（3）餐巾。正式商务宴会都会为用餐者准备一条餐巾，应当把它铺放在并拢之后的大腿上，而不能把它围在脖子上，或掖在衣领里、腰带上。餐巾可用于轻揩嘴部和手，但不能用于擦餐具或擦汗。

（4）水盂。餐桌上往往摆上一个水盂，水上漂有玫瑰花瓣或柠檬片，但里面的水不能喝，只能用来洗手。洗手时，动作不要太大，不要乱抖乱甩，应用两手轮流沾湿指头，轻轻涮洗，然后用纸巾或专用小毛巾擦干。

（5）牙签。牙签主要是用来剔牙的。就餐时尽量不要当众剔牙。非剔不可时，应以一只手掩住口部。剔出的东西切勿当众把看或再次入口，也不要随手乱弹。剔牙之后，不要长时间用嘴叼着牙签。

中餐宴会摆台如图5-7所示。

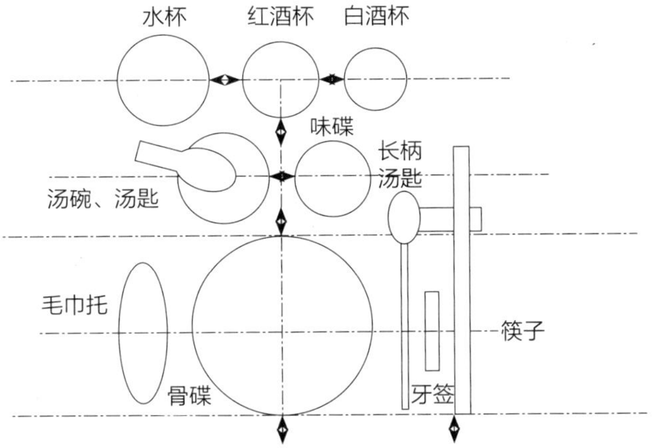


▲ 图 5-7　中餐宴会摆台示意图

## 五、赴宴礼仪

参加宴请，无论餐前、进餐还是餐后，不可不知礼仪，不守礼仪。

1. 餐前礼仪

用餐之前，一般应注意以下事项：

（1）适度修饰。赴宴或聚餐时，应适度地进行个人修饰。一般而言，男士可穿套装并剃须。女士应穿时装或旗袍，并化淡妆。如不加任何修饰，甚至仪容不洁、着装不雅，会被视为不尊重主人、不重视此次聚餐或宴会。

（2）准时到达。应邀赴宴或参加聚餐时，一定要准点抵达现场。严格地讲，抵达过早或过晚均为失礼。如无特殊原因，切勿早退。

（3）对号入座。在正式一些的聚餐中，一定要按照指定的桌次、位次就座。倘未明确，也应遵从主人安排，或与其他人彼此谦让。入座时，应于主人、主宾之后就座，或与大家一道就座。

（4）适当交际。参加宴请是一次拓展人脉的良好机会，充分利用这一机会可以适当进行交际活动。如问候一下主人，联系一下老朋友，力争结识几位新朋友等。

（5）倾听致辞。在正式商务宴会开始前，主人与主宾大都要先后进行专门的致辞。当宾主进行致辞时，要专心地听。如此刻开吃、闭目养神、与人交谈，或是打打闹闹，都是不礼貌的行为。

2. 进餐礼仪

进餐是宴请的主要环节，以下几个方面是要特别注意的礼仪问题。

（1）进餐文雅。吃相是进餐时需要格外注重的。进餐时要文雅，应闭嘴咀嚼，不应发出声响；如果食物太热，待稍凉后再吃，切勿直接用嘴吹；鱼刺、骨头、菜渣等不要直接外吐，可用餐巾遮口，吐到杂物盘中。倘若不重视吃相，吃得摇头晃脑、手舞足蹈、宽衣解带、脱袜脱鞋、满脸油汗、响声大作，不但影响自己的形象，也会影响他人的食欲。

（2）敬酒及时。要及时向主人敬酒致谢。敬酒的顺序，一般是和主人、主宾先碰杯，与此同时应暂停进餐、停止交谈、注意倾听；身份低或年轻者向身份高或年长者敬酒碰杯时，应稍欠身点头，杯沿比对方杯沿略低以示尊敬。

（3）夹菜礼让。夹菜时相互礼让，依次而行，取用适量；不要在公用的菜盘里挑挑拣拣，如夹起的菜发现不合心意，不要再放回去；不要好吃多吃，或是把好菜一人包干，而不考虑其他人吃过没有；够不到想吃的菜，可请人帮助，不要起身离座去取；“己所不欲勿施于人”，不要越俎代庖，不由分说主动为他人夹菜；不要轻易或有意违反食俗，比如“吃鱼”时，渔家海员吃鱼忌讳说“把鱼翻身”，因有“翻船”禁忌。

（4）忌小动作。进餐期间，不宜做一些小动作，如随意玩弄餐具、敲餐桌、晃桌椅等；不宜擤鼻子、吐痰；不宜离开自己的座位，四处走动；不宜梳理头发，化妆补妆；尤其是与女士共桌，男士不宜吸烟。此类小动作不但有碍观瞻，而且破坏自身形象。

3. 餐后礼仪

（1）礼貌告别。宴会后，不管是主人还是客人都不应马上离开，应与在座的人稍事寒暄，聊聊天、喝喝茶、吃点水果、品品咖啡等。一般吃完水果即表示宴会结束。此时，主人应向主宾示意，之后方可离开席位。离席后，应有礼貌地向主人握手道谢。通常是男宾先与男主人告别，女宾先与女主人告别，然后再与其他人告别，一般是在主宾离席后其他人再陆续告辞。如确有急事需提前退席，应向主人说明及致歉后悄悄离去，不必惊动太多客人，以免影响整个宴会的气氛。

（2）勿忘感谢。受请后2~3天内，应致电、致信表示感谢，在通信发达的今天，使用微信、短信等即时通信工具，以及电子邮件、电话等形式均可。

## 在线自测

请大家自行扫描右侧的二维码进行在线自测，自测允许重测，取最高的分值记录成绩。

【案例分析与讨论】

### 古代书画中的宴饮位次

中国饮食文化历史悠久，古人亦十分重视宴饮礼仪，在古代典籍中也多有记载。《史记·项羽本纪》中“鸿门宴”一段为国人所熟悉，文中对这场宴会中人物席位安排论述如下：“项王即日因留沛公与饮。项王、项伯东向坐，亚父南向坐。亚父者，范增也。沛公北向坐，张良西向侍。”宴会间“项庄拔剑起舞，项伯亦拔剑起舞，常以身翼蔽沛公，庄不得击”。通过这段古文我们可以了解到秦末时的位次规则，从这些位次安排中也能反映人物的地位与性格。下面请结合此案例讨论并回答问题。

鸿门宴

【讨论问题】

1. 请将“鸿门宴”中这段关于席位安排的古文翻译为现代白话文。
2. 请查阅相关资料，说明中国古代秦末的位次安排规则。
3. 从鸿门宴的位次安排你能读出哪些信息？
4. 按照文献和安排规则，在上图中标示出人物姓名。
5. 请简要说明现代中国宴会的位次规则有哪些，与古代的位次规则又有哪些不同呢？

## 任务三　西餐宴请礼仪

【知识链接】

西餐是对西式饭菜的一种约定俗成的统称。现在随着国际交往的日趋频繁，西餐宴请在商务交往以及普通社交中，越来越为人们所熟悉。为了不失风度、彬彬有礼，商务人士更是非常有必要对西餐的上菜顺序、位次规则、餐具使用规范、西餐就餐的具体礼节要求有相当的了解，并娴熟操作。

### 一、西餐的上菜顺序

西餐的上菜顺序与中餐有较大差异，下面详细说明。

（1）头盘。头盘也称开胃菜，一般是由蔬菜、水果、海鲜、肉食组成的拼盘。在西餐中，它往往不被列入正式的菜序。

（2）面包。西餐正餐面包一般是切片面包，吃面包时，可根据个人口味，涂上黄油、果酱或奶酪。

（3）汤。西餐中的汤有两大类，即浓汤和清汤。正式喝汤时才算开始吃西餐。

（4）主菜。主菜有冷有热，正式的西餐宴会上，通常要上一个冷菜、两个热菜。两个热菜中，讲究的先上一个鱼菜，由鱼或虾以及蔬菜组成，俗称“白肉”，白肉可配白葡萄酒；另一个是肉菜，为西餐中的大菜，是必不可少的，它多为牛肉、猪肉等，再配以蔬菜，俗称为“红肉”，配红葡萄酒，这道菜往往代表着此次用餐的最高档次和水平。

（5）点心。主菜用过后，一般要上些蛋糕、饼干、吐司、三明治等西式点心。

（6）甜品。点心之后，接着上甜品，最常见的有冰激凌、布丁等。

（7）果品。吃完甜品，一般还要摆上干鲜果品，常用的干果有核桃、榛子、腰果等，鲜果有草莓、菠萝、苹果等。

（8）饮品。在用餐结束之前，还要为用餐者提供热饮，以此作为“压轴戏”。通常是红茶、黑咖啡或威士忌，主要用来帮助消化。西餐的饮品可以在餐桌上喝，也可以离开餐桌去客厅或休息厅喝。

便餐与正餐相比，要简单许多，通常一顿西餐便餐的标准菜序由开胃菜、汤、主菜、甜品、咖啡五道构成。

## 二、西餐宴会的位次规则

大多数情况下，西餐的位次更多表现为席位问题，除非极隆重的盛宴，一般桌次设计较少。西餐的位次与中餐相比，有相同之处也有不同之处。

### 1. 位次排列原则

西餐的位次排列原则一般有以下几项：

（1）女士优先。在西餐礼仪里，女士处处受尊重。排列位次时，一般女主人为第一主人，在主位就座；男主人为第二主人，坐在第二主人的位置上。

（2）以右为尊。前文多有述及，此处不再重复。

（3）面向门为上。

（4）距离定位。西餐桌上席位的尊卑是由其距离主位的远近决定的，距离主位近的位置高于距离主位远的位置。

（5）交叉排列。西餐排列位次时，讲究交叉排列的原则，即男女应交叉排列，熟人和生人也应交叉排列。一个就餐者的对面和两侧往往是异性或不熟悉的人，这样可以广交朋友。

### 2. 位次排列方法

不同桌子的位次排列方法各不相同，下面举例说明几种常见的形式。

（1）长桌的排列。最普遍、最正规的西餐桌是长桌。长桌排位方法之一：男女主人在长桌的中央相对而坐，餐桌的两端可以坐人，也可以不坐人。

长桌排位方法之二：男女主人分别就座于长桌两端，也可把长桌拼成其他图案，以使大家一起用餐。

长桌排位方法如图5-8所示。

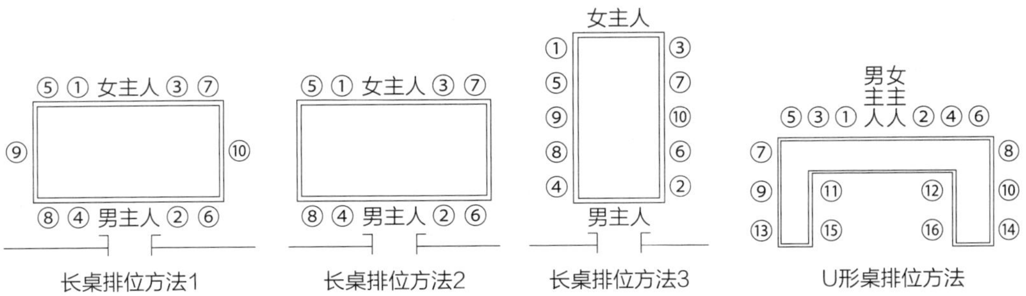

▲ 图 5-8　长桌排位方法

（2）圆桌的排列。西餐使用圆桌排位的情况并不多见，在隆重而正式的宴会中尤为罕见。但西餐如果使用圆桌，其位次排列与中餐圆桌位次排列类似，如图5-9所示。

（3）方桌的排列。方桌排列位次时，就座于餐桌四面的人数应相等，并使男女主人与男女宾客相对而坐，左右的人各自与自己的配偶或恋人坐成斜对角，如图5-10所示。

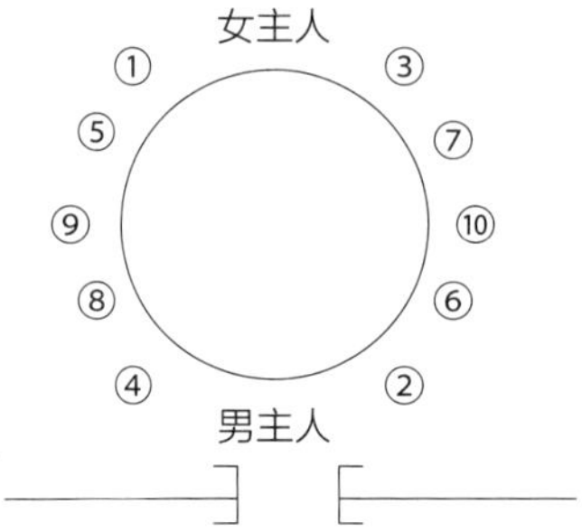


▲ 图 5-9　圆桌排位方法

▲ 图 5-10　方桌排位方法

## 三、餐具使用规范

刀叉是西餐重要的餐具，除了刀叉，西餐的主要餐具还有餐匙、餐巾等。吃西餐时，使用这些餐具需要遵守一定的规范。

### 1. 刀叉

刀叉是对餐刀、餐叉两种餐具的统称。多数情况下，刀叉同时配合使用。在正规的西餐宴会上，通常讲究吃一道菜换一副刀叉，刀叉既不可以乱拿乱用，也不可以从头到尾只用一副刀叉。

| 刀叉的使用规则 |
| --- |
| 1. 取用刀叉的基本原则是，每上一道菜，应当依次分别从两边由外向内侧取用 |
| 2. 吃甜品用的刀叉应最后使用，一般被横向放置在用餐者面前的餐盘的正前方 |
| 3. 英国式，要求在进餐时，始终右手持刀，左手持叉，一边切割，一边叉食 |
| 4. 美国式，先右手刀左手叉，把餐盘的食物全部切割好，然后把右手的餐刀斜放在餐盘的前方，将左手的餐叉换到右手，再品尝，这种方式比较省事 |
| 5. 就餐过程中，需暂时离开一下，或与人攀谈时，应放下手中的刀叉，刀右、叉左、刀口向内、叉齿向下，呈“八”字形状摆放在餐盘之上，以此表示，此菜尚未用毕 |
| 6. 吃完了，或者不想再吃了，可以刀口向内、叉齿向上、刀右、叉左并排放在餐盘上，以此表示不再吃了，可以连刀带餐盘一块儿收掉 |

使用刀叉时还要注意：不要动作过大，影响他人进餐；切割食物，不要弄出大的声响；切下的食物要刚好一口吃下，不要太大，更不要叉一起再一口一口咬着吃；不要挥动刀叉说话，也不要用刀叉指点他人；掉落在地上的刀叉不可再用，应请服务员更换。

2. 餐匙

吃西餐时餐匙是一种不可缺少的餐具。

餐匙的外形比较大，通常摆放在用餐者右侧的最外端，与餐刀并列纵放。除饮汤、吃甜品外，不可用餐匙直接舀取其他任何主食、菜肴。已经开始使用的餐匙，切不可放回原处，也不可插入菜品或主食，或是令其直立于甜品、汤盘或红茶杯中。使用餐匙，要尽量保持其周身的干净清洁，不要让餐具“浑身挂彩”。用餐匙取食，务必不要过量，而且一旦入口，就要一次将其用完，不要一餐匙的东西反复品尝好几次。餐匙入口后，应以其前端入口，而不是将其全部塞入嘴里。

另外甜品匙外形较小，主要用来食用甜品。

3. 餐巾

西餐的餐巾通常会被叠成一定的图案（图5-11），放置于用餐者右前方的水杯内，直接平放于用餐者右侧的桌面上，也可放置在中央垫盘上。在就餐过程中，餐巾的使用方法和用途都有讲究。

▲ 图 5-11　餐巾

西餐中的餐巾有正方形和长方形两种。餐巾的主要用途是保持服装整洁和用来擦拭口部。因此在就餐前，用餐者应将餐巾折叠后平铺于自己并拢的大腿上，正方形餐巾可将其对折成三角形，并将直角朝向膝盖方向，长方形餐巾可将其对折，折口朝外平铺。切不可把餐巾掖于领口或围在脖子上，或者系在腰上。餐巾不能用来擦汗、擦脸，擦手也尽量避免，更不能用餐巾去擦餐具。

在西餐就餐中，餐巾还有非常特殊的标示作用。当女主人把餐巾铺在腿上，暗示宴会正式开始。若中途离开，可将餐巾放置于本人座椅的椅面上，暗示一会儿就返回，继续用餐。当主人，尤其是女主人把餐巾放在餐桌上，暗示宴会结束，请各位告退。

## 四、西餐食用具体方法

西餐餐具与中餐大不相同，所以西餐菜品的具体食用方法也不同。

西餐宴会摆台如图5-12所示。

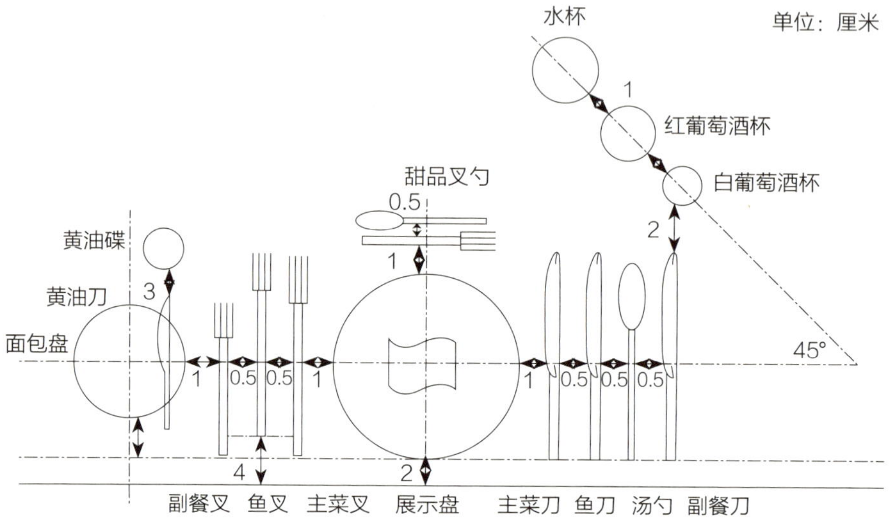


▲ 图 5-12　西餐宴会摆台示意图

1. 头盘

头盘既可以是沙拉，也可以是由海鲜、蔬菜组成的拼盘。如果是已切割完毕的，用餐叉食用即可。

2. 面包

面包一般放在自己的左前方，吃第一道菜时方可食用。鲜面包的正确吃法是：用左手撕下一块大小合适，刚好可以一次吃下的面包，全部涂上黄油或果酱，再送入嘴中。不能拿起一大块面包，全部涂上黄油，双手托着吃；不能用叉子叉着面包吃；不能用刀叉切开吃；也不能把面包浸在汤内捞出来吃。如果是烤面包片，则不要撕开。甜食上来后，最好不要再吃面包了。

3. 汤

喝汤时，要用右手拇指和食指持汤匙，从汤盘靠近自己的一侧伸入汤里，向外侧将汤舀起。注意不要将餐匙盛得太满，身子也不要俯得太近。当盘内的汤剩下不多时，可以用左手将盘子内侧稍稍托起，使其外倾，用右手持汤匙舀取汤来喝。喝汤时，一不要端起盘子；二不要发出"嘶嘶"的声音；三不要身子俯得太低，趴在汤盘上去吸食；四不要用嘴吹，或用汤匙搅拌降温。

4. 主菜

西餐的主菜花样品种繁多，冷菜中的冻子、泥子，热菜中的鱼肉、鸡肉等最为多见。冻是用煮的肉等食物和汤冷却凝结而成的一种菜肴，泥是以虾、蟹或者动物的肝脏为主料，配以鸡蛋、蔬菜，加上佐料搅拌而成的菜肴，一般用刀叉取食。吃鱼时，可用餐刀将其切开，将鱼刺、角骨剥出后，再切成小块，用叉取食。吃鸡肉时，应切下一块，用叉取食，直接用手去撕扯是失礼的。肉菜指的是西餐的猪肉、牛肉、羊肉。平常人们所说的主菜，一般都指的是肉菜。在肉菜中，猪排、羊排、牛排十分常见，尤其是牛排，是西餐中的“重中之重”。吃肉菜时，要用叉子摁住食物，用餐刀切下一小块，吃完后再切第二块。

5. 点心

西餐中的蛋糕、饼干、三明治、土豆片等，可以用手拿着吃。通心粉又叫意大利面条，吃时不能一根一根挑着吃或吸着吃，应该右手握叉，在左手所用汤匙的帮助下，把面条缠绕在餐叉上，然后送入口中。

6. 甜品

西餐里常见的、受欢迎的甜品有布丁、冰激凌等。西餐上桌的布丁一般是流质的，不能直接用手取食，应以专用的餐匙取食。冰激凌上桌时，通常被置于专用的高脚玻璃杯内，应以餐匙食之。

7. 水果

西餐中水果的食用方法如下：

（1）草莓，普通的草莓可用手取食，蘸些糖或酸奶；吃带调味汁的草莓须使用餐匙。

（2）菠萝，吃时应当将其切割成小块，然后用餐叉进食，不要用手去抓食。

（3）苹果，最正规的吃法是切成大小相仿的四块，然后逐块去皮，再以刀叉食之。不过，现在绝大多数人都是用手拿着去皮的小块苹果直接吃。

（4）香蕉，食用整只香蕉时应先剥除外皮，再用刀叉切成小段，逐段食之，一般不应当一边用手拿着皮，一边慢慢咬着吃。

（5）橙子有两种吃法：一是先用刀去除其外皮，再用刀叉将内皮剥离，然后用刀叉分瓣而食；二是在用刀去皮后，切成几小块，再用手取食。

（6）葡萄，吃时可取一小串，一粒一粒用手揪下来吃，其皮、核，可先悄然吐入手中，再转移至餐盘内。吃果盘内不成串的单粒葡萄时，宜以餐叉相助取食。

8. 咖啡

西餐中，饮用咖啡是很有讲究的。

饮用咖啡时，一般要用右手的拇指和食指握住杯耳，轻轻端起杯子，再慢慢品尝。饮用咖啡不宜过多，一般情况下一杯足矣，最多不超过三杯。饮用时，不能大口吞咽，也不能一饮而尽，而应该一小口一小口地慢慢品尝。

垫碟是用来放置咖啡匙，并接收溢出杯子的咖啡的。喝咖啡时，如果离桌子近，则不用端起垫碟；如果离桌子较远，或站立或走动，则可用左手将杯碟一起端起，至齐胸高，用右手持杯饮用。

饮用咖啡可根据自己的喜好往咖啡中加入糖或牛奶等配料。咖啡匙只是用来在加入牛奶和糖时加以搅拌，使其融合和融化的，不用时，则放置在咖啡垫碟上。

9. 酒水

在正式西餐宴会上，酒水是主角，十分讲究与菜肴的搭配。一般来讲，每吃一道菜，便要换一种酒水。

宴会上所用的酒水可以分为餐前酒、佐餐酒和餐后酒三种，每种又有许多具体的种类。

（1）餐前酒，也叫开胃酒，在用餐前饮用或在吃开胃菜时饮用。开胃酒有鸡尾酒、威士忌和香槟酒。

（2）佐餐酒，是在正式用餐期间饮用的酒水。西餐的佐餐酒均为葡萄酒，选择佐餐酒的一条重要原则是“白酒配白肉，红酒配红肉”。白肉指的是鱼肉、海鲜，红肉指的是猪肉、牛肉、羊肉，即白葡萄酒配海鲜类，红葡萄酒配肉类、禽类。

（3）餐后酒，是用以帮助消化的酒水。常用的有利口酒、白兰地酒。

饮用不同的酒水，还要用不同的专用酒杯。在每位就餐者餐桌右边，餐刀的前方，都会横排着三四个酒水杯。它们分别为香槟酒杯、白葡萄酒杯、红葡萄酒杯及水杯。取用时，应按照由外侧向内侧的顺序依次取用，也可根据女主人的选择而紧随其后。

## 五、西餐礼节

西餐尤其是正式西餐是非常注重礼节的。从穿衣戴帽到言谈举止，从尊重女士到要求男士，都有礼节的要求。

1. 着装讲究

（1）礼服。西式礼服，男装为黑色燕尾服、扎领结；女装则为拖地长裙，并配长筒薄纱手套。也可身着本民族的盛装，如我国的中山装、旗袍。目前，在隆重的宴会上，往往要求穿礼服。

（2）正装。在普通的宴会上，通常要求穿正装。在一般情况下，正装指的是深色，特别是黑色或藏蓝色的套装或套裙。需要注意的是，男装不要色彩过淡、过艳，女装切勿过短、过小。

（3）便装。在一般的聚餐时，可以穿便装。这里的便装是有严格界定的，即男士可穿浅色的服装，或仅穿单件的西装上衣；女士可以穿时装，或是以长西裤代替裙装。但是，绝对不能随心所欲地乱穿。

不管穿什么服装，在用餐时都不能当众整理衣服和佩饰等。

2. 尊重女士

和东方文化不同，西方对于女士的尊重体现在很多方面，在西餐中也能看到其踪迹。

（1）尊崇女主人。在西餐宴请活动中，女主人地位备受尊崇。例如，女主人要坐主位，由女主人"宣布"用餐开始或结束等。用西餐时，绝对看不到女主人忙里忙外、到处张罗，甚至难以入席的情境。

（2）礼待女宾客。吃西餐时，不论是否相识，男士都应扮演"护花使者"的角色，应积极主动地照顾女士。如用餐前，要帮助女士存外衣或就座；用餐期间，要帮助女士取菜、拿调味品，陪其交谈等。

（3）不见女侍者。正规的西餐馆，绝对讲究"女尊男卑"。在那里，只能见到清一色的男侍迎来送往，忙忙碌碌，却绝对难以见到一名女侍。根据传统，西餐馆是一概不使用女侍的。

3. 举止优雅

享用西餐时，要想使自己"举止优雅"，就要注意以下几个方面：

（1）坐姿端正。就座时，应从左侧进入，并使身体与餐桌保持两拳左右的距离。上身要呈挺拔之态，不要东倒西歪。双手不要支在桌上或藏于桌下，而应扶住桌沿，双腿切勿乱伸。

（2）文明用餐。吃西餐时，不要吃得自己"四处开花"，身上、脸上到处都"痕迹斑斑"，嘴上"满嘴生辉""五光十色"，也不要把餐盘、餐桌和地面弄得一塌糊涂，要维护环境卫生。

（3）禁出声音。西方人认为，只有缺乏教养者才会在进食时出声作响。因此，不论有意还是无意，吃东西还是喝东西，都不要弄出声音来，更不要搞得铿锵作响。在就座时，也不要把座椅、餐桌弄出怪异声音；在用餐时，如不懂怎样使用各种餐具，可以现场观摩他人，不要把餐具相互敲击或是指点别人。此外，体内的任何声响，不管是咳嗽、打喷嚏，还是打嗝，都应自觉控制，不要当众出丑。

4. 主动交际

商务环境下的西餐中，应该主动与对方交流。应邀赴宴时，要主动向主人致意，不要吃了就走，不把主人放在眼里。

## 在线自测

请大家自行扫描右侧的二维码进行在线自测，自测允许重测，取最高的分值记录成绩。

【案例分析与讨论】

### 不懂西餐礼仪的张先生

做水产批发生意的张先生午饭时信步走进一家饭店的西餐厅，在服务员的热情接待下，所点酒菜很快便送了上来，或许是因为太饿，张先生把服务员端上的热汤用嘴吹吹，便“咕咚、咕咚”一饮而尽。吃肉类食物时，张先生学着别人的样子，用手握着刀叉，使劲切割食物，将食物大块大块地送入口中，并一副狼吞虎咽的样子，刀盘摩擦发出阵阵刺耳的声响，嚼东西的声音清晰可闻。周围的人用异样的目光看着他。待吃过一阵后，张先生随意将刀叉平排往餐桌上一放，顺手将餐巾放在餐桌上，起身欲去趟洗手间，这时服务员走过来礼貌地请他结账，张先生告诉服务员只是离开一会儿，马上就回来，而服务员却坚持让他先结账再离开，为此两人争执起来。

请你认真阅读上述案例后，指出张先生吃西餐过程中的失礼之处，并说明正确的做法。

# 项目六　商务接待与拜访礼仪

如今随着全球经济一体化以及市场经济的不断迅猛发展，企业之间的业务往来相当频繁，对内对外的商务合作交往涉及的面也越来越广，企业间的互相拜访和接待工作也越来越重要。在商务接待中，商务人员展现的不仅仅是个人的素质，更是企业的形象，所以作为商务人士掌握接待与拜访的基础礼仪是非常重要且必要的。

## 任务一　商务接待礼仪

【知识链接】

接待与拜访是企业事务的重要组成部分，是企业形象最直观的外在表现，对企业形象的塑造具有举足轻重的作用。因此，无论是言谈举止，还是行为方式都必须遵守礼仪规范，遵循商务惯例。

### 一、接待工作的内容

企业的接待工作大体可分为业务往来接待、顾客投诉接待、视察指导接待、检查和考察团组接待、参观学习接待等。从接待客人的性质来看，有生产厂家、供货单位的客人，有本企业的顾客，也有相关领域的企业客户；从隶属关系看，有行业领导、地方领导等；就客人身份而言，有领导者和一般工作人员之分。

1. 业务往来接待

业务往来主要是指与本企业有购销业务关系的单位之间的往来，其中有外地和本地的生产厂家，批发单位等，还有本地和外地的商业企业的交流、沟通，这些人到企业或买或卖，直接关系到企业的购销业务和盈亏情况。在接待前，一定要与有关部门沟通情况，了解市场行情，提前做好准备，以争得洽谈的主动。

2. 顾客投诉接待

这项工作是商业企业特别是零售企业经常遇到的问题。一般说来，投诉的主要原因是商品质量问题，其次是服务态度问题。投诉有书信形式，也有直接找企业管理人员当面申诉的。

3. 视察指导接待

上级机关和领导为了有效地指导工作，经常深入基层单位，了解情况，听取汇报，掌握第一手材料。领导同志视察指导工作，时间有长有短，短则几个小时，长则四五天，视察的内容和方式差异较大。

4. 检查和考查团组接待

上级机关有关部门，为了督促检查基层单位对国家政策法令的落实情况，时常派一些检查团组深入基层工作。接待人员要围绕检查团组的工作内容，通知有关部门准备好文件和材料，认真地、实事求是地做好汇报的准备工作，尽力提供各种工作之便。

考察人员多是由有关部门负责同志组成团组，人数多少不一，规格高低各异。他们在考察学习的过程中，除听取情况介绍外，还要边看边问。因此，负责介绍情况和接待的同志要熟知本单位的情况，要做到能随时随地地介绍情况和回答问题。

## 二、接待工作的程序

接待工作是一项繁杂、琐碎、影响很大的工作，稍有疏漏就会带来不良影响，甚至造成巨大损失。接待工作程序化，可以避免“忙中出错”的现象发生。

经过不断总结，现已形成了一整套的接待工作程序，按照这个程序进行工作，可避免忙乱，防止漏洞，做到礼节周到，细致入微。

1. 准备阶段

接待工作从接到来客通知后就开始进入准备阶级，这是整个接待工作的重要环节，一般应从以下几个方面着手。

（1）了解客人的基本情况。接到来客通知时，首先要了解客人的单位、姓名、性别、职业、级别、人数等。其次，要掌握客人来访的意图，了解客人的目的和要求及在食宿和日程安排上的打算。再次要了解客人的到达日期，所乘车次、航班和到达时间。最后将上述情况及时向主管领导汇报，并通知有关部门和人员做好接待准备。

（2）制定接待方案。接待一般的客人，可根据惯例直接提出具体接待意见。接待重要客人或高级团体，应根据客人的来访意图、要求和本企业负责人的意见，制定接待方案。具体方案应包括客人的基本情况，接待工作的组织分工，陪同人员和迎送人员名单，食宿地点及房间安排，伙食标准及用餐形式，交通工具，费用支出意见，活动方式及日程安排，汇报内容的准备及参加人员等。接待方案要报送企业领导批准。

上述内容要视接待客人的规格而定，可以根据实际需要，灵活从事。接待规格如表6-1所示。

表6-1 接待规格

| | |
|---|---|
| 高规格接待 | 上级领导派人过来了解情况、传达意见或建议，或相关企业来商谈重要事情，或接待公司重要客户，主要陪同人员要比来访者的职位高，这是高规格接待。某些情况下，重要领导也需出面接待，以示尊重 |
| 同规格接待 | 根据来访者的级别，用相对应级别的人员接待，即主要陪同人员应与来访者职位相等 |
| 低规格接待 | 主要陪同人员比来访者的职位低的接待，诸如上级领导或主管部门领导或总公司领导到基层或子公司时，接待单位在级别上比来访单位低，只能低规格接待 |

2. 正式接待阶段

客人抵达后，进入正式接待阶段。这个阶段，除接待方案逐项落实外，还要根据情况的变化，随时采取应变措施。

（1）迎接客人。一般客人可由业务部门或经理办公室人员到车站（机场、码头）迎接，重要客人应安排有关领导前往迎接。负责迎接的人员应在客人（乘船、飞机）到达之前到场等候。对重要客人（如主要供货单位的领导），企业经理应到客人驻地迎候，对一般客人应安排有关领导前往驻地看望。

（2）安排生活。客人到达后，应把客人引进事先安排好的客房。如客人较多，应先将客人请到客厅休息，再与客人中负责生活的人联系，由他协助分配房间。客人住下后，应把就餐的地点、时间告诉来宾。对重要客人，应安排专人送（或陪）客人到餐厅就餐。

（3）协商日程。客人食宿安排就绪后，对一般客人，可由接待人员出面与其商议活动日程。重要客人要由领导出面，进一步了解客人的意图和要求，共同商议活动的日程。最后根据确定的活动时间、内容、方式等重新修订并印发活动日程，并把变动情况迅速通知有关方面，以便进行工作。

（4）组织活动。按照日程安排，精心组织好各项活动。如客人洽谈供货合同，可提前做好准备；如客人要参观游览，应安排好交通工具和陪同人员。

（5）听取意见。在客人活动全部结束之后，要单独安排时间，请单位领导和客人会面，听取意见，交换看法，特别是对上级派来的视察团、检查团等，这项活动尤其应安排妥当。

（6）安排返程。根据客人要求，订购返程车（机、船）票，并及时送到客人手中，同时商议离开驻地的时间。安排好送行车辆和送行人员，协助客人结算各项费用，征求客人对接待工作的意见，以便改进工作，送客人到车站（机场、码头）作最后告别。

（7）总结收尾阶段。将客人送走后，接待工作基本结束，但仍应善始善终，做好收尾工作。要及时将客人所乘车（机、船）班次通知客人所在单位以便接站。

## 三、接待礼仪

接待中的迎客、乘车、乘电梯、上下楼梯和引导等都有相关的礼仪规范，接待人员遵守规范、讲究礼貌、彰显素质，会给客户留下深刻的印象和美好的回忆。

### 1. 迎客礼仪

接待人员应在客户抵达本地前10～15分钟到达地点迎候，不得迟到。在接到客户时，接待人员一定要注意称呼得体、问候礼貌、用语准确并符合当时的环境。接待人员应面带微笑、目视前方、点头致意。在见到客户时应主动上前彬彬有礼地亲切问候，并且与客户握手，握手要遵循礼节要求。

### 2. 乘车礼仪

在接待过程中，商务人员经常会要乘车，若客人有特别喜欢乘坐的位置，通常主方要尊重客人的意见。但大多数情况下，人们还是会根据车型不同、国别不同、身份高低遵从乘车的礼仪要求按序就座。

（1）乘坐两排五人座轿车。我国轿车为左舵轿车，乘坐轿车的座次原则是右高左低，后高前低。当由专职司机驾车（图6-1）时，座次由尊而卑是后排右座—后排左座—后排中座—前排副驾驶座；当由主人驾车（图6-2）时，座次由尊而卑是前排副驾驶—后排右座—后排左座—后排中座。

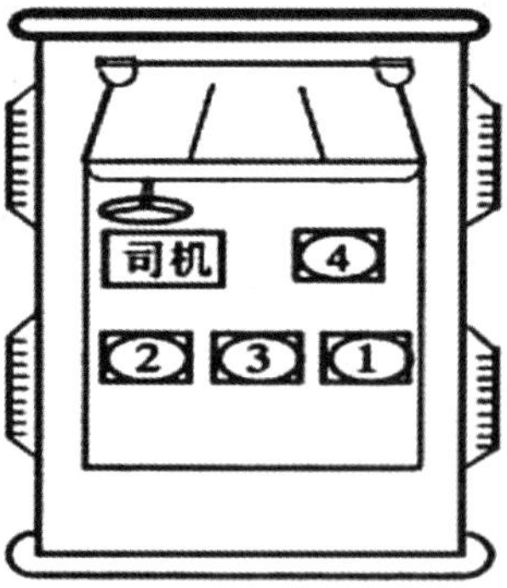

▲图6-1　由专职司机驾车

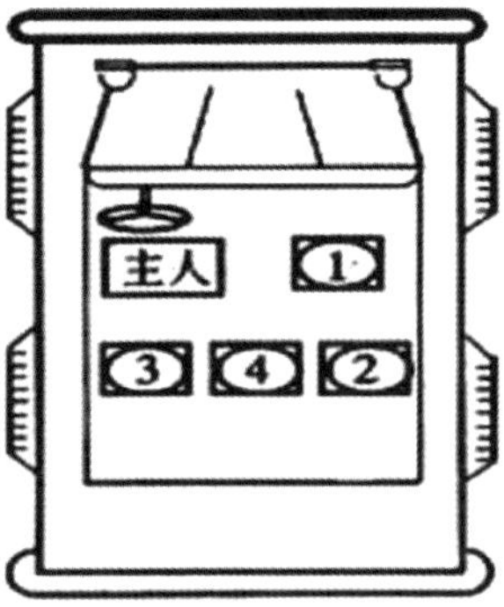

▲图6-2　由主人驾车

（2）乘坐三排七人座商务车。随着社会的发展，目前在商务接待活动中这种三排七人座的商务车也经常使用，这种商务车的乘车位次通常当由专职司机驾车（图6-3）时，座次由尊而卑是中排右座—中排左座—前排副驾驶座—后排右座—后排左座—后排中座；当由主人驾车（图6-4）时，座次由尊而卑是前排副驾驶座—中排右座—中排左座—后排右座—后排左座—后排中座。

（3）乘坐吉普车。吉普车的底盘比较高，所以吉普车无论司机的身份，座次由尊而卑的顺序都是前排副驾驶—后排右座—后排左座—后排中座，如图6-5所示。

（4）乘坐多排座大巴车。当人数很多，乘坐多排座大巴车时，也需要按照一定的顺序就座。大巴车和中巴车的位次的基本准则是无论何人驾驶，前排为上，后排为下；以右为尊，以左为卑，如图6-6所示。

▲ 图6-3　由专职司机驾车

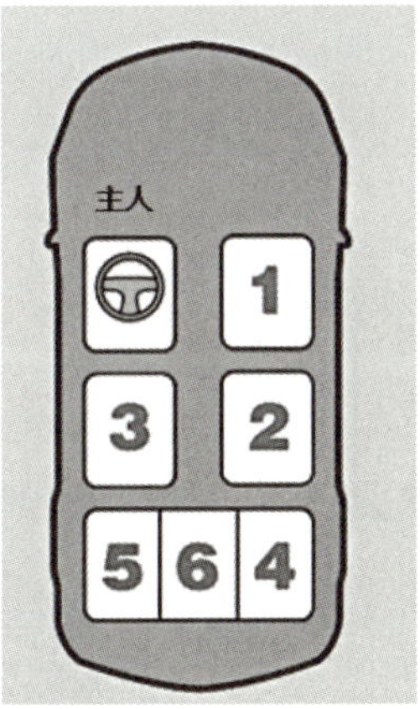

▲ 图6-4　由主人驾车

▲ 图6-5　乘坐吉普车

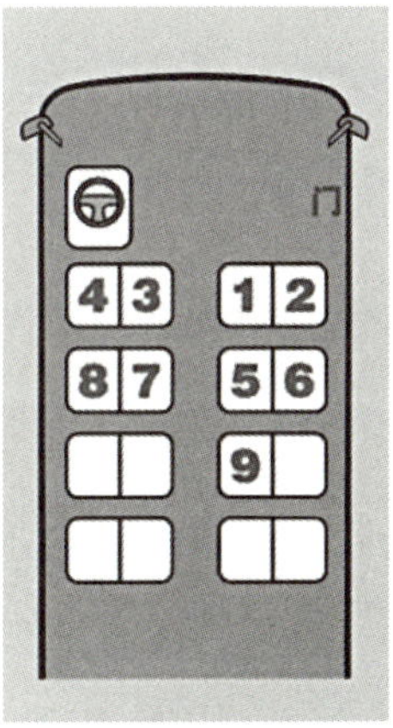

▲ 图6-6　乘坐多排座大巴车

（5）送客上车。送客上车时，要先为客人打开车门，并且把一只手挡在车门的上方，以防客人上车时动作幅度大磕碰到头部。汽车发动后，主人要目送汽车远去方可离开。

（6）上下车姿势。对女士而言，上车不要一只脚先踏进车内，也不要爬进车内，要先站在座位边上，降低身体，臀部先落座，双膝一直保持并拢，双腿一并抬起，收进车内；下车时，双腿先伸出车外，整个身体再出来。上下车时，女士最易犯的错误是单腿跨入或单腿迈出，这样穿裙装时容易走光，并且姿势也不优雅。

3. 乘电梯礼仪

乘坐电梯，当电梯有专人操作时，接待人员应后进先出；电梯无专人操作时，接待人员应先进后出，其具体礼仪如下：

（1）当客人来到电梯厅门前时，接待人员先按电梯按钮。当电梯到达厅门打开时，如有多位客人，可先行进入电梯，一只手按“开门”按钮，另一只手按住电梯一侧门，礼貌地说“请进”，请客人进入电梯。在电梯内，接待人员要站在靠近操作面板的位置。

（2）进入电梯后，接待人员按下客人要去的楼层按钮。如电梯行进间有其他人员进入，可主动询问要去几楼，帮忙按钮。电梯内可视情况是否寒暄，如没有其他人员可略作寒暄，如有外人或其他同事，可斟酌是否有必要寒暄。电梯内尽量侧身面对客人。

（3）到达目的地的楼层，接待人员一只手要按住“开门”按钮，另一只手做出请出的动作，并说道：“到了，您先请!”当客人走出电梯后，自己随即步出电梯，并热诚地引导行进的方向。

4. 上下楼梯礼仪

接待人员陪同客人上下楼梯，如果是女接待人员引导男客人上楼时，无论是上下楼均应请客人在前。如果是男接待人员引导男客人上楼时，客人在前；下楼时，让客人在后。如是男接待人员引导女客人上下楼时均应请客人在后。

引导客人进出电梯、上下楼梯的顺序掌握以下原则比较容易记忆：危险、不便留给自己（接待人员），安全、方便留给客人（尊者）。电梯内比电梯外危险，所以自己要先进后出；下楼梯出现意外很危险，自己一般走在前面以防意外；上楼梯危险性低，则突出尊者优先。其他很多礼仪，如乘车的位置等均可用本方法记忆。

当然，有时还要注意男女有别、女士优先，特别是西方国家，无论女士是主是客，都有女士优先的习惯，这是特殊情况。

5. 引导礼仪

引导人员要注意以下几种情况的礼仪规范：

（1）旋转门。接待人员陪同客人走旋转门时，原则上请客人走在前面；但如果旋转门尚未转动，接待人员应先推动旋转门使之旋转，再请客人先走。

（2）人行道。人行道的内侧安全且是尊贵的位置，接待人员应让客人行走在内侧，自己走在外侧；当走到车辆较多或人多处时，应先走几步“开路”，同时要及时提醒和照顾引领的客人。

（3）走廊。在走廊中行走，接待人员应在客人2~3步之前，配合客人步调，让客人走在内侧。

（4）房门。引领客人走到房门口时，接待人员要先去敲门。如果房门是朝外拉开的，应先把门拉开后再请客人进去；如果房门是朝里推开的，应推开门自己先进去，再请客人进来。

（5）客厅。当客人走入客厅时，应礼貌地询问客人是否需要将其风衣、围巾等物品代为保管，得到肯定回答后，应用双手接过衣物，并放置好。然后用手示意客人就座，如客人坐下座，应请其改坐上座，然后点头示意后离开。如果接待人员既是引导人员又是洽谈人员，则无须离开。

【礼仪小故事】

**接待不周**

一次，泰国某政府机构为泰国一项庞大的建筑工程向美国工程公司招标。经过筛选，最后剩下4家候选公司。泰国特派遣代表团去美国，与各家公司分别商谈。代表团到达芝加哥时，最有希望的那家工程公司却不小心出了差错，因为没有仔细核对飞机到达的时间，以致未去机场迎接。泰国代表团在芝加哥商业中心的一家旅馆住下后，打电话给那家公司的经理，在接受了他的道歉之后，泰国人员同意第二天上午11时在经理办公室会面。第二天，美国那家工程公司的经理按时在办公室等候，但直到下午三四点才接到客人的电话："我们一直在旅馆等候，但始终没有人前来接我们。我们对这样的接待实在不习惯，已订好了下午的机票，飞赴下一个目的地，再见吧！"

点评：迎来送往是企业的日常事务活动之一，接待方一定要从客人抵达的时间、地点开始认真充分准备并且不遗漏任何一个细节。只有这样，才能做到让客人乘兴而来，满意而归，才可能促成双方的合作成功。另外，在接机工作已经耽误的情况下，注重人情味的东方人一般会牺牲业余时间到旅馆"陪客"，进一步消除误会，而西方人一般没有这种习惯。没有提前了解文化差异是该美国公司接待工作准备不足的一种体现。

## 四、接待中的"细节"礼仪

"细节决定成败"，接待中的"细节"绝对不可轻视、疏忽。

1. 讲究说话技巧

“一样话，百样说”。说话讲究方法，会产生截然不同的效果。接待人员在接待客人时，用语讲究技巧，不仅会赢得客人的好感，也利于提升组织的形象。

2. 及时斟茶送水

为客人斟茶送水时要注意很多问题：

（1）茶具要干净。给客人倒茶时，要使用干净的茶具，尤其要注意茶具是否久置未用，是否沾染灰尘等。如果有这些问题，最好在倒茶前细心地用清水洗刷一遍，再用开水烫一下茶壶、茶杯。这样，既讲究卫生，又显得彬彬有礼。

（2）茶水茶叶要适量。俗话说“茶满欺人，酒满敬人”。茶水斟得很满，会让客人觉得很别扭，既不便端起杯子，也给客人留下缺乏饮茶、待客常识的感觉。茶叶也不宜放得太多或太少，口味适中是最佳的选择。如果客人有提出浓或淡的要求，可以遵从客人的要求投放。

（3）端茶要得法。按照礼仪习惯，应双手给客人端茶。有杯耳的茶杯，通常是用一只手抓住杯耳，另一只手托住杯底，把茶端给客人。没有杯耳的茶杯，用小茶碟装杯子，微微俯身，将水杯端至客人头部下方的位置，微笑着用语言和目光示意对方“请用”，递送水杯的位置不可高过客人的头部。

3. 礼貌送客

当客人告别时，应主动与客人握手相别，不可以在客人告辞时无动于衷，或点头、挥手了事，而应该将其送出门外或送至楼下，然后，用热情友好的语言欢迎客人下次再来。若客人步行，要目送客人身影远去；若客人乘车，则要等客人乘坐的汽车远去方可离开。

## 在线自测

请大家自行扫描右侧的二维码进行在线自测，自测允许重测，取最高的分值记录成绩。

【案例分析与讨论】

**琳达该怎么做?**

琳达是梅隆娱乐（上海）公司市场部经理的秘书。这天上午10点，上海阳光文化公司的徐总如约准时到了。琳达把客人领到会客室后，去上司办公室通知上司，可上司没有在办公室。琳达出来一找，发现上司站在走廊上正在和公司营销总监说话。面对这种情况，琳达应该怎么办？下面有5个做法选项：

A. 对上海阳光文化公司的徐总说："我们经理现在不在座位上。按理他应该在座位上，我再去找一找，您再稍等一会儿，如何?"

B. 上司正在与公司营销总监说话。我想上司应该知道预约的客人到了。我走上前去在上司身边，悄悄告诉他预约的客人到了。

C. 走过去先与两位领导打招呼，然后告诉对正在与公司营销总监谈话的上司说："不好意思啊，打断你们的谈话了。领导，您预约的客人已经到了，是否还让他等一会儿?"

D. 对正在与上司谈话的营销总监说："不好意思，打断你们的谈话。预约的客人已经到了。你们的谈话是否可以等一会儿再继续?"

E. 对上海阳光文化公司的徐总说："实在不好意思，上司有急事不在座位上。如果可以的话，我们另约时间见面好吗?"

【讨论问题】

1. 请你从上面5个选项中挑选出你认为最合适的选项，并说明理由。
2. 这种情形下，如果是你，你觉得还有更好的处理方式吗？如果有，说说看。
3. 你从这则商务接待案例中得到了什么启示?

## 任务二　商务拜访礼仪

【知识链接】

拜访是现代商务交往中最常见的礼仪活动，商务人员在拜访他人时务必要做到礼貌周到，树立良好的企业形象。

## 一、拜访礼仪

在商务拜访活动中，客户对拜访者的第一印象和感受是决定拜访成败的关键所在，而对“印象”和“感受”起决定性作用的是拜访者的“礼”。知礼、懂礼、有礼、施礼，会使拜访的整个过程始终如一地给客户以彬彬有礼的整体形象，这不仅会提高拜访的质量，还有利于双方建立合作关系。

### 1. 仪表得体，仪态得当

拜访者首先要选择能够代表个人和企业形象的得体服饰，传递对客户尊敬与重视的无声信息。这样做一方面可以塑造完美优雅的个人形象，体现良好的修养与精神风貌，另一方面可以给客户留下美好的印象。服饰搭配应以适合自己为原则，无论是西装革履还是民族传统，抑或时尚休闲，适合自己、与环境协调最为重要，配合以亲切友善的面部表情、专注热忱的眼神，会给人以极好的印象。

### 2. 礼貌拜访，善始善终

原则上讲，拜访前应事先与对方沟通约定，以免见不到对方或扰乱对方的工作安排。拜访时要准时赴约，到达对方家或单位时，一定要轻轻敲门，入室后应在对方指点、示意后就座。如有其他客人，先到的客人应站立起来，等待主人介绍。拜访停留时间宜短不宜长，告辞时要同被拜访者及其在场的其他客人一一告别。

### 3. 热情亲切，生动幽默

拜访者与客户的交流离不开言谈话语，称呼热情得体，言语生动幽默，自然而然会拉近和加深与客户的关系和感情，使双方感情更为融洽，更能让人感觉到酒逢知己、话语相投并能畅所欲言，直抒胸臆。

## 二、拜访技巧

决定拜访成功与否的要素不仅仅是礼仪，还包括拜访技巧。拜访技巧有很多，这里主要介绍两点。

### 1. 有效预约拜访时间

预约是拜访的第一步，成功的预约才能让客户心情愉悦地接受，为接下来的拜访奠定愉快的感情基调。那么，怎样才能做到成功地预约呢?

①一般来说，有经验的拜访者会将拜访时间的决定权交给客户，如“您什么时间方便一些”“您最近什么时间有空闲”等，让客户感觉主动权在自己手中，感觉自己是被尊重和重视的，这时预约的成功率就高。

②通常情况下，客户很难拒绝与自己有交往关系或熟人的拜访。拜访者不妨在预约时告知客户，是某公司、某人士介绍特来拜访的，使客户碍于情面，难以拒绝，进而提高预约拜访的成功率。

③对一些以没有时间等为理由推辞和拒绝拜访的客户，拜访者可以先确定一个较远的时间，以减少客户的排斥心理。随着时间的推移，可选合适的时间再次致电确认，并在此基础上提出预约，邀请客户选个方便的时间，这种礼貌与诚意会打动客户，能有效提高预约的成功率。

2. 有效控制拜访时间

有效沟通，适时告辞，拜访时间以半小时为佳，时间过长或过短都会弱化拜访效果。那么如何控制好拜访时间呢？

①准备充分，有的放矢。提前准备好拜访的内容，如清晰阐述谈话思路、准确把握谈话内容。在拜访时，寒暄问候等必要的情感铺垫完成后，应立即进入正题，谈话时应思路清晰、语言准确精练，既有逻辑层次，又突出重点，切中要害，在常规的时间内圆满完成任务。

②察言观色，适时告辞。一般来讲，拜访以半小时为常规礼仪时限，但可视拜访过程的具体情况而定。有时或因突然事件发生，或因志趣相同，话语投机，或因相互感兴趣的话题、项目，或因交谈沟通中的分歧障碍等要适时调整拜访时间。在拜访中，拜访者应察言观色，看到客户频频看表或不断更换坐姿等动作时，应迅速结束话题，主动告辞。

## 在线自测

请大家自行扫描右侧的二维码进行在线自测，自测允许重测，取最高的分值记录成绩。

【案例分析与讨论】

**拜访礼仪无小事**

某公司新建的办公大楼需要添置一系列的办公家具，价值数百万元。公司的总经理已做了决定，向A公司购买这批办公家具。这天，A公司的销售部负责人打电话来，要上门拜访这位总经理。总经理打算，等对方来了，就在订单上盖章，定下这笔生意。不料对方比预定的时间提前了2个小时，原来对方听说这家公司的员工宿舍也要在近期内落成，希望员工宿舍需要的家具也能向A公司购买。

为了谈这件事，销售负责人还带来了一大堆的资料，摆满了台面。总经理没料到对方会提前到访，刚好手边又有事，便请秘书让对方等一会儿。这位销售员等了不到半小时，就开始不耐烦了，一边收拾起资料一边说："我还是改天再来拜访吧。"这时，总经理发现对方在收拾资料准备离开时，将自己刚才递上的名片不小心掉在了地上，对方却并未发觉，走时还无意地从名片上踩了过去。但这个不小心的失误，却令总经理改变了初衷，A公司不仅没有机会与对方商谈员工宿舍的设备购买，连几乎到手的数百万元办公家具的生意也告吹了。

【讨论问题】

1. 这则案例中A公司销售部负责人在拜访对方时有哪些不合礼的做法？

2. 为什么A公司销售部负责人从名片上踩踏过去的行为令对方公司总经理不满？

3. 通过这则案例从商务拜访角度你有什么感悟？

## 任务三　馈赠礼仪

【知识链接】

馈赠，即赠送，是人们用物质的形式表达相互祝贺、敬意、友谊、爱情、感谢、慰问等内心感情的一种方式。它是语言文字表达情意的一种辅助，是社交活动中的一项重要内容。馈赠礼仪，就是指在礼品的选择、赠送、接收的过程中所必须遵循的惯例与规范。

馈赠作为商务交往活动的重要手段之一，受到古今中外人士的普遍肯定。馈赠作为一种非语言的重要交际方式，是以物的形式出现，以物表情，礼载于物，起到寄情言意的“无声胜有声”的作用。得体的馈赠，恰似无声的使者，给交际活动锦上添花，给人们之间的感情和友谊注入新的活力。然而送给谁，为什么送，如何送，送什么，何时送，在什么场合送，是既老又新的问题，只有在明确馈赠目的和遵循基本原则的前提下，才能真正发挥馈赠在交际中的重要作用。

## 一、馈赠的目的

任何馈赠都是有目的的，或为结交友谊，或为祝颂庆功，或为酬宾谢客。

### 1. 以交际为目的的馈赠

这是一种为达到交际目的而进行的馈赠，有以下两个特点：

（1）送礼的目的与交际的目的直接一致。无论是个人还是组织机构，在社交中为达到一定的目的，针对交往中的关键人物和部门，通过赠送一定礼品，以达到交际的目的。

（2）礼品的内容与送礼者的形象一致。礼品的选择，一个非常重要的原则就是要使礼品能反映送礼者的寓意和思想感情的倾向，并使寓意和思想感情的倾向与送礼者的形象有机结合起来。

### 2. 以巩固和维系人际关系为目的的馈赠

这类馈赠，即为人们常说的“人情礼”。在人际交往过程中，无论是在个人之间还是在组织机构之间，必然会产生各类关系和各种感情。人与生俱来的社会性，又要求人们必须重视这些关系和感情，因而，围绕着如何巩固和维系人际关系和感情，人们采取了许多办法，其中之一就是馈赠。这类馈赠，强调礼尚往来，以“来而不往非礼也”为基本行为准则。因此，这类馈赠，从礼品的种类、价值的轻重、档次的高低、包装的精美、蕴涵的情义等方面都呈现出多样性和复杂性。这在民间交际中尤其具有重要的特殊作用。

### 3. 以酬谢为目的的馈赠

这类馈赠是为答谢他人的帮助，因此在礼品的选择上十分强调其物质价值。礼品的价值首先取决于他人帮助的性质，帮助的性质分为物质的和精神的两类。一般来说，物质的帮助往往是有形的，能估量的；而精神的帮助则是无形的，难以估量的，然而其作用又是相当大的。其次取决于帮助的目的，是慷慨无私的，还是公私兼顾的。只有那种真正无私的帮助，才是值得真心酬谢的。最后取决于帮助的时机，一般情况下，危难之中见真情。因此，得到帮助的时机是日后酬谢他人最重要的衡量标准。

4. 以公关为目的的馈赠

这种馈赠，表面上看来不求回报，而实质上，其索取的回报往往更深地隐藏在其后的交往中，是一种为达到某种目的或达成某项协议而用礼品的形式进行的活动，多发生在对经济利益、政治利益的追求和其他利益的追逐活动中。

## 二、馈赠的基本原则

“折柳相送”常为文人津津乐道，因为柳的寓意有三：一为表示“挽留”；二因柳枝在风中飘动的样子如人惜别的心情；三为祝愿友人如柳树一般能随遇而安。认真把握馈赠的基本原则，是馈赠活动得以顺利进行的重要前提条件。

1. 轻重得当

通常情况下，礼品的贵贱厚薄，往往是衡量交往人们的诚意和情感浓烈程度的重要标志，然而礼品的贵贱厚薄与其物质的价值含量并不总成正比。因为礼物是言情寄意表礼的，它仅仅是人们情感的寄托物，人情无价而物有价，有价的物质只能寓情于其身，而无法等同于情。也就是说，就礼品的价值含量而言，礼品既有其物质的价值含量，也有其精神的价值含量。“千里送鹅毛”的故事在我国妇孺皆知，被标榜为礼轻情义重的楷模。在这里，如果仅就这些礼物本身的物质价值而言，确实是很轻的，对于受礼人来说甚至是微乎其微的，然而它所寄寓的情义则是浓重的。我们提倡“君子之交淡如水”，提倡“礼轻情义重”。但是，当我们因种种原因陷入“人情债务链”时，则不妨既要注意以轻礼寓重情，又要入乡随俗地根据馈赠目的和自己的经济实力择定不同轻重的礼物。总之，除非是有特殊目的的馈赠，其他馈赠礼物的贵贱厚薄都应以对方能愉快接受为尺度。

2. 时机恰当

就馈赠的时机而言，及时适宜是最重要的。中国人很讲究“雨中送伞”“雪中送炭”，即十分注重送礼的时效性，因为只有在最需要时得到的才是最珍贵的，才是最难忘的。因此，要注意把握好馈赠的时机，包括时间的选择和机会的择定。一般来说，时间贵在及时，超前滞后都达不到馈赠的目的；机会贵在事由和情感及其他需要的程度，“门可罗雀”时和“门庭若市”时，人们对馈赠的感受会有天壤之别。所以，对于处境困难者的馈赠，其所表达的情感就更显得真挚和高尚。

3. 注重效用

同一切物品一样，当礼以物的形式出现时，礼物本身也就具有了价值和实用价值。就礼品本身的实用价值而言，人们经济状况不同，文化程度不同，追求不同，对于礼品的实用性要求也就不同。一般说来，物质生活水平的高低，决定了人们精神追求的不同，在物质生活较为贫乏时，人们多倾向选择实用性的礼品，如食品、水果、衣料、现金等；在生活水平较高时，人们则倾向于选择艺术欣赏价值较高、趣味性较强和具有思想性、纪念性的物品为礼品。因此，应视受礼者的生活水平，有针对性地选择礼品。

4. 投好避忌

就礼品本身所引发的直接后果而言，由于民族、生活习惯、生活经历、宗教信仰以及性格、爱好的不同，不同的人对同一礼品的态度是不同的，或喜爱或厌恶或忌讳等，因此在馈赠时要把握住投其所好、避其禁忌的原则。在这里尤其要强调避其禁忌。禁忌是一种不系统的、非理性的作用极大的心理和精神倾向，对人的活动影响强烈。当自己的禁忌被冒犯时，无论是有意的还是无意的，心中的不快、不满，甚至愤恨是不言而喻的。当冒犯了别人时，就会引起纠纷，甚至冲突。所以，馈赠前一定要了解受礼者的喜好，尤其是禁忌。例如，中国人普遍有“好事成双”的说法，因而凡是大贺大喜之事，馈赠之礼，均好双忌单，但广东人则忌讳“4”这个偶数，因为在广东话中，“4”和死的发音相似，让人感觉不吉利。再如，白色虽有纯洁无瑕之意，但中国人比较忌讳，因为在中国，白色常是悲哀之色和贫穷之色；同样，黑色也被视为不吉利，是凶灾之色、哀丧之色；而红色，则是喜庆、祥和、欢庆的象征，受到人们的普遍喜爱。另外，我国人民还常常讲究给老人不能送“钟”，夫妻间或恋人之间不能送“梨”，因为“钟”与“终”谐音，“梨”与“离”谐音，是不吉利的。

## 三、礼品选择技巧

1. 有针对性

送礼者要充分了解受礼者的情况和特征，根据受礼者的性别、年龄、兴趣爱好、文化层次等精心挑选礼物。要选择受欢迎的礼物，将对方渴望得到的东西作为礼品馈赠，往往会收到意想不到的效果。一般赠老人，以实用为主；赠恋人，以纪念为主；送朋友，以趣味为主；给小孩，以益智为主；对外宾，以特色为主；探病人，以精神效应为主。

如果受礼者是组织，则要根据组织的特点、自身与组织的关系以及馈赠事由的性质选择礼物，一般以送花篮最为普遍，也可送字画等。

2. 轻重适当

礼物轻重应视双方关系、身份、送礼的目的和场合，加以适当掌握。礼物不必过重，太贵重的礼物往往会让人感到不安，产生“欠下人情”的感觉。超出个人能力和彼此关系的限度，一味投其所好，更是毫无必要，还容易被对方及旁观者怀疑为别有用心。但礼物也不能过轻，否则会使对方感到不被重视。一般来说，礼物贵在巧、小、少。巧，即立意巧妙，不同凡响；小，即小巧玲珑，宜送宜存；少，即少而精，忌多忌滥。

3. 情意内涵表达到位

送礼要着重体现礼品的精神价值和纪念意义。礼品的价值不是以金钱的多少作为衡量标准，而是以礼物本身的寓意和传达的思想来体现其价值的。正所谓“江南无所有，聊赠一枝春”，礼物虽轻，但礼轻情义重。因此，在选择、定制礼品时，要着重考虑它的深刻内涵。现代社会中，鲜花成为世界各国人民不可缺少的礼品，也正是由于其人格化的意境和品味。例如，恋人、夫妻分别，送一枝芍药以示惜别；情人节送一枝玫瑰表示热烈的爱情；母亲节带一束康乃馨回家，以表达对母亲养育之恩的感激。在买花送花之际，表达了送花人的情感、希望和寄托。

4. 审美与实用相结合

礼品应既符合对方情趣，又适合对方使用，以免好心好意送出的礼物变为废物，反而增加对方的负担。比如，对方如果是文化人，对美术有兴趣，可以考虑送国画；对方较高雅，则可以考虑送音乐盒、书籍等。

5. 禁忌回避

在努力选择上佳礼品时，应当有意识地做到不送受礼者不欢迎的礼品，特别是要自觉避开对方受礼的禁忌。如在我国大部分地区，老年人忌讳与“终”同音的钟，恋人们反感与“散”同音的伞。在阿拉伯地区，酒不适合作为礼物。在西方，药品不宜送人。

## 四、赠送礼品技巧

赠送是礼物馈赠的最后一个环节。时机适宜方法得当，会皆大欢喜，否则可能会引起误会和不满，导致受礼者不愿接受，或严词拒绝，令赠礼者十分尴尬。因此，只有巧妙掌握赠礼的技巧，才能为整个赠礼过程画上一个圆满的句号。

1. 赠礼时机

一般情况下，道谢道贺纪念之时，如合作成功、乔迁开业等重大节日；表示慰问、鼓励之时；传统的节日时，可向公司的业务往来单位赠送一些礼品，作为纪念品，以增进友谊。这些都是比较好的赠礼时机，但并非每逢上述时机都要赠礼不可。另外，送礼一定要送在当日或赶在前面；要合乎情理，使受礼方觉得自然和心安理得，不要让人感到突然和莫名其妙。

2. 赠送方式

赠送方式大致有三种：当面赠送、邮寄赠送和托人赠送。赠礼最好亲自面送对方，因为礼物只是一个交往的载体，更重要的是通过交往增进彼此的情谊。如果不能当面赠送而是托人转交或邮寄时，应附上送礼者的祝词、名片，或签上送礼者的姓名。如果有必要，也可以在礼品送出后，打电话通知对方，以确保礼品能够按时按地送达受礼者手中。

3. 赠礼其他注意事项

①赠礼之前，要认真检查礼品的质量，有瑕疵的礼品或过了保质期的食品是不能送出的。凡是正式赠人的礼品都讲究包装精美，写有价格的标签应当事先除去。

②推敲和选择赠礼场合。原则上，在公务交往中赠送礼品，应当选择在工作地点或交往地点赠送。把因公相赠的礼品拿到受赠对象家里去赠送，会使对方感到为难，也容易使见到的人产生误解。只给一群人中的某一人赠送礼物是很不礼貌的，除非给每个人都准备了礼物。否则应在和受礼人单独相处时，再把礼物交给受礼人。

③赠礼一般是在刚见面或临分手时将礼物面交对方。面交礼品时，要起身站立，面带微笑，目视对方，双手把礼品递送过去。另外，说话一定要得体，千万不要说“礼品不像样子，真不好意思拿出手”“随便为您买的”“没花几个钱”等之类的话。这类话的本意可能是劝对方不要拒绝，但容易被认为是贬低对方，对外国人而言，这类话更应避免。

④送礼一定要大大方方，不要偷偷摸摸、不声不响地塞给对方，或放在不引人注目的地方，这样会引起对方误会，使人感到心里不悦。

⑤送礼要大方，不要反复说过分谦虚的话和过多介绍礼品性能或暗示礼品的贵重，这会让人感到俗气。

⑥在涉外交往中，赠送鲜花是可以的，但要了解鲜花的象征意义。

## 在线自测

请大家自行扫描右侧的二维码进行在线自测，自测允许重测，取最高的分值记录成绩。

【案例分析与讨论】

**千里送鹅毛，礼轻情意重**

唐朝贞观年间，回纥国是大唐的藩国，一次，回纥国为了表示对大唐的友好，便派使者缅伯高带了一批珍奇异宝去拜见唐王。在这批贡物中，最珍贵的要数一只罕见的珍禽——一只白天鹅。缅伯高最担心的也是这只白天鹅，万一有个三长两短，可怎么向国王交待呢？所以，一路上，他亲自喂水喂食，一刻也不敢怠慢。这天，缅伯高来到沔阳河边，只见白天鹅伸长脖子，张着嘴巴，吃力地喘息着，缅伯高心中不忍，便打开笼子，把白天鹅带到水边让它喝了个痛快。谁知白天鹅喝足了水，合颈一扇翅膀，“扑喇喇”一声飞上了天！缅伯高向前一扑，只拔下几根羽毛，却没能抓住白天鹅，眼睁睁看着它飞得无影无踪，一时间，缅伯高捧着几根雪白的鹅毛，直愣愣地发呆，脑子里来来回回地想着一个问题：“怎么办？进贡吗？拿什么去见唐太宗呢？回去吗？又怎敢去见回纥国王呢！”思前想后，缅伯高决定继续东行，他拿出一块洁白的绸子，小心翼翼地把鹅毛包好，又在绸子上题了一首诗：“天鹅贡唐朝，山重路更遥。沔阳河失宝，回纥情难抛。上奉唐天子，请罪缅伯高，礼轻情意重，千里送鹅毛！”

【讨论问题】

1. 通过这个经典的古代故事，你觉得在交往中馈赠礼品最重要的是什么？

2. 你还知道哪些我国比较著名的馈赠佳话吗？找一找，与大家交流一下。

3. 商务交往中，选择和馈赠礼品需要特别注意哪些礼仪规范？

4. 在涉外交往中，因民族文化差异大，在礼品选择与馈赠中你认为需要特别注意什么事项？

# 项目七　商务专题活动礼仪

古往今来，无以计数的商业组织以其独特的思维、卓越的智慧、新颖的创意、奇异的手段举办了形式各异、内容丰富、特色鲜明、效果显著的专题活动，这些专题活动的成功无疑对组织形象、产品形象和知名度的扩大和美誉度的提升都起到了事半功倍的作用。

从活动的组织策划到完美收官，礼仪无不贯穿其中，可以说一个商务活动的成功就是一个知礼、懂礼、有礼和施礼的结果。由于商务活动类别繁多，此处仅挑选几种常见的专题活动简单阐释。

## 任务一　开业典礼礼仪

【知识链接】

开业典礼是商务组织创建之时，按照一定程序隆重举行的典礼活动。开业典礼是组织第一次在社会公众面前的公开亮相，其主要目的是扩大宣传，提高知名度，塑造良好的组织形象。在现代社会，该仪式广泛应用于某项工程正式开工、某建筑物正式启用、某机构正式挂牌、船舶首次下水、隧道线路首次开通等诸多社会活动中。

就商务组织而言，借助隆重的开业典礼展示本组织的实力，不仅会有效地扩大自身的知名度，让更多的社会公众了解与认知自己，同时也有利于塑造自身的良好形象，让更多的社会公众喜欢和依赖自己。那么，如何让开业典礼既隆重热烈，又富有成效呢？当然最重要的就是充分的筹备工作了，它是开业典礼成功的前提和保证。

### 一、开业典礼的筹备工作

#### 1. 做好舆论宣传

选择有效的大众传播媒介，如相应的电视台栏目及报纸版面、有效的广告媒体（屏幕灯箱广告、气球广告等），在有效的时间内，广泛而集中地宣传组织的此次典礼活动，形成对本组织舆论宣传的轰动效应，制造出先声夺人的舆论宣传氛围。

2. 拟定出席来宾名单

拟定邀请的来宾名单。上级主管部门、地方职能管理部门的负责人，合作部门与同行部门的负责人，社会团体负责人，社会贤达，新闻媒体记者，社区负责人，本组织的员工代表及公众代表等，都可以是邀请对象。

3. 发送请柬

一般情况下，应提前3~5天将请柬送到出席来宾手中，以便来宾事先安排自己的事务。对重要来客，请柬必须由专人派送，同时询问届时能否出席，如当时得不到准确回答，应在典礼前一天与之确认。

4. 准备开幕词和致辞

通常在开业典礼上会有发言和致辞环节，因此主办方要提前准备好本公司负责人的开业典礼的开幕词，并确定致辞的来宾名单且提醒其准备好致辞。

5. 布置现场

开业仪式多在开业现场直接进行，其场地可以是正门外的广场，也可以是正门内的大厅。

6. 安排接待服务人员

在举行开业仪式的现场，一定要有专人负责来宾的服务接待工作。除了要求本企业的全体员工在来宾面前都要以主人翁的身份热情待客、有求必应、主动相助之外，更重要的是要分工明确、各尽其职。在接待贵宾时，可由本企业的礼仪小姐负责此事。若来宾较多，须为来宾准备好专用的停车场、休息室，并应为其安排饮食。

7. 准备好馈赠的礼品

举行开业仪式时赠与来宾的礼品，一般属于宣传性传播媒介的范畴。馈赠来宾的礼品若选择得当，必然会产生良好的效果。根据常规，向来宾赠送的礼品应具有三大特征：

（1）宣传性。可选用本企业的产品，也可在礼品及其包装上印上企业标志或广告、产品图案等。

（2）荣誉性。要使之具有一定的纪念意义，使拥有者对其珍惜、重视，并为之感到光荣和自豪。

（3）独特性。它应当与众不同，具有本企业的鲜明特色，使人一目了然，并且能令人过目不忘。

8. 拟定典礼程序

提前根据典礼的预计举行时间的长短，拟定较为详细的典礼程序，并将典礼程序发送给相关部门和人员，以备参考。

9. 做好各种物质准备

准备好音响、摄影、录像、锣鼓、鞭炮、托盘等，或者筹备文艺演出和参观等事项。

## 二、开业典礼的程序

从总体上来看，开业仪式大都由开场、过程和结局三大基本程序所构成。

1. 开场

主办方应组织典礼的相关人员按时到达指定位置。典礼开始，奏乐，邀请来宾就座，宣布典礼正式开始，介绍主要来宾。

2. 过程

这是开业仪式的核心内容，通常包括本单位负责人讲话、来宾代表致辞、启动某项开业标志等。贺词一般由领导人或知名人士宣读。答词一般由举办单位的主要负责人宣读。贺词和答词应简洁、热情。剪彩通常在致答词之后进行，剪彩人由参加典礼的人员中身份较高的领导或知名人士担任。

3. 结局

开业仪式结束后，宾主还会一同参观现场、联欢、座谈等，这是开业仪式必不可少的尾声。

## 三、参加者礼仪

参加典礼的所有人员应共同遵守以下礼仪规范和要求。

1. 仪容整洁，服饰得当

仪容整洁，干净利落，不散发任何异味。女士可适当修饰，服装款式、色彩要与喜庆场合相匹配；男士宜穿着西装，女士宜穿着款式雅致、色彩明亮的服装；配饰适宜恰当，能够起到锦上添花的效果即可。

2. 遵守时间，以礼待人

参加典礼的所有人员都应遵守典礼时间，准时入场，这是对他人的尊重和礼貌。如果没有极其特殊的紧急情况，最好不要中途离场，也不要四处走动。

3. 言谈举止自重自律

典礼发言人的致辞应有的放矢，简明扼要，吸引他人；典礼其他人员要注意聆听，不要窃窃私语，交头接耳；体态端正，站有站样，坐有坐样，手机关闭或置于静音状态。

## 在线自测

请大家自行扫描右侧的二维码进行在线自测，自测允许重测，取最高的分值记录成绩。

【案例分析与讨论】

**某连锁快餐馆开业仪式的现场布置**

某连锁快餐馆开业仪式，现场布置如下：

1. 快餐馆门前置12米高气拱门一座；

2. 快餐馆门口用气球链装饰环绕；

3. 快餐馆门前以红色地毯铺地、两侧各置中式花篮20个；

4. 地毯两侧配备音响及麦克风；

5. 快餐馆前方拉升空气球6个（三天），寓意开业大吉；

6. 快餐馆前上空布满七彩绸带和满天星（白天、晚上都能产生良好的视觉效果）；

7. 快餐馆内上空挂满气球串。

【讨论问题】

1. 你认为这场开业典礼的现场布置应该围绕什么主题进行？应该营造什么氛围呢？

2. 你认为该快餐馆开业仪式的现场布置做得怎么样？你觉得还能增加哪些内容？

3. 请你代该快餐馆粗拟一下开业典礼的举办程序。

# 任务二　剪彩仪式礼仪

【知识链接】

剪彩仪式是企业或社会组织为了庆贺成立、开业，大型建筑物落成，道路、桥梁首次通车，大型展销会、博览会开幕等而举行的一种庆贺活动。剪彩仪式可单独举行，也可以作为其他庆典仪式、开业典礼的一个组成部分。

## 一、剪彩仪式的由来

1912年，美国得克萨斯州的华狄密镇有一家大型百货公司将要开业。开张这天的一大早，老板按照当地风俗在店门前横系了一条布带，以防止公司开张前有闲人闯入。这时老板的小女儿牵着一条哈巴狗从店里匆匆跑出来，无意中碰断了这条布带。等在门外的顾客以为这是该店为了开张而搞的独特仪式，便蜂拥而入，争先购物，公司的生意自然兴隆无比。不久，该老板的一个分公司要开张，老板想起第一次开张时的盛况，于是如法炮制，便有意让小女儿把布带碰断，果然，效果又非常好。于是，人们争相效仿。这种仪式发展到今天就叫“剪彩”。

## 二、剪彩仪式的准备工作

剪彩仪式的准备工作有很多，主要有以下几项。

1. 舆论宣传

在举办仪式之前，通过多方面的媒体进行宣传，可以扩大企业的知名度，有利于树立企业的形象。

2. 发送请柬

同开业典礼一样，通常要提前3~5天给邀请参加剪彩仪式的客人发送请柬，并通过电话再次热情邀请对方参加。

3. 布置场地

按照惯例，举行剪彩仪式时，宾客一律站立。为显示隆重与尊敬，可在来宾尤其是贵宾站立之处铺设红色地毯，地毯要清洁干净，并在场地四周悬挂横幅、标语、气球、彩带、红色灯笼等。此外，还应当在醒目之处摆放来宾赠送的花篮、牌匾。来宾的签到簿、本企业的宣传材料、待客的饮品等，亦须提前准备好。对于音像、照明设备，以及剪彩仪式举行之时所需使用的用具、设备也要提前检查好。

4. 培训人员

因剪彩仪式需要助剪者、引导者、服务者、拉彩者、托盘者、剪彩者等比较多的人员参与，所以在仪式举办之前必须培训相关人员，保证礼节周到、程序规范，保证剪彩仪式顺利进行。

5. 剪彩用具的准备

（1）绸花。绸花由一整匹红色绸缎在中间结成数朵花团做成。作为剪彩仪式之中的“彩”，绸花自然为公众所瞩目。按照传统做法，它应当由一整匹未曾使用过的红色绸缎制作而成。目前，有些单位为了节约而代之以长度为2米左右的细窄的红色缎带，或者以红布条、红绳、红纸条作为其变通，这也是可行的。一般来说，红色缎带上所结的花团要生动、硕大、醒目，具体数目往往同现场剪彩者的人数直接相关。红色缎带上所结的花团的具体数目可依两种方式而定：一是花团的数目较现场剪彩者的人数多一个；二是花团的数目较现场剪彩者的人数少一个。前者可使每位剪彩者总是处于两朵花团之间，尤显正式。后者则不同常规，亦有新意。

（2）剪刀。剪刀是剪彩者在剪彩仪式上正式剪彩时所需要用到的工具。剪彩者必须人手一把。剪彩前一定要逐把检查剪刀是否开刃、是否好用，务必要确保剪彩者在正式剪彩时一举成功，避免再补剪。在剪彩仪式结束后，主办方也可将每位剪彩着所使用的剪刀经过包装之后赠送给对方作为纪念。

（3）白色薄纱手套。在正式的剪彩仪式中，剪彩者在剪彩时最好每人戴一副白色薄纱手套，以示郑重。准备白色薄纱手套时要注意，除了要确保其数量充足之外，还须使之大小合适、洁白干净。

（4）托盘。托盘在剪彩仪式中是托在礼仪小姐手中，用来盛放红色绸带、剪刀、白纱手套的。在剪彩仪式中，为了显示隆重、喜庆，可在使用的托盘上铺上红色绒布或绸布。

（5）红色地毯。红色地毯主要铺设在剪彩者正式剪彩时的站立之处，地毯长度可视剪彩人数的多少而定，其宽度应在1米以内。在剪彩现场铺设红色地毯，主要是为了提升档次，并营造一种喜庆的气氛。

6. 剪彩人员的确定

剪彩人员主要由剪彩者与助剪者两部分人员构成，其中剪彩者是剪彩仪式的关键。在剪彩仪式上担任剪彩者是一种很高的荣誉。剪彩仪式档次的高低往往同剪彩者的身份密切相关。因此，在选定剪彩人员时，最重要的是要把剪彩者选好。在剪彩仪式上，持剪刀剪彩之人，按照惯例，可以是一个人，也可以是几个人，但一般不应多于5人。通常由上级领导、合作伙伴、社会名流、客户代表等担任剪彩人。确定剪彩者名单必须是在剪彩仪式正式举行之前。名单一旦确定，应尽早告知对方，使其有所准备。必要之时，可在剪彩仪式举行之前将剪彩者聚集在一起，告之其有关的注意事项，并稍加排练。剪彩者的仪表和举止直接影响剪彩仪式的效果，因此，剪彩者应当讲究有关礼仪。剪彩者应着套装、套裙或制服出席，并将头发梳理整齐；穿着要整洁、庄重，精神要饱满，给人以稳健、干练的印象；不允许戴帽子或者墨镜，也不允许身着便装。若剪彩者仅为一人，则其剪彩时居中而立即可。若剪彩者不止一人，其上场剪彩的位次依其地位高低确定。

助剪者指的是在剪彩者剪彩的一系列过程中，从旁边为剪彩者提供帮助的工作人员。一般而言，助剪者多由东道主一方的女职员担任。现在，人们对她们的称呼是礼仪小姐。礼仪小姐需相貌姣好、身材颀长、年轻健康、气质优雅、反应敏捷、善于交际。

## 三、剪彩仪式的程序

剪彩仪式通常应包含如下六项基本程序。

### 1. 来宾就位

在剪彩仪式上，通常只为剪彩者、来宾和本单位的负责人安排座席。在剪彩仪式开始时，即应敬请大家在已排好顺序的座位上就座。在一般情况下，剪彩者应就座于前排。若剪彩者不止一人，则应使其按照剪彩时的具体顺序就座。

### 2. 宣布仪式开始

在主持人宣布仪式开始后，乐队应演奏音乐，现场可燃放鞭炮，全体到场者应热烈鼓掌。此后，主持人应向全体到场者介绍到场的重要来宾。

### 3. 致辞讲话

发言者应依次为东道主单位的代表、上级主管部门的代表、地方政府的代表、合作单位的代表等。讲话内容应言简意赅，每人不超过3分钟，重点应分别为介绍、道谢与致贺。

### 4. 剪彩

此刻，全体应热烈鼓掌，必要时还可奏乐或燃放鞭炮。在剪彩前，须向全体到场者介绍剪彩者。剪彩者走向剪彩的绸带时，应面带微笑、落落大方。当礼仪小姐用托盘呈上剪彩用的剪刀时，剪彩者应向工作人员点头致意，并向左右两边手持绸带的工作人员微笑致意，然后全神贯注，把绸带一刀剪断。剪彩完毕，剪彩者放下剪刀，转身向四周的人鼓掌致意。待剪彩者退场后，其他礼仪小姐方可列队由右侧退场。

5. 参观

剪彩之后，主人应陪同来宾参观，仪式至此宣告结束。随后东道主单位可向来宾赠送纪念性礼品，并设宴款待全体来宾。

一般来说，剪彩仪式宜紧凑，忌拖沓。不管是剪彩者还是助剪者，在上下场时都要注意井然有序、动作稳健、神态自若。在剪彩过程中，更是要表现得不卑不亢、落落大方。

## 在线自测

请大家自行扫描右侧的二维码进行在线自测，自测允许重测，取最高的分值记录成绩。

【案例分析与讨论】

**落地的花团**

在一次涉外商务活动中，我国企业代表在与外国商务代表协商签订一份商务合同后，举行了一场有关商品的剪彩仪式活动。在仪式活动中，当我国企业代表致辞时，他说："先生们、女士们，大家下午好，我非常高兴……"此时，外国商务代表中有两位女士、三位男士，他们均表现出不愉快的表情，但没有做出太大的举动。后来，在剪彩过程中，这位企业代表向拉彩者、捧花者示意后，右手持剪刀表情庄重地去剪红色缎带，但因为用力太小没有一刀剪断。此时，托盘者的托盘已经移位，捧花者又有点心不在焉，结果当剪彩者再补一剪刀的时候，没有人第一时间接到花团，剪下来的红绸缎大花掉落在主席台上。当花团落地时，在场所有的人员为之一愣。精心准备的剪彩仪式就这样陷入了尴尬。事后虽然这位代表一再解释是自己的疏忽造成的错误，但外国商务代表仍然非常生气地离席而去。

【讨论问题】

1. 在这场剪彩仪式中有哪些不合礼仪之处，请你一一指出。
2. 在剪彩仪式中，主剪者需要特别注意哪些礼仪事项？
3. 在这场剪彩仪式中，主剪者在剪彩时应该按照怎样的位次规则站立？
4. 从这个案例中，你获得的重要启示是什么？

## 任务三 签字仪式礼仪

【知识链接】

签字仪式，也叫签约仪式。为使有关各方重视合同、遵守合同，在签署合同时，举行郑重其事的签字仪式，即所谓的签约。为郑重起见，在具体签署合同之际，往往会依例举行一系列的程式化活动，即所谓的签字仪式。下面我们就简单说明一下签字仪式的礼仪规范和操作要点。

### 一、签字仪式的准备工作

签字仪式的准备工作是非常繁杂且重要的。准备工作主要有以下几项。

1. 准备待签文本

按照惯例，待签文本的准备由举行签字仪式的主方与有关各方指定的专人共同负责，主要完成待签文本的定稿、翻译、校对、印刷、装订和盖火漆印等。

双方负责人要提前核对谈判协议条款和待签文本的一致性，以及各种批件、证明是否齐全并与合同是否相一致。

主方应为在文本上签字的有关各方均提供一份待签文本，必要时，还应为各方提供一份副本。签署涉外合同时，待签文本应同时使用有关各方的母语，或使用国际上通用的英文和法文。使用外文撰写时，应反复推敲，字斟句酌，不要望文生义或不解其意地乱用词汇。

待签文本应用高档、精美纸张印刷，按大八开的规格装订成册，并用真皮、仿皮、软本等高档质料作为封面，以示郑重。

2. 确定签字人员

主客方均需事先确定好参加签字仪式的相关人员并通报有关方面。双方主签人应身份大体相当，各方可事先安排一名助签人员，签字时负责给文本翻页，并指明签字处，防止漏签。重大的签字仪式，双方的最高领导也会随同出席，双方出席签字仪式的陪同人员的人数不应相差太大，以大致相等为宜。

3. 现场布置

签字厅有常设专用的，也有临时以会议厅、会客厅来代替的。布置的总原则是庄重、整洁、清静。按照仪式礼仪的规范，签字桌应当横放于室内，在其后可摆放适量的座椅。签署双边合同时，可放置两张座椅，供签字人就座。签署多边合同时，可以仅放一把座椅，供各方签字人签字时轮流就座，也可以为每位签字人都各自提供一把座椅。签字人在就座时一般应当面对正门。

在签字桌上，应事先放好待签的合同文本以及签字笔、吸墨器等签字时所用的文具。与外商签署涉外商务合同时还需在签字桌上插放有关各方的国旗。插放国旗的位置与顺序必须按照礼宾序列而行。例如，签署双边涉外商务合同时，有关各方的国旗可插放在该方签字人座椅的正前方。

双边签字仪式现场布置如图7-1所示。多边签字仪式现场布置如图7-2所示。

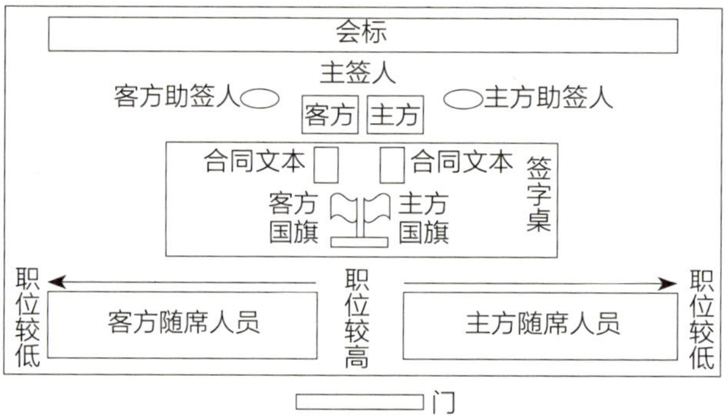


▲ 图 7-1　双边签字仪式现场布置图

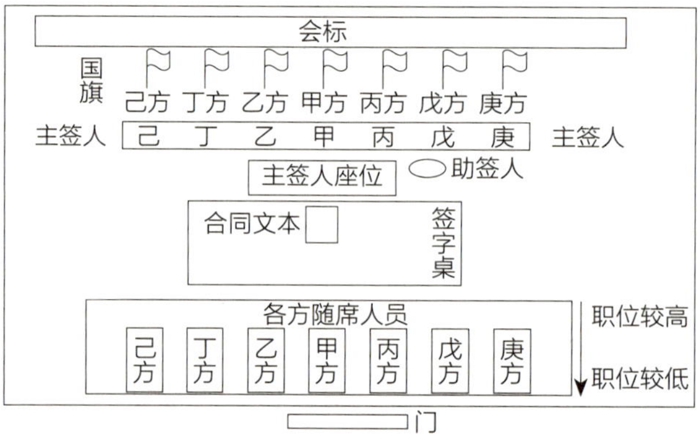


▲ 图 7-2　多边签字仪式现场布置图

4. 安排签字时的座次

在正式签署合同时，各方代表对于礼遇均非常在意，因而商务人员对于在签字仪式上最能体现礼遇高低的座次问题应当认真对待。

签字时各方代表的座次是由主方事先代为排定的。合乎礼遇的做法是：在签署双边合同时，应请客方签字人在签字桌右侧就座，主方签字人则应同时就座于签字桌左侧。双方各自的助签人应分别站立于各自一方签字人的外侧，以便随时为签字人提供帮助。双方其他的随员可以按照一定的顺序在己方签字人的正对面就座，也可以依照职位的高低，依次自左至右（客方）或是自右至左（主方）列成一行，站立于己方签字人的身后。当一行站不完时，可以按照以上顺序并遵照“前高后低”的惯例排成两行、三行或四行。原则上双方随员人数应大体上相近。

在签署多边合同时，一般仅设一个签字椅。各方签字人签字时，须依照有关各方事先同意的先后顺序，依次上前签字，他们的助签人应随之一同行动。在助签时，依“右高左低”的规矩，助签人应站立于签字人的左侧。有关各方的随员应按照一定的序列，面对签字桌就座或站立。

5. 规范出席人员的服饰

仪式出席人员包括签字人、主签人和其他人员。对男士而言，衣着服饰宜穿深色的西服套装或中山装套装，同时配白色衬衣、单色领带、黑色皮鞋和深色袜子；女士宜穿套裙、长筒丝袜和正装皮鞋；服务接待人员和礼仪人员，可穿工作制服或旗袍等礼服。

## 二、签字仪式的程序

签字仪式的程序主要包含以下几个环节。

1. 人员就位

出席签字仪式的人员基本上是双方参与该项目的谈判、协商的人员，双方人员的数量和级别应大致相当。主签人是签字仪式的主角，主签人的身份和职位应大致相当。

主签人按主左客右的位置入座。助签人站在主签人的外侧。双方参加仪式的其他人员，可按一定顺序在己方签字人的正对面就座；也可按职位高低，依次自左至右（客方）或是自右至左（主方）列成一行，站立于己方签字人的身后。当一行站不下时，可以按照以上顺序并遵照“前高后低”的惯例，排成几行。

2. 正式签署

各方签字人员再次确认合同内容，若无异议，主签人则在规定的位置上签字。主签人首先签署己方保存的合同文本，而且签在左边首位处。之后由各方助签人互相交换文本，主签人再签署对方保存的文本。

3. 交换合同文本

各方主签人起身离座至桌子中间，正式交换各自签好的合同文本，而且交换文本时要使用右手，一般来说，用左手递东西是不礼貌、不文雅的。交换后，双方主签人握手，互致祝贺，或者以交换刚刚签字用过的笔作为纪念，其他成员鼓掌祝贺。

4. 饮酒祝贺

交换合同文本后，全体成员可合影留念，服务接待人员则可及时送上斟好的香槟酒。各方签字人员相互碰杯祝贺，当场干杯。

5. 退场

签字仪式完毕后，退场顺序应为最高领导者、客方、东道主。整个仪式以半小时为宜。一般情况下，商务合同在正式签署后，还应提交有关方面进行公证才正式生效。

## 三、参加签字仪式礼仪规范

1. 准时参加

签字仪式是非常重要的商务活动，体现了双方合作的诚意与重视程度。因此主客双方参加签字仪式的人员应提前到达签字现场，按照安排各就各位，不能迟到。

2. 仪容整洁

参加签字仪式的人员应保证仪容整洁，头发要干净，发型干练，不凌乱。不涉及宗教信仰，男士一般需要剃须。女士化淡妆，不可浓妆艳抹，也不要涂抹夸张的彩色指甲油。

3. 服饰得体

出席人员应着装得体。男士可着深色西服套装或中山装套装；女士宜穿商务套裙或商务套装；服务接待人员和礼仪人员可统一穿着制服或旗袍类服装，要整齐隆重。

4. 态度真诚友好

出席签字仪式的人员应真诚相待，合作共赢，签字仪式中要积极配合，展现个人及公司的良好形象。

## 在线自测

请大家自行扫描右侧的二维码进行在线自测，自测允许重测，取最高的分值记录成绩。

【案例分析与讨论】

**狼狈不堪的签约仪式**

2018年2月，宏达公司与美国戴维斯公司经过多轮磋商，达成了合作意向，他们决定26日上午10点在凯旋大酒店举办正式的签约仪式。准备工作由宏达公司总经理秘书王芳负责。由于王芳最近工作比较忙，所以准备签约仪式的时间比较紧张。到了这天，她提前半小时到了会场，突然发现合同文本放在办公室了，她赶快请办公室文员小刘拿上合同，从后勤处要了一辆车，火速赶到签约现场。幸好当天的交通状况比较好，没有塞车，合同在签约仪式开始前5分钟送到了，总经理秘书王芳悬着的心终于落下了。马上要开始了，王芳突然发现签字桌上的小旗架摆错了，中国的国旗在右边，美国的国旗在左边，赶紧手忙脚乱地调换过来。幸好及时发现了，不然后果不堪设想。在主持人宣布签约仪式开始后，王芳又发现事前安排的助签人没来，所以她自己临时上阵担任助签人，而她的风衣着装与签约仪式的气氛又不是很协调，导致场面有点尴尬。

【讨论问题】

1. 请你指出该案例中不符合签字仪式礼仪的地方。
2. 请你根据案例描述画出这场签字仪式的现场布置简图。
3. 该案例带给你最重要的启示是什么，列举一条即可。

## 任务四　新闻发布会礼仪

**【知识链接】**

新闻发布会又称记者招待会，是指政府部门、社会团体或个人邀请相关新闻单位记者参加的、公开举行的对外发布新闻、扩大社会影响、搞好媒介关系的一种会议。简而言之，就是以发布新闻为主要内容的会议。

通常情况下，新闻发布会是由某一商业组织或机关的几个组织出面，邀请有关的新闻单位记者聚集在一起，在特定时间和特定地点，面向社会各界，宣布组织人事的重大变动，或者推介宣传新产品，或者解释突发的重大事件。在诸如此类的情况下，主办方邀请新闻媒体对这些事由给予真实的、客观的、公正的报道，以求最快速地、最大范围地广而告之，期望争取得到社会各界人士的认知了解和理解支持。

针对不同性质的新闻，有的放矢地召开新闻发布会，且遵守并履行新闻发布会的礼仪规范，才能卓有成效地达到新闻发布会的目的。

## 一、新闻发布会的准备工作

举行新闻发布会，要做的准备工作主要有以下几个方面。

1. 确定主题

无论举行什么类别的新闻发布会，都必须有非常明确、明晰的主题。主题就是要发布的是什么样的新闻，或者要公布的是什么样的重要信息，或者是准备解释的是什么样的问题。一般来说，要突出主题，主题宜单一，不宜过多。多个主题容易造成主题分散，不宜给公众留下深刻印象。

2. 时空选择

时空选择是时间、空间的选择，发布会时空选择恰当，有益于取得令人满意的结果。

（1）时间选择。召开一次新闻发布会的全部时间一般应控制在两个小时以内。在确定举行时必须考虑四个方面的因素：一是要避开节日和假日：二是要避开当地的重大社会活动：三是要避开国际、国内的重大新闻发布会：四是要避免与新闻界的重点宣传报道撞车。不仅如此，举办新闻发布会的具体时间适宜在星期一至星期四上午10点至12点，下午2点至5点。除特殊紧急事件外，星期五不适宜举办新闻发布会。

（2）空间选择。一是城市的选择。举办新闻发布会的城市，可以考虑本组织的所在城市，本活动或本事件的所在城市；也可以考虑有影响、有辐射力的中心城市，如首都或其他中心城市；还可以考虑在不同城市举行内容相似的新闻发布会。二是现场的选择。举办新闻发布会的现场，其地理位置要交通便利，场所要有良好的安全保卫，环境条件要舒适，场地面积要适中。可以选择本组织的会议室、多功能厅、当地有影响力的建筑场所等。不仅如此，室内环境要干净整洁，宽敞明亮，空气流通，冷暖适宜，桌椅摆放要守礼有序，装饰简洁得当，突出主题，要能够给来宾以赏心悦目之感。

3. 人事安排

新闻发布会的出席人员应安排妥当，主要发言人应安排本组织的主要负责人，比如企业的总经理、厂长等。参加发布会的人员职务、职位、能力等都应予以科学安排、合理搭配，这样才能够组建一支精锐的新闻发布会人员队伍。

发布会的文字材料准备要充分，如主要发言稿件和报道提纲。主要发言稿件最好由专门人员负责搜集资料并起草，报道提纲及其他一些文字材料要事先发给与会记者，做到人手一份。如有条件，最好提前准备好能够回答记者可能提出问题的相关资料，以供主要发言人参考备用。

4. 邀请媒体

举行新闻发布会，其实就是要加强与新闻媒体的沟通联系。为此，邀请的对象应以各方媒体记者为主。但是，究竟邀请哪些媒体记者，应根据实际需要而定。重点邀请哪一类媒体，是电视台还是报社还是网络媒体；重点邀请哪些栏目或版面的记者，重点邀请负责人还是一般记者，这些都必须要有所选择，有所侧重。只有遴选出精准的媒体记者，才能确保新闻发布会的优质高效，让新闻发布会真正取得成功。

确定邀请的媒体记者宜提前3~5天通知记者本人，请柬最好由专人派送。请柬应内附几句话或内附一张纸条，概括介绍此次发布会的主题或内容。发布会前一天，最好再电话与邀请的记者联系一次，最后确定能否出席。

5. 其他事务

要提前设计好发布会桌上的名签，提前准备好如灯光、录音、电源等设施设备，相关的纸质材料，现场展览的图片或陈列的实物等。

## 二、新闻发布会的程序

1. 签到

在会场门口准备签字台和签到簿，请到场的记者与嘉宾按顺序签到。

2. 分发资料

如果事先有准备发布会相关的材料，接待人员给来宾发放资料。

3. 会议开始

主持人宣布发布会开始，并向在场的来宾介绍主席台上出席本次发布会的领导或单位代言人。

4. 代言人发言

按照惯例，在新闻发布会上主办方的发言人会先就本次发布会的主题进行发言，来宾认真倾听并记录所需要问询的问题。

5. 回答记者提问

发言人做完主题发言后，会允许到会的新闻媒体记者围绕发布会的此次主题进行提问，主办方会安排专人回答记者的提问。

在这一环节，往往会出现一些确定或不确定的问题，有时甚至会出现不可预料的情况和变故。此时此刻，主办方要应对多种多样的难题，处理各种不利的局面，以确保发布会的顺利进行，从而使发布会取得实效。因此主办方要求全体人员齐心协力、紧密配合，更要求代表主办方出面应对记者的主持人、发言人能够掌控全局，沉着应变，巧妙应付。

对主持人和发言人来说，他们的应答得体得当，不但能够有效地化解尴尬、缓解紧张、扭转局面，而且会助推发布会走向最终的成功。

巧妙使用语言是应对记者行之有效的方式。不止于此，使用幽默的语言或以幽默的方式回答也能有效缓解气氛、减少冲突、走出困境。

6. 妥善收尾

新闻发布会结束后，并不意味着大功告成，可以完美收官了。其实，即使是非常成功的发布会，也不会完全没有问题。因此主办方需要在一定的时间之内，对发布会进行一次全面、认真的总结与评估，查找问题，分析问题，吸取教训，引以为戒。只有妥善对待发布会结束后的收尾工作，才能让后续的新闻发布会更加精彩夺目。

## 在线自测

请大家自行扫描右侧的二维码进行在线自测，自测允许重测，取最高的分值记录成绩。

【案例分析与讨论】

### 别具一格的新闻发布会

菲亚特集团曾举行过一次别具一格、影响颇大的记者招待会。会场设在意大利第三大城市皮埃蒙特大区首府都灵，1200多名欧美记者云集一方，通过卫星电视将罗马、巴黎、伦敦、法兰克福、马德里与都灵连成一片。菲亚特集团汽车公司董事长吉德拉即席回答了六大城市的记者提问。数千里之隔的一问一答，情景交融，浑然一体。从新汽车的设计、性能、特点到菲亚特集团经营管理、市场竞争等问题吉德拉都对答如流，展现在欧洲6大城市面前的这位企业家，头脑敏捷、目光锐利，体现出了雄心勃勃冲向国际市场的形象。

在这场世界规模的记者招待会前，菲亚特集团还在都灵举办了盛况空前的歌舞会，特聘意大利广播电视公司明星、节目主持人门塔娜和玛丽亚、黛莱莎、丽塔登台表演，观众达2万余人。两次标新立异的活动，使人们对菲亚特集团投资16亿美元开发的“蒂波”汽车印象深刻。“蒂波”汽车进入市场头一个月，订货量高达60000多辆，成为意大利和一些欧洲国家的畅销车。

菲亚特集团的新产品“蒂波”汽车进入市场的头一个月之所以大获全胜，成为畅销车，要归功于其别具一格的记者招待会的轰动效应，而这次招待会的别具一格离不开构思的奇异、准备的周密以及董事长吉德拉的对答如流。

请认真阅读上述新闻发布会的案例，思考下列问题：

1. 上述菲亚特的这场新闻发布会的主题是什么？

2. 这场新闻发布会邀请的主要嘉宾有哪些？

3. 这场新闻发布会选择怎样的时间和地点进行信息发布？

4. 发布会的发言人是谁？新闻发布会通常会选择什么人作为发言人，选择什么人作为主持人呢？

5. 你参与过或看过新闻发布会吗？知道新闻发布会的大致流程吗？

# 项目八　商务会议与谈判礼仪

在企业内部，部署工作、落实任务、商讨议事、制定决策等业务，常常通过会议来解决。企业与其他组织交流信息、沟通业务、实现合作等，往往也是通过会议来解决的。不仅如此，企业还经常通过谈判来争取拓展更大的市场，推销更多的产品，引进更先进的生产技术，研发更新的产品等。由此可见，商务会议和商务谈判在企业的生存发展中具有举足轻重的地位。

在商务会议和洽谈中，会议主办方和与会者均应自觉遵守会议礼仪与谈判规则。下面就简单介绍一下商务会议与谈判的礼仪规范。

## 任务一　商务会议礼仪

【知识链接】

无论是大型的还是小型的商务会议，无论是地方性的、全国性的还是国际性的商务会议，所有与会者的共同期待是会议圆满地结束，而会议要取得圆满的成功离不开周密的准备、有序的组织安排和自觉遵守礼仪。

商务会议礼仪主要包括主办方组织会议礼仪和应邀者参加会议礼仪。

1. 组织会议礼仪

主办方组织一次圆满的、成功的商务会议，既需要细致充分地做好会议前的准备工作，又需要认真做好会议中的工作，还需要完善会议结束后的工作。下面，仅就会议前和会议结束后的工作分别加以阐述。

（1）会议前的准备工作。按照常规，作为主办方组织会议，会议前应做好相应的准备工作，主要有这样几项：

一是确定会议的时间。即要确定好会议开始、持续、结束的时间，并制定好会议的议程时间表。

二是选择会议地点。会议地点的确定需要根据会议规模和参会人数来具体确定，室内空气要畅通，温度要适宜，设备设施要齐备，并且要备好供与会者饮用的茶水、饮料等。

三是确定会议出席者。开会前要提前确定好会议的出席人员，及时发出会议通知或邀请并予以确认，做好接待工作。

四是确定会议议题。要明确整个会议的宗旨，并认真拟好整个会议的议题、议程以及要解决的问题。

（2）会后工作。会议结束后的工作也要安排好，虎头蛇尾式的会议有违礼仪规范。通常，会议结束后的工作有：及时形成会议纪要；安排与会人员参观，如参观企业、车间厂房等；与会人员合影留念；编制与会人员通讯录等。

2. 参加会议的礼仪

（1）准时出席会议。会议出席人员必须准时到达会议现场。作为贵宾或嘉宾被邀请参加会议时，要按名签或主办方规定的座位就座；台下鼓掌欢迎时，要点头或招手示意；如需要讲话，则按会议安排与要求，把握好时间与内容；当其他人发言时，要聚精会神地倾听；遇有精彩之处应鼓掌时，应带头鼓掌。贵宾最好不要中途离席，确有必要离退时，要在会议中间休息时离场。一般身份出席者，在指定区域就座。就座时，要尽量先坐满前排，依顺序往后排就座。列席代表应格外注意个人身份，如遇表决议程的会议，列席代表是没有表决权的，千万不要举手表决。

（2）着装举止得体得当。出席会议人员的着装，原则上应着正装，色彩、图案素雅简洁。坐姿要端正，专心听讲，不要随意走动、说话，手机要关闭或调到静音状态。

（3）客随主便，听从安排。出席会议人员要一切听从主办方的安排，按照会议要求，积极参加会议的一切活动，并尽可能利用各种机会与其他代表交流信息，联络感情，增进友谊，拓宽人脉。

3. 座次礼仪规则

商务会议上座位次序安排妥当与否，直接影响到议事的庄重性、发言的次序性，甚至会影响到参会人员的心情和会议的质量与效果。

近代我国的习惯是左为尊，国内会议应以此为原则；但国际惯例则一般是右为尊，因此要视不同国家和地区的习俗差异，进行有针对性的安排。

这里重点介绍国际惯例普遍适用的座位次序的礼仪原则：以右为尊；中间为上，两边为下；前排为上，后排为下；面门为上，背门为下。

商务会议安排座次的礼仪规则是：主次分明、合理有序、各得其所、各就其位。首先是职位高低为第一标准；其次是年龄大小，同一级别则以年长者为先；最后是性别，级别相同年龄相当的参会人员中，女士优先。

商务会议使用的长方形会议桌、椭圆形会议桌、U形会议桌等，其座次礼仪规则具体如下（以国际惯例“右为尊”为例）：

（1）长方形会议桌。举行内部会议时，职务最高的人应位于短矩形边的一侧，并且面门而坐（图8-1）。

（2）椭圆形会议桌。举行内部会议时，职务最高的人应位于椭圆形会议桌的一头（图8-2）。

（3）U形会议桌。举行内部会议时，职务最高的人应位于U形会议桌的一头，与椭圆形类似。

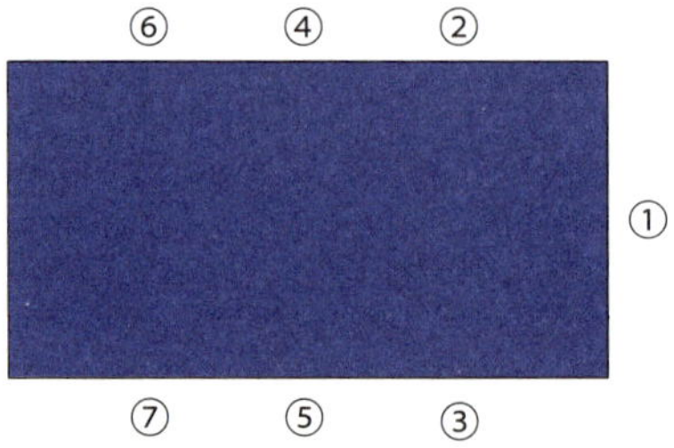


▲ 图 8-1　长方形会议桌

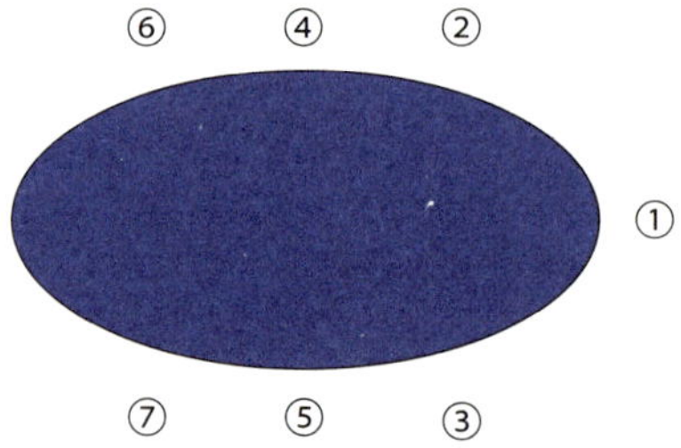


▲ 图 8-2　椭圆形会议桌

（4）圆形会议桌。适用于回避座次概念的内部、外部会议。圆桌会议着意体现参会人员平等互利的原则，淡化尊卑概念。主要以门为基点，比较靠里的位置就是较为主要的座位。

（5）方桌会议要特别注意座次的安排。如果只有一位领导，一般就坐在方形桌子短边的这边，或者是比较靠里的位置。如果是主客双方共同出席会议，一般就分两侧来就座，右尊原则下主人坐在会议桌左边，客人坐在右边。

（6）主席台座次排列为前排高于后排，中间高于两边，右尊原则下右边高于左边。主持人的位置可以在前排中间也可以在最右端，发言人在主席台正前方或右前方。台下与会人员与主席台面对面，遵循同样的座次原则（图8-3）。

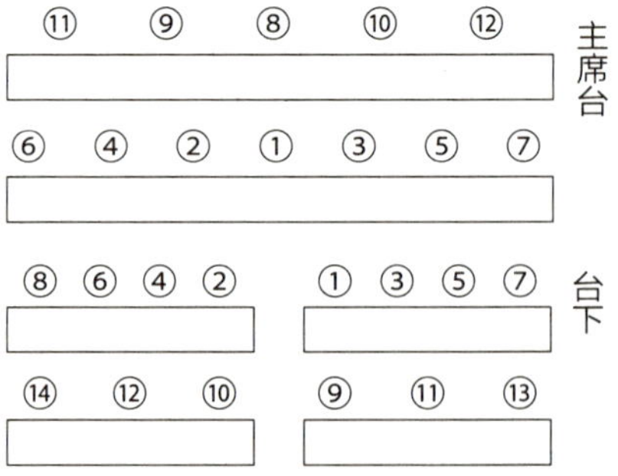


▲ 图 8-3　主席台座次（以右为尊）

礼仪小知识

## 会议室台形

会议室常见的摆台形式有如下几种：剧院式、课桌式、U形、回形（双U形）、椭圆形、长方形、圆桌式、鸡尾酒会式、宴会式、T形台。下面将常用的几种分述如下。

1. 剧院式

在会议厅内面向讲台摆放一排排座椅，中间留有较宽的过道。特点：在留有过道的情况下，最大程度地摆放座椅，最大限度地将空间利用起来，在有限的空间里可以最大限度容纳人数，但参会者没有地方放资料，也没有桌子可用来记笔记。

2. 教室式（课桌式）

会议室内将桌椅按排端正摆放或成“V”形摆放，按教室式布置会议室，过道桌与桌距离1米，前后会桌距离间隔90cm，座位与会桌间隔60cm。此种桌形摆设可针对会议室面积和观众人数在安排布置上有一定的灵活性，参会者可以有放置资料及记笔记的桌子，还可以最大限度容纳人数。

3. 方形中空式

将会议室里的桌子摆成方形中空，前后不留缺口，椅子摆在桌子外围，通常桌子都会围上围裙，中间通常会放置较矮的绿色植物，投影仪会有一个专用的小桌子放置在最前端。此种类型的摆桌常用于学术研讨会一类的会议，前方设置主持人的位置，可分别在各个位置上

摆放麦克风，以方便不同位置的参会者发言。此种台形容纳人数较少，对会议室空间有一定的要求。

4. “U”形

将桌子连接着摆放成长方形，在长方形的前方开口，椅子摆在桌子外围，通常开口处会摆放放置投影仪的桌子，中间通常会放置绿色植物以做装饰；不设会议主持人的位置以营造比较轻松的氛围；多摆设几个麦克风以便自由发言；椅子套上椅套会显示出较高的档次。

## 在线自测

请大家自行扫描右侧的二维码进行在线自测，自测允许重测，取最高的分值记录成绩。

【案例分析与讨论】

**这样的会议策划方案**

某服装集团为了开拓夏季服装市场，拟召开一个服装展示会，推出一批夏季新款时装。秘书小李拟了一个会议方案，内容如下：

1. 会议名称：“2022××服装集团夏季时装秀”。

2. 参加会议人员：上级主管部门领导2人；行业协会代表3人；全国大中型商场总经理或业务经理以及其他客户约150人；主办方领导及工作人员20名。另请模特公司服装表演队若干人。

3. 会议主持人：××集团公司负责销售工作的副总经理。

4. 会议时间：2022年5月18日上午9点30至11点。

5. 会议程序：来宾签到，发调查表，展示会开幕，上级领导讲话，时装表演，展示活动，闭幕，收调查表，发纪念品。

6. 会议文件：会议通知、邀请函、请柬，签到表，产品意见调查表，服装集团产品介绍资料、订货意向书、购销合同。

7. 会址：服装集团小礼堂。

8. 会场布置：蓝色背景帷幕，中心挂服装品牌标识，上方挂展示会标题横幅，搭设T形服装表演台，安排来宾围绕就座。会场外悬挂大型彩色气球及广告条幅。

9. 会议用品：纸、笔等文具，饮料，照明灯，音响设备，背景音乐资料，足够的椅子，纪念品（每人发服装集团生产的T恤衫1件）。

10. 会务工作：安排提前来的外地来宾在市中心花园大酒店报到、住宿，安排交通车接送。展示会后安排工作午餐。

【讨论问题】

1. 仔细阅读小李的会议方案，仔细思考并初步评价一下他的会议方案，这份会议方案还有无需要改进的地方?

2. 如果有，请你给出你的修改意见。

## 任务二　商务谈判礼仪

【知识链接】

谈判是为了改变相互关系而交换意见，为了取得一致而相互磋商的一种行为，满足双方需要是一切谈判的目标，双方达成协议是一切谈判的最终目的。谈判是非常复杂和相当有难度的商业活动，需要很多技巧和艺术。本部分的内容仅就谈判中的礼仪规范做简单论述。

商务谈判是指在商务活动中，来自不同国家、地区的商务活动主体，为了满足各自的需要，通过彼此的信息交流、磋商协议来达成交易目标的过程。

无论哪种类型的商务谈判，要顺利实现谈判目标，达到谈判目的，不但要掌握谈判的流程和技巧，也要注重运用和遵守谈判礼仪。

### 一、商务谈判的准备工作

1. 确定谈判人员

谈判双方要提前确定谈判人员，并及时通报有关部门。谈判宜选择精通业务，有经济、法律头脑，能拍板成交的主谈人员，也要有懂业务、懂技术的人员和有洽谈经验的翻译人员。一个精干的，具备T型知识结构而又注重仪表、谈吐自如、举止得体的洽谈班子，不仅会给洽谈创造有利条件，同时也是对对方的尊重。

2. 信息准备

在正式谈判前要做好市场调研，了解对方的业务情况，对对方参与洽谈人员的基本情况、每个人的谈判风格、对己方的态度等要了如指掌，以便制定相应的策略。

3. 谈判场所的选择和谈判座次安排

（1）谈判场所的选择。正式的谈判可视情况选择主方会议室、客方下榻的宾馆租用会议室、酒店套房的外间作为谈判场所。如使用会议室谈判，有条件的话最好安排二三个房间，一间作为主要谈判室外，另一间作为双方进行内部协商的密谈室。若是安排在主方单位或客方下榻酒店以外的地方谈判，则要适当考虑一下交通、周围环境、项目的关联性及下一步工作衔接的问题。

（2）谈判场所的布置。谈判场所的布置要和谈判项目的性质相吻合，一般保持整洁卫生、光线明亮、环境安静即可。准备好各种会议设备和文具：如白板、笔、幻灯机或者多媒体投影仪以及记录用的纸张、签字笔或铅笔，有时候还要配置录像播放设备。放置席位卡，用中文、外文两种文字两面书写。

谈判室的布置以高雅、宁静、和谐为宜，光线充足，室温适宜，涉外谈判要摆放两国的国旗。

（3）谈判座次的安排。谈判中的座次位序包含两层含义：一是谈判双方的座次位置；二是谈判一方内部的座次位置。

按照职位的次序来安排，首先要考虑主人、主宾和翻译人员的位置，一般情况下，当主人、主宾的位置确定后，主方和客方的其他人员可以自行入座。

谈判桌可以采用长方形、椭圆形、马蹄形等形状。具体座次安排有两种：

一是会议桌平行于正门时，谈判的座次安排为正面对门为上座，应属于客方，背面对门为下座，属于主方。这叫作“面门设座”，如图8-4所示。

二是会议桌垂直于正门时，谈判的座次安排则“以右为尊”，即面对正门，右侧为客方，左侧为主方，如图8-5所示。

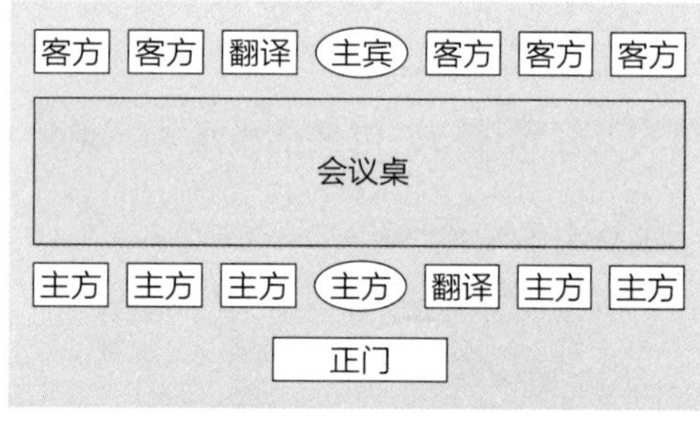

▲ 图 8-4 面门设座

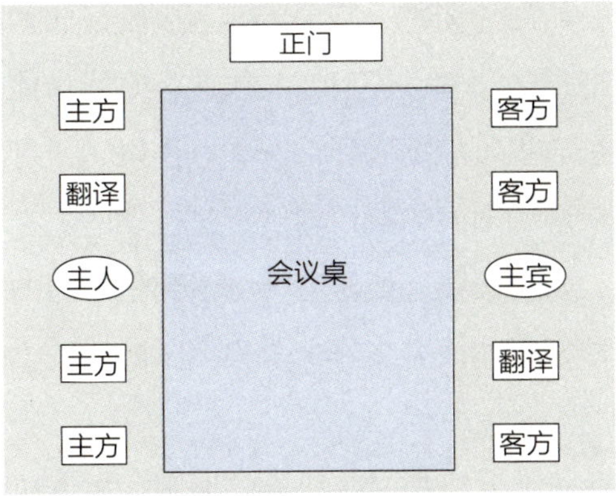


▲ 图 8-5　以右为尊

双方主谈人（首席代表）各在己方一边的中间就座，翻译人员安排在主谈人右侧，其余人员则遵循右高左低的原则，依照职位高低自近而远地分别在主谈人两侧就座。

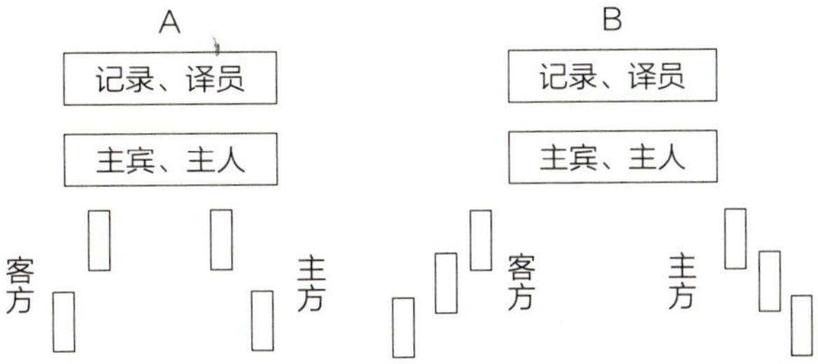


▲ 图 8-6　马蹄形

三是马蹄形排布。即小型的谈判，也可不设谈判桌，直接在会客室沙发上进行，双方主谈人在中间长沙发就座，主左客右，翻译人员在主谈人后面，双方其余人员分坐两边，如图8-6所示。

## 二、主座谈判接待礼仪

主座谈判因在主方所在地进行，为确保谈判顺利进行，主方通常要做一系列的准备和接待工作。在主座谈判的情况下，作为东道主一方出面安排各项谈判事宜时，一定要在迎送、款待、场地布置、座次安排等各方面精心周密准备，尽量做到主随客便，以获得客方的尊重、理解和信赖。

（1）了解客方基本情况，收集有关信息。可向客方索要谈判代表团的成员名单，了解其性别、职务、级别及一行人数，作为食宿安排的依据。了解客方对谈判的目的要求、食宿标准、参观访问、观光游览的愿望。掌握客方抵离的具体时间、地点、交通方式，以安排迎送的车辆和人员及预订、预购返程的车船票或飞机票。

（2）拟定接待方案。根据客方的意图、情况和主方的实际情况，拟定出接待计划和日程安排表。日程安排表拟定后，可传真或E-mail给客方征询意见，待客方无异议确定以后，即可打印。如涉外谈判，则要将日程表翻译成客方文字，日程安排表可在客方抵达后交由客方副领队分发，亦可将其放在客方成员住房的桌子上。

（3）主座谈判时，东道主可根据实际情况举办接风、送行、庆祝签约的宴会或招待会，客方谈判的代表在谈判期间的费用通常都是自理的。

（4）重大项目谈判，如有必要还要做好客方谈判代表团的安全保卫和文件资料保密的准备工作，以及安排好新闻报道工作，并根据实际情况安排好礼品、纪念品的准备工作。

（5）主动迎送，有礼有节。根据对等接待的原则，主方应确定与客方代表团的身份、职位对等、人数大致相同的谈判成员。如客方是远道而来的，主方应准备好交通工具，主动到机场、车站、码头迎接。客方离开时，主方应有人员陪同乘车送别，关照好客方人员和行李的安全。

## 三、客座谈判礼仪

客座谈判是在对方所在地举行的，通常谈判程序、日程安排等都均由主方确定，因此客方在选择性方面受限制较大，再加上对异地他乡的文化背景、社会风俗等情况不熟悉，心理情绪上也需要调整适应。

1. 告知参加谈判的人员的基本情况

基本情况有来意目的、成员人数、成员组成、抵离的具体时间、航班车次、食宿标准等，方便主方的接待和安排。期间如果有人员变动、时间更改等也应及时知会主方人员。

2. 谈判期间要遵守时间

谈判期间对主方安排的各项活动要准时参加，通常要提前5~10分钟到达约定地点。如果到主方公司做公务拜访或私人访问，也要提前预约，不做不速之客。

## 在线自测

请大家自行扫描右侧的二维码进行在线自测，自测允许重测，取最高的分值记录成绩。

【案例分析与讨论】

**谈判，一场没有硝烟的商场战役**

有一次，一位带着一大堆分析日本人精神及心理书籍的美国商人前往日本谈判。飞机在东京着陆时，美国商人受到了两位专程前来迎接的日本职员的热情接待，他们替他办好一切手续。

“先生，您会说日语吗?”日本职员问。

“哦，不会，但我带来了一本字典，希望学学。”

“您是不是非得准时乘机回国？到时我们可以安排车辆送您去机场。”不加戒备的美国商人觉得日本人真是体贴周到，于是毫不犹豫地掏出回程机票，说明自己何时离开。至此，日方已知对方的期限，而美国商人还浑然不觉日方的底细。

日方安排美国商人用一个星期的时间考察游玩，甚至还安排他多次参加一个用英语讲解“禅机”的短训班，据说这样可以让美国商人更好地了解日本的宗教风俗。每天晚上，日方让美国商人半跪在硬地板上，接受他们殷勤好客的晚宴款待，往往一跪就是四个半小时，令他厌烦透顶却又不得不连声称谢。但只要提出谈判，他们就宽慰说：“时间还多，不忙，不忙!”

第十二天，谈判终于开始了，然而下午安排了高尔夫球活动。

第十三天，谈判再次开始，但为了出席盛大的欢送宴会，谈判又提前结束。晚上，美国商人着急了。

第十四天早上，谈判重新开始，不过在紧要关头时，轿车开来了，前往机场去的时间到了。

这时，日方和美国商人只得在汽车开赴机场途中商谈关键条件，就在到达机场之前，谈判正好达成协议。这次商务谈判中谁是赢家，可想而知。

【讨论问题】

1. 都说“商场如战场”，也有说“知己知彼，百战不殆”，获取最大的谈判利益是商人所追求的。对于上述案例中主方日本的这种做法，你是认同还是不认同呢？说说理由。

2. 此次谈判中美方与日方在谈判礼仪上，表现可有不妥之处？如有，请指出来，并说明理由。

3. 此次谈判，谁为主方？主座谈判需要注意哪些礼仪规范呢？

4. 此次谈判，谁为客方？作为客座谈判的企业，又该注意哪些谈判礼仪呢？

# 参考文献

[1] 陈平. 社交礼仪 [M]. 北京：中国电影出版社，2015.
[2] 金正昆. 商务礼仪教程：4版 [M]. 北京：中国人民大学出版社，2013.
[3] 徐汉文. 商务礼仪 [M]. 北京：人民邮电出版社，2014.
[4] 王颖，王慧. 商务礼仪 [M]. 大连：大连理工大学出版社，2007.
[5] 姜桂娟. 公关与商务礼仪 [M]. 北京：北京大学出版社，2005.
[6] 黄琳. 商务礼仪：2版 [M]. 北京：机械工业出版社，2011.
[7] 韩爱群. 商务礼仪实务 [M]. 北京：北京理工大学出版社，2012.
[8] 王玉苓. 商务礼仪案例与实践 [M]. 北京：人民邮电出版社，2018.
[9] 周思敏. 你的礼仪价值百万 [M]. 北京：中国纺织出版社，2009.
[10] 张国斌. 外交官说礼仪 [M]. 北京：华文出版社，2009.
[11] 许湘岳，蒋璟萍，费秋萍. 礼仪训练教程 [M]. 北京：人民出版社，2012.
[12] 马飞. 现代商务礼仪规范手册 [M]. 北京：金盾出版社，2013.
[13] 张守刚. 商务沟通与谈判：2版 [M]. 北京：人民邮电出版社，2016.

# 商务礼仪立体化教程

## 实训操作手册

主　编 | 苗　杰

# 我的职场与“礼”有关

大家好，我叫于晓，男，23岁，身高180cm，我性格阳光外向，爱好运动。我刚刚毕业，现就职于青岛欧锐外贸有限公司综合部。工作之后，我才深刻地发现，我的工作和生活，处处与“礼”有关。

Hello，我叫仲欣，今年24岁，女，身高162cm，我有些小内向，但我做事认真严谨，内敛克制，待人有度，毕业后就职于南京天翔服装有限公司，是办公室的一名文员。工作后才知道，“礼仪”原来无处不在，想要做一个懂“礼”之人真的很不容易。

现在就请大家跟我们一起感受一下我们的习礼过程吧！

# 项目一　礼仪与商务礼仪再认知

## 实训任务1-1　人生何处不逢“礼”

【任务说明】

大家好，我是于晓，今天先跟大家唠叨唠叨一下我最近碰到的几件烦心事吧。

【烦心事1】上周五晚上陪女朋友去音乐厅听一场由著名指挥大师指挥的交响乐。音乐演奏到高潮处，全场鸦雀无声，突然一阵响亮的“猪八戒背媳妇”的手机铃声响起，在宁静的大厅中显得格外刺耳。当时演奏者、观众的情绪都被打断。大家纷纷回头寻找这位打扰大家雅兴的“罪魁祸首”。

【烦心事2】周一早晨，起晚的我迫于无奈打了一辆出租车前往公司，然而坐车期间，面对着早高峰的车海，司机师傅一手握着方向盘，一手拿着电话，以80km/h的速度穿梭于车辆中间，显得非常熟练和满不在乎。然而坐在后排的我全程都提心吊胆，唯恐司机没看见行人或车辆，发生事故。终于到达了目的地，我长舒一口气，下了车。

【烦心事3】大学同学病了，周二下班后我到医院去看望他。同学当时住的是三人间，靠马路，有些吵，我陪同学小声聊天时，一阵铃声响起。原来是旁边一位陪床的病人家属，估计是他公司的同事来电话，结果这位先生接起电话就谈上了工作，声音还很大，大概说了有15分钟，尽管电话时间不长，但还是吵醒了旁边床刚动完手术面色有些苍白的病人，那位被吵着了的病人脸色不悦地狠狠瞪了他一眼。

好了事情跟大家说了，我心里舒服一些了。你发现没有，这几件烦心事都与什么有关呢？下面就来回答我的疑惑吧。

1. 请大家思考并回答下列问题。

| 序号 | 问题1：谁的做法不妥？ | 问题2：为什么欠妥？说出你的看法和理由 |
| --- | --- | --- |
| 烦心事1 | | |
| 烦心事2 | | |
| 烦心事3 | | |

2. 你有遇到过跟我一样的烦心事吗？说说看吧。

| |
|---|
| |

3. 古人云："礼者，敬人也。"这句话说明礼仪的精髓和根本在于"尊敬"。你认为我说的这几件烦心事与"礼"有关吗？你认为人的"礼仪意识"与"礼仪行为"之间是怎样的关系，快说说你的看法吧。

| |
|---|
| |

## 实训任务1-2　涉外商务谈判该如何问候行礼呢？

【任务说明】

随着国际化交往的日益增多，中国的企业与外国企业进行合作洽谈的情况也越来越多，因为我们公司是外贸企业，所以与外商接触的机会很多。今天坐在我隔壁的王哥，给我看了一个卡通视频，下面也请大家一起观看这段视频"涉外问候"。请大家一定要认真观看，然后回答问题。（视频请联系860701526@qq.com获取）

| 序号 | 问题 | 你的答案 |
|---|---|---|
| 1 | 在正式的商务谈判中，你知道按国际惯例男士通常要求穿着什么服装吗？ | |
| 2 | 男主人公大华的妻子穿着的衣服是否合适？ | |
| 3 | 男主人公大华见到外商行的是什么礼节？ | |
| 4 | 大华的妻子见到外商行的又是什么礼节？ | |

续表

| 序号 | 问题 | 你的答案 |
| --- | --- | --- |
| 5 | 查阅一下大华及其妻子所行见面礼都是哪一国家的礼节？这种礼节的来源和使用要求是什么？ | |
| 6 | 你认为男主人公大华及其妻子的行礼方式是否恰当？ | |
| 7 | 你认为在这种涉外谈判中双方见面应该如何行礼更为恰当呢？说说你的理由。 | |
| 8 | 在正式的商务会谈和谈判中，男主人公带其夫人出席是否合适？ | |
| 9 | 在这次会谈中，大华及其妻子非常热情，几次邀请外商一起进餐，你觉得这种做法可好？ | |
| 10 | 看完这个视频，你有哪些深刻的感触？ | |

# 项目二　商务人士仪容仪态礼仪

## 实训任务2-1　化妆小白的困扰

【任务说明】

大家好，我是仲欣，24岁，我个子不高，162cm，体重50千克，自认为长相甜美，朴素干净。我在南京天翔服装有限公司工作，是一名办公室文员。一次，我的上司准备带我一起与两位外商洽谈，上司嘱咐我一定要注意个人形象，要化妆，穿衣也要恰当。这可把我难坏了，刚毕业的我一贯朴素，喜欢素面朝天。接到上司的这项任务时，很纳闷：为啥一定要化妆呀？我长得也不难看呀？你是不是也和我一样疑惑呀？

1. 你知道在商务会面中商务人士为什么要化妆吗？你觉得化妆有什么作用呢？

2. 你知道哪些化妆品品牌呢？你用过什么品牌？请列举出来。

| 你知道的化妆品品牌 | 你用过的化妆品品牌 |
| --- | --- |
| | |
| | |

3. 你知道化妆的步骤都有哪些吗？请在下表中列出来吧。

| 男士化妆步骤 | 女士化妆步骤 |
| --- | --- |
| | |

4. 你认为仲欣这种场合该选择穿着什么服装比较合适呢？

5. 仲欣是娃娃脸，她想佩戴点饰品修饰一下脸型，你觉得她选择佩戴什么饰品更好呢？

6. 仲欣现在是中长直发，黑色未烫染。你觉得她采用哪种发型比较好？

请结合5、6两题的要求，给右图的仲欣用简笔画加上饰品和绘制发型。

## 实训任务2-2 找找相同点和不同点

【任务说明】

大家好，我是于晓。自从进入公司，我的整个形象都发生了很大的变化。相信“找不同”的游戏大家小时候就玩过了吧，那么现在请大家今天再来重温一下小时候的游戏吧。

请你对下列三组图片从发型角度找出相同点和不同点。

1. 第一组图片

| 相同点 | 不同点 |
| --- | --- |
| | |

2. 第二组图片

| 相同点 | 不同点 |
| --- | --- |
| | |

3. 第三组图片

| 相同点 | 不同点 |
| --- | --- |
| | |

4. 请思考并查阅资料，将商务人士发型的要求填入下表。

| 商务男士的发型要求 | 商务女士的发型要求 |
| --- | --- |
| | |

## 实训任务2-3　仪态训练及拼图反馈

【任务说明】

我是仲欣，大家知道仪态也叫仪姿、姿态，泛指人们身体所呈现出的各种姿态，仪态是表现个人涵养的镜子，作为商务人士也要格外注意自身的仪态。今天我们就一起来进行仪态训练吧。

仪态训练的目的是训练日常社交与商务场合中的仪态表现，在实训室或形体室面对镜面进行站、坐、行礼等体态的训练。

请大家在参加完仪态训练课后及时完整填写下列训练单并上交。

| 仪态 | 男士动作要点<br>（至少三个） | 女士动作要点<br>（至少三个） |
| --- | --- | --- |
| 坐姿 | | |
| 站姿 | | |
| 走姿 | | |
| 蹲姿 | | |
| 鞠躬 | | |
| 微笑 | | |

签名：

年 月 日

训练结束后，请每位同学提交一份标准仪态拼图作业。

· 具体要求：请使用手机清晰拍摄个人的2张站姿照片，2张坐姿照片，1张蹲姿照片，1张鞠躬照片（侧面），然后利用手机App软件将6张仪态照片进行拼图，并在图中标注姓名。

· 注意事项：姿态要标准，照片要全身照，鞠躬从侧面拍照。

# 项目三　商务人士服饰选择与穿戴礼仪

## 实训任务3-1　来自《欢乐颂》的服装穿搭启示

【任务描述】

我是仲欣，我和很多女生一样都很爱追剧。记得有一部电视剧我特别喜欢，那就是2015年播出的《欢乐颂》，剧中刘涛饰演的安迪是智商超高的商业精英，剧中她的服装超多，有人戏称简直就是安迪的专属服装秀。这部电视剧中演员刘涛的服装造型给我这个职场新人的穿衣搭配带来了不少启示，下面你也来和我一起重温一下《欢乐颂》中安迪的服饰魅力吧，当然还要回答我的问题哦。

在服装穿着原则上有一个国际上比较认可的TPO原则，这么多套衣服中，请你给它们标上序号，根据场合原则，给这些衣服归归类吧。你最喜欢哪一套呢？理由是什么？

| 公务场合 | 社交场合 | 休闲场合 |
| --- | --- | --- |
| | | |

## 实训任务3-2　我穿错了吗？

【任务描述】

我是仲欣，记得我刚刚大学毕业那会儿，有一次跟随上级前往广州去参加一个大型的外贸服装展销会。考虑到是商务场合，又为了兼顾方便和凉爽，我特意穿了一件粉色的短袖上衣和一条藏蓝过膝的雪纺裤裙。但不知为什么，有外商看见我对我态度疏离，上司看见我很生气，让我赶紧回酒店换装。当然事后我知道问题出在哪儿了，你知道吗？

1. 外商对仲欣态度疏离的原因你认为可能是什么？

| |
| --- |
| |

2. 现在女性服装种类特别多，与裤裙相似的还有裙子、阔腿裤，你知道这类衣服吗？有穿过吗？请你自己想想三者的区别，填入下表。

| 下装种类 | 重要的区别特征 | 能否在商品展销会上穿着？ |
| --- | --- | --- |
| 裙子 | | |
| 阔腿裤 | | |
| 裤裙 | | |

3. 你认为仲欣在这样的场合应该穿着什么服装更为合适？请详细列举你认为合适的服装类型并说明具体的面料、款式、颜色、长短等服装细节。

| 服装种类 | 类型 | 服装细节 |
|---|---|---|
| 上装 | | |
| 下装 | | |

4. 大家平时在选择服装时都主要考虑什么因素呢？你衣橱中的衣服，你觉得能适应哪些场合？你平时买衣服会以什么标准挑选？说说你的想法吧。

## 实训任务3-3 挑选我的第一套正装西装

【任务描述】

我是于晓，记得刚工作时，因为工作需要，领导让我去商场买一套正装西装。当时的我为了挑选人生中第一套如此正规的“战袍”，可以说是煞费苦心。都说“西装七分在做，三分在穿”，挑选和选择西装可是有很多讲究的，你都知道吗？

| 序号 | 问题 | 你的答案 | 自评对错 |
|---|---|---|---|
| 1 | 西装起源于何地？ | | |
| 2 | 西装分为哪几种版式？ | | |
| 3 | 你是什么身材？适合哪种版式？ | | |
| 4 | 正装西装与休闲西装有哪些区别？ | | |
| 5 | 穿着正装西装讲究“三色原则”，它的具体要求是什么？ | | |
| 6 | 穿着西装讲究的“三一定律”具体意义是什么？ | | |

续表

| 序号 | 问题 | 你的答案 | 自评对错 |
|---|---|---|---|
| 7 | 穿着正装西装时，应该选择什么颜色材质的皮鞋与袜子呢? | | |
| 8 | 穿正装西装时，扣子的系法有哪些要求? | | |
| 9 | 如何选择与正装西装相配的衬衫? | | |
| 10 | 如何选择与正装西装相配的领带? | | |
| 11 | 见过领带夹吗?领带夹的作用是什么? | | |
| 12 | 如果要用领带夹，应该夹在哪个位置? | | |

下面是我当时比较喜欢的五套西装，面料版型都不错，价钱也都可以接受，说说你的看法?

蓝色

灰色

藏蓝

纯黑

白色

| | | |
|---|---|---|
| 1 | 你喜欢哪一套? | |
| 2 | 为什么喜欢这一套? | |
| 3 | 你猜我选的哪一套? | |

## 实训任务3-4　男士领带系法练习

【任务描述】

我是于晓，刚刚毕业的我对于系领带真的是不太懂，但没办法，由于工作性质，有时候还是要穿西装系领带的。领带是男士西装的专有装饰物，被称为

"西装的灵魂"，正式商务场合，穿西装必须系领带，系领带有不同的系法和讲究。下面就和我一起来学习和练习常见的系领带的方法。

【任务实施步骤】

1. 教师演示1~2种领带系法，讲解系好的领带的考察标准。
2. 学生自行查阅并选择自己喜欢的领带系法，进行学习和练习。
3. 学生演示2种系法，对照表格进行评价与记录。

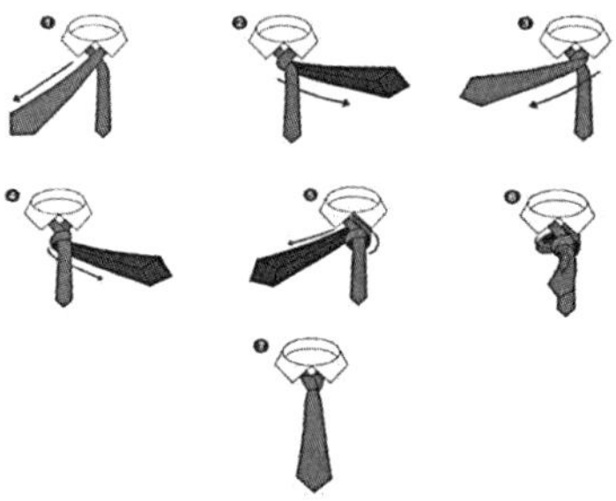


温莎结

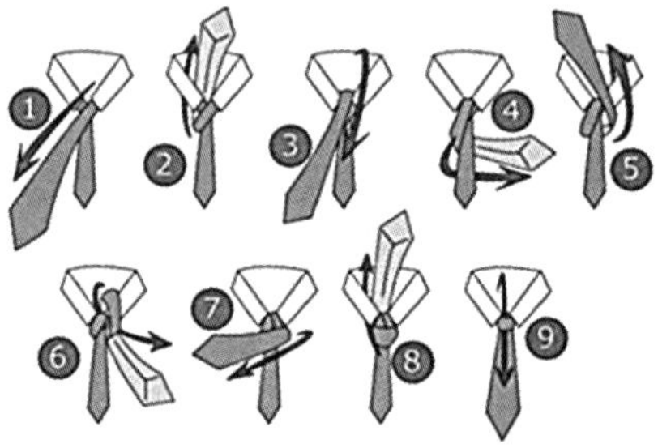


浪漫结

双交叉结

双环结

领带系法评估表格

| 领带结名称 | 缠绕方法正确与否？ | 领带结是否为倒三角形？ | 领带长度是否到达腰带扣？ |
|---|---|---|---|
| | | | |
| | | | |
| | | | |

你学会了吗？

# 项目四　商务会面基础礼仪

## 实训任务4-1　“称呼”带给我们的礼仪启示

【任务描述】

称呼，又叫称谓，始于见面之时，用于交际沟通。不同的人有不同的称呼，同一人亦有不同称呼。今天我们大家一起来观看一段礼仪小视频“合理称呼”，然后思考并回答下列问题。（视频请联系860701526@qq.com获取）

| 序号 | 问题 | 你的回答 |
|---|---|---|
| 1 | 你被人起过“绰号”“外号”吗? | |
| 2 | 你被人叫过“昵称”吗? | |
| 3 | 你觉得“昵称”和“绰号”有什么区别? | |
| 4 | 你认为称呼的作用是什么? | |
| 5 | 请列出四个别人对你的称呼。 | |
| 6 | 结合视频，对已婚女子可以使用什么称呼？需要注意什么事项? | |
| 7 | 当遇到对方的名字中有生僻字，或你不认识的字的时候，你觉得应该怎么做? | |
| 8 | 视频中“皆”先生递给李波清的名片上只有名字，你见过这种名片吗? | |
| 9 | 你知道中国国内有哪些常用的称呼方式吗? | |
| 10 | 你知道国外有哪些常用的称呼方式吗? | |

## 实训任务4-2　见面礼仪场景模拟

【任务描述】

我是于晓，普通社交、商务会面、公务接待等最实用也最复杂的就是见面礼仪啦，为了成为一名训练有素的有“礼”之士，我可是认认真真研习过见面时常使用的握手、名片使用、介绍这些基础礼节，我发现在基础礼仪原则的基础上，更要分清场合，做好角色定位，才能做对。不信？好吧，那我来给大家列一些场景，你来演演看吧。

【实训建议步骤】

1. 小组抽签选取自己小组要模拟的场景。

2. 小组成员根据抽到的场景和人物，自行排练，选择演员，设计见面情景（可包含称呼、寒暄、握手、介绍、名片递送等礼节，具体顺序和礼节数量小组自行决定），完成一个小剧本，然后表演，表演时间不超过3分钟，表演时认真，不要笑场。

3. 教师根据学生的演示情况进行评分和点评。

4. 完成附件1并上交。

| 序号 | 人物说明 | 情景说明 |
| --- | --- | --- |
| 1 | A男：正道集团公关部干事<br>B女：正道集团公关部经理<br>C男：鹏飞集团副总经理 | A和B在公司门口迎候来宾C。C乘坐的轿车驶到。C下车。A、B问候迎接 |
| 2 | A男：正道集团的副总<br>B女：正道集团的副总秘书<br>C女：四方公司的副总 | B陪外公司的女客人（C）进入本公司会客厅，本公司A正在恭候。A和C初次见面，B充当介绍人，介绍双方认识 |
| 3 | 主方人员：女主人A，男主人B，孩子C<br>客方人员：D男 | B邀请同学D到家中做客，这天，D如约而至，见面后介绍彼此认识 |
| 4 | A女：一家装饰公司的业务经理<br>B男：某知名房地产公司的总经理<br>C女：某房产公司的综合部部长，与A熟识，也与B认识 | 在一次房地产行业峰会上，A看见某房地产公司总经理B在场，想认识一下，于是她想请朋友C帮忙介绍一下。C在确认双方意向后，介绍两人认识 |
| 5 | A女：公司刚报到的一名年轻的新员工<br>B女：人力资源部主管<br>C女：人力资源部老员工<br>D男：人力资源部老员工 | 人力资源部主管带刚报到的新员工与老员工认识 |

续表

| 序号 | 人物说明 | 情景说明 |
| --- | --- | --- |
| 6 | A女：新员工，22岁，刚大学毕业<br>B女：新员工，30岁，从外单位离职后跳槽来到公司<br>C男：公司副总<br>D男：人力资源部部长 | 两名新员工已经来到公司报到，被安排在公司小会议室等待人力资源部部长。会议室中，两人互相自我介绍了一下。人力资源部部长D来到后，带两位新人去副总办公室，并介绍新员工与副总认识 |
| 7 | A女：正道集团员工<br>B女：正道集团员工<br>C男：鹏飞集团员工 | A、B、C都去参加一个行业能力培训会，在会场，A、B先到并已入座，C后到，看到了B，因B、C早就相识，C便与B打招呼寒暄，B顺势介绍A、C认识 |
| 8 | A女：兴远公司销售部今年刚入职的新员工<br>B男：兴远公司总经理<br>C男：兴远公司销售部经理 | 一工作日上午10点，A在公司大厅出口偶遇B和C，便主动与两位领导打招呼和寒暄 |
| 9 | A女：凯悦集团人力资源部员工，23岁<br>B男：凯悦集团销售部员工，25岁<br>C女：A女的大学同学，23岁，在一家翻译公司工作 | 周末，A与C相约去逛街，在街上偶遇B，便与B打招呼寒暄，并介绍B、C认识 |

## 附件 1：见面情景实训记录表

| 小组名称 | | 抽到的场景 | |
| --- | --- | --- | --- |
| 演员和角色 | | | |
| 小剧本设计 | | | |
| 自我评价 | ☆☆☆ | ☆☆☆☆ | ☆☆☆☆☆ |
| 教师点评 | | | |

备注：见面情景模拟记录表供学生使用。

## 附件 2：见面礼仪场景模拟评分表

| 组名/组号 | 场景序号 | 剧本情节构拟是否合理 | 知识点演示是否正确 | 小组得分（满分10分） |
| --- | --- | --- | --- | --- |
| | | | | |
| | | | | |
| | | | | |
| | | | | |
| | | | | |
| | | | | |
| | | | | |
| | | | | |
| | | | | |
| | | | | |
| | | | | |
| | | | | |
| | | | | |
| | | | | |
| | | | | |
| | | | | |
| | | | | |
| | | | | |

备注：该表供教师记录使用，本次具体的实训分值可根据实际需要自行设定。

# 项目五　商务宴请礼仪

## 实训任务5-1　自助餐就餐礼仪知多少

【任务描述】

大家好，我是仲欣，有一种就餐形式我特别喜欢，对啦，就是自助餐。自助餐是目前一种非常流行的宴请形式，随便走在街上，就可以看到“烧烤自助”“日式自助”“海鲜自助”“火锅自助”等自助餐的餐馆。记得曾经看过一部动画片，有一集是“全家享用自助餐”，一起来看看吧，你知道是哪部动画片吗？你知道自助餐就餐有哪些礼仪规范吗？（视频请联系860701526@qq.com获取）

| 序号 | 关于自助餐的问题 | 你的答案 |
| --- | --- | --- |
| 1 | 你吃过自助餐吗？ | |
| 2 | 你喜欢这种宴请形式吗？ | |
| 3 | 如果喜欢，你喜欢自助餐的理由是什么？ | |
| 4 | 你吃过的最贵的自助餐的收费是多少？ | |
| 5 | 自助餐中会提供酒水，请你列出你在自助餐上见到过哪些品类的酒水？ | |
| 6 | 自助餐，起初叫作冷餐会，你知道冷餐会和自助餐的渊源和区别吗？ | |
| 7 | 请列出你认为重要的三条自助餐就餐礼仪。 | |
| 8 | 自助餐餐费有的高，有的低，你认为餐费定价主要取决于哪些因素？ | |

看来大家也和我一样喜欢吃自助餐，其实毕业后，在办公室工作的我却越来越知道，在商务宴请中，“吃，在哪儿吃？吃什么？怎么吃？”都不是完全随心所欲的事儿。我再问大家几个问题，你看看你都知道吗？

| 序号 | 关于宴请的问题 | 你的答案 |
|---|---|---|
| 1 | 你知道生活中“宴请”“宴会”“请客”这三个词有什么区别和联系吗? | |
| 2 | 按照宴请的礼仪规格高低，宴请通常分为哪几类? | |
| 3 | 你知道自助餐属于宴请的哪种吗? 按礼仪规格算是高还是低? | |

## 实训任务5-2　中式商务宴请安排

【任务描述】

大家好，我是于晓，我方青岛欧锐外贸有限公司和南京天翔服装有限公司因下年度的业务合作洽谈需要，天翔服装有限公司派出一行四人（总经理刘刚、销售部经理王昆、办公室主任赵强、秘书仲欣）来到青岛。在洽谈结束后，作为东道主的我方准备安排晚宴款待天翔服装有限公司的四位客人，领导将这场宴请的任务分派给了我。下面是我考虑到的问题，你也来帮帮我吧。

| 序号 | 涉及的宴请准备问题 | 你的答案 |
|---|---|---|
| 1 | 此次宴请采取哪种宴请形式比较好呢? | |
| 2 | 这场宴会应该选择什么时间和什么地点呢? | |
| 3 | 本公司应该派几人以及什么人出席此次宴会比较合适呢? | |
| 4 | 出席这场宴会，男士和女士穿着什么衣服合适? | |
| 5 | 这场宴会的资金预算多少合适呢? | |

续表

| 序号 | 涉及的宴请准备问题 | 你的答案 |
| --- | --- | --- |
| 6 | 预订哪类酒店比较合适？又需要订多大的房间呢？ | |
| 7 | 宴会中的菜品采用零点还是整点呢？ | |
| 8 | 酒店菜品丰富，根据宴会出席的人员情况粗拟制一份菜单，请将菜单按照上菜顺序，一一列出，并用下画线标记出主菜。 | |
| 9 | 请绘制此次宴会的座次安排简图（标识宴会桌上的座位次序和门口）。 | |

## 实训任务5-3　中西餐具大集合，你都认识吗？

【任务描述】

大家好，我是于晓。说起宴会，相信大家不仅会联想到那些令人垂涎欲滴的美味佳肴，也会想到在餐桌上摆放的精美餐具。目前世界上的餐具大致可分为三类：一是部分亚洲国家，主要使用筷子；二是欧美国家，主要使用刀叉；三是以印度为代表的国家，用手抓食。记得有一次与朋友一起吃西餐，席间朋友说起吃西餐餐具太多啦，吃一道菜还换一副刀叉，我却不以为然，开口反驳道：“中餐餐具也一样多呀，满汉全席那餐具估计你都数不过来呢！”之后我们两个还就此讨论了一番。

今天我们就一起来看看中西餐具大集合吧。2014年APEC峰会在北京举行，国家相关部门在水立方举办了一场盛大的国宴，与会国领导人及夫人，各国政府要员都盛装出席。下面这张图片就是宴会上使用的名为“盛世如意”的珐琅黄全套餐具，几乎囊括了全部中西餐的餐具，这些餐具你都认识吗？你知道哪些是中餐餐具，哪些是西餐餐具吗？

【任务要求】

1. 请你数一数这一套“盛世如意”餐具一共有多少件？
2. 请你用笔给每一件餐具标上号码，中餐餐具用红色笔，西餐餐具用蓝色笔。
3. 请你查阅资料，填写下表。

| 序号 | 餐具名称 | 序号 | 餐具名称 | 序号 | 餐具名称 | 序号 | 餐具名称 | 序号 | 餐具名称 |
|---|---|---|---|---|---|---|---|---|---|
| | | | | | | | | | |
| | | | | | | | | | |
| | | | | | | | | | |
| | | | | | | | | | |
| | | | | | | | | | |
| | | | | | | | | | |
| | | | | | | | | | |
| | | | | | | | | | |
| | | | | | | | | | |
| | | | | | | | | | |

# 实训任务5-4　西餐初体验

【任务描述】

我是仲欣，刚工作那会儿，有一次上司赵强（男）带我和本部门另一位同事李明（男）一起去吃西餐。之前我只接触过西式快餐，还从未在星级酒店吃过正规西餐呢，所以既紧张又好奇。原来下周公司要接待几位来自美国的客人，因考虑到可能会有西餐宴会，所以上司才特地带我们两个吃西餐，让我们熟悉西餐就餐的各项礼仪。下面就跟随我们一起来开启我们的西餐礼仪初体验吧。

1. 进入酒店西餐厅，在服务员的安排下，三人围绕一方桌坐定，三人分别坐在下图的三个位置上，请你按照西餐就座原则，将三人的姓名填入相应的位置。

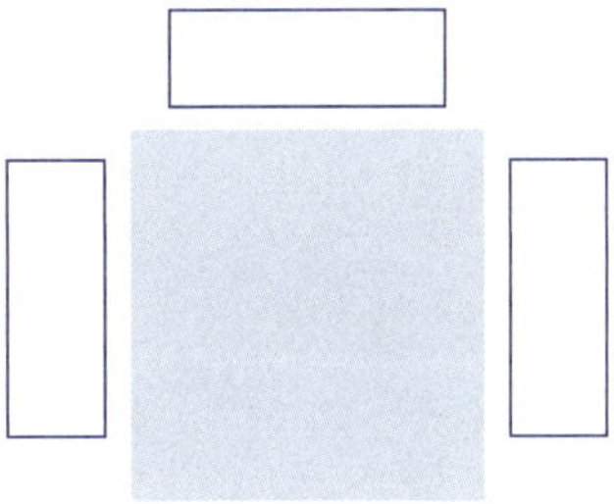

如此安排的理由是：

2. 三人坐定，李明发现面前摆放了一整套西餐餐具，请你将这些餐具的名字标注在图上。

3. 上司问了我们两人有没有什么忌口后，点了奶油蘑菇汤，蔬菜沙拉，牛排，红葡萄酒，酒店还附赠了面包、水果和甜品以及红茶，你知道这些菜品的上菜顺序吗？请你写出来。

4. 服务员端上了第一道菜，但面对这么多副刀叉，李明有点疑惑，到底该怎么取用呢？中途餐巾该怎么叠？放置在什么位置呢？中途离开，刀叉和餐巾又该怎么摆放呢？你知道吗？

餐巾使用注意事项：

餐具使用注意事项：

5. 红葡萄酒是吃西餐的标配，你知道西餐中酒与菜品的搭配规则吗？

## 实训任务5-5　公司周年庆宴会策划

【任务描述】

南京天翔服装有限公司是一家拥有80名正式员工的中等规模企业，2022年是公司成立20周年，为扩大公司影响，激励职工，回馈客户，公司打算举行20周年庆大型宴会，办公室主任赵强负责策划和准备此次周年庆典。我是仲欣，是办公室的一名文员，协助上司完成此项任务。下面是上司交给我的两项任务，你来和我一起完成吧。

备注：因本次任务较为复杂，建议以小组为基本单位完成。小组成员讨论共同完成，每位同学均要有纸面参与体现。

1. 请用流程图的方式展示宴会的组织和准备过程，并将每个环节需要完成的工作和注意事项写明。

2. 请简要绘制一幅周年庆宴会的现场布置图。

要求：必须标识宴会厅入口、会场装点美化、桌次摆列、主桌的位次排列，场地大小与形状不限。

# 项目六　商务接待与拜访礼仪

## 实训任务6-1　商务拜访预约、接打电话、办公室事务处理礼仪

本项目的三个实训任务6-1到6-3属于情节连续的情景模拟，请大家抽签决定演出的场景，然后以小组为单位商讨礼仪细节安排，构拟场景细节，选择演员，做好准备，每组演出时间5分钟左右。

【任务背景描述】

2021年4月25日在广州举办了一场商品推介会，会上南京天翔服装有限公司孙刚总经理和青岛欧锐外贸有限公司邱锋总经理在一个服装辅料供给合作项目上达成了口头协议。推介会结束后，双方为达成真实合作进行了一系列商务接洽活动。

情境中的主要人物表

| 南京天翔服装有限公司 | 青岛欧锐外贸有限公司 |
|---|---|
| 总经理　孙刚 | 总经理　邱锋 |
| 办公室主任　赵强 | 销售部经理　张铭 |
| 办公室文员　仲欣 | 综合部干事　于晓 |
| 副总经理　李睿 | |
| 公司司机　小田 | |

**【场景一】**2021年4月27日上午，青岛欧锐公司邱锋总经理致电南京天翔公司总经理办公室，欲预约登门拜访的时间，目的是就之前的口头协议与孙经理进一步商讨合作的细节，形成合作意向书。但不巧的是，邱总来电话时孙刚总经理正在开视频会议，总经理助理仲欣接的电话，她告知邱总例会大约在10点半左右结束。10:30视频会议结束。孙总与邱总通话，并约定好了拜访的时间等相关事宜。

请小组认真阅读上述“任务背景描述”和“场景一”的说明，然后讨论并设计该场景的具体细节，填写情景模拟演出反馈表一。

## 情景模拟演出反馈表一

| 组名/组号 | | 演出场景序号 | |
| --- | --- | --- | --- |
| 演员名单 | | | |
| 演出小剧本 | | | |

签字：

年　月　日

## 实训任务6-2　商务乘车、接站、言语交谈与入住酒店礼仪

本项目的三个实训任务属于情节连续的情景模拟，请大家抽签决定演出的场景，然后以小组为单位商讨礼仪细节安排，构拟场景细节，选择演员，做好准备，每组演出时间5分钟左右。

【前情回顾】

2021年4月27日上午，青岛欧锐外贸有限公司邱锋总经理致电南京天翔服装有限公司总经理办公室，欲预约登门拜访的时间，目的是就之前的口头协议与孙总经理进一步商讨合作的细节，形成合作意向书。但不巧的是，邱总来电话时孙刚总经理正在开视频会议，总经理助理仲欣接的电话，她告知邱总例会大约在10点半左右结束。10:30视频会议结束。孙总与邱总通话，并约定好了拜访的时间等相关事宜。

情境中的主要人物表

| 南京天翔服装有限公司 | 青岛欧锐外贸有限公司 |
|---|---|
| 总经理　孙刚 | 总经理　邱锋 |
| 办公室主任　赵强 | 销售部经理　张铭 |
| 办公室文员　仲欣 | 综合部干事　于晓 |
| 副总经理　李睿 | |
| 公司司机　小田 | |

**【场景二】**2021 年 4 月 29 日下午，青岛欧锐外贸有限公司总经理邱锋、销售部经理张铭和综合部干事于晓三人一起乘坐高铁抵达南京火车站。南京天翔服装有限公司，因总经理孙刚有重要事情抽不开身，所以派公司副总经理李睿（亲自驾车）与总经理助理仲欣一同前往接站。火车到达南京站后，双方在出站口顺利见面。然后李睿驾车，先将青岛欧锐公司三人送至预订好的酒店，并约定了第二天双方洽谈的时间和地点。

请小组认真阅读上述“前情回顾”和“场景二”的说明，然后讨论并设计该场景的具体细节，可参考情景模拟演出反馈表二进行准备工作。

## 情景模拟演出反馈表二

| 组名/组号 | | 演出场景序号 | |
|---|---|---|---|
| 演员名单 | | | |
| 演出小剧本 | | | |
| 签字：<br>年　月　日 | | | |

## 实训任务6-3 主方迎宾、搭乘、会议室洽谈、送站与赠送礼品礼仪

本项目的三个实训任务属于情节连续的情景模拟，请大家抽签决定演出的场景，然后以小组为单位商讨礼仪细节安排，构拟场景细节，选择演员，做好准备，每组演出时间5分钟左右。

【前情回顾】

2021年4月29日下午，青岛欧锐外贸有限公司总经理邱锋、销售部经理张铭和综合部干事于晓三人一起乘坐高铁抵达南京火车站。南京天翔服装有限公司，因总经理孙刚有重要事情抽不开身，所以派公司副总经理李睿（亲自驾车）与总经理助理仲欣一同前往接站。火车到达南京站后，双方在出站口顺利见面。然后李睿驾车，先将青岛欧锐公司三人送至预订好的酒店，并约定了第二天双方洽谈的时间和地点。

情境中的主要人物表

| 南京天翔服装有限公司 | 青岛欧锐外贸有限公司 |
|---|---|
| 总经理　　孙刚 | 总经理　　邱锋 |
| 办公室主任　赵强 | 销售部经理　张铭 |
| 办公室文员　仲欣 | 综合部干事　于晓 |
| 副总经理　　李睿 | |
| 公司司机　　小田 | |

【场景三】2021年4月29日下午2:30分，南京天翔服装有限公司派司机小田去酒店将邱锋三人接到公司总部。大楼门口总经理孙刚、办公室主任赵强和助理仲欣迎接，然后几人在仲欣的引导下乘坐电梯至20楼的公司会议室。然后双方在会议室就座，并就合作意向书的相关细节进行商讨并记录修改。2个小时后，会议结束，邱峰三人礼貌告辞，南京天翔公司准备了一点小礼品送给了远道而来的合作伙伴，小田驾车送三位去往火车站，三人乘车离开。

请小组认真阅读上述“前情回顾”的说明，然后讨论并设计该场景的具体细节，可参考情景模拟演出反馈表三进行准备工作。

## 情景模拟演出反馈表三

| 组名/组号 | | 演出场景序号 | |
|---|---|---|---|
| 演员名单 | | | |
| 演出小剧本 | | | |
| | | 签字:<br>年　月　日 | |

## 附件 情景模拟参考评分表

| 评分项 | | 组别 |
|---|---|---|
| 情景演示（70分） | 情节构拟和人物角色设计合理、完整（20分） | |
| | 演员表现力强，符合角色特点，语言表达准确、清晰、生动，流畅（20分） | |
| | 礼仪知识点设置、展示和讲解到位（30分） | |
| 剧本（10分）——条理清晰，详略得当、美观整洁 | | |
| 演示时间（10分）——4~8分钟，不足或超时酌情扣分 | | |
| 团队合作（10分）——全员参与，分工合理 | | |
| 合 计 | | |

备注：具体分值可根据需要自行调整。

# 实训任务6-4 不可不知的搭乘交通工具的位次礼仪

【任务描述】

大家好，我是于晓。作为一名爱车人士，也因为工作关系，我经常会搭乘不同的交通工具外出。学习过乘车礼仪的你，是不是也知道一些基础的乘车位次知识呢？但是在这里，我想说的是，搭乘交通工具的两条基础原则一定要记牢：一是尊重地位高者的选择意愿，如主客方，主方要尊重客人在座位选择上的意愿；二是遵守惯例，如今交通工具的种类繁多，汽车、火车、飞机、轮船……面对这么多的交通工具，我们要遵守的位次惯例其实也是有很多变化的。下面我就来考考大家那些常见交通工具的位次吧。

1. 普通两排五人座轿车

轿车的乘车位次惯例是：

请你按照惯例将座次序号填入下图

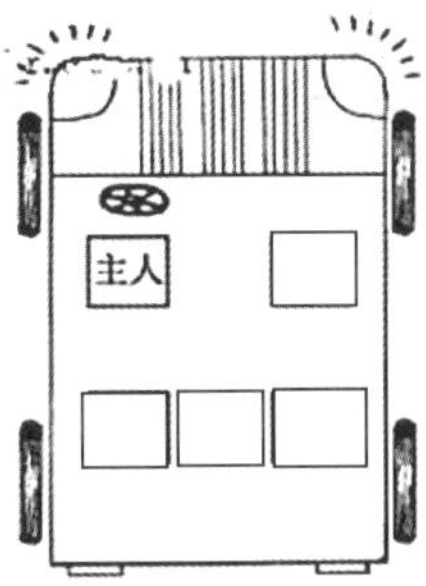


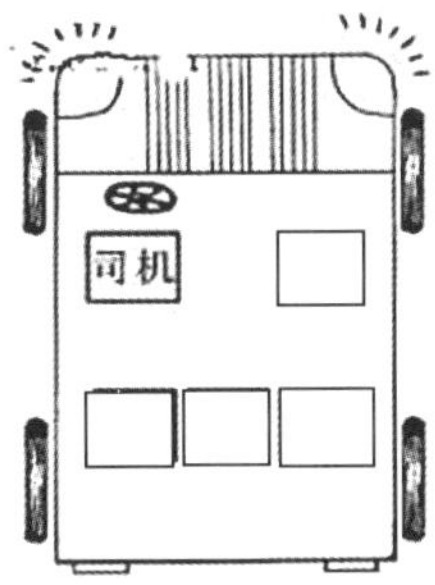


2. 三排七人座轿车（商务车）的座位次序

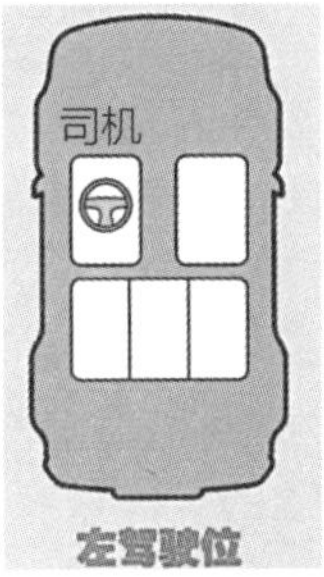


商务车的乘车位次惯例是：

3. 越野车的座位次序

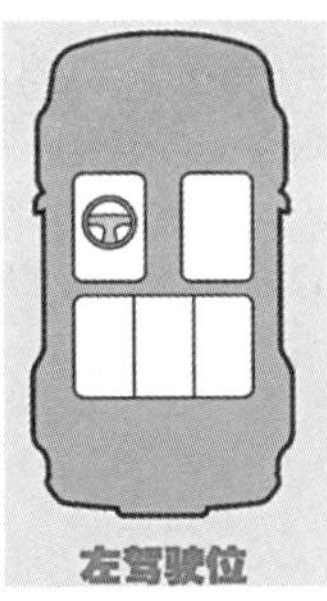

4. 乘坐火车的位次图

绿皮火车的位次高低原则是：

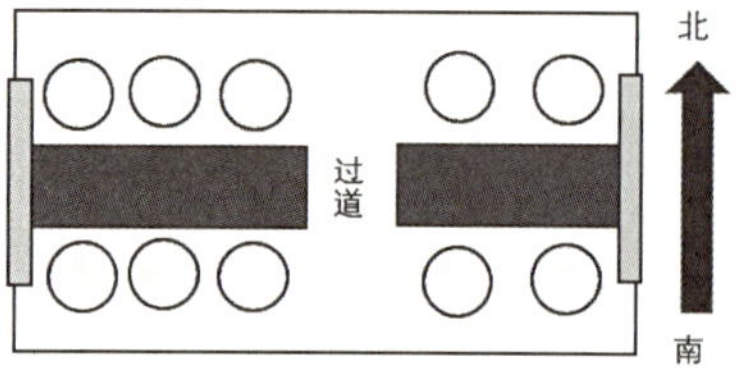

最后大家一起来考虑一下，我们现在乘坐的高铁又是怎样的座次顺序呢？

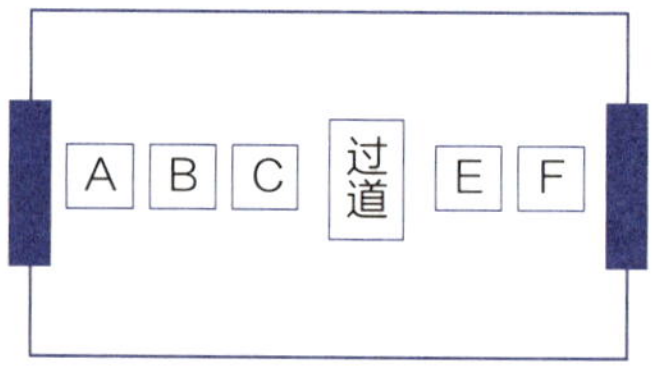


高铁的座椅都是与行进方向一致的，按照你的经验，你觉得A、B、C、E、F这五个座位的次序应该是怎样的呢？

# 项目七　商务专题活动礼仪

## 实训任务7-1　开业典礼

【任务描述】

大家好，我是于晓，最近我们一分公司举办了一场开业典礼，开业典礼是商务组织经常举办的一种活动，虽然现在为了推陈出新，吸引公众，形式也多种多样，但其实个性之下亦有共性，请大家观看这段关于开业典礼的视频，请认真观看，讨论并回答下列问题，不知道你是否也同意我的观点呢？（视频请联系860701526@qq.com获取）

| 序号 | 问题 | 你的答案 |
| --- | --- | --- |
| 1 | 通过视频，你发现这两场开业典礼分别是哪家公司举办的? | |
| 2 | 你觉得这两场开业典礼各属于哪种风格?你更喜欢哪一个? | |
| 3 | 你认为开业典礼一般选择什么时间举办比较合适?为什么? | |
| 4 | 你认为开业典礼选择什么地点举办比较合适?为什么? | |
| 5 | 开业典礼上主办方通常会邀请哪些嘉宾到场? | |
| 6 | 为了造势，开业典礼之前公司会进行广告宣传，你觉得可以通过哪些途径进行宣传呢? | |
| 7 | 在视频2中，开业典礼设置舞狮环节，嘉宾给狮子点睛，你知道是什么含义吗? | |
| 8 | 开业典礼举办的程序是怎样的? | |
| 9 | 参加开业典礼该注意哪些礼仪规范? | |

## 实训任务7-2　找找相同点和不同点

【任务描述】

一天，仲欣的上司发给她三张剪彩仪式的图片，让她说说这三张剪彩仪式图片的相同之处和不同之处，仲欣很纳闷，但也照做了。你也来一起做做吧。

（1）

（2）

（3）

请大家以小组为单位一起找找这三张图片中的相同点和不同点吧，看看谁找得多。

| 序号 | 不同点 | 相同点 |
|---|---|---|
| 1 | | |
| 2 | | |
| 3 | | |
| 4 | | |
| 5 | | |
| 6 | | |
| 7 | | |

事后仲欣的领导跟她说，原来是公司下周要举办剪彩仪式，所以让大家一起商讨一下采用哪种剪彩更合适？说说你的观点吧。

| 哪种最隆重? | 哪种最经济实惠? | 你最喜欢哪种? |
| --- | --- | --- |
| | | |
| | | |

## 实训任务7-3　签字仪式的准备与举办

【任务描述】

本次情景模拟衔接项目六　商务接待和拜访礼仪实训任务，下面是简单的前情介绍。

【前情回顾】

2021年4月25日在广州举办了一场商品推介会，会后南京天翔服装有限公司孙刚总经理和青岛欧锐外贸有限公司邱锋总经理在一个服装辅料供给合作项目上达成口头协议。青岛欧锐公司前往南京，与南京天翔服装有限公司进行了洽谈，双方达成合作意向，并根据商定的细节拟制合同，准备正式签署。

**【场景四】**2021年5月10日上午，南京天翔服装有限公司总经理A、办公室主任B、销售部经理C、助理C到达青岛流亭机场，青岛欧锐公司接机，并送客人至希尔顿酒店下榻休息。

5月11日双方在希尔顿酒店预订的1号宴会厅进行了隆重的签约仪式，签署正式合同。

【实训要求】

（1）鉴于模拟人数比较多，可两个小组一起合作完成排练，一小组扮演主方人员，一小组扮演客方人员。

（2）两小组共同完成情节设计和演员甄选。

（3）两小组演员共同完成该模拟情景，其他同学可做场景布置辅助工作。

（4）要求各个环节均正确展示礼仪知识点，严肃认真地完成所有步骤和操作。

（5）请认真绘制签字仪式的现场布置简图，并标识人员身份（主客方的主签人、助签人、陪签人员）。

附件：参加签字仪式的人员名单

| 南京天翔服装有限公司 | 青岛欧锐外贸有限公司 |
| --- | --- |
| | |
| | |
| | |
| | |
| | |
| | |

签字仪式现场布置简图：

## 情景模拟反馈表

| 组名/组号 | | 演出场景序号 | |
|---|---|---|---|
| 演员名单 | | | |
| 演出小剧本 | | | |

签字：

年　月　日

备注：如果两个小组同时参加，两小组分别提交反馈表。

# 项目八　商务会议与谈判礼仪

## 实训任务8-1　会议位次知多少

【任务描述】

上学那会儿于晓就不爱参加学院与系里的各种会议，每逢开会能避则避，能逃则逃，即使迫于无奈去参加会议，也是听完就走，敷衍了事，从未在意太多。没承想，这工作了，会议可是避无可避了，不仅要参加，还要学习准备各类大小会议。

如今工作了，于晓终于切身了解到这会议为何要开，大小会议上的位次是如何安排的，懂得身份与位次的重要。下面，于晓画了几个开会的不同场所，你知道位次该怎么安排吗？

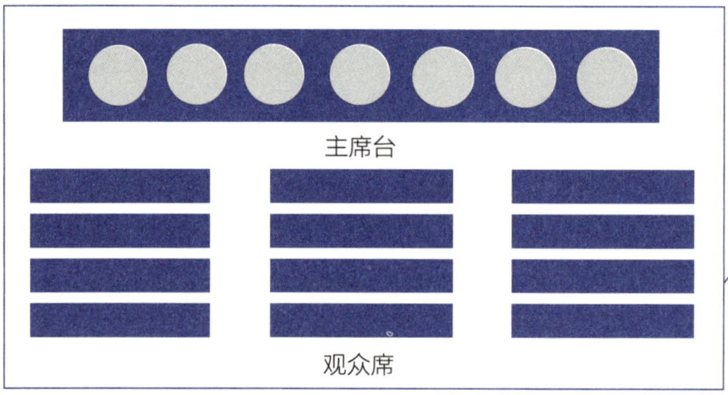


公司报告厅

1. 请你把主席台的位次标注一下。
2. 你知道观众席通常按怎样的座次坐吗？

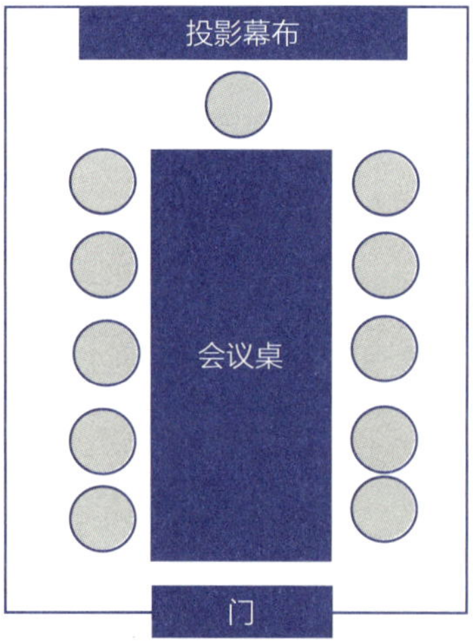


公司小型会议室

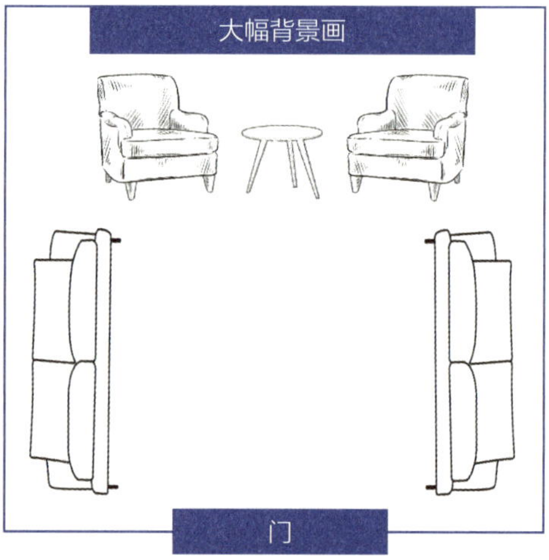


公司接待室

你知道小型会议室和接待室的座次安排是怎样的吗？

## 实训任务8-2　年末总结大会的准备

【任务描述】

年底将近，青岛欧锐外贸有限公司为了总结一年来的工作，决定举行年末总结大会。办公室承办此次会议，于晓是办公室秘书，受领导委托落实本次大会的诸多事宜。请大家一起来体验一下于晓的工作吧。

请小组讨论并完成下列任务：

（1）请比较详细地列出此次会前的准备工作。

（2）请拟制本次总结大会的具体程序。

（3）与会人员应该注意遵守哪些会议礼仪？

（4）会议结束后需要做哪些收尾工作？

## 实训任务8-3　商务谈判初体会

【任务描述】

大家好，我是仲欣。我是南京天翔服装有限公司办公室文员，不久前公司与青岛欧锐外贸有限公司有过一次谈判。我知道商务谈判是商务组织之间为达成合作经常要进行的一项商务活动，在商务谈判中有很多礼仪规范，于是我也特别留意与学习了这方面的知识。大家一起跟我来看看这些谈判礼仪你知道吗？

【前情回顾】

2021年4月29日下午青岛欧锐外贸有限公司总经理邱锋、销售部经理张铭和秘书于晓三人一起乘坐高铁抵达南京火车站。南京天翔服装有限公司接站并安排好住宿，约定了第二天双方洽谈的时间和地点。

**【场景五】**2021 年 4 月 29 日下午 2:30 分，南京天翔服装有限公司派司机小田去酒店将邱锋三人接到公司总部。大楼门口总经理孙刚、办公室主任赵强和助理仲欣迎接，然后几人在仲欣的引导下乘坐电梯至 20 楼的公司会议室。然后双方在会议室就座，并就合作意向书的相关细节洽谈和谈判。经过 2 个多小时的谈｀判，双方最终确定了合作细节，双方约定根据商定的细节拟定合同，并初步约定了下次在青岛签约。当晚，青岛欧锐外贸有限公司三人返回青岛。

| 南京天翔服装有限公司 | | 青岛欧锐外贸有限公司 | |
|---|---|---|---|
| 总经理 | 孙刚 | 总经理 | 邱锋 |
| 办公室主任 | 赵强 | 销售部经理 | 张铭 |
| 办公室文员 | 仲欣 | 综合部干事 | 于晓 |
| 公司司机 | 小田 | | |

请小组认真阅读上述“前情回顾”和“场景五”的说明，然后讨论并设计该场景的具体细节。

（1）绘图题。

作为接待方的办公室人员，仲欣负责提前布置好此次谈判的场所，为以防出错，仲欣查阅到了两种谈判现场的布置图，根据公司现有会议室选择其中一种。

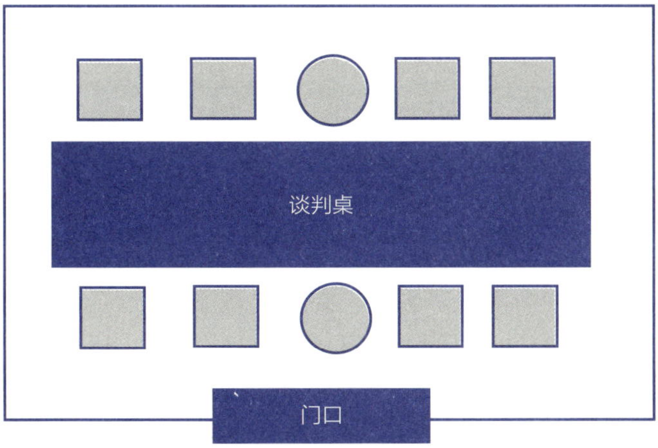


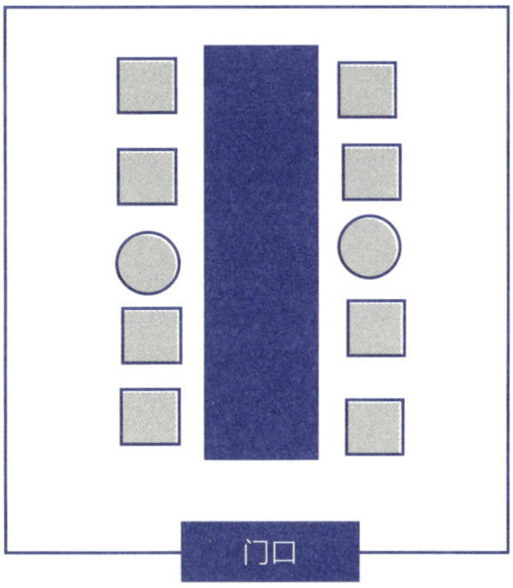


请查阅资料将上面两幅商务谈判座次图补充完整，并选择一种作为后续表演的座次。

（2）请认真填写情景模拟反馈表并准备演出，演出时间不超过5分钟。

### 情景模拟反馈表

| 组名/组号 | | 演出场景 | |
|---|---|---|---|
| 演员名单 | | | |
| 涉及的商务谈判礼仪点 | | | |

续表

| 组名/组号 | | 演出场景 | |
|---|---|---|---|
| 演出小剧本 | | | |